Vom Wandel des neuzeitlichen Naturbegriffs

Herausgegeben von Heinz-Dieter Weber

Mit Beiträgen von
Ulrich Gaier · Ruth und Dieter Groh · Hans Robert Jauß
Klaus Mainzer · Jürgen Mittelstraß · Norbert Pfennig
Jürgen Schlaeger · Karlheinz Stierle · Heinz-Dieter Weber

UNIVERSITÄTSVERLAG KONSTANZ GMBH

CIP-Titelaufnahme der Deutschen Bibliothek

Vom Wandel des neuzeitlichen Naturbegriffs / hrsg. von
Heinz-Dieter Weber. Mit Beitr. von Ulrich Gaier ... –
Konstanz: Univ.-Verl., 1989
(Konstanzer Bibliothek; Bd. 13)
ISBN 3-87940-353-8
NE: Weber, Heinz-Dieter [Hrsg.]; Gaier, Ulrich [Mitverf.]; GT

ISSN 0933-1204
ISBN 3-87940-353-8

© Universitätsverlag Konstanz GmbH, Konstanz 1989
Gesamtherstellung:
Druckerei Konstanz GmbH, Konstanz
Einbandgestaltung: Kirsten Kersting, Konstanz

Schiller: der ideale Garten erfüllt die Forderungen des guten Landwirts 151

ästhet. Historismus des e. Gartens 149
„begehbare Zeiten"
Einfühlung in fremde Zeiten + Betrachter

Diversität: ästhetisch 145

begehbare Landschaftsgemälde 148
Erziehung auf d. Parks 148

Konstanzer Bibliothek
Band 13

Vom Wandel des neuzeitlichen Naturbegriffs
Herausgegeben von Heinz-Dieter Weber

einheitl. Theorie d. Natur – im Theorienpluralismus
hierarch. gebauter Einheitskosmos 28f.
warum Gesellsch. nicht einbezogen?
doch!
Universalmaterialismus plus Autonomie des zwecksetzenden Menschen 29
> Dialog Natur-, Geisteswiss.en über Natur.

Rousseaus Garten + Julie
der Mensch läßt sich von der ideologisierten, künstl. als Natur inszenierten Natur verdrängen 150

Lust 107
= Das Erscheinen der an sich verborgenen Natur.
↓ = Sich Verbergen

Schiller: Garten (Natur u.) erreicht nur mehr auf die Interpretation 155

Landarbeiter als Staffage 155

Natur 1. d. Interpretation 2. d. Ausbeutung freigegeben

Nicht nur die Inszenierung – auf die Interpretation der inszen. Natur freigegeben

wiss. Begriffene vs. Subj.-Natur: Romantik 127
→ ästh. Erfahrung heilt nicht mehr die Wunde...

wiss. Erfahrung auf dem Boden der Aisthesis
→ beliebige Anschauungsbildung nur vereint Subj.- u. wiss.l. Natur
> verewigte Wiederauferstehung d. Natur in der Reflexion 127

ästhet. Pantheismus →
> verlogene Ikonologie des Reiseprospekts 129
die ganze Natur, in der der [illegible] sein Können... zuhause
der einzelne Naturgegenstand in seiner histor. Indiv. als Repräsentant d. Ganzen

KONSTANZER
BIBLIOTHEK
BAND 13

Herausgeberkollegium:
Peter Böger · Friedrich Breinlinger · Jürgen Mittelstraß
Bernd Rüthers · Jürgen Schlaeger · Hans-Wolfgang Strätz
Horst Sund · Manfred Timmermann · Brigitte Weyl

Inhalt

Vorwort

Der vorliegende Band geht auf eine Vortragsreihe zurück, die die Philosophische Fakultät der Universität Konstanz im Wintersemester 1986/87 veranstaltet hat. Das dabei leitende Motiv, zum Dialog zwischen Geisteswissenschaften und Naturwissenschaften beizutragen, entspringt nicht nur einer bildungspolitischen Wunschvorstellung, sondern einer aktuellen Notwendigkeit. Offenkundig bezieht sich der öffentliche, zumal der politische Diskurs immer wieder auf einen Begriff von Natur und Naturgemäßheit und reklamiert damit ein handlungsrelevantes Orientierungswissen davon, was Natur sei. Ebenso offensichtlich aber ist, daß die Naturwissenschaften angesichts ihrer neuzeitlichen unausweichlichen Spezialisierung *die* Natur als ein Ganzes der Erfahrung und der Orientierung zumindest in der Forschungspraxis nicht in den Blick zu nehmen und festzuhalten vermögen. Auf der anderen Seite rekurrieren Geistes- und Sozialwissenschaften vielfach auf einen Naturbegriff, dessen romantisch-ästhetische Wurzeln an seiner Technikfeindlichkeit deutlich ablesbar sind.

Daß etwas nur natürlich, naturkonform oder auch durch die Natur geboten ist, entschuldigt, empfiehlt oder erzwingt unser Handeln. Die Natur der Sache, Natur als Antriebskraft, der man widerstehen muß oder nicht widerstehen kann, Natur als Bedrohung, die man besiegen, als Erbe, das man wahren muß, Natur als Grenze unserer Möglichkeiten oder als uns nicht mehr widerstehende, demnächst vernichtete Basis unserer Existenz, Natur als das Fremde, in das wir uns verlieren, Natur als Heimat, in der wir Entfremdeten uns wiederfinden. Dies alles sind Wortbedeutungen und Konnotationen, die uns geläufig sind. Alle historischen Stufen, die der Naturbegriff in der Neuzeit durchlaufen hat, scheinen gleichzeitig und ohne Vorrang unser Denken zu bestimmen. Unzweifelhaft haben die Wissenschaften einen Fortschritt in unserer Auffassung von der Natur bewirkt; gleichzeitig bleiben ältere Wortbedeutungen präsent und lassen sich einer Begriffsgeschichte als Aufklärungsgeschichte nicht einfügen.

Daß die Natur sich nur insoweit zu erkennen gibt, als sie Objekt methodischer experimenteller Befragung sein kann, gehört zum Selbstverständnis neuzeitlicher Naturwissenschaft. Daß es dabei nicht möglich ist, die »Natur als Ganzes« zu befragen, sondern nur im Rahmen der Reichweite vom Menschen aufgestellter Theorien, ist nur Konsequenz daraus. Parallel dazu hat die Neuzeit doch auch einen Begriff von der moralischen Natur des Menschen und von der subjektiven Erfahrung eines Ganzen der Natur im Modus des Ästhetischen hervorgebracht, der sich der experimentellen

Exploration und ihren Schranken entzieht, andererseits aber als Orientierung technischen Handelns nicht taugt.

Alle Versuche, angesichts dieser Situation zu einem holistischen vorneuzeitlichen (Aristotelischen) Naturbegriff zurückzukehren, sind, wie das Schicksal der romantischen Identitätsphilosophie lehrt – und wie Klaus Mainzer und Jürgen Mittelstraß zeigen –, zum Scheitern verurteilt. Die neuzeitliche Geschichte des Naturbegriffs ist auf weite Strecken eine Geschichte des Entzweiungsgedankens, und ihre umfassende, nicht reduktive Betrachtung wird davon ihren Ausgang nehmen müssen. Natur und Gott, Natur und Geist, Natur und Kultur, Natur und Geschichte, Natur und Technik, so lauten nur einige der Oppositionspaare, die im neuzeitlichen Denken folgenreich geworden sind. Immer erscheint Natur als das Andere des zu Definierenden, des Zugänglichen und Verstehbaren, das selbst dem Wissen und Verstehen zumindest teilweise stets noch entzogen ist. »Natur« bekommt seine volle Bedeutung immer erst durch die Opposition zu einem Gegenbegriff, so daß keine Aussage über die Natur »an sich« möglich zu sein scheint, die nicht schon geprägt wäre durch eine bestimmte kulturelle Ausprägung dieses binär strukturierten Diskurstyps.

Die gegenwärtige abundante Berufung auf den Naturbegriff kann aber auch als Symptom einer Krise des Entzweiungsdiskurses, als Indiz des Übergangs zu einer neuen holistischen Sicht gesehen werden. Diese holistische Auffassung von Natur gibt es bereits in zwei gegensätzlichen Ausprägungen, die aber einander in ihren ethischen Konsequenzen ähneln. In einer phänomenologisch-hermeneutischen Sicht, wie sie etwa in der Anthropologie Gehlens vorliegt, ist der Mensch von Natur so beschaffen, daß er wesentlich einer Zweiten Natur, einer selbsterzeugten, zu seiner Umwelt bedarf, und diese Zweite Natur bestimmt immer auch Bedeutung und Konstitution der Ersten Natur. Der Bedeutungswandel der Ersten Natur wird also geradezu als Beleg verwendet, daß das damit Gemeinte sich selbst gewandelt habe, sozusagen von der Zweiten Natur aufgesogen worden sei, allenfalls noch als ein unerkennbares Ding an sich im Hintergrund unserer Kultur vorhanden sei, so daß daher auch jede kulturelle Bezugnahme darauf unmöglich sei. Natur ist nur noch insofern vorhanden, als sie als Rohstoff in unsere Kultur eingeht, sei es in der Weise des Gebrauchs, sei es in der Weise des Wissens. Denn auch Sterne, Gräser und Insekten sind nur noch vorhanden in der Weise einer Gegenständlichkeit eines Kulturgebiets, eben der Naturwissenschaft. Die Bedeutungsgeschichte des Wortes »Natur« wird also mit der Geschichte ihres Bedeuteten in eins gesetzt, so daß jeder rechtfertigenden Berufung auf ein Wesen der Natur der Boden entzogen wird. Die relativistischen Konsequenzen dieses Monismus liegen auf der Hand, denn mit Berufung auf welche Instanz sollte es dann noch möglich sein, sich für andere kulturelle Varianten der Naturauffassung einzusetzen, solche gar bewußt zu erzeugen als angemessenere und bessere.

Wie Klaus Mainzer in seinem Beitrag zeigt, eröffnen aber auch die Erkenntnisse der Naturwissenschaften den Weg zu einer einheitlichen Theorie der Natur über die Vielheit ihrer Methoden hinweg. Dieses holistische Weltbild der Naturwissenschaften nimmt etwa in der biologischen Anthropologie eines Hubert Markl, auf den Mainzer sich bezieht, die Form an, daß jede funktionierende Kultur eine vollwertige und gleichwertige Manifestation unserer Natur ist. Kultur, von der einfachsten Lernfähigkeit, über die Tradierbarkeit von Handlungen durch Nachahmung, bis zu den objektiven Systemen der Schriften und des Wissens, wird hierbei lediglich als Veranstaltung der Natur, als zusätzlicher Selektionsmechanismus für reproduktive Fitness interpretiert. Erscheinungsformen der Kultur lassen sich daher nur noch nach dem Lebenserfolg oder aber nach unbegründeten ethischen Maßstäben bewerten, so daß es unmöglich wäre, einen Grad der Naturgemäßheit dazu heranzuziehen. Naturerhaltung als Kulturaufgabe läßt sich daher nur als selbstreflexives Verfahren der Natur zur Systemerhaltung begreifen, was allenfalls noch die dezisionistische Forderung erlaubt derart, daß genau drei Prozent unserer Landschaft als Biotope und zehn Prozent unserer Arten als erhaltungswürdig gelten können.

In beiden Fällen aber ist von der teleologisch verfaßten Subjektnatur des Aristoteles nicht mehr die Rede. Sie scheint allein noch in der subjektiven ästhetischen Erfahrung der Natur als Landschaft zur Geltung zu kommen. Nur im ästhetischen Naturbegriff scheint ein Versöhntsein des Menschen mit dem, was die Natur von sich aus will, noch gedacht werden zu können. Es ist daher nur folgerichtig, daß die Heraufkunft, Geltung und Krise der ästhetischen Naturerfahrung im Mittelpunkt der Vortragsreihe stand.

Die Entstehung des spezifisch neuzeitlichen Begriffs der ganzen Natur als ästhetisch erfahrener Landschaft vollzieht sich in drei Schüben. In der Malerei und Dichtung der italienischen Renaissance – so weist Karlheinz Stierle nach – erhält die Landschaft fundamentale Bedeutung, indem der Blick des Menschen auf die Natur in Konkurrenz tritt zum Aufblick zu Gott und zu einer optischen Erschließung des Weltinnenraums führt. Die Erschließung der freien Natur in der Kategorie des Erhabenen vollzieht sich dagegen – nach Dieter und Ruth Groh – in der Mitte des 17. Jahrhunderts im Rahmen der physikotheologischen Bewegung, in der es noch einmal gelang, die neu entdeckte Weite des kosmischen Raumes und die Vielfalt der Schöpfung an das alte theologisch-metaphysische Weltbild zurückzubinden. Erst ineins mit der Entdeckung der zeitlichen Tiefe der Schöpfung vollzieht sich die Emanzipation der ästhetischen Naturerfahrung vom philosophischen Denken als eine Erfahrung der zeitlichen, diesseitigen Erschlossenheit des Daseins des Menschen, so die These von Heinz-Dieter Weber. Um die Mitte des 18. Jahrhunderts erhält das Ästhetische zugleich die volle Selbständigkeit, indem nun das Hinausgehen in die Landschaft, indem bildende Kunst und Literatur ebenso wie die Gartenkunst (vgl. den Beitrag von Ulrich Gaier) die Aufgabe übernehmen, eine Natur vor Augen zu bringen, die als solche der Erfahrbarkeit gar nicht mehr vorliegt. Natur wird noch einmal als Bühne der Inszenierung von Individualität in der Romantik herbeizitiert – wie Jürgen Schläger zeigt –, um sodann in der Moderne zugunsten der Kreativität der menschlichen Phantasie verabschiedet zu werden, wie Hans Robert Jauß zeigt. Damit ist aber zugleich der große neuzeitliche Gedanke an ein Ende gekommen, daß uns in der ästhetisch gesehenen Landschaft und in der Kunst eine Erfahrung der ganzen Natur zugänglich ist, die als Kompensation der Verluste durch die Rationalität der Naturwissenschaften in Anspruch genommen werden könnte. Fortan vermag die Kunst die Idee einer ganzen Natur und das Glück des Zuhauseseins in dieser nur noch im Modus der Negativität, als Abwesenheit für die

Erfahrung zu artikulieren, bei Strafe, der Verlogenheit von Kitsch und Werbung zu verfallen.

Aber ist diese Idee aufgebbar, oder muß sie nicht notwendigerweise in einer anthropologisch interessierten Ökologie wiederkehren? Dieser Frage geht der Beitrag von Norbert Pfennig nach, und es zeigt sich hier, daß noch die sentimentale Erinnerung an sie zitiert werden muß und zitiert werden kann, um das wissenschaftspragmatische Movens dieser Integrationswissenschaft zu stabilisieren und vor dem Überlaufen in technischen Praktizismus zu bewahren.

Die Beiträge dieses Bandes verzichten, wo immer möglich, auf fachinterne Diskussionen, um dem eigentlichen Zweck, der Diskussion mit den Naturwissenschaften philosophische Grundlegung und begriffliche Schärfe zu geben, zu entsprechen. Inhalt und Form der Vorträge wurden durchweg beibehalten. Lediglich die Beiträge von Ruth und Dieter Groh sowie von Hans Robert Jauß stellen revidierte bzw. erweiterte Fassungen dar.

Der Band möge verstanden werden als Zwischenbilanz, nicht als das abschließende Wort der philosophischen Fakultät in einem interdisziplinären Gespräch, das weitergeführt werden muß.

Konstanz, im Dezember 1988   *Heinz-Dieter Weber*

Klaus Mainzer

Von der Naturphilosophie zur Naturwissenschaft

Zum neuzeitlichen Wandel des Naturbegriffs

Vorwort

Für die moderne Naturwissenschaft ist der Begriff »Natur« von umfassender Komplexität. Jede der klassischen naturwissenschaftlichen Fakultäten, die an unserer Universität vertreten ist, nämlich *Physik*, *Chemie* und *Biologie*, beansprucht nur einen Teilaspekt der Natur zu erfassen. Dabei ist die Entwicklung der Naturwissenschaft selber von einer derartigen Spezialisierung ihrer Teilgebiete erfaßt, daß einem Spezialisten in der Regel heute die Untersuchungen der Nachbardisziplin bereits verschlossen und unverständlich sind. Neben dieser Vermehrung des Detailwissens und der Wissensspezialisierung ist aber gleichzeitig die Tendenz zu beobachten, daß Physik, Chemie und Biologie zusammenwachsen und ihr Wissen von der Natur auf wenige Grundprinzipien reduzieren.

Danach zeichnet sich heute die *Natur* als ein *hierarchisch geordnetes System* ab, das aus wohl unterschiedenen Teilsystemen wachsender Komplexität aufgebaut ist – von den subatomaren Elementarteilchen, den Atomen, Molekülen, Chromosomen, Zellen, Zellverbänden bis zu den höheren Lebewesen der Pflanzen und Tiere, die als Populationen in ein kompliziertes Ökosystem auf unserer Erde miteinander vernetzt sind, schließlich die kosmischen Systeme wie das lebensspendende Sonnensystem, die Milchstraße, die Galaxien, der Kosmos. Das alles ist in einer gigantischen Evolution begriffen, die vor Milliarden von Jahren begann und nach bestimmten Gesetzmäßigkeiten zum heutigen Zustand der Welt führte.

In dieser oder ähnlicher Weise wird uns das Bild der Natur durch die moderne Naturwissenschaft vermittelt. Für die meisten von uns kommt dieses Wissen nicht aus eigener Erfahrung mit der Natur, sondern ist durch Bücher und die Medien vermittelt. Elementarteilchen, die kleine Bruchteile von Sekunden in winzigen Ausmaßen existieren, oder die ungeheuren Weiten des Kosmos sind nur durch eine aufwendige Technologie sichtbar zu machen. Aber auch die Photoplatten der Elementarteilchenspuren oder ferner Sternhaufen, die wir mit Hilfe dieser Technologien erhalten, sagen nur dem etwas, der sie aufgrund einer theoretischen Spezialausbildung lesen kann. Je weiter und detaillierter unser Wissen heute über die Natur wird, um so *abstrakter* wird sie für uns, um so mehr scheinen wir uns von der Natur zu *entfremden*.

Dabei hat alles mit *konkreten Naturerfahrungen* angefangen. Lange vor der Entstehung der Naturwissenschaft waren die Menschen vertraut mit den Sternbildern am Himmel, an denen sie sich orientierten, mit Licht und Dunkelheit, mit Hitze und Kälte, mit dem Wechsel der Jahreszeiten. Die Bauern kannten den Kreislauf von Geburt, Wachstum und Zerfall. Die Handwerker wußten, wie sie Erze schmelzen und härten konnten. Heilkundige versuchten sich in der Herstellung von Arzneien. Hier sind die *Anfänge unseres physikalischen, chemischen* und *biologischen Wissens*. Während aber dieses frühe Wissen über die Natur nur eine Sammlung von Beobachtungen und Erfahrungsregeln ohne Erklärung und Begründung war, die teilweise noch in Mythen und Naturreligionen eingebunden waren, finden sich in der griechischen *Naturphilosphie* erste Ansätze zu einer rationalen Deutung der Natur. In der griechischen Astronomie taucht auch erstmals die Idee auf, die Natur in mathematischen Modellen zu beschreiben. Aus diesen historischen Voraussetzungen, nämlich vorwissenschaftlicher Technik und Handwerk, Naturphilosophie und der Anwendung mathematischer Methoden, entstand dann mit Beginn der Neuzeit, d.h. etwa seit der Renaissance, die neuzeitliche Naturwissenschaft, auf deren Wissen von der Natur die moderne technisch-industrielle Zivilisation aufbaut.

Im Laufe dieser Entwicklung hat die Naturwissenschaft ein unterschiedliches Bild von der Natur entworfen, dessen Wandel verschiedene kulturhistorische Epochen geprägt hat. Der neuzeitliche Wandel des Naturbegriffs ist daher nicht nur Thema der *Wissenschaftsgeschichte* im engeren Sinne, sondern eingebettet in die *allgemeine Kultur- und Geistesgeschichte der Neuzeit*. Im folgenden werde ich daher den Wandel des Naturbegriffs aus einer natur- und geisteswissenschaftlichen Sicht betrachten, um damit etwas von der Einheit der Wissenschaften wiederzugewinnen, die durch die wachsende Spezialisierung der Einzelwissenschaften verlorenzugehen droht. Ich behandle das Thema in folgenden historischen Abschnitten: 1. Natur als Organismus (Frühzeit – Antike – Mittelalter); 2. Natur als Weltmaschine (17./18. Jahrhundert); 3. Natur und Evolution (19. Jahrhundert); 4. Natur und technisch-wissenschaftliche Welt (20. Jahrhundert).

1. Natur als Organismus (Frühzeit – Antike – Mittelalter)

Bevor wir uns mit der neuzeitlichen Wissenschaftsgeschichte beschäftigen, schicke ich einen Abschnitt über Frühzeit, Antike und Mittelalter voraus. Damit wird einmal der Hintergrund deutlich, auf dem der Umbruch zu Beginn der Neuzeit zu verstehen ist. Zum anderen weist dieses alte vorwissenschaftliche Naturverständnis viele Aspekte auf, die in der heutigen ökologischen Diskussion um die Natur wieder betont werden und daher mit aktuellen Bezügen versehen sind.

Am Anfang der Wissenschaftsgeschichte steht das *Handwerk*. Ackerbau, Medizin, Metallverarbeitung, Weben, Färben, Parfum- und Glasherstellung gehören zu den ältesten Elementen der menschlichen Kultur. Aus Ägypten und Mesopotamien haben wir Metall- und Töpfereigegenstände, die aus der Zeit vor dem 3. Jahrtausend v. Chr. stammen. Viele Künste wie Ackerbau, Viehzucht und die frühe Medizin gelangen aber nur, wenn sie mit den großen Zyklen der Natur in Einklag ausgeübt wurden. Die Menschen mußten auf Ebbe und Flut, den Wechsel der Jahreszeiten, von Tag und Nacht, den Wechsel der Sternbilder, fruchtbaren und unfruchtbaren Perioden wie z. B. die Perioden der Frau Rücksicht nehmen. Es verwundert daher nicht, daß die immer wiederkehrenden *Naturzyklen* mit ihrer lebensspendenden oder vernichtenden Kraft mythologisch gedeutet wurden und das Muster für die frühen *Naturreligionen* abgaben. Die Natur selber erschien wie ein großer Organismus, in dessen natürliche Abläufe die Menschen eingebunden waren. Die Naturmythologien und ihre Ritualien dienten also dem Zweck, den Menschen in Harmonie mit dieser organischen Ordnung leben zu lassen (Abbildung 1).[1]

Schamane mit Sonnenrad   Kretische Fruchtbarkeitsgöttin
(Nordeuropa 1300 v. C.)

Abbildung 1   Naturmythologie als Vorläufer der Naturphilosophie.

Die *Naturphilosophie* löste die Naturreligion ab, als nach den ersten Gründen und Ursachen der Veränderungen in der Natur gefragt wurde und sie nicht einfach als schicksalhaft akzeptiert wurden.[2] Hinter der verwirrenden Vielfalt, den dauernden Veränderungen und den großen Zyklen der Natur wurde ein unveränderliches Ordnungsprinzip angenommen, das vom Menschen durch Denken erkannt werden kann. Man muß sich einmal den Anspruch und die ungeheure Abstraktion klarmachen, als die milesischen Naturphilosophen seit ca. dem 6. vorchristlichen Jh. erklärten: »Alles kommt aus dem Wasser!« (*Thales*), oder: »Alles besteht aus den Urstoffen Wasser, Luft, Feuer und Erde!« (*Empedokles*). Dabei gingen diese Philosophen noch von vertrauten Stoffen als Urprinzip aus, auf die alle Materie durch Mischung und Umwandlung zurückzuführen sei.

Noch abstrakter mußte der *Atomismus* des *Demokrit* gewirkt haben, der alle Vorgänge der Natur auf unendlich kleine unsichtbare Teilchen zurückführte, die sich im leeren Raum bewegen. Einen weiteren Höhepunkt dieser naturphilosophischen Abstraktionen bilden die *Pythagoräer*, nach denen in allen Veränderungen der Natur die mathematischen Formen, Proportionen und Gesetze als unveränderliche Prinzipien angenommen wurden. Nach *Platon* sind die Urbausteine der Materie sogar ideale geometrische Körper wie die regulären Tetraeder für das Feuer, Würfel für die Erde, Oktaeder für die Luft, Ikosaeder für das Wasser und Dodekaeder für das Weltall selber. Chemische Verbindungen dieser Stoffe versuchte Platon durch mathematische Zerlegung und Zusammensetzung der geometrischen Körper zu erklären (Abbildung 2).

PLATON (427–348 v. C.): »Die Stoffe bestehen aus idealen geometrischen Körpern!«

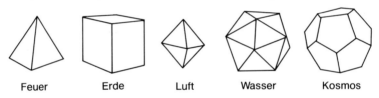

| Feuer | Erde | Luft | Wasser | Kosmos |

ARISTOTELES (384-322 v. C.): »Umwandlung der 4 Elemente durch Veränderung ihrer Gegensatzpaare!«

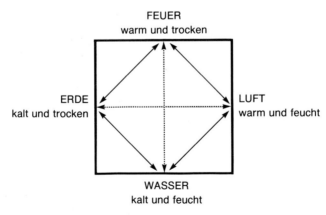

FEUER
warm und trocken

ERDE
kalt und trocken

LUFT
warm und feucht

WASSER
kalt und feucht

Abbildung 2 Griechische Naturphilosophie.

Das alles klingt vom Standpunkt heutiger mathematischer Naturwissenschaft aus sehr modern, war in der damaligen Zeit aber zu spekulativ und wenig überzeugend. Warum sollte man auch die vertrauten Lebensvorgänge durch abstrakte, starre und tote Dinge erklären, die man doch nicht wahrnehmen kann? Viel naheliegender und realistischer war für die damaligen Menschen der umgekehrte Weg, nämlich das Unbekannte nach dem Vorbild der vertrauten *organischen Lebensvorgänge* zu erklären.

Das war der Ansatz von *Aristoteles*, dessen Naturphilosophie bis zu Beginn der Neuzeit herrschte. Modern gesprochen lehnte Aristoteles Atomismus und Mathematisierung der Natur als spekulativ ab. Er war von Hause aus *Botaniker, Zoologe* und *Physiologe*. Diese Disziplinen prägten daher sein Bild von der Natur entscheidend. Wie in den Bestimmungsbüchern der Botaniker und Zoologen sah er die erste Aufgabe der Naturphilosophie darin, die verschiedenen Dinge der Natur zu klassifizieren und zu ordnen (*Taxonomie*). Die zweite Aufgabe war durch die *Physiologie* nahegelegt, nämlich die verschiedenen Entwicklungsstadien der Dinge nach dem Vorbild der Pflanzen und Tiere vom Entstehen über Wachstum und Reife bis zum Zerfall zu beschreiben.

Wir begegnen hier wieder der vertrauten Vorstellung von den organischen Lebenszyklen, die auch zur Erklärung anorganischer Prozesse herangezogen wurde. Während wir heute organische und physiologische Funktionen wie Zeugung, Empfängnis, Vererbung, Verdauung und Reife durch anorganische und molekulare Abläufe erklären, geht Aristoteles mit seinem organischen Paradigma der Natur umgekehrt von den vertrauten physiologischen Funktionen aus und versucht damit, alle anorganischen Vorgänge zu erklären.

Selbst die Himmelskörper sind für Aristoteles keine tote Materie. Ihre Unveränderlichkeit deutet er vielmehr als Zustand höchster Reife, indem sie, von Veränderungen und Zufällen unserer sterblichen Erde verschont, ewig verharren können, frei von Umwandlungen und Tod (Abbildung 2).

Neben der *frühen Medizin* hatte das *physiologische Paradigma der Natur* großen Einfluß auf die antike-mittelalterliche *Chemie* und *Alchemie*.[3] Diese Alchemisten, die übrigens nicht mit den Goldsuchern und Scharlatanen des 16. und 17. Jh.s an deutschen Fürstenhöfen verwechselt werden dürfen, verstanden die Natur als einen Organismus, in dem alle Teile – Tiere, Pflanzen und Mineralien – in großen Lebenszyklen wachsen und reifen. Grundlage ist eine Materietheorie, nach der alle Stoffe durch *Transmutationen* ihrer Eigenschaften ineinander überführt werden können. So ging man von einer physiologischen Theorie mineralischen Wachstums aus. Die Erde wurde als Gebärmutter verstanden, in der sich Mineralien nach Abbau regenerieren. Man sprach geradezu von »Anbau«, »Züchtung« und »Ernte« der Mineralien (Abbildung 3).

Im *Laboratorium* sollten die Vorgänge reproduziert werden, die sich im Schoß der Erde in einem embryologischen Vorgang ausbrüten. Man suchte nach geeignetem »Nährboden« und »Dünger«, um die natürlichen Fortpflanzungsprozesse zu beschleunigen. So wurde Gold mit unedlen Metallen wie Blei und Kupfer »gefüttert«. Modern

»Schwanzfresser: Alles ist Eins!«
Allegorische Darstellung des
unendlichen Kreislaufs
der Elemente.

Abbildung 3   Alchemie und frühe Chemie.

gesprochen ging es also um Katalysatoren für chemische Reaktionen. *Metallveredelung* und *Destillationen* wurden als natürliche Reifungsprozesse verstanden. Man mußte der Natur nur die großen Zyklen von Zeugung und Reife, Tod und Wiedergeburt, Zerstörung und Regeneration ablauschen, um chemische Prozesse im Labor erfolgreich wiederholen zu können. Noch *Goethe*, der die alchemistische Tradition kannte und selber Anhänger einer physiologischen Naturauffassung war, schreibt im »Faust« über die Alchemie:

> Mein Vater war ein dunkler Ehrenmann,
> der über die Natur und ihre heil'gen Kreise,
> in Redlichkeit, jedoch auf seine Weise
> mit grillenhafter Mühe sann;
> der, in Gesellschaft von Adepten,
> sich in die schwarze Küche schloß
> und, nach unendlichen Rezepten,
> das Widrige zusammengoß.
> Da ward ein roter Leu, ein kühner Freier,
> im lauen Bad der Lilie vermählt
> und beide dann mit offnem Flammenfeuer
> aus einem Brautgemach ins andere gequält.

Die Lehre von den großen Zyklen der Natur schlägt sich in der einzigen mathematischen Disziplin der griechischen Naturwissenschaft, nämlich der *Astronomie*, nieder.[4] Im *aristotelischen Weltbild* bewegen sich die Planeten gleichförmig um die Erde, die im Mittelpunkt ruht. Selbst als genauere Beobachtungen zeigten, daß sich die Planeten unregelmäßig und rückläufig bewegen, versuchten Astronomen wie z.B. *Ptolemaios*, durch geschickte mathematische Kniffs (Exzenterpunkte usw.) die regelmäßige Kreisbewegung am Himmel zu retten. Noch *Nikolaus Kopernikus* (1473–1543) versuchte die Annahme von himmlischen Kreisbewegungen mit den Beobachtungen zu versöhnen, und sei es um den Preis, die Stellung der Erde mit der Sonne zu vertauschen (Abbildung 4).

Antike-mittelalterliche Astronomie:

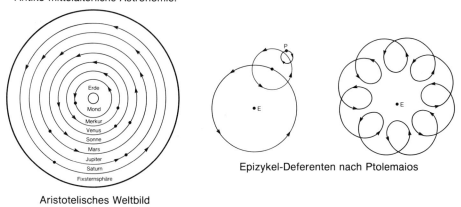

Aristotelisches Weltbild

Epizykel-Deferenten nach Ptolemaios

J. Kepler ›Astronomia nova‹ (1609): Keine ›vollkommenen‹ Kreise, sondern Ellipsen als Planetenbahnen!

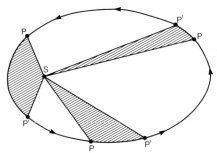

Abbildung 4 Entwicklung der Planetentheorie.

Die Wende bahnte sich in der Astronomie erst mit *Tycho Brahe* (1546–1601) an, dem bedeutendsten beobachtenden Astronomen vor Erfindung des Fernrohrs, dessen Messungen die empirische Grundlage für Keplers Planetentheorie wurden. Brahe entwarf ein modern anmutendes Laboratorium, in dem die Forschungsarbeit mit mehreren Mitarbeitern arbeitsteilig organisiert war.

Sein berühmtester Schüler, *Johannes Kepler* (1571–1630), versuchte zunächst noch, die Sphären im kopernikanischen System beizubehalten und ihre Abstände durch ein- und umbeschriebene platonische Körper zu bestimmen. Aufgrund der Meßdaten von Brahe gab er aber schließlich die antike Vorstellung von den ewigen Kreisbahnen auf und forderte für die Planeten eine Ellipsenbahn. Auch die Planeten waren für ihn nicht länger himmlische Wesen, sondern tote Materieklumpen, die durch Kräfte der Sonne in ihre Bahn gezwungen werden (Abbildung 4).

Dabei war Kepler alles andere als ein Materialist. Als Mathematiker und Philosoph war er glühender *Platoniker*, der an eine mathematische Ordnung und Harmonie der Natur glaubte, mit der sich Gott in der Natur offenbart. Er verband jedoch mathematische Modelle bereits mit genauen Meß- und Beobachtungsdaten und wurde damit zu einem der *Begründer der neuzeitlichen mathematischen Naturwissenschaft*. Seit der Renaissance brachen die Menschen zu neuen Erdteilen auf. Nun verließen sie auch das geschlossene Gehäuse der antiken-mittelalterlichen Kosmologie.

2. Natur als Weltmaschine (17./18. Jahrhundert)

Während Kepler die Abkehr von Aristoteles in der Himmelsphysik einleitete, vollzog *Galilei* (1564–1642) die Revolution in der *Erdphysik*. Erwähnen will ich hier nur sein berühmtes Fall- und Wurfgesetz, das aristotelischen Vorstellungen eklatant widersprach. Nach Aristoteles fällt ein Stein zur Erde, weil er bestrebt ist, seinen natürlichen Ort im Mittelpunkt der Erde aufzusuchen, d. h., der Stein handelt wie ein Lebewesen, das ein Ziel verfolgt (Teleologie). Galilei beschränkt sich auf ein mathematisches Gesetz, nach dem ein Körper in einer bestimmten Zeit einen bestimmten Weg zurücklegt. Zeit und Weg sind meßbare Größen, und der funktionale Zusammenhang kann im *Experiment* nachgeprüft werden. Neben der Mathematisierung der Natur wird also wie bei Kepler die Prüfung durch Meß- und Beobachtungsdaten herausgestellt.

Galilei ist insofern *Platoniker*, als für ihn wie für Kepler das »Buch der Natur«, wie er sich ausdrückt, in mathematischer Sprache geschrieben ist. Gemeint ist damit, daß sich Gott neben dem »Buch der Bücher«, d.h. der Bibel, auch in einem zweiten Buch, nämlich der Natur als seiner Schöpfung, offenbart. Um dieses Buch lesen zu können, muß man allerdings weder Hebräisch noch Griechisch oder Latein können, sondern Mathematik.[5]

Ferner muß man nach Galilei die Künste der Mechaniker kennen, um Meß- und Beobachtungsinstrumente bauen zu können. Das *Bündnis aus Mathematik, Technik und Handwerk,* das in der Renaissance viele Wissenschaftler und Künstler eingehen, war die entscheidende Voraussetzung der neuzeitlichen Physik. Mit seiner scharfen Kritik an Aristoteles leitete Galilei faktisch die Ablösung der Physik von der aristotelisch-mittelalterlichen Philosophie ein. Damit war aber noch keine Lösung aus der Philosophie schlechthin gemeint, vielmehr sollte die alte durch eine *neue mathematische und experimentelle Naturphilosophie* abgelöst werden. Entsprechend lautet auch der Titel von *Newtons* Hauptwerk von 1687 »Philosophiae naturalis principia mathematica«.[6]

Der entscheidende Grundgedanke dieses Werkes ist, daß sowohl die Keplerschen Himmelsbewegungen als auch die Galileischen Fall- und Wurfbewegungen auf der Erde durch dasselbe Prinzip in der Natur erklärt werden können – das *Gravitationsge-*

setz. Einer der großen Zyklen der Natur, nämlich Ebbe und Flut, konnte durch Newtons mathematisches Gravitationsgesetz von der Mondanziehung des Meeres erklärt werden. Die Natur war nach Newton nicht mehr wie im Mittelalter in endlich viele Planetenschalen eingeschlossen. Die Masse ihrer Sterne und Planeten konzentrierte sich um den ruhenden Mittelpunkt eines ansonsten leeren und unbegrenzten *absoluten Raumes*, in dem die Schwerkräfte der Massen über beliebige Entfernungen und mit beliebiger Geschwindigkeit aufeinander einwirkten (Abbildung 5).

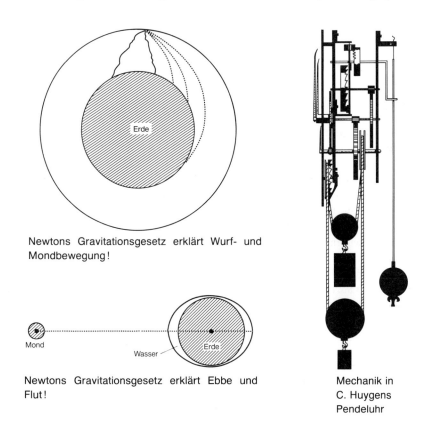

Newtons Gravitationsgesetz erklärt Wurf- und Mondbewegung!

Newtons Gravitationsgesetz erklärt Ebbe und Flut!

Mechanik in C. Huygens Pendeluhr

Abbildung 5   Natur im Zeitalter der Mechanik.

Diese *Fernkräfte*, die man nicht sehen oder sonstwie wahrnehmen kann, hatten für viele Physiker des 17. und 18. Jh.s etwas Gespenstisches an sich. Der niederländische Physiker *Huygens* versuchte daher auch, die Massenanziehung durch eine Wirbelbewegung kleiner Teilchen im Weltall zu erklären, die untereinander Stöße ausführten. Huygens stand in der Tradition von René Descartes, der alle Veränderungen der

Materie auf Kontaktkräfte, nämlich Druck und Stoß kleiner Partikel, zurückführen wollte.

Wie in einem großen *Uhrwerk* sollte ein Rad ins andere greifen und, über viele Stufen vermittelt, Bewegungen verursachen. Wenn Gott einmal die Uhr der Natur aufgezogen hat, so funktioniert sie nach mathematischen Gesetzen in *prästabilierter Harmonie*, wie *Leibniz* sich ausdrückt. Geometrie und Mechanik wurden zum Vorbild der Naturwissenschaften im Zeitalter des Barock. In der Wissenschaftsgeschichte spricht man daher auch von der Mechanisierung der Natur in diesem Zeitalter. Wer einmal die vielen kunstvollen Uhren in einem barocken Schloß ticken gehört und den mit Zirkel und Lineal vermessenen Schloßgarten gesehen hat, kann dieses mechanistische und geometrische Bild der Natur im 17. und 18. Jh. anschaulich nachvollziehen (Abbildung 5).[7]

Auch die *Physiologie der Lebensvorgänge* sollte nun *mechanistisch* erklärt werden. So akzeptierte *Descartes* die Hypothese von Harveys Blutkreislauf, in dem das Herz als Pumpmaschine eingesetzt wurde. Allgemein stellte Descartes vom tierischen und menschlichen Körper fest, daß sich ein Mechanismus allein aus der Einrichtung der Organe ergibt, »und das mit der gleichen Notwendigkeit wie der Mechanismus einer Uhr aus der Kraftlage und Gestalt ihrer Gewichte und Räder folgt«. Die Anatomie des menschlichen Körpers, die man spätestens seit der Renaissance durch die Sezierung von Leichen studierte, war nichts anderes als eine Anwendung der cartesischen analytischen Methode, wonach ein System zunächst in seine Teile zu zerlegen sei, um dann seine Funktion durch die Gesetze der Geometrie und Mechanik zu erklären.[8]

Während jedoch Descartes noch eine unsterbliche Seele für den Menschen vorsah, reduzierte *Lamettrie* 1747 den Menschen mit dem Kampfruf »*L'homme machine*« (»Der Mensch – ein Automat!«) auf einen seelenlosen Automaten, der sich von den Tieren nur durch die höhere Komplexität und Organisation seiner Teile unterscheidet. Der Mechanismus der Natur, bei Descartes und Leibniz noch fromm deistisch verstanden, schlug in der *Aufklärung* in Materialismus und Atheismus um. Nach der Physik sollte auch in der Physiologie und Medizin die organische Naturauffassung in der Tradition von Aristoteles ausgetrieben werden. In seinem Gedicht »Die Götter Griechenlands« trauert *Schiller* über diesen Paradigmenwechsel von der antiken Vision einer organischen Natur zum leblosen Mechanismus der cartesischen Naturwissenschaft:

> Wo jetzt nur, wie unsere Weisen sagen,
> seelenlos ein Feuerball sich dreht,
> lenkte damals einen goldnen Wagen
> Helios in stiller Majestät.
> Diese Höhen füllten Oreaden,
> [. . .]
> eine Dryas lebt' in jedem Baum,
> aus den Urnen lieblicher Najaden
> sprang der Ströme Silberschaum.

Ach, von jenem lebenswarmen Bilde
blieb der Schatten nur zurück.
[...]
Gleich dem toten Schlag der Pendeluhr,
dient sie knechtisch dem Gesetz der Schwere,
die entgötterte Natur.

Übrigens hat die *Mechanisierung der Natur* bis in die *Staatsphilosophie* gewirkt. Bereits *Thomas Hobbes* entwarf unter dem Eindruck der cartesischen Physik eine mechanistische Staatstheorie, in der sich der einzelne Bürger wie ein Zahnrad in die Staatsmaschine einfügen läßt, um eine reibungslose und konfliktfreie Gesellschaft zu garantieren.

Nach der Physik sollte das Paradigma der Mechanik auch in der *Chemie* die aristotelische Naturphilosophie und damit verbundene alchemistische Vorstellungen verdrängen. Einer der Pioniere der experimentellen Chemie war *Robert Boyle* (1627–1691), der das erste quantitative Gesetz über Gase aufstellte. Trotz einzelner Erfolge fehlte der Chemie aber noch Anfang des 18. Jh.s eine eigene Methode. Erst allmählich setzte sich die Newtonsche Physik durch, wonach alle stofflichen Veränderungen aus der Bewegung, Verbindung und Trennung von Elementen resultierten und alle materiellen Stoffe wägbar seien.[9]

Ein konsequenter Newtonianer ist *A. L. Lavoisier* (1743–1794).[10] Neben wichtigen Einzelentdeckungen (z.B. Sauerstoff) ist Lavoisier vor allem als *Reformator der Chemie* hervorzuheben, der nach dem Vorbild der Algebra und Sprachwissenschaft eine zweckmäßige chemische Terminologie einführte und die alten mythologischen Symbole der Alchemie abschaffte. Lavoisier verkörpert übrigens einen neuen Typ von Naturwissenschaftler, der nicht nur als stiller Gelehrter, sondern auch wirtschaftlich und finanziell erfolgreich war. Er hatte ein großes Privatlaboratorium, leitete als Unternehmer eine Pulverfabrik, besaß ein beträchtliches Bankvermögen und unterstützte die liberalen Ziele der französischen Revolution (Abbildung 6).

Im *Zeitalter der Aufklärung* gehen Naturwissenschaft und Philosophie ein enges Bündnis ein. *Voltaire* hatte ein populäres naturphilosophisches Buch über die Newtonsche Physik geschrieben. *Maupertuis*, der auf einer Nordlandexpedition die Abplattung der Erdpole im Sinne der Newtonschen Gravitationstheorie nachgewiesen hatte, wurde in Europa wie ein Triumphator gefeiert und von Friedrich dem Großen zum Akademiepräsidenten ernannt. Fortschritt, Aufklärung und Newton hatte das aufstrebende Bürgertum des 18. Jh.s auf seine Fahnen geschrieben. *Experimente* wurden nicht mehr nur an Fürstenhöfen vorgeführt, sondern fanden großes öffentliches Interesse. Sie riefen Erstaunen hervor, wie z.B. bei Lavoisiers öffentlicher Verbrennung eines Diamanten, oder schockierten, wie auf Wright of Derbys Gemälde »Der Philosoph führt die Luftpumpe vor«, auf dem nicht nur zum Entsetzen der Kinder einem Vogel in einer Glasglocke die Luft entzogen wird, so daß er nicht mehr fliegen kann und – unangenehme Nebenwirkung – mangels Luft verendet.

Einer der Kritiker der experimentellen Methode bleibt *Goethe*.[11] Er verspottete die Methoden in Newtons Optik, wo weißes Licht durch ein Prisma in farbiges Licht

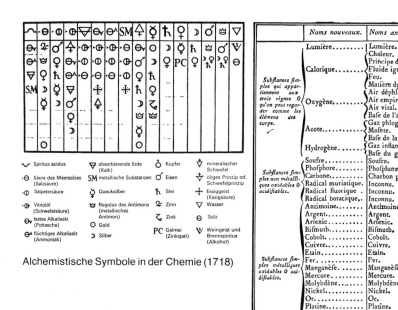

Alchemistische Symbole in der Chemie (1718)

Spiritus acidus — absorbierende Erde (Kalk) — Kupfer — mineralischer Schwefel
Säure des Meersalzes (Salzsäure) — SM metallische Substanzen — Eisen — öliges Prinzip od. Schwefelprinzip
Salpetersäure — Quecksilber — Blei — Essiggeist (Essigsäure)
Vitriolöl (Schwefelsäure) — Regulus des Antimons (metallisches Antimon) — Zinn — Wasser
festes Alkalisalz (Pottasche) — Gold — Zink — Salz
flüchtiges Alkalisalz (Ammoniak) — Silber — PC Galmei (Zinkspat) — Weingeist und Brennspiritus (Alkohol)

Lavoisier's Liste der Elemente (1780)

LAVOISIER'S LIST OF THE ELEMENTS (1789).

Periodensystem der Elemente nach MEYER/MENDELEJEW (1869):

Serie	Gruppe I — R₂O	Gruppe II — RO	Gruppe III — R₂O₃	Gruppe IV RH₄ RO₂	Gruppe V RH₃ R₂O₅	Gruppe VI RH₂ RO₃	Gruppe VII RH R₂O₇	Gruppe VIII — RO₄
1	H 1							
2	Li 7	Be 9 4	B 11	C 12	N 14	O 16	F 19	
3		Na 23	Mg 24	Al 27 3	Si 28	P 31	S 32	
4	K 39	Ca 40	—44	Ti 48	V 51	Cr 52	Mn 55	Fe 56, Co 59, Ni 59, Cu 63
5	(Cu 63)	Zn 65	—68	—72	As 75	Se 78	Br 80	
6	Rb 85	Sr 87	?Yt 88	Zr 90	Nb 94	Mo 96	—100	Ru 104, Rh 104, Pd 106, Ag 108,
7	(Ag 108)	Cd 112	In 113	Sn 118	Sb 122	Te 125	I 127	
8	Cs 133	Ba 137	?Di 138	?Ce 140	—	—	—	— — —
9	(—)	—	—	—	—	—	—	—
10	—	—	?Er 178	?La 180	Ta 182	W 184		Os 195, In 197. Pt 198, Au 199
11	(Au 199)	Hg 200	Tl 204	Pb 207	Bi 208	—		
12	—	—	—	Th 231		U 240	—	— — —

Abbildung 6   Entwicklung des chemischen Elementbegriffs.

zerlegt wurde, um dann wieder zusammengesetzt zu werden. Auf diese Weise, so Goethe, werde das Untersuchungsobjekt ebenso zerstört wie bei jenen Physiologen, die erst die Geschöpfe töteten, um dann durch Zerlegung das Geheimnis des Lebens ergründen zu wollen, oder bei jenen Botanikern, die eine Pflanze aus ihrer natürlichen Umgebung rissen, um ihre welken Leichen in Glaskästen aufzubewahren. Goethe steht deutlich in der Tradition eines organischen aristotelischen Naturverständnisses, nach dem man nur durch teilnehmende Beobachtung den Wandel der Natur verstehen kann. Aber Goethe blieb ein Außenseiter. Die Naturwissenschaftler Ende des 18. Jh.s glaubten an den Laplaceschen Geist, der nach dem Vorbild mechanischer Bewegungsgleichungen bei entsprechender Kenntnis der Anfangsbedingungen wenigstens prinzipiell alle Ereignisse in der großen Weltmaschine vorausberechnen kann.

3. Natur und Evolution (19. Jahrhundert)

Im 18. Jh. war die Natur für die Naturwissenschaftler vorwiegend ein Erkenntnisobjekt. Im 19. Jh. ermöglicht das technisch-naturwissenschaftliche Wissen erstmals, die *Natur* im großen Stil als Rohstoffreservoir zu nutzen, um die *Industrialisierung* der Gesellschaft einzuleiten. Natur, Naturwissenschaft, Technik und Gesellschaft gehen jene enge Symbiose ein, die charakteristisch ist für moderne Industriegesellschaften. Natur wird zum *Industriefaktor*.

Gleich zu Beginn des neuen Jahrhunderts zeichnete sich in der Diskussion um den Naturbegriff eine universitätspolitisch folgenschwere Entwicklung ab. Als Reaktion auf den physikalisch bestimmten Naturbegriff der Aufklärung hatten F. W. J. Schelling, F. W. Hegel u. a. eine *romantische Naturphilosophie* entworfen, in der die Natur wieder als ein durch Geist beseelter Organismus gedacht wurde. Die Versuche, Elektrizität, Magnetismus und chemische Verbindungen aus dieser spekulativen Metaphysik abzuleiten, stießen jedoch bei vielen mathematisch und experimentell orientierten Naturwissenschaftlern auf scharfe Ablehnung. »Geist« und »Natur« wurden fortan als Gegensätze empfunden. Die *Trennung der Geistes- von den Naturwissenschaften* kündigte sich an und wurde auch durch unterschiedliche Fakultäten im 19. Jh. erstmals realisiert (z. B. an der Universität Tübingen).[12]

Die Fortschritte in Physik, Chemie und Biologie im 19. Jh. waren so rasant, daß sie hier nur in Stichworten festgehalten werden können.[13] Während um 1800 die Mechanik der einzige mathematische Zweig der Physik war, kam in den ersten Jahrzehnten des 19. Jh.s sehr rasch die Mathematisierung von Elektrizitätslehre, Optik und Wärmelehre in Gang. Newtons Theorie von Bewegung und Kraft ließ sich erweitern, um *thermische*, *elektrische* und sogar *physiologische* Phänomene zu erfassen. J. P. Joule, H. v. Helmholtz u. a. gelang es um ca. 1848, ihre Austauschverhältnisse zu bestimmen: Ob nun Wärme mit elektrischem Strom oder durch mechanische Arbeit oder durch chemische Reaktionen erzeugt wurde, die Umwandlung vollzog sich in festen meßbaren Verhältnissen. Die Maschinenkraft (z.B. Dampfmaschine) erhielt ihre physikalische Grundlage. »Kraft« und »Stoff« wurden Schlagworte der populären positivistischen Naturphilosophie jener Zeit.

Nach der *Ørstedschen* Entdeckung der magnetischen Wirkung eines elektrischen Stromes (1820) arbeiteten französische Physiker wie *Biot, Ampère* und *Laplace* eine mathematische Theorie des *Elektromagnetismus* aus. In England wirkte *M. Faraday* (1791–1867) als einer der genialsten Experimentalphysiker aller Zeiten. Als Autodidakt hatte er sich übrigens vom Buchhändlerlehrling bis zum Physikprofessor emporgearbeitet. Seine unzureichenden mathematischen Kenntnisse zwangen Faraday oft zur Verwendung von Methoden, die er dann systematisch durch Versuche verwirklichte. Mit seiner Entdeckung der elektromagnetischen Induktion und der Modellvorstellung von magnetischen und elektrischen Kraftlinien bereitete er den Begriff des elektromagnetischen Feldes vor, der dann von J. C. Maxwell in den Gleichungen der *Elektrodynamik* mathematisch präzisiert wurde und sogar das Licht als elektromagnetische Erscheinung erklärte. Damit waren die Grundlagen der Elektrotechnik und der elektrotechnischen Industrie in der 2. Hälfte des 19. Jh.s gelegt.

In der *Chemie* hatte sich seit Anfang des 19. Jh.s die *Atomhypothese* durchgesetzt, die Newton bereits in seinem Buch »Opticks« propagiert hatte. Durch Messungen wies *J. Dalton* konstante Proportionsverhältnisse von Elementarsubstanzen nach, was zur Annahme von Atomen veranlaßte. Ihre relativen Gewichte waren also bestimmbar, wenn sie auch als individuelle Substanzen nicht wahrnehmbar waren. Ihre Annahme erlaubte aber eine erfolgreiche Erklärung chemischer Prozesse. Mit Meyers und Mendelejews *Periodensystem der Elemente* lag schließlich eine Klassifizierung der chemischen Atome vor, mit der sogar bis dahin unbekannte Elemente (z.B. Germanium) vorausgesagt werden konnten, die später tatsächlich entdeckt wurden. Der Atomismus schien sich endgültig als erfolgreiches Forschungsparadigma durchzusetzen und die funktionalen aristotelischen Vorstellungen aus der Chemie zu verdrängen (Abbildung 6).[14]

Das zeigte sich bald auch in der sog. *physiologischen Chemie*, die sich mit Stoffen beschäftigte, die in Pflanzen, Tieren und Menschen gebildet werden wie Zucker, Stärke, Fett und Eiweiß. *Justus von Liebig*, einer der Väter der organischen Chemie, arbeitete zunächst noch mit der vitalistischen Hypothese einer *zielgerichteten Lebenskraft*, die lebendige von toter Materie unterscheiden sollte. Je mehr aber Liebig bei seinen Analysen vordrang, um so überflüssiger erwies sich diese Annahme. Ein Beispiel war Wöhlers künstliche Synthese von Harnstoff, also einem organischen Produkt der Niere.

Natur – das sind auch die *Nahrungsmittel* der Menschen, Getreide, Brot, Fleisch, die Liebig gründlichen Analysen unterzog. Sein Kunstdünger, so kritisch wir manche Auswüchse heute sehen, schaffte sicher mit die Ernährungsgrundlage, um eine Bevölkerungsexplosion, wie sie im 19. Jh. stattfand, zu ermöglichen. Die öffentlichen Experimentalvorlesungen Liebigs in München waren gesellschaftliche Ereignisse, an denen das bayerische Königshaus und weite Bevölkerungskreise neugierig teilnahmen, auch wenn es oder gerade weil es manchmal stank und krachte. Die *chemische Industrie* (insbesondere Farbenchemie) nahm eine überragende Bedeutung in der Industrialisierung während der 2. Hälfte des 19. Jh.s ein. Die Menschen begannen erstmals, Naturabläufe wie Pflanzen-, Tierwachstum, Heilungsprozesse usw. in großem Stil chemisch zu steuern und neue Kreisläufe durch ihre industriellen Produktionsketten einzurichten.

Nach Physik und Chemie erhielt das aristotelische Naturverständnis den stärksten Schlag auf dem Gebiet, das zunächst seine ureigenste Domäne zu sein schien – die *Biologie*. *Charles Darwins* Lehre von der Entwicklung der biologischen Arten durch natürliche Zuchtauswahl schien die Annahme von zielgerichteten (»teleologischen«) Kräften der belebten Natur überflüssig zu machen. Die Durchsetzung einer Art im »survival of the fittest« (*H. Spencer*) hängt kausal vom größeren Selektionsvorteil unter bestimmten Umweltbedingungen (z.B. Nahrung, Klima) ab.

Viele Zeitgenossen empfanden den Darwinismus nicht nur als naturwissenschaftliche Theorie. Darwins Evolutionstheorie entwarf vielmehr ein Bild von der Natur, in dem sich die Gesellschaft des 19. Jh.s mit ihrer stürmischen Fortschrittsdynamik, den grandiosen Erfolgen der »Tüchtigen« und der erbarmungslosen Verelendung und Selektion der »Schwachen« wiedererkannte. Seit dieser Zeit spricht man auch vom *Sozialdarwinismus* als einer politischen Einstellung. Dabei konnte die *Evolutionstheorie* zur Zeit Darwins keineswegs mit den hochgradig bestätigten physikalischen und chemischen Ergebnissen verglichen werden, von denen wir eben gesprochen haben. Außer einigen morphologisch vergleichenden Studien lag nämlich zur Zeit Darwins als Bestätigung nichts vor. Dennoch sagte einer der großen Physiker des 19. Jh.s rückblickend auf sein Jahrhundert:

»Wenn Sie mich nach meiner innersten Überzeugung fragen, ob man unser Jahrhundert einmal das eiserne Jahrhundert oder das Jahrhundert des Dampfes oder der Elektrizität nennen wird, so antworte ich ohne Bedenken, das Jahrhundert Darwins wird es heißen.«[15]

Die Rede ist von *L. Boltzmann* (1844–1909). Als Physiker hatte er die Atomhypothese der Chemiker übernommen und eine statistisch-molekulare Begründung der Wärmetheorie, also der *Thermodynamik*, verfochten. 1886 gab Boltzmann die physikalische Erklärung der *Photosynthese* ab, die ja die bioenergetische Voraussetzung des Lebens ist. Als *Naturphilosoph* entwarf er um die Jahrhundertwende ein Gesamtbild von der Natur, das auf der Evolutionstheorie, der Thermodynamik und dem übrigen physikalischen und chemischen Wissen des 19. Jh.s gründet und in vielem bereits unser heutiges naturwissenschaftliches Bild von der Natur vorwegnimmt. Wie ist es möglich, daß in einer Natur, die nach dem *2. Hauptsatz der Thermodynamik* auf Unordnung, Tod und Zerfall programmiert scheint, die Evolution des Lebens zu immer komplexeren Ordnungs- und Lebenssystemen stürmt? Boltzmann gibt Erklärungen, die bereits moderne *biochemische Grundbegriffe* der molekularen Selbstvermehrung (Autokatalyse), des Energie- und Stoffwechsels (Metabolismus) und der Selektion vorwegnehmen. Dazu einige Zitate:

»Wir machen die Hypothese, es hätten sich Atomkomplexe entwickelt, die imstande waren, sich durch Bildung gleichartiger um sich herum zu vermehren. Von den so entstandenen größeren Massen waren jene am lebensfähigsten, die sich durch Teilung zu vervielfältigen vermochten, dann jene, denen eine Tendenz innewohnte, sich nach Stellen günstiger Lebensbedingungen hinzubewegen. [...] Es waren also zunächst nur ganz einfache Individuen, einfache Zellen oder Protoplasmaklümpchen vorhanden [...]. Solche Klümpchen, bei denen diese Modifikation in dem Sinne erfolgte, daß sie sich durchschnittlich (mit Vorliebe) dorthin bewegten, wo es besser zum Aufsaugen geeignete Stoffe (bessere Nahrung) gab, gelangten besser zum Wachstum und häufiger zur Fortpflanzung und überwucherten daher bald alle anderen.«[16] »Dies [Überleben einfacher Lebewesen] wurde sehr gefördert durch Empfänglichkeit für äußere Eindrük-ke, chemische Beschaffenheit und Bewegung des umgebenden Mediums, Licht und Schatten usw. Die Empfindlichkeit führte zur Entwicklung von Empfindungsnerven, die Beweglichkeit zu Bewegungsnerven. [...] Das Gehirn betrachten wir als den Apparat, das Organ zur Herstellung der Weltbilder, welches sich wegen der großen Nützlichkeit dieser Weltbilder für die Erhaltung der Art entsprechend der Darwinschen Theorie beim Menschen geradeso zur besonderen Vollkommenheit herausbildete, wie bei der Giraffe der Hals, beim Storch der Schnabel zu ungewöhnlicher Länge.«[17]

4. Natur und technisch-wissenschaftliche Welt (20. Jahrhundert)

Die klassische Physik drang um die Jahrhundertwende ins atomar Kleine und in astronomische Weiten vor und untersuchte dabei Geschwindigkeiten, die nahe der des Lichts kommen. Damit stieß sie unweigerlich an die Grenzen der anschaulich vertrauten Natur. Es zeigte sich nämlich, daß die Begriffe und Theorien der klassischen Physik dem Bereich der lebensweltlich vertrauten Dimensionen der Ausdehnung und der Geschwindigkeit angepaßt waren und sich nicht ungeändert auf atomar kleinere und astronomisch weite oder hohe Geschwindigkeiten übertragen ließen. Neue Begriffe von Raum und Zeit, von Masse und Energie, von Teilchen und Feld, von Wechselwir-

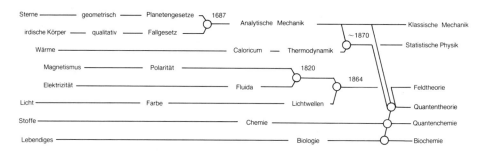

Abbildung 7 Historische Entwicklung der Naturwissenschaften.

kung und Kausalität mußten gefunden werden.[18] Das geschah in der *Relativitäts-* und *Quantentheorie*, die zu Grundlagen der modernen Physik wurden. Der Laplacesche Geist der klassischen Mechanik hatte in der Welt der Quanten seinen Einfluß verloren. Impuls und Ort eines Elektrons lassen sich nicht mehr gleichzeitig mit beliebiger Genauigkeit messen. Nur Wahrscheinlichkeitsaussagen sind noch möglich.

Auch die Ausmaße der *Forschungslaboratorien* haben sich geändert. Man erinnere sich nur an den Labortisch, auf dem *Otto Hahn* noch die »Atomspaltung« gelang. Demgegenüber betrachte man das gigantische Nachweisgerät für Elementarteilchen, das in Teamwork von ca. 100 Physikern aus elf Instituten Europas und den USA 1983 in *CERN* gebaut wurde und mit dem der Nachweis von Teilchen gelang, die an einer neuartigen physikalischen Wechselwirkung (schwache Wechselwirkung) beteiligt sind.

Eines der aufregendsten Ergebnisse dieser aufwendigen Untersuchungen besteht darin, daß wir Einblicke in die *Energieprozesse des Kosmos* erhalten, so daß am Ende *Hochenergiephysik* und *Kosmologie* zu einer Wissenschaft zusammenwachsen. Der Kosmos selber ist danach ein gigantisches Hochenergielaboratorium, in dem, wie viele Physiker annehmen, nach einer Ursingularität (»Big Bang«) eine kosmische Evolution abläuft, wobei im Zuge der kosmischen Abkühlung stufenweise Elementarteilchen wie Photonen, Protonen etc., schließlich Atome, Moleküle, Gase und Sterne entstanden.[19]

Typisch für das sich abzeichnende einheitliche naturwissenschaftliche Bild der Natur sind neue Disziplinen, mit denen die Schranken zwischen den klassischen Disziplinen der Physik, Chemie und Biologie aufgehoben werden. Hier ist zunächst die Rede von der *Quantenchemie*, in der die chemischen Begriffe des Atoms und Moleküls mit quantenmechanischen Approximationsverfahren aus der Quantenphysik gewonnen werden.[20] Hier muß ebenso die *Biochemie* erwähnt werden, die biologische Makromoleküle wie z.B. Kohlenhydrate, Proteine und Nukleinsäuren als die Bausteine des Lebens untersucht. Die Prozesse, die zur Bildung dieser Bausteine führten, sind physikalisch und chemisch erklärbar und können mittlerweile experimentell in Evolutionsreaktoren simuliert werden. Ebenso sind die Prozesse, die in den Zellen der Organismen ablaufen (z.B. Vererbung durch Reduplikation der DNS-Spirale), chemisch erklärbar. Nach den Energiekreisläufen der Natur, in die wir physikalisch eingreifen können, zeichnen sich mit der *Gentechnologie* Möglichkeiten ab, auch Lebensprozesse technologisch zu beeinflussen.

Halten wir an dieser Stelle inne und werfen einen Blick zurück, so zeigt Abbildung 7, wie aus vertrauten Erfahrungsgegenständen der Sterne, irdischen Körper, Wärme, Magnetismus, Elektrizität, Licht, Stoffe und lebenden Organismen im Laufe der Jahrhunderte ein immer *komplexeres naturwissenschaftliches Wissen* entstand, das jedoch gleichzeitig in verschiedenen Zwischenschritten zu einer einheitlichen Theorie der Natur strebt.

Wissenschaftstheoretisch erhalten wir eine Hierarchie von naturwissenschaftlichen Disziplinen von der Quantenmechanik, Quantenchemie und Chemie über Biochemie zur Biologie und Ökologie, die jeweils Teilsysteme der Natur mit wachsender Komplexität untersuchen – von den subatomaren Elementarteilchen, Atomen und Molekülen über Nukleinsäuren und Viren bis zu Zellteilen und Zellen, Organen, Organismen, Populationen und Ökosystemen. *Hierarchisch höherliegende Theorien* können unter Beachtung bestimmter Nebenbedingungen auf die Prinzipien der tieferliegenden Theorien *reduziert* werden. Daher wäre es *logisch* möglich, eine bestimmte Stufe in der Sprache einer hierarchisch höherliegenden Stufe zu beschreiben, also Chemie durch Quantenchemie, Biologie durch Biochemie, Ökologie durch Biologie usw. Doch eine solche Beschreibung wird im allgemeinen viel zu komplex, vielleicht sogar unverständlich und für die Forschung wenig inspirativ. Der *Theorienpluralismus* der einzelnen Disziplinen ist nicht nur heuristisch wünschenswert, um anschauliche Modelle, Experimente und Entdeckungen zu ermöglichen, sondern für die praktische Arbeit des Wissenschaftlers unverzichtbar (Abbildung 8).[22]

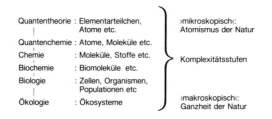

Quantentheorie	: Elementarteilchen, Atome etc.	›mikroskopisch‹: Atomismus der Natur
Quantenchemie	: Atome, Moleküle etc.	
Chemie	: Moleküle, Stoffe etc.	Komplexitätsstufen
Biochemie	: Biomoleküle etc.	
Biologie	: Zellen, Organismen, Populationen etc	
Ökologie	: Ökosysteme	›makroskopisch‹: Ganzheit der Natur

Abbildung 8   Einheitliche Theorie der Naturwissenschaften.

Daher ist es auch kein Gegensatz, ob wir bei der Untersuchung der Natur *makroskopisch »von oben«* mit der *vernetzten Gesamtheit dynamischer Ökosysteme* beginnen, also mit den großen Kreisläufen in der makroskopischen Natur von Tier- und Pflanzenpopulationen, Nahrungsketten usw., oder *»von unten«* die einzelnen subatomaren, atomaren und molekularen Bausteine mit Quantenphysik, Chemie und Biochemie freilegen. *Ganzheit* und *Atomismus* sind dann historisch falsch verstandene Gegensätze, die vielmehr aufeinander bezogen sind. Natur ist nicht einfach die Summe ihrer Atome und Moleküle. Das Ganze zerfällt nicht einfach in seine Teile, wie *Werner Heisenberg* mit Anspielung auf die vorsokratische Naturphilosophie sagte. In diesem Sinn zeichnet sich heute eine einheitliche Theorie der Natur in der Vielheit der aufeinander bezogenen naturwissenschaftlichen Theorien ab.[23]

Die *Hierarchie der Natur* ist aber mit den *Ökosystemen* der Pflanzen und Tiere keineswegs abgeschlossen, denn die menschliche Gesellschaft ist in die Nahrungs-, Rohstoff- und Energieketten der Natur mit eingebunden. Aufgrund ihres naturwissenschaftlichen Wissens haben die Menschen ein kompliziertes *technologisch-industrielles Netz* entwickelt, mit dem sie an die Naturkreisläufe angekoppelt sind und steuernd in sie eingreifen können. Das nennen wir heute die *technisch-wissenschaftliche Welt*. Obwohl hier von Kreisläufen der Natur gesprochen wird, ist der Unterschied zum organischen Naturverständnis in der Tradition von Aristoteles unübersehbar – nicht mehr verständnisvolles Einschwingen in die vorgegebenen Naturkreisläufe, sondern steuernd eingreifen wollen.[24]

Daß allerdings erst durch solche *Eingriffe* Ernährung, Gesundheit, Lebenserwartung und Wohlstand gesichert werden, ja daß die moderne Industriegesellschaft ohne ihre technisch-naturwissenschaftlichen Grundlagen nicht mehr existieren könnte, ist heute unbestreitbar. Ebenso klar ist aber auch, daß diese Eingriffe, und hier liegt ihre größte Gefahr, unkalkulierbare und irreversible Nebenwirkungen haben können, die bewußt oder unbewußt in Verfolgung egoistischer Teilinteressen in Kauf genommen werden. Ich möchte dazu den Konstanzer Kollegen und jetzigen DFG-Präsidenten *Hubert Markl* zitieren:

»Der Mensch hat bisher seine Vermehrung und sein Wirtschaften nur wie ein ganz besonders geschickter Bioroboter zu Zwecken immer wirkungsvoller gesteigert, die sich im Prinzip nicht von denen unserer Ururahnen in der Ursuppe unterscheiden. Der Schritt zur wirklichen Autonomie, zur Selbstbestimmung unserer Daseinszwecke, der sich der Einsatz unserer märchenhaften, technisch-kulturellen Mittel unterzuordnen hat, bleibt noch zu tun.«[25]

Hier beginnt der lebensnotwendige *Dialog der Natur- mit den Geisteswissenschaften* über die *Natur*, der wenigstens in Deutschland seit Trennung der natur- und geisteswissenschaftlichen Fakultäten ins Stocken geraten war.[26] Es käme einem *bildungspolitischen* Bankrott gleich, wenn den Studenten der einen Fakultät als zukünftigen Geistes- oder Sozialwissenschaftlern ihr Naturverständnis nur durch Naturromantik und Technikfeindlichkeit vermittelt würde, wenn sie gewissermaßen die Flucht auf die grüne Wiese technologischer Verweigerung antreten würden, während den anderen in der Nische ihrer jeweiligen naturwissenschaftlichen Fachausbildung der Sinn für den Gesamtzusammenhang verlorenginge. In einer solchen Situation scheint es mir geradezu eine bildungspolitische *Aufgabe der Philosophie* zu sein, die methodischen und begrifflichen Grundlagen einer solchen Diskussion klarzustellen. Sie sollte aus der Kenntnis des historischen Wandels des menschlichen Naturverständnisses und seiner Folgen deutlich machen, daß wir nicht ohne die Natur, gegen die Natur oder ohne Rücksicht auf sie, sondern nur mit der Natur leben können. Hier ist denn auch eine *teleologische* Sprache angebracht, d.h., es ist von Zielen und Zwecken die Rede, an denen sich Menschen in der Entwicklung ihrer Wissenschaft, Technologie und Kultur orientieren sollen. Damit zeichnet sich eine Wertorientierung ab, die es erneut verdient, »aristotelisch« genannt zu werden, nicht in dem Sinne einer historisch verlorengegangenen und nun zu restaurierenden Idylle, sondern im Sinne einer Handlungsgemeinschaft mit der Natur. Diese Erkenntnis führt uns zugleich zu einer normativen Bestimmung der Naturwissenschaften, nämlich technisch-naturwissenschaftliches Wissen als Mittel zur Realisierung humaner Zwecke und Absicherung einer humanen Lebenswelt.

Anmerkungen

[1] Vgl. P. Berger/T. Luckmann, The Social Construction of Reality, Garden City/New York 1966; K. Hübner, Die Wahrheit des Mythos, München 1985; K. Mainzer, Symmetrien der Natur. Ein Handbuch zur Natur- und Wissenschaftsphilosophie, Berlin/New York 1988, 15 ff.

[2] Vgl. K. v. Fritz, Grundlagenprobleme in der Geschichte der antiken Wissenschaft, Berlin/New York 1971; A. Stückelberger, Antike Atomphysik. Texte zur antiken Atomlehre und zu ihrer Wiederaufnahme in der Neuzeit, München 1979; K. Mainzer (s. Anm. 1), 67 ff.

[3] Vgl. A. J. Hopkins, Alchemy. Child of Greek Philosophy, New York 1967; M. Plessner, Vorsokratische Philosophie und griechische Alchemie in arabisch-lateinischer Überlieferung, Wiesbaden 1975; K. Mainzer (s. Anm. 1), 103 ff.

[4] Vgl. B. L. van der Waerden, Die Anfänge der Astronomie (Erwachende Wissenschaft II), Basel 1968; J. Mittelstraß, Die Rettung der Phänomene. Ursprung und Geschichte eines antiken Forschungsprinzips, Berlin 1962; K. Mainzer (s. Anm. 1), 51 ff.

[5] Vgl. E. Rothacker, Das »Buch der Natur«. Materialien und Grundsätzliches zur Metapherngeschichte, ed. W. Perpeet, Bonn 1979.

[6] Vgl. M. Jammer, Concepts of Force. A Study in the Foundations of Dynamics, Cambridge Mass. 1957, New York 1962; K. Mainzer/J. Mittelstraß, Isaac Newton, in: J. Mittelstraß (Hrsg.), Enzyklopädie Philosophie und Wissenschaftstheorie, Bd. 2, Mannheim/Wien/Zürich 1984, 997–1005.

[7] Vgl. E. J. Dijksterhuis, De Mechanisering van het Wereldbeeld, Amsterdam 1950, 1977 (dt. 1956).

[8] Vgl. S. Toulmin/J. Goodfield, The Architecture of Matter, London 1966 (dt. 1970).

[9] Vgl. J. E. McGuire, Boyle's Conception of Nature, in: J. Hist. Ideas 33, 1972, 523–542.

[10] Vgl. E. Ströker, Theoriewandel in der Wissenschaftsgeschichte. Chemie im 18. Jahrhundert, Frankfurt 1981; H. Guerlac, Antoine Laurent Lavoisier. Chemist and Revolutionary, New York 1975.

[11] Vgl. M. Kleinschnieder, Goethes Naturstudien. Wissenschaftstheoretische und geschichtliche Untersuchungen, Bonn 1971.

[12] Vgl. A. Hermann, Schelling und die Naturwissenschaften, in: Technikgeschichte 44, 1977, 47–53; E. Mende, Der Einfluß von Schellings ›Princip‹ auf Biologie und Physik der Romantik, in: Phil. Nat. 15, 1974/1975, 461–485.

[13] Vgl. K. Mainzer, Physik, in: J. Ritter/K. Gründer (Hrsg.), Historisches Wörterbuch der Philosophie, Bd. 6, Basel 1989.

[14] Vgl. J. R. Partington, A Short History of Chemistry, London 1965.

[15] L. Boltzmann, Der zweite Hauptsatz der mechanischen Wärmetheorie, in: ders., Populäre Schriften, Leipzig 1905, Braunschweig 1979, 26–46.

[16] L. Boltzmann, Entgegnung auf einen von Prof. Ostwald über das Glück gehaltenen Vortrag, in: ders., Populäre Schriften (s. Anm. 15), 225–239.

[17] L. Boltzmann, Über die Frage nach der objektiven Existenz der Vorgänge in der unbelebten Natur, in: ders., Populäre Schriften (s. Anm. 15), 94–119.

[18] M. B. Hesse, Forces and Fields. The Concept of Action at a Distance in the History of Physics, London/New York 1961; M. Jammer, The Conceptual Development of Quantum Mechanics, New York 1966; J. Audretsch/K. Mainzer (Hrsg.), Philosophie und Physik der Raum-Zeit, Mannheim/Wien/Zürich 1988.

[19] J. Audretsch/K. Mainzer (Hrsg.), Vom Anfang der Welt. Wissenschaft-Philosophie–Religion-Mythos, München 1989.

[20] H. Primas, Kann Chemie auf Physik reduziert werden? In: Chemie in unserer Zeit 19, 1985, 109–119, 160–166; K. Mainzer, Symmetries in Nature, in: Chimia 5, 1988, 161–171.

[21] E. P. Fischer/K. Mainzer (Hrsg.), Was ist Leben? Zum 100. Geburtstag von Erwin Schrödinger, München 1989.

[22] K. Mainzer, Symmetrien der Natur. Ein Handbuch zur Natur- und Wissenschaftsphilosophie, Berlin/New York 1988, 604 ff., 666 ff.; ders., Wissenschaftsphilosophie oder Wissenschaftstheorie? Zur Kritik »moderner« und »postmoderner« Wissenschaftstheorie, in: P. Hoyningen-Huene (Hrsg.), Wozu Wissenschaftsphilosophie? Berlin/New York 1988, 39–52.

[23] K. Mainzer, Symmetrie und Symmetriebrechung. Zur Einheit und Vielheit in den modernen Naturwissenschaften, in: Z. f. allg. Wissenschaftstheorie 1988, 290–307; C. F. von Weizsäcker, Die Einheit der Natur, München 1971.

[24] K. Mainzer, Technisch-wissenschaftlicher Fortschritt und humane Lebenswelt. Bemerkungen im Rückblick auf Albertus Magnus, in: Konstanzer Blätter für Hochschulfragen Nr. 97, Heft 4 1987, 51–61.

[25] H. Markl, Dasein in Grenzen: Die Herausforderung der Ressourcenknappheit für die Evolution des Lebens, Konstanz 1984, 32.

[26] W. Wild, Naturwissenschaften und Geisteswissenschaften – immer noch zwei getrennte Kulturen? In: Universitas 1 1987, 25–36.

KARLHEINZ STIERLE

Die Entdeckung der Landschaft in Literatur und Malerei der italienischen Renaissance

I.

Dem Erstaunlichen, daß Natur als Landschaft in der Neuzeit zum Gegenstand des ästhetischen Genusses wurde, hat der Philosoph Joachim Ritter in seinem Essay »Landschaft. Zur Funktion des Ästhetischen in der modernen Gesellschaft« eine seiner schönsten Betrachtungen gewidmet. Ritters Antwort auf die Frage nach dem Grund unseres ästhetischen Vergnügens an der Natur, wie sie als Landschaft zur Erscheinung kommt, ist von einer die geschichtsphilosophische Situation der Moderne schlaglichthaft erhellenden Prägnanz: »Die zum Erdenleben des Menschen gehörige Natur als Himmel und Erde wird ästhetisch in der Form der Landschaft zum Inhalt der Freiheit, deren Existenz die Gesellschaft und ihre Herrschaft über die zum Objekt gemachte und unterworfene Natur zur Voraussetzung hat.«[1] Die Verdinglichung der Natur und ihre ästhetische Freisetzung entspringen einer gemeinsamen geschichtsphilosophischen Situation, die Ritter nach Rousseau, Schiller und Hegel mit der größten Luzidität durchsichtig macht. Dem in die Geschichte neuzeitlicher Naturerfahrung eindringenden Philosophen zeigt sich, »daß die gleiche Gesellschaft und Zivilisation, die dem Menschen in der Verdinglichung der Natur die Freiheit bringt, zugleich den Geist dazu treibt, Organe auszubilden, die den Reichtum des Menschseins lebendig gegenwärtig halten, dem die Gesellschaft ohne sie weder Wirklichkeit noch Ausdruck zu geben vermag« (S. 163).

Ritters Betrachtungen setzen ein bei dem epochalen Zeugnis von Petrarcas Besteigung des Mont Ventoux, seinem auf den 26. April 1336 datierten Brief an Francesco Dionigi da Borgo San Sepolcro. Für Ritter scheint dieser berühmte Bericht der eigentliche Anfang neuzeitlicher Landschaftserfahrung zu sein. Doch wird, wer die Geschichte frühmoderner Landschaftserfahrung und ihrer künstlerischen Ausdrucksformen zu erfassen sucht, Ritters philosophischer Deutung nicht ohne Vorbehalte folgen, so evident diese für die Landschaftserfahrung im Industriezeitalter zu sein scheint. Wenn auch seine These im großen nicht in Frage steht, so bieten sich für die Geschichte der nachmittelalterlichen ästhetischen Erfahrung der Landschaft doch notwendige Differenzierungen an. Ritter versteht Petrarca, einen der »frühesten völlig modernen Menschen«, wie Burckhardt in seinem Werk *Die Kultur der Renaissance in Italien* sagt,[2] als einen philosophischen Betrachter der Natur, der in der Tradition antiker theoria steht und der auf eine neue Form der theoretischen Welterfahrung vorausweist. Nach Ritter habe Petrarca den Mont Ventoux bestiegen, um »in freier Betrachtung und Theorie an der ganzen Natur und an Gott teilzuhaben. Er besteigt den Berg frei ›um seiner selbst willen und um den Blick von seinem Gipfel zu genießen‹ [K. Clark]. Er begründet dies aus dem geistigen Zusammenhang der ›Theorie‹. Das hat allgemeine Bedeutung. Für das ästhetische Verhältnis zur Natur als Landschaft bleiben dann die von Petrarca aufgenommenen Bestimmungen der philosophischen Theorie-Tradition konstitutiv. Das gibt der Ersteigung des Mont Ventoux epochale Bedeutung. Natur als Landschaft ist Frucht und Erzeugnis des theoretischen Geistes« (S. 146). Gibt Petrarca sich auf dem Berg freier theoretischer Betrachtung hin, um sich das Ganze der Natur zur Anschauung zu bringen? Wichtig ist schon, daß Petrarca nach seinen eigenen Worten gar nicht beabsichtigt, den Berg zu besteigen, um dort »den Blick von seinem Gipfel zu genießen«, sondern vielmehr, um den Gipfel des Berges selbst in unzugänglicher Höhe zu erforschen: »sola videndi insignem loci altitudinem cupiditate ductus«.[3] So ist zunächst der Blick in die Landschaft gar nicht beabsichtigt, sondern das Eindringen ins Unzugängliche. Das verwegene Unterfangen selbst wird zuerst Gegenstand der nachdenklichen Betrachtung. Petrarca wird der mühselige Aufstieg zum Bild des Aufstiegs der Seele, und aus dieser Transposition des konkreten Aufstiegs in den allegorischen (in dessen Horizont der Aufstieg des Wanderers Dante auf den Läuterungsberg erscheint) erwächst ihm die Kraft, um auch den wirklichen Weg nach oben zu bewältigen.[4] Dort aber ereignet sich das Unerwartete: eine Erfahrung, die etwas von der Gewalt einer sich eröffnenden neuen Wirklichkeit, einer Erschütterung des Bewußtseins hat, wie sie der Mystiker im Zustand der Verzückung erfährt. »Primum omnium spiritu quodam aeris insolito et spectaculo liberiore permotus, stupenti similis steti« (S. 157). Es ist, als betrete das Bewußtsein einen neuen Schauplatz. Der Affekt, den hier der Briefschreiber Petrarca mit dramatischem Nachdruck inszeniert, scheint etwas grundsätzlich anderes als die freie theoretische Betrachtung des Ganzen. Ließe sich die Natur jenes Ungeheuerlichen entschlüsseln, das Petrarca im Moment des sich aufdrängenden Rundblicks überwältigt, so wäre wohl eine der Wurzeln neuzeitlicher Landschaftserfahrung freigelegt. Doch bleibt bei Petrarca die Natur jener Überwältigung, die zugleich eine Verlockung ist, im Dunkeln. So viel aber läßt sich festhalten, daß sie eine Erfahrung des Auges ist, daß dem Auge sich aus der Überschau die weite Landschaft erschließt, daß das Fernste in eine magische Nähe rückt. Doch ist all dieses in seiner Reichweite wohl erst abzuschätzen, wenn es im Kontext früherer Landschaftserfahrung betrachtet wird. Petrarca ist nicht der erste, dessen Blick auf Landschaft fällt, und er versteht seinen eigenen Zugang zur Landschaft im Kontext vorgängiger Weisen ästhetischer und religiöser Landschaftsaneignung.[5] Um dies zu zeigen, ist es notwendig, auf Giotto zurückzugehen, den ersten Maler der italienischen Frührenaissance, bei dem die Landschaft eine eigene Bedeutung gewinnt, und zwar als Hintergrund für die Darstellung von Szenen aus dem Leben Christi und des heiligen Franziskus. Die Landschaft erscheint hier im Zusammenhang einer religiösen Erfahrung, die sich von den symbolischen Bindungen befreit und ins Imaginäre ausgreift. Doch schon lange vor Giotto ist die Erfahrung der Landschaft in besonderer Weise mit christlicher

Frömmigkeit verbunden. Alexander von Humboldt hat in seinem Buch *Kosmos* zuerst auf die griechischen Kirchenväter des 4. Jahrhunderts, besonders Gregorius von Nyssa und Chrysostomus, verwiesen, die in der Natur als Landschaft die Anwesenheit des Göttlichen empfanden.[6] In den frühchristlichen Basiliken, so in San Apollinare in Ravenna, wird die Landschaft zur symbolischen Weltlandschaft im Licht des Heilsgeschehens. Vor dem Hintergrund dieser christlichen Symbollandschaft ist die Konkretheit der erscheinenden Landschaft bei Giotto ein Neueinsatz von unabsehbarer Bedeutung. Giottos gemalte Landschaften sind weder mehr symbolisch-elementare Vergegenwärtigungen einer über sie hinausführenden Präsenz, noch haben sie ästhetischen Selbstwert. Sie sind einbezogen in eine neue psychologische Durchdringung und Vergegenwärtigung des in die Bildlichkeit zu hebenden Themas. So wird die Landschaft zur dargestellten Ferne, vor der erst die Ankunft zum Ereignis werden kann oder auch zur Vergegenwärtigung des Wegs zwischen Aufbruch und Ankunft oder zum Schauplatz für den Einbruch des Göttlichen in die wirkliche Welt.

II.

Seit Giotto wird die Flucht, die Maria und Josef mit dem Jesuskind nach Ägypten führt, zu einem der Themen, an denen sich die Geschichte der Neuentdeckung der malerischen Landschaft in Italien wie an einem Leitfaden ablesen läßt. So soll Giottos Darstellung in der Arena-Kapelle von Padua mit Hinsicht auf die hier erscheinende Landschaft näher betrachtet werden. Das Bild scheint auf den ersten Blick von einer fast statuarischen Ruhe, die Landschaft bloßer elementarer Hintergrund. Beides aber wird von der tiefer eindringenden Betrachtung widerlegt. Daß Giottos Landschaft nicht mehr symbolische, sondern reale Landschaft sein will, zeigt sich bekanntlich schon in dem der byzantinischen Tradition des Goldgrunds entgegengesetzten Blau des wirklichen Himmels. Was aber die Landschaft zu einem Ort neuer Erfahrung macht, ist nicht ihre Schönheit, auch nicht ihre weite Ausgebreitetheit, sondern ihre Tiefe. Die Landschaft ist in sich räumlich-plastisch vergegenwärtigt. Dies wird evident im Kontrast von hellem, lichtbeschienenem Berg und dunklem Berg im Hintergrund. Räumlichkeit aber wird nicht nur durch die sich überschneidenden Berglinien im Betrachter erweckt, sondern höchst subtil durch den über dem hinteren Berg sichtbar werdenden Baumgipfel, der nichts anderes als ein Zeichen der Blickjenseitigkeit ist und damit die Evokation eines ins Bild hineinzubringenden Raumschemas. In anderer Weise wird Räumlichkeit vergegenwärtigt in der komplizierten Struktur eines aus mehreren sich verflechtenden Stämmen entstehenden Baumgebildes zu Häupten der drei Begleiter, die der auf dem Esel reitenden Maria nachfolgen. Schließlich aber wird die Räumlichkeitserfahrung der Landschaft[7] noch weiter verstärkt in der gebogenen horizontalen Flugbahn des den Weg weisenden Engels. Dieser erscheint so vor dem sich niedersenkenden Berg, als habe er gleichsam diesen wie ein Hindernis umflogen.

Abbildung 1 Giotto, Die Flucht nach Ägypten, Padua, Arenakapelle (1304–1305).

Vor allem aber ist die Darstellung landschaftlicher Tiefe verknüpft mit der Darstellung der in den unwegsamen Bergen vom Engel geleiteten, ihren Fluchtweg suchenden heiligen Familie. Deren Vorüberziehen wird dadurch zu einer räumlichen Erfahrung gemacht, daß die Gruppe nicht einfach einen linearen Weg geht, vor dessen Hintergrund die Landschaft sich erstreckte. Zwar erscheint Maria auf dem Esel, das Jesuskind haltend in Profilsicht und in fast statuarischer Ruhe, aber die Drehbewegung der hinter ihr Gehenden verweist darauf, daß sie eben erst in Begriff sind, in den zur Bildansicht parallelen Pfad einzubiegen, so wie andererseits der vorausgehende, in Frontalansicht erscheinende Josef darauf verweist, daß der Weg sogleich wieder die Richtung wechselt und in eine Tiefe der Landschaft hineinführt, die in einer gleichsam auf den Betrachter zukommenden Bilddiesseitigkeit liegt. Das zweifache Drehmoment akzentuiert die Zeitlichkeit des Wegs. Die plane Ansichtigkeit der Maria mit dem Jesuskind ist damit aber nicht mehr ein situationsabstraktes Erscheinen nach der Ordnung des im Bild zu vergegenwärtigenden Relevanzgefüges, sondern allein noch Erscheinung in der Momentaneität und Übergänglichkeit, bedingt durch die Zufälligkeit der Wegführung. Solcher Temporalisierung der symbolischen Statuarik[8] entspricht die Lesbarkeit des halb verdeckten Baums als Index einer schon zurückgelegten Wegstrecke. Doch ist dies nur ein Moment einer Landschaftsdarstellung, die ihr ästhetisches Recht erhält als Funktion einer mit einem neuen psychologischen Sinn erfaßten Zeitlichkeitsauffassung der Flucht in der langen und mühseligen Erstreckung zwischen Aufbruch und Ankunft. So ist die Landschaft hier noch aufs engste eingebunden in das zur Darstellung kommende biblische Geschehen, das indes selbst schon in neuer Weise aufgefaßt und durchdrungen ist. Denn nur deshalb kann es so zur Erscheinung drängen, und nur als einem zur Erscheinung drängenden Geschehen kann Giotto ihm so als Maler begegnen.

Ob Giotto den Bilderzyklus aus dem Leben des heiligen Franziskus in der Oberkirche von Assisi gemalt hat, ist umstritten. Zumindest aber dürfte er seinem engsten Umkreis zugehören. Mit der Geschichte des Franziskus ist die erwachende italienische Landschaftsmalerei auf besondere Weise verknüpft. Das Leben in der Einsamkeit einer schönen Landschaft, wie es von Bonaventura in seiner *Legenda maior* dargestellt wurde, ist schon früh ein Anlaß, der Natur als Landschaft in den bildlichen Vergegenwärtigungen der Vita des Heiligen eine besondere Stelle zu geben. Ein Beispiel ist das Bild des stigmatisierten Franziskus. Dem vor seiner Hütte in einsamer Landschaft betenden Franziskus erscheint Christus als geflügelter Seraph, dessen Wundmalen die Strahlen entspringen, die Hände und Füße des Heiligen durchbohren. Für die Darstellung der Stigmatisation und ihren landschaftlichen Kontext ist die Legende Bonaventuras von besonderem Belang. Er beschreibt, wie Franziskus sich am Ende seines Lebens mit einem Begleiter zur Meditation in die Einsamkeit der Alverner Berge zurückzieht: »Bienno itaque, antequam spiritum redderet caelo, divina providentia duce, post labores multimodos perductus est in *locum excelsum seorsum,* qui dicitur Mons Alvernae«.[9] Hier wartet er fastend auf ein göttliches Zeichen. »Ferebatur quidem in altum, non ut curiosus *maiestatis perscrutator opprimendus a gloria,* sed tanquam *servus fidelis et prudens,* investigans beneplacitum Dei, cui se conformare omnimodo summo peroptabat ardore.« Ausdrücklich wird das Bedürfnis des frommen Franziskus, auf dem hohen Berg Gott nahe zu sein, von der bloßen Wißbegierde des curiosus abgesetzt, der die Nähe des Göttlichen allein suchen würde, um in ein verborgenes Geheimnis einzudringen und es sich als Wissen anzueignen.

III.

Vor dem Hintergrund solcher christlicher Frömmigkeit, der die Landschaft gleichsam zum Medium für die Begegnung mit dem verborgenen Gott wird, erweist sich die Weltzuwendung Petrarcas in ihrer besonderen Dynamik, die von grundlegend anderer Art ist als die theoretische Weltzuwendung des Philosophen. Der hohe Berg ist für Petrarca weder ein Ort der Andacht noch Ort einer curiositas, die in die Tiefe des Himmels einzudringen suchte. Dennoch ist auch bei Petrarca der unzugängliche Berg

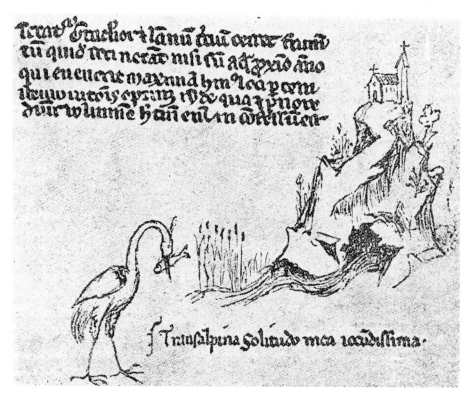

Abbildung 2 Randzeichnung Petrarcas in seinem Codex von Plinius' *Historia naturalis,* wo die Quelle der Sorgue (»nobilis fons orgae«, von Petrarca in »Sorge« verbessert) beschrieben wird (Hist. nat. 18, 51, 190). Heute im Besitz der Pariser Bibliothèque Nationale (Ms. Lat. 6802 – fº 143 vº).

ein Ort des Numinosen, in den einzudringen einem Akt der Vermessenheit gleichkommt. Eigens hebt Petrarca in seinem Bericht die mißachtete Warnung des Hirten hervor, die einem mythischen nec plus ultra gleichkommt: »Hec illo vociferante, nobis, ut sunt animi iuvenum monitoribus increduli, crescebat ex prohibitione cupiditas« (S. 155). Wenn der Aufstieg selbst im Zeichen des Aufstiegs auf den Läuterungsberg in Dantes *Divina Commedia* steht, so läßt sich das Eindringen in den verbotenen Bezirk durchaus in Zusammenhang mit der denkwürdigen Erzählung des Danteschen Odysseus von seiner verwegenen Reise sehen, die ihn und seine Gefährten über die Pforten des Herkules hinaus ins westliche Weltmeer führte (*Divina Commedia*. Inferno, Gesang 24). Die eigentliche Vermessenheit Petrarcas aber ist nicht das Eindringen in die numinose Verschlossenheit des Berges, sondern der Blick nach unten. Es gibt für die mittelalterliche Erfahrung des hohen Berges, an der auch noch Giotto teilhat, gleichsam einen Blickzwang nach oben.[10] Auch Bonaventuras curiosus käme noch nicht auf den Gedanken, den Blick von der Höhe des Berges nach unten zu richten und den Anblick der sich erstreckenden Landschaft zu genießen. Der Blick von der Höhe des Berges nach unten ist im biblischen Kontext ein Blick der Versuchung, nicht der curiositas, sondern der Macht. Unter den Versuchungen Jesu durch den Teufel, von denen Lukas berichtet, ist jene der Überschau: »Et duxit illum diabolus et ostendit illi omnia regna orbis terrae in momento temporis et ait ei: Tibi dabo potestatem hanc universam et gloriam illorum: quia mihi tradita sunt, et cui volo do illa. Tu ergo si adoraveris coram me, erunt tua omnia.«[11] Petrarcas Blick nach unten folgt einer übermächtigen Verlockung, die wirksam wird, noch ehe die Reflexion auf den Plan tritt. In der Blickwendung erschließt sich gleichsam eine neue Welt der simultanen Präsenz des Entferntesten. Die Welt zeigt sich dem Auge in einer neuen, innerweltlichen Erschlossenheit, die etwas von einer magisch saugenden Intensität hat. Von der ruhigen philosophischen Betrachtung des Kosmos im ganzen ist diese Erfahrung der sich entbergenden diesseitigen Welt durchaus unterschieden. Was Petrarca vor das sinnliche Auge tritt und zugleich seine Imagination auf den Plan ruft, ist auch nicht einfach Natur im Gegensatz zur Kultur, sondern eine Weltlandschaft, die beides umfaßt und die in sich die Zeichen menschlicher Kultur und menschlicher Geschichte trägt. Wenn die so erscheinende horizontale Erschlossenheit der Welt dem Schauenden zur voluptas oculorum wird, so ist es nicht einfach die Schönheit der Natur, die dies bewirkt, sondern vielleicht im Innersten doch eine Verlockung der Macht. Der Anblick der in momentaner Evidenz sich ausbreitenden Welt ist die Erfahrung einer jähen Bewußtseinserweiterung bis an die Grenzen der Bewußtseinsüberforderung. In ihr wird das Bewußtsein sich gleichsam erstmals seiner Mächtigkeit zur Welterschließung inne. Wie es bei Livius, den Petrarca eigens erwähnt, den Mazedonierkönig Philipp auf den Berg Hämus zieht, von wo er zwei Meere zu erschauen hofft, so ist auch Petrarca auf dem Mont Ventoux ein Imperator seines Blicks, mag er die Verlockung solcher Macht noch so sehr durch Reflexion unter Kontrolle zu bringen suchen.

Es wäre falsch, Petrarcas grundlegende Rolle für die Herausbildung nachmittelalterlicher Landschaftserfahrung auf dies eine Zeugnis eines mit der Landschaft gleichsam neu entdeckten Zugangs zur Welt zu beschränken. Es müßte auf zahlreiche andere Landschaftsbeschreibungen in seinem Werk eingegangen werden, aber auch auf die Abhandlung *De vita solitaria*, wo Petrarca der christlichen Gestalt des weltabgewandten Einsiedlers die neue Gestalt des weltflüchtigen, ästhetisch sensibilisierten Intellektuellen entgegensetzt, den die Einsamkeit der Landschaft zu höchster intellektueller Produktivität anregt.[12] Vor allem aber hat Petrarca in seiner Lyrik der Landschaft einen neuen Ort gegeben. Erst hier wird die Landschaft zur einsamen Natur, die als um so beglückender erfahren wird, je mehr sie keine Spuren menschlicher Kultur mehr erkennen läßt: »Le città son nemiche, amici i boschi, a' miei pensier«.[13] Aber nicht nur um ihrer selbst willen sucht das lyrische Ich die einsame Natur auf, sondern weil in ihr der Liebende ein Echo der Geliebten zu finden glaubt. Dem Liebenden als neuem solitarius wird die Natur und die durchwanderte einsame Landschaft zum Reflexionsraum des pensare, der sinnenden Selbstbefragung und der erinnernden Vergegenwärtigung. So wird die Natur zum Ort subjektiver Projektionen und imaginärer Korrespondenzen. Petrarca hat mit der Landschaft der Lyrik ein Thema erschlossen, das zum idealen Komplement des aus seiner gesellschaftlichen Ordnung tretenden, auf sich selbst zurückgeworfenen und nach seiner Identität suchenden Ich werden sollte.

IV.

Giottos Malerei und Petrarcas autobiographische Zeugnisse so wie seine lyrische Dichtung stehen am Anfang einer neuen ästhetischen Erfahrung der Landschaft, die sich in neuen Formen der ästhetischen Objektivation artikuliert. Während aber mit Giotto eine Kontinuität malerischer Erschließung der Welt ihren Ausgang nimmt, bleibt Petrarcas neuer Zugang zur Landschaft zunächst ganz solitär, als sei die Sprache noch nicht reif, die neue Erfahrung in sich aufzunehmen. Petrarca gibt dem Medium der Sichtbarkeit eine ganz neue Bedeutung. Er selbst sah sich schließlich zur Verbildlichung seiner Landschaftserfahrung geführt. Im Codex der *Historia naturalis* des Plinius, den Petrarca besaß, findet sich an der Stelle, wo dort von Vaucluse, Petrarcas einsamem Refugium nahe bei Avignon, die Rede ist, eine Zeichnung von seiner eigenen Hand, die erneut bezeugt, wie sehr die Faszination der Landschaft seinen Geist beschäftigt haben muß. Die Zeichnung ist ein singuläres Zeugnis außerhalb jeder Tradition der herkömmlichen bildlichen Darstellung, die, wenn auch noch so unbeholfen, einen Blick auf die ihm vertraute Landschaft darzustellen sucht.

Es verwundert nicht, daß ein so sehr von der Sichtbarkeit der Welt faszinierter Dichter und Literat den Werken der Malerei das größte Interesse entgegenbrachte. Er besaß selbst, wie sein Testament ausdrücklich macht, ein Werk Giottos, »Ioctii pictoris egregii«, ein Bildnis der Jungfrau Maria, »cuius pulchritudinem ignorantes non intelligunt, magistri autem artis stupent«.[14] Seine Freundschaft mit dem Maler Simone Martini dürfte eine der ersten großen Dichter-Maler-Freundschaften gewesen sein. Zwei Sonette Petrarcas (*Canzoniere* 77, 78) feiern den Maler, dem er ein ideales Porträt der Laura verdankt. Von der Hand Simones stammt auch eine Miniatur in einem Virgil-Codex aus dem Besitz Petrarcas mit den Kommentaren des Servius, im kleinen Rahmen zweifellos eines der schönsten Werke des Malers. Es zeigt im Vordergrund einen Hirten und einen die Reben schneidenden Weinbauern, Anspielungen auf Virgils *Bucolica und Georgica*, sowie darüber Aeneas, den der Kommentator auf den Dichter verweist, der hinter halb zurückgezogenem Schleier in offener Landschaft, an einen Baum gelehnt, im Begriff ist, sein Werk niederzuschreiben. Im Bild des Virgil klingt das Bild des Dichters Petrarca an, der in seinen Episteln von der Entstehung seines Epos *Afrika* in der offenen Landschaft von Silvapiana berichtet. Es liegt nahe anzunehmen, daß Petrarca selbst für das ›Programm‹ dieser Darstellung verantwortlich ist.

Das intime Werk, das im Medium der Malerei und der Sichtbarkeit eine Hommage an das Medium der Schriftlichkeit und der Dichtung ist, bleibt in Simones Gesamtwerk ganz singulär. In seinen großen religiösen Bildern hat die Landschaft kaum einen Ort, ja Simone kehrt in seinen Legendenbildern mit dem byzantinischen Goldhimmel gleichsam noch einmal hinter Giotto zurück. Dafür aber eröffnet Simone in seinem Bild des sienesischen Heerführers Guidoricco da Foligniano (1328) eine neue Tradition des politischen Landschaftsbildes. Die Landschaft, die als Hintergrund des reitenden Guidoricco erscheint, ist Herrschaftsraum. Die Kastelle auf den Anhöhen sind von Guidoricco belagert und eingenommen worden. Das Bild, das die kriegerische Tat des Heerführers feiert, indem es die Landschaft seines Sieges vergegenwärtigt, gehört in die Reihe der 1314 begonnenen Darstellungen der von der Stadt eingenommenen Kastelle im Palazzo pubblico.

In den Zusammenhang der politischen Selbstdarstellung mit Hilfe des Wandbildes, die in Siena ihren Ursprung hat, gehört auch die Landschaftsdarstellung in Ambrogio Lorenzettis Bild *Gli effetti del buon governo* von 1340 im Palazzo pubblico. Das Bild folgt als erstes einem Blickwechsel, der in Petrarcas Beschreibung des Mont Ventoux präfiguriert ist. War bis dahin die in der Malerei dargestellte Landschaft immer eine Landschaft ›von unten‹, die vor dem Auge des Betrachters zu einem Himmel aufstieg, dem gleichsam noch metaphysische Dignität zukam, so bedeutet die Landschaft ›von oben‹ Landschaft in ihrer innerweltlichen Erschlossenheit. Lorenzettis von oben gesehenes Bild des die Stadt umgebenden Landes ist aber nicht, wie bei Petrarca, Ausdruck einer dramatischen, faszinierten und beängstigten Weltverfallenheit, sondern, wie bei Martini, Darstellung eines politischen Raums im Zeichen des von der Stadt ausgehenden ›buon governo‹. Als politischer Raum aber ist die Landschaft nicht eigentlich Landschaft.[15] Es fehlt ihr das dynamische Moment, das die Nähe selbst immer schon wie eine Verweisung auf ungreifbare Fernen erscheinen läßt, das, was man mit Walter Benjamin die Aura der Landschaft nennen könnte. Auch stehen Stadt und Land hier noch nicht in einem Konflikt, sondern im Zeichen des glücklichen Austauschs.

V.

Die von Siena ausgehende politische Landschaftsmalerei hat sich nie zu einer eigenen
Weise der ästhetischen Landschaftsaneignung fortentwickeln können und ist Episode
geblieben. Im wesentlichen steht die italienische Malerei des Trecento, wo sie überhaupt Landschaftsmomente ins Spiel bringt, noch immer unter dem von Giotto
gesetzten Paradigma der religiösen Landschaftsmalerei. Erst mit der Wende zum
Quattrocento tritt plötzlich und mit erstaunlicher Vehemenz eine neue Landschaftsmalerei in Italien hervor. Während aber Giotto als Anfangspunkt italienischer Landschaftsmalerei in einem ganz inneritalienischen Kontext steht, ist die Malerei des
Quattrocento in eine neue europäische Bewegung eingebunden und erhält nur von
dieser ihren spezifischen Sinn. Was in der Malerei des Trecento nur als eine episodi-
sche Möglichkeit sich anzeigt, die Landschaft von oben, die zugleich sich erstreckende
innerweltliche Landschaft ist, wird in der Malerei des Quattrocento gleichsam zum
Sehzwang. Der Ursprung dieser neuen Malerei, die wie eine ästhetische Einlösung von
Petrarcas prinzipieller Rehabilitierung des Auges erscheinen könnte, führt zu den
Anfängen flämischer Malerei und zu einer neuen Hinwendung zur sinnlichen Welt in
den Miniaturen der Stundenbücher des ausgehenden 14. und beginnenden 15. Jahrhunderts. Die neue Landschaftsmalerei, die sich überall in Europa in den dreißiger
Jahren des 15. Jahrhunderts ausbreitet, hat ihren Ursprung in der Miniatur. Im
kleinsten Raum wird zuerst der Gedanke gefaßt, die offene Welt zur Darstellung zu
bringen. Die leere Fläche, die im Manuskript den geschriebenen Text und seine
Buchstaben, besonders seine Initialen umgibt, wird zum Ort der Sichtbarkeit der Welt,
die der Welt der Buchstaben in leuchtenden Farben entspringt. Im Kleinen wird zuerst
das ganz Große, die offene, von erhabenem Standort aus gesehene Landschaft vergegenwärtigt. Neben dem Stundenbuch des Duc de Berry ist es vor allem das Milaneser
Stundenbuch aus dem Umkreis von Jan oder Hubert van Eyck, das dieser Landschafts-
konzeption in geradezu verblüffender Modernität Gestalt gegeben hat. Dies gilt vor
allem für das Blatt mit der Darstellung der Taufe Jesu, die den zum Betrachter
werdenden Leser in eine weit offene Landschaft sehen läßt. Jan van Eyck ist es auch,
der zuerst die Bildidee der von oben erblickten Überschaulandschaft aus der Bildspra-
che der Miniatur in jene des neuen Tafelbildes gebracht hat. Die *Madonna des Kanzlers
Rolin* (Paris, Louvre), etwa 1430 entstanden, ist das erste große Zeugnis dieses
folgenreichen Schrittes.[16] In ihm wird die Konzeption der neuen Landschaftserfahrung
beispielhaft sinnfällig. Zugleich tritt hier ein Zusammenhang von Voraussetzungen ans
Licht, der von Petrarca her gedeutet werden kann.
  Der Blick des Betrachters, der gleichsam in das Bild einkomponiert ist, fällt durch
die offenen Arkaden des Innenraums auf eine sich bis an ein fernes Gebirge erstreckende offene Landschaft, die den Horizont abschließt. Der Mittelbogen gewährt den
Durchblick auf einen breit bis in die Tiefe der Landschaft sich hinziehenden Strom.
Durch den linken und rechten Bogen fällt der Blick auf zwei Städte oder Stadtteile, die
durch die im mittleren Bogen sichtbar werdende Brücke verbunden sind. Im Vorder-

Abbildung 3 Jan van Eyck, Madonna des Kanzlers Rolin (ca. 1435), Paris, Louvre.

grund richtet sich der Blick auf die Zinnen einer Mauer, durch die eine Gestalt auf die Landschaft hinabblickt, während in Profilansicht daneben eine andere Gestalt mit einem Stock, wie es scheint ein Kind oder eher ein Verwachsener, verweilt. Der Blick, der, aus dem Inneren des Raums hinausgezogen in die jenseitige offene Welt, in erster Bewegung von einer unerhörten Weitsicht gebannt wird, vermag sich angesichts der Fülle des Einzelnen, das in feinster Exaktheit in die Landschaft eingeschrieben ist, nicht im Ganzen festzuhalten. Der eindringende Blick des Betrachters wird von einer Vielfalt des Details gefesselt, die die Wahrnehmungsfähigkeit des Gleichzeitigen

43

überfordert. Aus dem Ganzen, das sich dem Blick zuerst darbot, wird der Betrachter immer mehr ins Einzelne geführt. So dringt er in wechselnden Thema-Horizontverhältnissen immer tiefer in die Dichte einer in ihrer Vielfalt immer ungreifbarer werdenden Welt ein.

Der Blick geht hinaus ins Offene der Welt, aber er wird auch zurückgeholt in die Nähe des Vordergrunds, die nicht im Zeichen der extensiven Vielfalt steht, sondern der intensiven Meditation. Der von seinem Gebetbuch aufsehende Kanzler, der die Hände gefaltet hat, erblickt die Madonna mit dem Kind und einen Engel, der im Begriff ist, der Madonna eine Krone aufzusetzen. Die meditative Haltung des Kanzlers, sein nach innen gekehrter Blick legen es nahe, die Erscheinung der Madonna mit dem Kind als ein inneres Bild, als Vision des in seiner Andacht Versunkenen aufzufassen. So wird der Betrachter gleichsam in eine andere Welt geführt, ihm die Erfahrung eines anderen Sehens angesonnen. Das Bild, das als erstes europäisches Landschaftsbild die Tiefe der von oben erblickten rein innerweltlichen Landschaft zum Thema macht, steht in der Spannung zweier inkompatibler Blicksysteme. Der Betrachter sieht zuerst nicht mit dem betenden Kanzler, er sieht in Gegenrichtung zu dessen Blick hinaus in die als Ansicht erschlossene Welt. Er muß gleichsam die so verfolgte Blickrichtung und damit die wahrgenommene Welt durchstreichen, wenn er mit dem Kanzler die Jungfrau mit dem Kind als Erscheinung wirklich wahrnehmen will. Das Bild selbst aber ist nicht mit einer der konträren Blickrichtungen, die zwei konträre Erfahrungen des Sehens aufrufen, identisch, es ist selbst der in die Sehbarkeit gehobene Konflikt. Aber gerade durch diese konfliktuelle Struktur des Bildes wird die Mächtigkeit des Blicks auf das Offene der Welt noch gesteigert. Denn das Bild selbst antwortet dem im Offenen verweilenden Blick mit der unübersehbaren Vielfalt des Einzelnen. Es liegt nahe, den Blick ins Offene als den Blick der curiositas aufzufassen, dessen Inszenierung im Bild selbst die schauende, kindliche Gestalt ist. Dennoch ist der Blick des Betrachters mit dem der bloßen, gedankenlosen Neugierde nicht identisch. Daß ihm die Landschaft als erschlossene Welt begegnet und begegnen kann, ist an Voraussetzungen gebunden, die im europäischen Spätmittelalter die Möglichkeit neuer ästhetischer Erfahrung begründen.

Das mittelalterliche Denken steht im Zeichen der hierarchisch geordneten Einheit der Welt. Wo im Spätmittelalter die Kraft einer alle Seinsbereiche umfassenden christlichen Ordnungsvorstellung erlahmt, drängt das ausgegrenzte, theoretisch nicht mehr zu bewältigende Einzelne herein. Die nicht mehr theoretisch unter Kontrolle zu bringende Vielheit von Einzelnem ist für die europäische Intellektualität des späten Mittelalters eine der zentralen Erfahrungen, als deren Ausdruck wohl die an den führenden europäischen Universitäten herrschende Lehrmeinung des philosophischen Nominalismus aufgefaßt werden darf. Das neue, ins theoretische Bewußtsein drängende Einzelne verlangt nach einer Einheit, die die Theorie selbst nicht mehr bereitzustellen vermag. Wäre nicht die im 15. Jahrhundert sich neu entwickelnde Landschaftsmalerei verstehbar als eine Antwort auf diese Erfahrung, die der bildlichen Darstellung eine prinzipiell neue Dignität zuweisen könnte?[17] Die Landschaft, die im Bild des 15. Jahrhunderts zur Erscheinung kommt, ist nicht so sehr ins Bild tretende Natur als ins Bild tretende Welt, also unabsehbare Konfiguration von Natur und Kultur. Die

Landschaft ist Einheit der Vielfalt, und zwar nicht theoretische, sondern in der Anschauung gegebene Einheit. Wenn das Einzelne sich theoretisch nicht mehr in eine Ordnung bringen läßt, kann es immer noch als Anblick zur Einheit kommen. Die Landschaft als Paradigma der Vielheit in der Einheit ist aber nicht ein substantieller Zusammenhang, sondern die subjektive Einheit eines Blicks auf die Welt. In der Landschaft wird die Vielheit zur Einheit kraft der momentanen Evidenz, zu der sich die Vielheit im Blick zusammenschließt. Eine solche Einheit ist aber nur möglich, wenn die Aufmerksamkeit das Einzelne gleichsam in die Schwebe bringt. Genau in dieser Weise tritt aus der Vielheit die Einheit der Landschaft zusammen, als das, was Stefan George »Teppich des Lebens« genannt hat. In der einheitsverbürgenden Funktion gewinnt die ästhetische Gegebenheit der Landschaft, ihre Sichtbarkeit, einen Sinn, der sie zur Kompensation der zerfallenden Theorie macht. Doch erst indem die Erfahrung der Sichtbarkeit der Welt zum Thema des Bildes gemacht wird, wird die momentane Evidenz auf Dauer gestellt und damit zu einem Spielraum ästhetischer Äquivalente.

Wenn van Eycks Bild des Kanzlers Rolin erstmals die Vielheit als Einheit in der momentanen Evidenz der erblickten Landschaft exemplarisch vor Augen führt, so hat

Abbildung 4 Domenico Ghirlandaio, Der heilige Franziskus empfängt die Wundmale (ca. 1483–1485), S. Trinità, Capella Sassetti, Florenz.

45

die konzeptuelle Struktur, der die Möglichkeit der neuen Landschaftsmalerei entspringt, in Italien eine Vielfalt ästhetischer Realisierungen und eine Dynamik der Entwicklung immer komplexerer Bildstrukturen freigesetzt wie nirgends sonst in Europa. Es ist nicht möglich, vom Reichtum der im Quattrocento entstandenen Formen des Landschaftsbildes hier auch nur eine annähernde Vorstellung zu geben.[18] Wenige Hinweise müssen genügen. Auch im Quattrocento dominiert noch immer das Landschaftsbild mit erzählerisch-religiöser Thematik, sei es aus dem Alten und Neuen Testament, sei es aus den Heiligenlegenden. Wenn aber die Landschaft nach oben bei Giotto noch ganz der dargestellten Thematik unterworfen war, so macht die immer weiter sich der Vielfalt öffnende bildliche Landschaft ›nach unten‹ die religiöse Thematik mehr und mehr zu einem bloß noch episodischen Moment in einer allein noch ästhetisch zur Einheit zusammentretenden Welt. Die Geschichte hat nicht mehr die Kraft, sich selbst als organisierende Mitte ihrer Welt zu setzen, sie wird prinzipielles Moment jener unendlich fortgehenden Vielfalt, in der nur die einheitsstiftende Bewegung des Blicks noch ausgrenzt und zusammenhält. So ist in Ghirlandaios Bild des die Wundmale empfangenden Franziskus (1483–85, Cappella Sassetti, S. Trinità, Florenz) die Landschaft ›nach oben‹ nur noch ein Zitat, ebenso wie der Goldgrund, auf dem im Blau des Himmels die Engel erscheinen. Das Ereignis wird Teil einer offenen Welt, die allein der Blick noch zentriert. Mantegnas Kreuzigungsbild von San Zeno schließlich zeigt den tragischsten Augenblick von Christi Leidensgeschichte im Licht einer Indifferenz, deren Ausdruck die harte, trockene Landschaft mit dem unerbittlich blauen Himmel selbst ist.

VI.

Immer mehr wird die Landschaft zu einem Relativitätsprinzip der in ihr zur Erscheinung kommenden Geschichte. Dies gilt nicht nur für die von der Landschaft gleichsam aufgesogenen religiösen Themen, sondern ebenso für die profanen Themen aus Mythologie und Novellistik, die nun gleichfalls mehr und mehr in die Malerei eindringen. Aber zugleich eröffnet sich unter den Bedingungen der durch den Bildrahmen prinzipiell schon gesetzten Einheit des Anblicks die Möglichkeit imaginärer Korrespondenzen zwischen der Landschaft und der in ihr vergegenständlichten Geschichte. Es entsteht so ein Spielraum imaginärer Synthesen zwischen Landschaft und Narration sowie zwischen beiden und dem Stil ihrer Darstellung, als der Spur der Innervation, die die Hand des Malers bewegt. Denn wenn die Vielheit der Welt sich in der momentanen Evidenz des Blicks zur Einheit zusammenschließt, so wird diese selbst durch ihre Transposition in die Werkgestalt des Bildes zu einer ästhetischen Einheit von eigener und neuer Qualität. Im Landschaftsbild wird prinzipiell mehr und anderes sichtbar als in der Erscheinung der Landschaft selbst. Welche Möglichkeiten der Korrespondenz und der »kühnen Äquivalenzen«[19] der Darstellung der von oben gesehenen offenen

Abbildung 5 Piero della Francesca, Porträt Federicos da Montefeltro (ca. 1465?), Florenz, Uffizien.

Landschaft entspringen, wird besonders deutlich in einem neuen Bildtyp, den die italienische Renaissance in der zweiten Hälfte des Quattrocento entwickelt, dem Porträt vor dem Hintergrund der Landschaft. Die determinierende Erscheinung eines Gesichts in seiner einmaligen Besonderheit wird vor einem Landschaftshintergrund in solcher Weise sichtbar, daß Gesicht und Landschaft in überraschende Korrespondenzen von Entsprechung und Kontrast treten und der Betrachter in einem beständigen Thema-Horizontwechsel sich der Nähe vor dem Hintergrund der Ferne, der Ferne, die sich der Nähe entgegensetzt, innesein muß. Ein frühes Beispiel dieser neuen Konzeption des Landschaftlichen und seiner Freisetzung aus seiner ursprünglich religiösen Darstellungsfunktion sind die Herrscherporträts der Battista Sforza und ihres Gemahls, des Federigo di Montefeltro von Piero della Francesca. Der geheimnisvollen Starre des Profils antwortet eine geheimnisvolle, im Licht sich auflösende Tiefenlandschaft. Die Landschaft, die hier erscheint, ist nicht mehr, wie in den politischen Landschaftsbildern Sienas im Trecento, ein konkreter Raum der politischen Domination, sondern malerische Vergegenwärtigung einer Tiefe der Welt, die der Tiefe eines Schicksals und einer Bestimmung antwortet.

Endpunkt und Höhepunkt der ›Porträtlandschaft‹ ist Leonardo da Vincis Bild der *Mona Lisa*. Die junge Frau, auf deren Gesicht ein geheimnisvolles, ebenso intensives wie gedämpftes Licht fällt, sitzt, dem Betrachter zugewandt, vor einer Balustrade, hinter der sich eine in phantastische Fernen führende bizarr-geheimnisvolle Weltlandschaft ausdehnt, die am Horizont in einem goldenen Leuchten des Himmels aufgeht. Das Rätsel des Gesichts antwortet der phantastischen Verschlungenheit der Landschaft. So wird die Landschaft gleichsam zur Traumlandschaft oder vielleicht zur Tiefseelandschaft eines ins Bild gehobenen Unbewußten. Freud hat es zumindest so verstanden.

Die neue Malerei der von oben erblickten Landschaft feiert die Erschlossenheit der Welt, die erstmals für einen Moment in den Blick der Petrarcaschen Betrachtung getreten war. Wenn aber die Vielfalt, Vielheit der Welt sich im Bild zur momentanen Evidenz einer ästhetischen Einheit zusammenschließt, die durch keine theoretische Ordnung des Ganzen im Sinne mittelalterlicher Universalienlehre mehr umgriffen ist, so ist diese Einheit doch in zweifacher Weise auf die vorausgesetzte Offenheit der Welt bezogen: in der bildimmanenten Jenseitigkeit und in der Bildjenseitigkeit selbst. Die in den Blick tretende Landschaft wird zur metonymischen Verweisung auf die Unerschlossenheit, Rätselhaftigkeit der diesseitigen Welt. Das Imaginäre des Bildes setzt sich fort im imaginären Jenseits des Bildes. So geht aus dem Landschaftsbild jene imaginäre Verlockung hervor, die Yves Bonnefoy in einem tiefdringenden Essay »arrière-pays« genannt hat.[20]

Das Wirkliche kennt weder Nähe noch Ferne. Beide sind nur möglich als standpunktrelative Erfahrungen des zusammenhangsetzenden Blicks und seines Vermögens zur »comprehensio aesthetica«,[21] wie Kant sagt. Mit dem Übergang zum Cinquecento wird die Landschaftsmalerei der italienischen Renaissance lernen, die Erfahrung der Ferne und damit die Ansichtigkeit selbst zum Thema des Bildes zu machen. Leonardo hat das Problem nicht nur als einer der ersten in seinen Bildern artikuliert, er hat es auch zuerst in seinen Betrachtungen zur Landschaftsmalerei theoretisch erfaßt.[22] Die Gesehenheit des Gesehenen ist ein Thema, das von Leonardo über Giorgione, Tintoretto, Tizian und Caravaggio der europäischen Landschaftsmalerei aufgegeben bleibt.

Indem die in den Blick tretende, dem Blick erschlossene Landschaft auf das sich entziehende, ins Offene verlierende Ganze der Welt verweist, tritt sie selbst in eine Verweisungsdynamik, die sie mit Unerschlossenheit und Geheimnishaftigkeit durchdringt. Die Landschaftsmalerei der italienischen Renaissance erschließt das märchenhaft Geheimnisvolle, die Märchendichte der Innerweltlichkeit und hebt sie ins leuchtende Geheimnis der Farben. Was Erde ist und was Welt, wird in dieser Malerei illuminiert. Dem Blick des Betrachters eröffnet sich in feierlicher Progression eine Pluralität der Welten oder der hintereinander gestaffelten Weltaspekte, wie die gleichzeitige Erzählkunst des italienischen Romanzo einen unendlichen Zusammenhang in sich verschlungener und gestaffelter Geschichten ansichtig macht. Die Landschaftsbilder der Renaissance und besonders der Renaissance in Italien sind gleichsam Einübungen in die Erfahrung der Innerweltlichkeit und in die Erfahrung der Horizonthaftigkeit aller Erfahrung. Kein Maler hat diese Erfahrung so sehr in die Sichtbarkeit des Bildes gehoben wie Giorgione an der Schwelle zum Cinquecento. Bei ihm wird die Landschaft zum sichtbaren Geheimnis, aber auch zu einer Erscheinung irdischer Schönheit, die in der Schönheit des nackten weiblichen Körpers ihr Gegenbild hat. Es mag genügen, Giorgiones berühmtestes Bild, die *Tempesta* aus der Accademia in Venedig, in Erinnerung zu rufen. Die Momentaneität der Einheit des Blicks ist hier eigens thematisch als Augenblick einer blitzhaften Erhellung, in der eine rätselvolle Konfiguration sichtbar wird. Gibt es eine Geschichte, die den vornehmen und abgerissen erscheinenden Jüngling verbindet mit der auf der anderen Seite des Baches nackt lagernden Frau, die ihr Kind stillt? Was haben die beiden Gestalten mit der Stadt zu tun, die im Licht des durch die dunklen Wolken brechenden Blitzes wie leblos daliegt? Ist die Frau vielleicht eine aufblitzende Vision des hinübersehenden jungen Mannes? Ist es vielleicht die Frau, die die Ursache für das Verlassen der Stadt ist? Hier könnte sich ein novellesker Hintergrund, ein narrativer Zusammenhang abzeichnen. Aber was hat es mit der ins Zentrum des Blicks gerückten abgebrochenen Doppelsäule auf sich? Das Einzelne scheint sich selbst nicht zu genügen und auf Zusammenhänge zu verweisen, die dennoch ungreifbar werden. So ist wesentlicher die Stimmungslage der Farbigkeit, die das Disparate umgreift und es zur momentanen Einheit macht, die zwischen statuarischer Ruhe und dramatischer Dynamik aller Kräfte der Natur oszilliert. Giorgione malt nicht mehr ein Wissen von den Dingen, sondern eine die Umrißhaftigkeit des Gegenständlichen gleichsam überflutende Farbigkeit, die das Bild als einen Inbegriff der sich erschließenden und verschließenden Rätselhaftigkeit der Welt erscheinen läßt.

VII.

Wenn die neue Konzeption der ästhetischen Landschaft in der italienischen Renaissance wesentlich eine malerische Konzeption ist und im Medium der Malerei zu ihrer Darstellung kommt, so bringt doch die Dichtung um die Wende zum Cinquecento erstmals wieder nach Petrarca eine eigene, neue Auffassung der Landschaft hervor. Mit Sannazaros *Arcadia* (1504) tritt eine Idee der Landschaft ins europäische Bewußtsein, die bis heute ihre Wirksamkeit nicht verloren hat, ja deren suggestive Kraft nur immer noch anzuwachsen scheint. Die arkadische Landschaft, wie sie aus Sannazaros aus Prosa und lyrischen Dialogen und Monologen gemischtem Werk ersteht, ist erstmals eine Landschaft der reinen, ursprünglichen Natur, deren Uranfänglichkeit der kulturellen Welt des höfischen Lebens in Neapel als eine eigene Welt entgegensteht. Arcadia ist der Kunstmythos von der ursprünglichen Aufgehobenheit des menschlichen Lebens in einer harmonischen und glücklichen Natur. Arkadien ist ein Fluchtraum des Glücks, an dem freilich jener Sincero nicht teilhat, der sich seiner unerbittlichen Dame entzieht, um dort Zuflucht vor seinen Liebesqualen zu finden. Aber das Arkadien, in das der Erzähler eintritt, ist nur noch ein Schatten seiner selbst. Auch dort, wo einst die Menschen den Göttern gleich und unsterblich waren, ist der Tod zur Macht gekommen, und auch dort gibt es Eifersucht und Versagung.

Schon Petrarcas lyrische Landschaft ist eine Landschaft der Seele, wenngleich noch keine Stimmungslandschaft. Erst Sannazaro macht die Landschaft, wie die gleichzeitige Malerei, zum Stimmungsraum. Die Gestimmtheit der Hirten findet ihr Echo in der Gestimmtheit der Landschaft, die von einer reichen und melodischen Sprache vergegenwärtigt wird. Arkadien, die Landschaft des Glücks, ist zweifach verloren. Schon das gegenwärtige Arkadien ist nur noch eine Erinnerung an das einstige, aber auch dieses ist nur noch eine Erinnerung des Erzählers, in der das Glück als verlorenes vergegenwärtigt und so zur wehmütig-beglückenden Erfahrung des Lesers gemacht wird. Mit Arkadien hat die Dichtung das Bild einer Landschaft gefunden, die tief in das Medium der Sprachlichkeit eingesenkt ist. Der Malerei wird alles zur Gegenwart. Sie besitzt keine Vergangenheitszeichen. Die Sprache aber vermag, das Vergangene als Vergangenes gegenwärtig zu halten und so im Verlust das Verlorene als eine imaginäre Gegenwart aufscheinen zu lassen.

Als Sannazaro sich den melancholisch-melodischen Mythos vom verlorenen Land des Glücks erdachte, war Landschaft in ihrer Unzerstörtheit noch kein Traum, sondern eine noch kaum in Frage stehende Wirklichkeit. Was der Erscheinung der Landschaft ihren Zauber gab, war die unerschlossene Tiefe der Innerweltlichkeit, auf die sie verwies. Die ästhetische Erfahrung der realen Landschaft in ihrer Schönheit, wie sie der Betrachter machen kann, der von diesem Ort (der Universität Konstanz) den Blick über den See an die jenseitigen Horizonte gehen läßt, ist von anderer Art. Er erfaßt ein ausgegrenztes Reservat. Dem von außen Kommenden erscheint die Schönheit dieses Anblicks, als wäre es zum letzten Mal. Nicht die Unerschöpflichkeit der Welt, sondern die Erfahrung einer Umzingelung und tödlichen Gefährdung durch die prometheischen Kräfte der technischen Moderne ist es, die heute jeder Begegnung mit Land-schaft ihren Hintergrund und das Pathos ihrer Präsenz gibt. In der Geschichte ästhetischer Landschaftserfahrungen ist diese die letzte. Sie hat im Bild des schon dahingegangenen und noch einmal aufgerufenen Arkadien ihren Vorklang.

Anmerkungen

[1] J. Ritter, »Landschaft. Zur Funktion des Ästhetischen in der modernen Gesellschaft« (1963), in: ders., Subjektivität. Sechs Aufsätze, Frankfurt a. M. 1974, S.141–163, dort S.162.

[2] J. Burckhardt, Die Kultur der Renaissance in Italien (1859), Gesammelte Werke, Bd. 3 (1955), photomechanischer Nachdruck, Darmstadt 1962, S.200.

[3] Petrarca, Familiarum rerum libri, 4,1, Le Familiari, edizione critica per cura di V. Rossi, Bd. 1, Firenze 1934, S.153.

[4] Zweifellos ist dieser Aufstieg allegorisch lesbar, zumal wenn seine intertextuelle Relation zu Dantes Besteigung des Läuterungsberges in der Divina Commedia mitbedacht wird. Dennoch wird dadurch das neue Interesse an der konkreten Gegebenheit einer genau lokalisierten Landschaft nicht hinfällig. Der vierfache Schriftsinn, dessen Theorie Dante in seinem Brief an Can Grande entwickelt hatte, ist bei Petrarca zu einer diffusen allegorischen Lesbarkeit geworden, die sich mit dem Literalsinn verbindet.

[5] Vgl. J. Woźniakowski, Die Wildnis. Zur Deutungsgeschichte des Berges in der europäischen Neuzeit (1974), aus dem Polnischen übersetzt von Th. Mechtenberg, Frankfurt 1987, beson-ders S. 71–78, sowie Verf., Petrarcas Landschaften. Zur Geschichte ästhetischer Landschafts-erfahrung (Schriften und Vorträge des Petrarca-Instituts Köln 29), Krefeld 1979, S.55–58. Die Literatur zur Ästhetik der Landschaft und zur Landschaftsmalerei ist inzwischen unüber-sehbar. Nur einige Titel seien zur ersten Orientierung genannt. Das Standardwerk zur Ge-schichte der Landschaftsmalerei ist noch immer K. Clark, Landscape into Art (1949), new edition London 1976. Vgl. ferner G. Pochat, Figur und Landschaft. Eine historische Interpreta-tion der Landschaftsmalerei von der Antike bis zur Renaissance, Berlin/New York 1973, und N. Wolf, Landschaft und Bild. Zur europäischen Landschaftsmalerei vom 14. bis 17. Jahrhun-dert (1984), Passau 1986.

[6] Vgl. A. von Humboldt, Kosmos. Entwurf einer physischen Weltbeschreibung, 5 Bde., Stuttgart/Tübingen 1845–1862, Bd. 2, Stuttgart/Tübingen 1847.

[7] Zur Räumlichkeit in der Malerei Giottos vgl. Th. Hetzer, Giotto – Seine Stellung in der europäischen Kunst (1941), besonders Kap. 3: Fläche, Raum, Körper, in: ders., Giotto. Grundlegung der neuzeitlichen Kunst (Schriften Theodor Hetzers, hg. von G. Berthold, Bd. 1), Mittenwald/Stuttgart 1981, S.55–63.

[8] Zur Zeitstruktur in Giottos Fresken in der Arenakapelle vgl. die wegweisenden Analysen von M. Imdahl in seinem Buch Giotto Arenafresken. Ikonographie. Ikonologie. Ikonik (Theorie und Geschichte der Literatur und der schönen Künste 60), München 1980.

[9] S.Bonaventura, Legenda Sancti Francisci, Opera omnia, Bd. 8, Quaracchi, 1898, S.542.

[10] Vgl. Verf., Petrarcas Landschaften, S.52 f.

[11] Lukas 4, 5–7.

[12] Einen Versuch, die vielfältigen Landschaftserfahrungen Petrarcas und ihre vielfältigen Dich-

tungsformen zu erfassen, habe ich in der obengen. Studie über Petrarcas Landschaften vorgelegt.

[13] Petrarca, Canzoniere 237.

[14] »Exemplum testamenti a Francisco Petrarcha conditi«, Francisci Petrarchae operum t. III, Basileae 1554, photomechanischer Nachdruck, Ridgewood, New Jersey, 1965, S. 1374.

[15] Vgl. U. Feldges, Landschaft als topographisches Porträt: Der Wiederbeginn der europäischen Landschaftsmalerei in Siena, Bern 1980, und U. Feldges-Henning, The Pictorial Programme of the Sala della Pace: A new interpretation, in: Journal of the Warburg and Courtauld Institutes, 35 (1972), S. 145–162. Zum Einfluß von antiken und mittelalterlichen Theorien des Erdinnern und der Erdkräfte auf die dargestellte Landschaft vgl. A. Perrig, Die theoriebedingten Landschaftsformen in der italienischen Malerei des 14. und 15. Jahrhunderts, in: W. Prinz, A. Beyer (Hg.), Die Kunst und das Studium der Natur vom 14. zum 16. Jahrhundert, Weinheim 1987, S. 41–60.

[16] Zur Deutung vgl. H. Roosen-Runge, Die Rolin-Madonna des Jan van Eyck. Form und Inhalt, Wiesbaden 1972.

[17] Vgl. Verf., Montaigne und die Erfahrung der Vielheit, in: W. D. Stempel, K. Stierle (Hg.), Die Pluralität der Welten. Aspekte der Renaissance in der Romania, Romanistisches Kolloquium 4, München 1987, S. 417–448, besonders S. 417–421.

[18] Vgl. A. R. Turner, The Vision of Landscape in Renaissance Italy, Princeton 1966, und A. Perrig, Die theoriebedingten Landschaftsformen (vgl. Anm. 15).

[19] Zum Begriff der »kühnen Äquivalenz« vgl. M. Imdahl, Giotto (s. Anm. 8), S. 108–110.

[20] Yves Bonnefoy, L'arrière-pays (1972), Paris 1982.

[21] Vgl. Kant, Kritik der Urteilskraft, hg. von K. Vorländer, Philosophische Bibliothek, Bd. 39 a, unveränderter Neudruck der Ausgabe von 1924, Hamburg 1959, § 26: »Von der Größenschätzung der Naturdinge, die zur Idee des Erhabenen erforderlich ist« (S. 94–101, besonders S. 95).

[22] Vgl. z. B. Leonardo da Vinci, Il libro della pittura, in: Scritti scelti a cura di A. M. Brizio (1953), 2. Aufl., Torino 1966, S. 218 f., wo er den Gedanken der »prospettiva aerea« entwickelt.

RUTH UND DIETER GROH

Von den schrecklichen zu den erhabenen Bergen

Zur Entstehung ästhetischer Naturerfahrung*

»Triumph, mein Teuerster! Ich bin auf der Höhe des Gotthard gewesen, und habe da Abend und Morgen und eine Nacht zugebracht [...]. Was ich da gesehen und gehört und erfahren habe, läßt sich mit keiner Zunge aussprechen und mit keiner Feder beschreiben. Ich habe *den Anfang und das Ende der Welt gesehen*, [...] ich bin mit Entzücken in die innerste, geheimste Harmonie der Wesen eingedrungen, und Herz und Geist und alle Sinne haben sich bei mir in Wonne gebadet. [...] Dies Anschauen war das Anschauen Gottes, der Natur ohne Hülle, in ihrer jungfräulichen Gestalt; alles groß und rein, alle die ungeheuren Massen daliegend in unendlicher Majestät!«

Mit diesen begeisterten Worten beschrieb der Dichter Wilhelm Heinse in einem Brief von 1780 eines seiner Alpenerlebnisse[1]. Er bezeugt eine Offenheit der Sinne für Herrlichkeit und Größe der Berglandschaft, eine Entsprechung von Unendlichkeit der wahrgenommenen Natur und Unendlichkeit des antwortenden Naturempfindens und damit zugleich einen Sprung vom Sinnlichen ins Übersinnliche, in ein metaphysisches Ganzheitserleben. Heinses Stimme ist nicht das früheste, wohl aber ein typisches Zeugnis für den Bergenthusiasmus seiner Zeit sowie für eine vollzogene Wende in der Einstellung zur wilden Natur, eine Wende, die man ohne Einschränkung als einen Paradigmenwechsel bezeichnen kann.

1. Bedingungen moderner Naturerfahrung

Wenn wir heute nach den Entstehungsbedingungen ästhetischer Naturerfahrung fragen, so können wir zwei Thesen formulieren. Die erste lautet: Ästhetische Naturerfahrung ist ein historisch entstandenes Phänomen.

In seiner Gattungsgeschichte mußte der Mensch bis weit in die Neuzeit hinein der wilden Natur die Mittel zum Leben abjagen oder durch Kultivierung abringen. Wer als Jäger, Fischer, Sammler, Holzfäller oder Hirte ein unmittelbar lebensweltliches Verhältnis zur Natur hat, wird kaum auf deren Schönheit achten. Er betrachtet sie vielmehr unter einem *partiellen*, zweckbestimmten Blickwinkel: Ihm geht es um Jagdbeute, Pilze, Getreide, Vieh, Brenn- oder Bauholz. Die lebensweltliche Distanz desjenigen, der nicht mehr direkt in der Natur und von der Natur lebt, scheint notwendig zu sein, um ein Organ für den ästhetischen Reiz der Natur als Landschaft zu entwickeln. Deshalb ist auch der Stadt-Land-Gegensatz als konstitutiv für ästhetische Naturerfahrung angesehen worden. Er ist allerdings wohl nicht mehr als eine *notwendige* Bedingung. Denn sonst wäre die sinnliche Faszination der wilden, unfruchtbaren, ja lebensfeindlichen Natur, wie sie uns u. a. im Hochgebirge begegnet, nicht erst so spät entdeckt worden. Dazu bedurfte es der Überwindung größerer Widerstände. Traditionell, bis weit in die Neuzeit hinein galt »nur diejenige Natur als schön, die den Schrecken der Wildnis verloren hatte«[2], also die nützliche, die gezähmte, die kultivierte Natur. Das Unkultivierbare war schon aufgrund der Gattungsgeschichte negativ besetzt. Wenn in England Berge zu Beginn des 17. Jahrhunderts noch als Schutt und Abfall, als Auswüchse, als Warzen auf dem Antlitz der Erde beschrieben wurden und hundert Jahre später als »temples of Nature, built by the Almighty«, »natural cathedrals«, dann muß ein entscheidender Wandel vieler Grundhaltungen in diesen hundert Jahren erfolgt sein[3]:

»Bevor der Ruhm der Berge sinnenfällig wurde, mußten die Menschen ihre Vorstellungen von der Welt, in der sie lebten, fundamental ändern, ebenso ihre Vorstellung vom Universum, von dem ihre Welt nur einen Teil bildete. Theologie, Philosophie, Geologie, Astronomie – alle wurden grundlegenden Wandlungen unterworfen, damit der Schrecken der Berge dem Ruhm der Berge weichen konnte.«

Dem Prozeß dieses Wandels von einer negativen zu einer positiven Sicht der wilden Natur gilt unser Hauptinteresse, weil wir ihn als *eine* der Bedingungen der Möglichkeit moderner Naturerfahrung bewerten. Er vollzog sich, wenn wir von den Vorläufern im 16. Jahrhundert zunächst einmal absehen, über 100 Jahre vor Rousseau. Das ist insofern von Belang, als in der Literatur zum Thema Natur- und Landschaftserfahrung schon lange die Rede davon ist, Rousseau sei »der erste gewesen«, der dem »Gefühl für das Wildromantische und furchtbar Erhabene in der Natur [. . .] durch hinreißenden Ausdruck allgemeine Anerkennung sicherte und seine weiteste Verbreitung anbahnte«[4]. Auf Rousseau und seine epochale Bedeutung hat sich denn auch ein großer Teil der Forschung zur Entstehung moderner Natur- und Landschaftserfahrung im deutschen Sprachbereich bis heute konzentriert[5].

Für die These, daß ästhetische Erfahrung von Landschaft und auch der erhabenen Gebirgslandschaft ein historisch bedingtes Phänomen ist, sind Rousseau und seine Wirkung beispielhaft, wenngleich ein Beispiel unter anderen. Die Erkenntnis selbst stammt, wie zu erwarten, aus der Zeit der Romantik und des beginnenden Historismus. In einem Fragment über Goethe[6] schreibt Novalis 1798:

»Natur und Natureinsicht entstehn, zugleich, wie Antike, und Antikenkenntniß; denn man irrt sehr, wenn man glaubt, daß es Antiken giebt. Erst jetzt fängt die Antike an zu entstehen. Sie wird unter den Augen und der Seele des Künstlers.«

Als ästhetisch wahrgenommene entsteht Natur demnach erst unter den Augen und in der Seele des Künstlers und Reisenden, wobei, um die romantische Redeweise von Novalis beizubehalten, die Augen wohl nur sehen können, was die Seele zu sehen bereit ist. Hegel benutzt selbstverständlich nicht die Seelenmetapher, sondern er spricht vom Geist, und er stellt auch eine eindeutige Hierarchie von Geist und Sinn – bei Novalis

Auge – her, wenn er denselben Sachverhalt, den Zusammenhang von betrachtendem Subjekt und Gegenstand des ästhetischen Interesses, auf die kurze Formel bringt, die das Subjekt als alleiniges Konstituens der Naturwahrnehmung und -erfahrung auszeichnet[7]: »Die Natur selbst (im weitesten Verstande) ist nur eine Idee des Geistes, die nie in die Sinne fällt.« »Natur fällt nie in die Sinne«, heißt aber nicht nur: Naturerfahrung ist historisch bedingt, sondern heißt auch – und dies wäre die zweite These:

Die sinnliche, die ästhetische Wahrnehmung von Natur ist immer durch Ideen, durch Vorstellungen präformiert. Ideen, Vorstellungen generieren zuallererst den Gegenstand der Erfahrung.

Diese Feststellung gilt nicht nur für den Bereich der ästhetischen Naturerfahrung, sondern auch für den Bereich der Wahrnehmung von Kunst und ist für Kunsthistoriker eine Selbstverständlichkeit. Ohne vorgängige Lektüre von Texten oder vorgängige Aneignung von Sichtweisen, die durch Bilder vermittelt werden, kann also Natur als Landschaft gar nicht wahrgenommen werden. Nicht umsonst ist für ihre Wahrnehmung das *Wort* »malerisch« konstitutiv. Schon Plinius beschrieb die Umgebung seines Landhauses so[8]:

»Es ist wonnevoll, so von der Höhe des Gebirges die Lage dieser Gegend zu überschauen. Kaum glaubt man die Natur, sondern ein Gemälde von idealer Schönheit vor Augen zu haben. Jene Abwechslung in dem Bilde ergötzt den Blick, wo immer er hinfällt.«

Die englischen Aristokraten sahen seit dem 17. Jahrhundert auf dem Grand Tour die Landschaften Italiens nicht nur mit den Bildern Salvator Rosas, Claude Lorrains und Nicola Poussins im *Kopf*, sondern betrachteten sie auch durch sogenannte »Claudeglasses«, durch in der farblichen Stimmung der Bilder Claudes eingefärbte Gläser. Ein Reiseführer aus dem Jahr 1778 faßt diese Art der Landschaftserfahrung beinahe idealtypisch zusammen[9]:

»Der Reisende wird geleitet: von den zarten Strichen Claudes, die der Conistonsee repräsentiert, zu den heroischen Szenen Poussins, denen der Windermeresee entspricht, und von dort zu den stupenden romantischen Ideen Salvator Rosas, die im Derwentsee Wirklichkeit geworden sind.«

Die Bergreisenden um die Mitte des 18. Jahrhunderts in der Schweiz zogen mit Albrecht von Hallers Gedicht »Die Alpen« in die Täler, über die Pässe und auf die Almen und sahen die Berge und ihre Bewohner zumeist so, wie Haller sie beschrieben hatte. Präziser ausgedrückt müßte es heißen: wie es ihrer jeweiligen Rezeption von Hallers Gedicht entsprach[10]. Dessen Intentionen zielten auf die Nützlichkeit der Berge, auf die Moralität ihrer Bewohner und erst in letzter Instanz auf die Erhabenheit des Gebirges. Doch im Laufe seiner Rezeptionsgeschichte wurde Hallers Alpengedicht im Sinne einer emphatischen und empathetischen Subjektivität umgedeutet. Die Leser der »Nouvelle Héloïse«, Goethe eingeschlossen, eigneten sich in den 60er und 70er Jahren des 18. Jahrhunderts die Alpenlandschaft am Genfer See auf den Spuren St. Preux' an, der zentralen Figur von Rousseaus Roman. Lorenz von Westenrieder, der 1780 den Wendelstein bestieg, sah die Alpen mit den Augen des Malers Beich; freilich wurde dieser von der Natur noch übertroffen[11]:

»Ich kann Ihnen nicht beschreiben, was das für mich war; aber die Kunst hat nichts solches, und den Genuß, den mein Auge auf der schönsten von Beichs Landschaften erhält, kaufte ich hier um keinen Dreier. Es ist nur hier und kann nicht anderswo sein.«

Die Beispiele bestätigen den systematisch grundlegenden Sachverhalt: Realerfahrung ist nie primär, sie ist durch Weltbilder oder Rezeption von Kunstwerken aus Dichtung oder Malerei präformiert oder vermittelt. Dazu schreibt Ernst Gombrich[12]:

»Die Idee, daß die Schönheit der Natur es ist, die den Künstler inspiriert, [. . .] ist bestenfalls eine gefährliche Übervereinfachung eines komplizierten Sachverhalts. Vielleicht ist sie geradezu eine Umkehrung des Prozesses, durch die der Mensch die Schönheit der Natur zu empfinden lernt [. . .]. [Wir nennen] eine Landschaft malerisch, wenn sie uns an Bilder erinnert, die wir gesehen haben. Umgekehrt kann für einen Maler nur das zu einem ›Motiv‹ werden, was er mit dem Vokabular, das er schon gelernt hat, assimilieren kann [. . .]. Man kann den Ursprung der Landschaftsmalerei nicht verstehen, wenn man sich diese Tatsache nicht konstant vor Augen hält. [. . .] In ähnlicher Weise erscheint auch die Entdeckung der Schönheit der Alpen der Verbreitung von Stichen und Gemälden, die Berglandschaften darstellen, nicht vorangegangen, sondern nachgefolgt zu sein.«

Dennoch sollte die Rolle der Malerei für die Entstehung der ästhetischen Naturerfahrung nicht überschätzt werden. »Was in der Scheinwelt der Kunst gefällt, gefällt nicht immer in der Wirklichkeit.«[13] Der Prozeß der *Positivierung des Negativen*, der Wandel in der Einstellung zur wilden Natur erforderte mehr als die von der Malerei bereitgestellten Vorbilder, nämlich einen Wandel grundlegender Deutungsmuster.

2. Wann entstand moderne Naturerfahrung?

Die Antwort Joachim Ritters

In den Veröffentlichungen zum Thema Naturästhetik spielt bereits seit Jahrzehnten ein Aufsatz von Joachim Ritter eine eminent wichtige Rolle, der 1962 unter dem Titel »Landschaft. Zur Funktion des Ästhetischen in der modernen Gesellschaft« erschienen ist. In ihm werden die systematischen und auch die historischen Voraussetzungen moderner Naturerfahrung als Landschaftserfahrung beschrieben.

Die Theorie Joachim Ritters besagt: Eine moderne Naturästhetik konnte erst nach Auflösung des alten metaphysischen Weltbildes entstehen, und zwar *komplementär* zum Verschwinden universeller und allgemein akzeptierter Deutungsmuster und *komplementär* zum Verschwinden des lebensweltlichen Eingelassenseins in Natur. Letztere verschwand aufgrund ihrer gesellschaftlich-technischen Aneignung mittels Arbeit im Sinne der Definition von Hegel – und auch Marx. Ritter zufolge konnte Landschaft als Naturerhabenes und als Totalität erst im letzten Drittel des 18. Jahrhunderts wahrgenommen werden.

Die Zuwendung zur Natur als Landschaft setzt nach Ritter historisch und systematisch die Tradition der griechischen Philosophie voraus, die sich als *Theoria* im Sinne der Betrachtung des Kosmos, der Weltordnung versteht. Gegenstand von Theoria ist immer die »ganze Natur, die allem von Natur Seienden zugrunde liegt und in ihm gegenwärtig ist«. Ob die Natur nun als Kosmos oder als Physis, wie bei Aristoteles, begriffen wird, immer wendet sich die philosophische Betrachtung der Natur als alles umgreifendem »Ganzem« und Göttlichem zu[14].

Der spezifische Unterschied zur modernen ästhetischen Naturerfahrung besteht nach Ritter darin, daß die antike philosophische Theorie die sinnenfällige äußere Natur nicht auch als sinnenfällige begreifen und als solche vergegenwärtigen konnte. Dies gilt für die gesamte Tradition über Spätantike und Neoplatonismus bis zu den Kirchenvätern und darüber hinaus sowie über alle Unterschiede der Schulen hinweg:

Die sinnliche Anschauung der äußeren Natur fordert den Geist zwar zur »Betrachtung des Ganzen und Göttlichen« (Platon) heraus, es gibt jedoch »auf dem Boden der philosophischen Theorie keinen Grund für den Geist, ein besonderes, von der begrifflichen Erkenntnis unterschiedenes *Organ* für die Vergegenwärtigung und Anschauung der sichtbaren Natur ringsum auszubilden. Der Himmel [...] und die Erde [...] werden bereits in den Begriffen gewußt und ausgesagt, in welchen die Theorie das Ganze begreift.« Die Theorie hat ihren Ort »in den Schulen, in der Zelle des Klosters, und im Grunde der Seele [...]. Was die Stimme der Natur sagt, wird ›innen‹ und nicht ›draußen‹ vernommen [...]. Was zwingt den Geist dazu, auf dem Boden der Neuzeit ein *Organ* für die Theorie der ›ganzen‹ Natur als des ›Göttlichen‹ auszubilden, mit dem diese als Landschaft nicht im Begriff, sondern im ästhetischen Gefühl, nicht in der Wissenschaft, sondern in Dichtung und Kunst, nicht im *transcensus* des Begriffs, sondern im genießenden Hinausgehen in die Natur vergegenwärtigt wird?«[15]

Ursächlich hängt nach Ritter die Ausbildung eines neuen Organs für ästhetische Vergegenwärtigung von Natur in ihrer Totalität als Landschaft mit der Entstehung der modernen Naturwissenschaften zusammen. Mit der Wende zum kopernikanischen Weltbild entsteht allmählich eine Leerstelle. Die sich entwickelnden »kopernikanischen« Naturwissenschaften sind *defizitär*, ihre »Natur« wird zunehmend eine verdinglichte, verobjektivierte. Das entstandene Defizit erläutert Ritter anhand eines Beispiels aus Baumgartens »Ästhetica« von 1750:

»Der Lauf der Sonne durch die Sternbilder im fortgehenden Jahre, den der Hirte, zu seinen Gefährten und seiner Geliebten sprechend, vor Augen hat, kommt nicht in den Begriffen vor, in denen ihn der Astronom und Physiker denkt.«

Aus diesem Mangel, der in der zweiten Hälfte des 18. Jahrhunderts sich entscheidend verschärft, wird die Notwendigkeit *ästhetischer* Vermittlung von Wahrheit als Naturwahrheit begründet. Denn mit der Herausbildung eines neuen Organs des *ästhetischen Gefühls* sowohl für das unmittelbare Erleben als auch für die Objektivierung in Text- und Bildkunst, die sich auf Natur in ihrer Totalität als Landschaft bezieht, antwortet der Geist auf diese Herausforderung[16].

Das Defizit, entstanden durch das Auseinandertreten von Lebenswelt und quantifizierender Naturwissenschaft, erhält seinen historischen Ort durch Schillers Lehrgedicht »Der Spaziergang« von 1795[17]: Die Stadt ist der Topos der Freiheit, einer Freiheit, die auf *Gewerbefleiß* und *Wissenschaft* beruht. Diese Tätigkeiten befreien den Menschen von der »Macht der Natur« und unterwerfen die Natur zugleich seiner Herrschaft und vielfältiger Nutzung. Die Verwandlung von unberührter Natur in beherrschte, genutzte, ausgebeutete Natur ist die notwendige Bedingung menschlicher Freiheit. Unlösbar verbunden mit dieser Freiheit ist also »Entzweiung«, nämlich die Entfernung, ja die Entfremdung von ländlicher Natur. Die ästhetische Vergegenwärtigung der Natur als Landschaft hat die positive Funktion eines Ausgleichs. Die Kunst holt das Verlorene, nämlich die Einheit der Natur, die zweckfreie Betrachtung der Natur, zurück und verleiht dem Verlorenen »Sprache und Sichtbarkeit«:

»Natur als Landschaft [kann es] nur unter der Bedingung der Freiheit auf dem Boden der modernen Gesellschaft geben.«[18]

Das ist die zentrale These. Man kann sie auseinanderfalten in eine sozialphilosophische und in eine philosophiegeschichtliche These. Die erste lautet dann so: Erst aufgrund der »*Entzweiungsstruktur*« der modernen Gesellschaft in der zweiten Hälfte des 18. Jahrhunderts ist ästhetische Naturerfahrung als Landschaftserfahrung überhaupt möglich. Die zweite so: Erst nach Zertrümmerung der alten Einheit, auch der metaphysischen Gewißheiten in Religion und Philosophie, kann das *neue Organ*, ästhetische Erfahrung als Erfahrung der Totalität der Natur entstehen.

Die Konstituenten des Aktes der ästhetischen Naturerfahrung als Landschaftserlebnis sind nach Ritter:

1. Das *empfindungsvolle Subjekt*, das die Harmonie z. B. von erhabenen *Gefühlen* und erhabener *Landschaft* erlebt. Das ist die Subjektivitäts- oder Korrespondenzthese[19].
2. Der *ästhetische Blick* auf die äußere Natur. Er bedeutet Hinwendung ohne *praktischen Zweck*, d. h. »›freie‹ genießende Anschauung«[20]. Das wäre die Zweckfreiheits- oder Theoria-These.
3. *Die Natur* hingegen als Gegenstand moderner Naturerfahrung ist die *Natur als Ganze*, jenseits aller partiellen Interessen. In freier genießender Anschauung umfaßt der Blick des Betrachters die totale Natur, und erst mit diesem Blick wird Natur zur Landschaft[21]. Das wäre die Totalitätsthese.

Wir können also nach Ritter drei *notwendige und hinreichende* Bedingungen moderner ästhetischer Naturerfahrung unterscheiden, die zugleich Konstituenten von Landschaft sind:

1. der empfindende Betrachter;
2. die Freiheit von praktischen Zwecken;
3. die Totalität der wahrgenommenen Natur.

Kurz: Der moderne ästhetische Blick auf Landschaft ist subjektiv, zweckfrei, total.

Allerdings kann die *Natur selbst* nicht *gesehen* werden, sie kommt nur im jeweiligen Anblick zum *Vorschein*[22]:

»Das Ästhetische der Landschaft ist so in seinem Grunde das *Scheinen* der *an sich verlorenen* ganzen Natur.«

Deshalb ist auch die besondere Gestalt einer Landschaft – ob nun Garten und Felder oder von Menschenhand unberührte Wildnis – »durchaus sekundär«[23]. Das Organ für die Betrachtung der sinnlichen Natur, das »landschaftliche Auge« (W. H. Riehl), ist also zugleich sinnlich und übersinnlich, die ästhetische Konstituierung von Landschaft impliziert einen Sprung von der Physik in die Metaphysik.

Mit diesem Sprung folgt das betrachtende Subjekt der »erhabenen Bestimmung des Menschen, den Geist der Natur zu ergreifen, welcher unter der Decke der sinnlichen Erscheinungen verhüllt liegt«, wie es Alexander von Humboldt formulierte[24]. Den Geist der Natur, mithin die Totalität der Natur erfassen, heißt nach Humboldt, »den rohen Stoff empirischer Anschauung gleichsam durch Ideen zu beherrschen«, und heißt mit Kant gesprochen »Darstellung« der »Idee des Übersinnlichen«[25]. In der Sprache des christlichen Naturenthusiasmus von Wilhelm Heinse lautet die Formel: »Anschauung Gottes«.

Exkurs: Ritters Hegelinterpretation und die Ritterschule

Ritters Theorie der ästhetischen Naturerfahrung ist mit seiner Hegelinterpretation unaufhebbar verknüpft und ohne diese nicht verständlich. Dies hat für die Rezeption von Ritters »Landschaftsaufsatz« Folgen gehabt, die, salopp gesprochen, an die stereotype Formel erinnern: »Im Prinzip ja, aber ...« Ritter hat seine Hegelinterpretation in zwei Aufsätzen 1957 und 1961 vorgetragen: »Hegel und die Französische Revolution« sowie »Subjektivität und industrielle Gesellschaft. Zu Hegels Theorie und Subjektivität«. Hegels Philosophie ist in dieser Lesart zuallererst einmal *Philosophie der Revolution*, die die *Diskontinuität* von Herkunft und Zukunft philosophisch auf den Begriff bringt[26]:

»Die revolutionäre Verneinung der Vergangenheit und die restaurative Verneinung der Gegenwart sind daher in der Voraussetzung der geschichtlichen Diskontinuität von Herkunft und Zukunft identisch, und diese Diskontinuität wird so für Hegel zu dem entscheidenden Problem der Zeit; es treibt ungelöst in allen ihren Spannungen und Gegensätzen.« Die Entzweiung wird von Hegel »positiv als die Form gesetzt, in der sich unter der Bedingung der modernen Welt ihre ursprüngliche Einheit geschichtlich erhält. Die objektive Realität der Aufklärung und die bewahrende Subjektivität sind *komplementär* aufeinander bezogen; die Subjektivität baut ihre Altäre im Herzen, weil die objektive Welt des Verstandes vorhanden ist. Was als Subjektivität und Objektivität auseinandertritt und sich im Widerspruch gegeneinander verselbständigt, bleibt in der Form der Entzweiung *geschichtlich* zusammen. Subjektivität und Objektivität sind [...] geschichtlich aufeinander verwiesen; sie sind *zusammen* das substantiell ganze geschichtliche Dasein.«

Das ist die Kernthese der Ritterschen Hegelinterpretation.

Die spezifische Differenz der bürgerlichen Gesellschaft zu sämtlichen Gestalten bisheriger Geschichte besteht, so Ritter in seinem Subjektivitätsaufsatz, in ihrer

Reduktion auf das »System der Bedürfnisse«, in welchem der Mensch zum »Herrn über die Natur« wird, weil er sich erst jetzt, d. h. seit dem Ende des 18. Jahrhunderts, als »freies Subjekt« zur Natur als zu seinem »Objekt« verhalten kann. Diese Befreiung hat aber auch ihren Preis[27]:

»Indem die Gesellschaft einerseits mit der durch sie ermöglichten rationellen Herrschaft über die Natur die Bedingung der Freiheit *für alle* schafft, bricht sie andererseits als die ›Macht der Differenz und Entzweiung‹ (RPh §§ 182,33) in die geschichtliche Welt ein [...]. Die versachlichte und verdinglichte Welt, die alles ›Göttliche‹ und ›Schöne‹ außer sich hat, wird zu der Wirklichkeit, in welcher der Mensch sein gesellschaftliches Sein erhält.«

Joachim Ritter hat immer und immer wieder betont, daß die »Entzweiung *die* Konstitutionsform der modernen Gesellschaft ist«[28], und alle negativen Konnotationen dieses Begriffs mit dem Hinweis darauf abgewiesen, daß erst die »Entzweiung« und nur sie die »Freiheit der Subjektivität«[29] ermöglicht. Deren weltgeschichtliche Leistung und Größe sieht er so[30]:

»Die Subjektivität hat es übernommen, religiös das Wissen um Gott, *ästhetisch das Schöne*, als Moralität das Sittliche zu bewahren und gegenwärtig zu halten, das auf dem Boden der Gesellschaft in der Versachlichung der Welt zu einem bloß Subjektiven wird.«

Ein Kompensationsmodell, so meinen wir, läßt sich aus dieser Hegelinterpretation nicht ableiten. Die Totalität der ästhetischen Natur als Landschaft, für die der Geist ein Organ ausbildet, verhält sich *komplementär* und nicht kompensatorisch zur verdinglichten und partialisierten Natur. Wir halten es für wichtig, diesen komplementären Charakter zu betonen, da ein von der Ritterschen Hegelauslegung abgeleitetes Kompensationsmodell andere anthropologische, geschichtsphilosophische und auch politische Implikationen aufweist als sein ursprünglicher Ansatz[31].

Wie wir gesehen haben, wendet Ritter die »Entzweiung der modernen Welt« positiv und deklariert sie als Aufhebung im Sinn von »Versöhnung«. Nun ist Hegels Philosophie nicht dabei stehengeblieben, Philosophie der Entzweiung zu sein, wie es die rein systematische und damit unhistorische Rekonstruktion von Joachim Ritter suggeriert. Hegel hat den entscheidenden Schritt über die *Einsicht* in die Entzweiung hinaus getan, indem er versuchte, seine Philosophie – von der »Phänomenologie des Geistes« (1807) bis zu seinem Tod 1831 – als eine Philosophie zu entwerfen, die die Versöhnung eben dieser Entzweiung leisten sollte. Die Kritiker Hegels haben bis heute behauptet, Hegel habe die Entzweiung eben nur »überwunden«, aber nicht »aufgehoben«, weshalb seine Philosophie in einer Aporie ende. Diese Aporie, die mißlungene Versöhnung, bilde gleichsam den Motor für den Auflösungsprozeß der Hegelschen Philosophie. Schüler Joachim Ritters haben betont, daß die »Entzweiung«, auf der Ritter geradezu emphatisch als Leistung der modernen Welt beharrte, keine Versöhnung im Sinne Hegels sei[32], daß also Ritter nur Hegels »ungelungene Versöhnung« sich philosophisch angeeignet habe und daß die »Entzweiung« deshalb erst recht nicht der Ansatz zur Versöhnung sein könne. Machte man sich diesen Einwand zu eigen, dann würde zweifellos die Komplementarität von objektivem Verlust des Ganzen der Natur und subjektiver Aneignung ihrer Totalität in der Landschaftserfahrung nicht ausreichen, um den modernen Menschen, definiert durch »Freiheit« und »Subjektivität« im Sinne Hegels und Ritters, im Gleichgewicht zu halten. Moderne ästhetische Naturerfahrung und andere Phänomene wären dann »Kompensationen« eines Verlusts, eben des »eschatologischen Weltverlusts«[33]: Der Mensch sei seit dem 18. Jahrhundert ein »homo compensator«, der durch Kompensationen versuche, sich in der Balance zu halten.

Eingeführt in die aktuelle Diskussion hat den Begriff Kompensation Odo Marquard 1958[34]. Im Jahr 1976 hat er ihn dann zur »geschichtsphilosophischen Fundamentalkategorie« stilisiert[35] und Ritter für die Genese dieser Kategorie in Anspruch genommen[36]:

»In der Gegenwartsphilosophie hat – zurückgreifend auf Hegels Begriffe der ›Entzweiung‹ und ›Versöhnung‹ – J. Ritter angesichts der sich verschärfenden Entfremdung, Versachlichung, Geschichtslosigkeit der Gesellschaft die Kategorie der Kompensation eingesetzt: Subjektivität, ästhetischer und historischer Sinn, Naturwissenschaften ›werden auf ihrem Boden ausgebildet, weil die Gesellschaft notwendig eines Organs bedarf, das ihre Geschichtslosigkeit kompensiert [...]‹.«

Textnachweislich hat Ritter nicht von »sich verschärfender Entfremdung« gesprochen, er hat ebenfalls nicht »Subjektivität« und »ästhetischen Sinn« als Kompensation bezeichnet, sondern nur von den Geisteswissenschaften behauptet, daß sie die Aufgabe hätten, Geschichtslosigkeit zu kompensieren[37]. Er hat auch nur auf Hegels Begriff der »Entzweiung« und nicht auf den der »Versöhnung« verwiesen, ersteren allerdings als »Versöhnung« interpretiert.

Ebenfalls 1976 sprach Hermann Lübbe von der »Kompensation« als dem »entscheidenden Stichwort. Wir haben es [...] zu tun mit [...] Kompensationen eines änderungstempobedingten Vertrautheitsschwundes«[38]. Wir haben es zu tun, so könnte man schließen, mit der »geschichtsphilosophischen Fundamentalkategorie« des philosophisch informierten Neokonservativismus, der von der Ritterschule ausgeht. Der Name des Ritterschülers Marquard steht hier als Beispiel für jene neokonservative Geschichtsphilosophie, in deren Rahmen eine Umwertung der Kategorien erfolgt, die Joachim Ritter als die zentralen seiner Hegelinterpretation auszeichnete. Die im 18. Jahrhundert auf dem Boden der bürgerlichen Gesellschaft entstandene »Subjektivität«, die mit ihr gesetzte »Entzweiung« als die »Diskontinuität von Herkunft und Zukunft« werden jetzt *negativ* besetzt und erst damit kompensationsbedürftige Phänomene. Als eine unter anderen Kompensationsleistungen wird dann folgerichtig die moderne ästhetische Naturerfahrung aufgefaßt[39].

Wir insistieren aus drei Gründen auf der Differenz zwischen Joachim Ritter und seinen hier zitierten Schülern; Gründe, die wir allerdings in diesem Rahmen nur andeuten und nicht darlegen können. Einmal berufen sich Autoren auf die Kompensationsthese und verwenden sie zur Erklärung historischer und ästhetischer Prozesse, die mit der expliziten Geschichtsphilosophie und impliziten Anthropologie der neokonservativen Ritterschule keineswegs konform gehen und sich so Widersprüche in ihrem Erklärungsansatz einhandeln[40]. Dann geht die Kompensationsthese von einem konstanten Sinnbedarf unserer Gattung aus. Eine solche Behauptung anthropologischer Konstanz oder gar Invarianz unterschlägt die spezifische Historizität von Bedürfnisstrukturen und damit auch die Möglichkeit des Wandels von übergesellschaftlichem Sinnbedarf in Richtung auf seine Minimalisierung. Eine Geschichtsphilosophie aber, die allzusehr anthropologisch konstante Bedürfnisstrukturen betont, verweist uns – emanzipationstheoretisch gesprochen[41] – auf die Hoffnungslosigkeit des Immergleichen, d.h. der immer gleichen Bedürfnisse, die durch funktionale Äquivalente befriedigt werden müssen, denn Sinndefizite verlangen nach Ausfüllung, nach Kompensation: z.B. durch neokonservative Sinnstiftungsveranstaltungen, zu denen auch die Funktionalisierung von Geschichtskultur zur nationalen Identitätsfindung gehört[42]. Letztlich ist die Kompensationsthese Ausdruck der Unterkomplexität des philosophischen Ansatzes neokonservativer Kulturkritik, die die Ausdifferenzierung der modernen Vernunft verfehlt und metaphysische Restaurationsversuche oder fröhlichen Skeptizismus als Allheilmittel empfiehlt[43].

3. Kritik der Ritterthese

Ritters Theorie der Landschaftswahrnehmung ist zugeschnitten auf einen bestimmten Abschnitt der Moderne seit der »Sattelzeit« (R. Koselleck)[44]. Seine in der Tradition von Schiller, Hegel, Carus und Alexander von Humboldt stehende geschichtsphilosophische Konstruktion bestimmt die *Funktion* ästhetischer Naturerfahrung in der Epoche der »Entzweiung« als eine komplementäre, die eine Leerstelle auffüllt. Sie erhellt den Hintergrund der im letzten Drittel des 18. Jahrhunderts in breiteren Kreisen aufkommenden Naturbegeisterung, indem sie als notwendige Bedingung für Landschaftserfahrung die lebensweltliche Distanz von der Natur beschreibt, die in der entstehenden bürgerlichen Gesellschaft als Voraussetzung von Freiheit und zugleich als Verlust erfahren wurde. Ihre genaue historische Zuordnung entzieht die Theorie Ritters indessen mannigfachen Versuchen, sie vor dieser Zeit empirisch zu validieren. Sie verbietet z.B. – wovor Ritter bereits gewarnt hat[45] und was in Bezug auf seine Theorie dennoch geschieht –, jene spezifische lebensweltliche Distanz schlicht als Stadt-Land-Gegensatz aufzufassen und anzunehmen, daß der »für die Entzweiungsstruktur konstitutive Gegensatz von städtischem und ländlichem Leben bereits in der Antike deutlich empfunden« und ländliche Natur damals in unserem Sinne bereits ästhetisch erlebt wurde[46]. Denn bezogen auf die Antike hat dieser Gegensatz philosophisch-systematisch und auch historisch nicht das geringste gemein mit der für die moderne bürgerliche Gesellschaft konstitutiven Interdependenz von Freiheit des Subjekts und durch Arbeit angeeignete Natur.

Gleichwohl wird die These Ritters, Natur als Landschaft, von einem fühlenden und empfindenden Menschen mit interesselosem Wohlgefallen betrachtet, könne es nur auf dem Boden der modernen bürgerlichen Gesellschaft geben, also erst seit dem letzten

Drittel des 18. Jahrhunderts, auf manche Zweifel stoßen auch bei denjenigen, die, wie wir, den Ausführungen Ritters zur *Funktion* der Landschaftserfahrung seit Beginn der Romantik zustimmen.

Haben nicht die englischen Aristokraten auf ihrem Grand Tour bereits im 17. Jahrhundert neben dem Schrecken auch die Schönheit der Alpen wahrgenommen, ganz zu schweigen von der landschaftlichen Schönheit des »Garden Italy«, dem Ziel ihrer Reisen? Setzt nicht doch die Landschaftsmalerei der Renaissance das Sehen von Natur als Landschaft voraus[47]? Ist nicht Petrarca, wenn schon nicht als »Vater des Bergsteigens«[48], so doch als derjenige weithin bekannt, dessen – wenn auch vielleicht fingierte – Besteigung des Mont Ventoux den »Beginn einer neuen ästhetischen Weltneugier und sinnenhaften Naturerfahrung« markiert[49]? Ein Unternehmen freilich, das an der Macht der Tradition scheiterte, am Verbot der »cupiditas videndi« als Implikat des Vorrangs christlicher Selbsteinkehr und Heilssorge. Hatte nicht Augustinus an genau der Stelle der »Confessiones«, die Petrarca auf dem Gipfel des Mont Ventoux aufschlägt, geschrieben[50]:

»Und da gehen die Menschen hin und bewundern die Höhen der Berge und die Fluten des Meeres ohne Grenzen, die weit dahinfließenden Ströme, den Saum des Ozeans und die Kreisbahnen der Gestirne, aber sie haben nicht acht ihrer selbst?«

Und hat Augustinus damit nicht auf eine zu seiner Zeit bestehende Praxis der Wahrnehmung erhabener Natur verwiesen, obwohl er diese Praxis aus seiner Perspektive christlicher Weltabkehr nur als bloßes Staunen bezeichnen konnte? Ebendieselbe Praxis hat wohl auch der Rhetoriker Pseudo-Longinus im Sinn, wenn er in seiner Schrift über das Erhabene sagt[51], die Natur habe »unseren Seelen ein unzähmbares Verlangen eingepflanzt, [...] nach allem jeweils Großen und nach dem, was göttlicher ist als wir selbst. [...] Von der Natur irgendwie geleitet, bewundern wir darum nicht die kleinen Bäche, beim Zeus, wenn sie auch durchsichtig und nützlich sind, sondern den Nil und die Donau oder den Rhein, und noch viel mehr als sie den Ozean. [...] Bewunderung erregt immer das Unerwartete.«

Hier jedenfalls ist bereits von einer Naturerfahrung die Rede, die die drei in Ritters Aufsatz beschriebenen Merkmale aufweist: die Zuordnung von Seele und äußerer Natur, Zweckfreiheit und Erfassen des Übersinnlichen.

In der Tat ist es schwer vorstellbar, daß Natur, auch wilde, unkultivierbare Natur, vor der Moderne nicht ästhetisch als Landschaft wahrgenommen wurde. Aber gegen historisch orientierte Fragen ist die philosophiegeschichtlich fundierte Theorie Ritters weitgehend immun, da sie in erster Linie als eine funktionale Theorie und nicht als eine genetische zu verstehen ist, also nicht als eine, die genauere chronologische Aussagen über die Entstehung moderner Natur- und Landschaftserfahrung zu machen erlaubt. Daß der »Geist« als Herausforderung durch einen Verlust ein neues »Organ« entwickelt, diese These reicht nicht aus für eine genetische Erklärung.

Eine Entstehungsgeschichte der modernen Naturerfahrung müßte den Abbau der Barrieren beschreiben, die einer ästhetischen Wahrnehmung von Natur lange im Wege standen, also zum einen die Überwindung des christlichen Verbots der Bewunderung der äußeren Natur, dessen uneingeschränkte Geltung Petrarca auf dem Gipfel des Mont Ventoux so eindrucksvoll demonstriert hat. Zum anderen müßte sie die Frage nach den Voraussetzungen beantworten, unter denen die wilde, öde, von Menschenhand unberührte Natur und vor allem die Bergwelt als groß, erhaben und schön empfunden und damit ästhetisch zur Landschaft werden konnte.

Dieser Wandel wird von Ritter zwar konstatiert[52], aber nicht erklärt, und seine Theorie vermag ihn auch nicht zu erklären. Die Wildnis blieb als nutzlos, fremd und bedrohlich lange Zeit negativ und deshalb einer betrachtenden Zuwendung entzogen. Hingegen war die vom Menschen genutzte und gestaltete *Gefildenatur* seit je positiv besetzt. Hinzu kam, daß die äußere Gestalt der wilden Natur der traditionellen Vorstellung des Schönen nicht entsprach. Noch Goethe fiel 1823 wieder in das alte Muster der Wahrnehmung zurück, wenn er über seine früher unternommenen »unnützen Reisen in die Schweiz« räsoniert und von den Hochalpen spricht als »diese Zickzackkämme, diese widerwärtigen Felswände, diese ungestalteten Granitpyramiden, welche die schönsten Weltbreiten mit den Schrecknissen des Nordpols bedecken, wie sollte [. . .] ein Menschenfreund sie preisen?«[53]

Im unmittelbaren Erleben der äußeren Natur lautete gemeinhin die herkömmliche Opposition: nützlich und schön versus nutzlos und häßlich. Diese entscheidende Differenz wird von Ritter nicht reflektiert, sondern eingeebnet; und zwar gerade dadurch, daß er die »jeweilige bestimmte Gestalt« wie auch die »geschichtliche Eigenart« der äußeren Natur für die ästhetische Konstituierung von Landschaft als sekundär betrachtet: Schillers Wanderer erfährt die *Natur selbst*, den Geist der Natur (Humboldt), also Landschaft in jenem emphatischen, metaphysischen Sinn in *allen* Gestalten der Natur[54]. Dieses Defizit der Theorie erklärt sich, wie wir meinen, zwanglos aus der Tatsache, daß die großen Widerstände gegen eine *Positivierung des Negativen*, also gegen eine ästhetische Erfahrung der erhabenen Natur, zu der Zeit von Schillers »Der Spaziergang« bereits überwunden waren.

So gewiß Edmund Burke (1757) und Rousseau (1761) ihrer Zeit ein vielbeachtetes Zeugnis für diese Überwindung gaben, »die Bahn gebrochen« haben sie der »Befreiung der Aisthesis vom traditionellen Kanon des Schönen«[55] gerade nicht. Diese Arbeit und Vorarbeit hatten andere seit dem 17. Jahrhundert geleistet, lange bevor Burke und Kant ihre Theorien des Erhabenen formulierten und lange bevor Rousseau in den Vorbergen der Westschweizer Alpen seine weltlichen Ekstasen erlebte.

Uns erscheint deshalb das, was Ritter als Zuordnung von betrachtendem Subjekt und Landschaft beschreibt, die es »nur unter der Bedingung der Freiheit auf dem Boden der modernen Gesellschaft« geben könne[56], eher als der Endpunkt eines jahrhundertelangen Prozesses. Natur als *Ganze* ist nicht *plötzlich* verloren gegangen, und das *empfindende Subjekt* ist auch nicht *plötzlich* auf den Plan der Geschichte getreten. Denn lange bevor die Natur materiell zum Objekt verdinglicht und beherrscht wurde, ist ihre ideelle Gefährdung durch die »kopernikanischen« Naturwissenschaften erkannt und auf ideelle Weise versucht worden, die Einheit eines christlich-platonisch verstandenen Kosmos zu retten. Dieser Versuch mittels Aufwertung der sinnlichen Erfahrung und ihrer Transzendierung als Leistung des Subjekts hat bereits seit der frühen Neuzeit die Möglichkeit vorbereitet, Natur als Landschaft wahrzunehmen.

Unsere Gegenthese zu Ritter lautet deshalb: Ästhetische Naturerfahrung entsteht bereits in der vormodernen Gesellschaft, d.h. auf dem Boden der klassischen Vorstellung von der Einheit des Kosmos, also eines metaphysischen Naturbegriffs, der in pythagoräisch-platonisch-christlicher Tradition die Welt der natürlichen Dinge als harmonisches Ganzes verstand. Und sie entsteht gerade nicht erst als Komplementaritäts- oder gar Kompensationsphänomen aufgrund der »Entzweiungsstruktur« der modernen bürgerlichen Gesellschaft[57].

4. Voraussetzungen für die Entstehung moderner Naturerfahrung seit der Renaissance

Mißlingen und Gelingen: Petrarca und Conrad Gesner

Die Epochenschwelle zwischen Mittelalter und Renaissance markiert Petrarcas auf den 26. April 1336 datierte Besteigung des Mont Ventoux[58]. Aufgestiegen sei er »einzig aus der Begierde, die ungewöhnliche Höhe des Ortes zu sehen« (»sola videndi cupiditate ductus«), berichtet Petrarca im Bewußtsein, etwas Verbotenes, wenn auch nur eine Jugendsünde zu begehen. Auf dem Gipfel bleibt seine durch die Warnung eines greisen Hirten noch gesteigerte Begierde seltsam uneingelöst: Er versinkt keineswegs in ergriffene Betrachtung der weiten Landschaft. Zuerst steht er wie betäubt durch einen ungewohnten Hauch der Luft und durch den ganz freien Rundblick, berichtet dann aber recht nüchtern[59], was er in den verschiedenen Himmelsrichtungen sieht und was er in der Ferne erahnt. Als er, um nach dem Leib auch die Seele zu Höherem zu erheben, die stets mitgeführten »Bekenntnisse« des Augustinus aufschlägt, trifft er *zufällig* auf jene berühmte Stelle, die das Bestaunen großartiger Natur als Übertretung des Gebots christlicher Selbsteinkehr erscheinen läßt. Das Gipfelerlebnis wird zum Bekehrungserlebnis. Petrarca bereut sofort heftig seine Bewunderung, sein Genießen des Irdischen und wendet sich fortan dem eigenen Inneren zu. Die äußere Natur, der Berg, erscheint ihm in der Rückschau klein und nichtig. Zwischen Außenwelt und Innenwelt gibt es in diesem Augenblick keine Brücke. Das in Weltzuwendung Begonnene endet in Weltabkehr.

Es ist Petrarca nicht gelungen, das *sinnlich* Wahrgenommene zu *transzendieren*. Weder im Sinne der klassischen »Theoria«, deren philosophische Tradition ihm vertraut war, vermochte er den Kosmos als ein »göttliches Fest«[60] zu erleben, noch im Sinne der christlich-platonischen Form der »Theoria«, die ihm durch Augustinus bekannt war. Denn das Anschauen und Genießen von Naturschönheit ist nach Augustinus dann erlaubt, wenn sie über bloße Sinneswahrnehmung hinaus als Schöpfung Gottes betrachtet wird, in ihr also das *Ganze* aufscheint[61]. Petrarca hat offenbar

Möglichkeiten des Erlebens, die ihm theoretisch zur Verfügung standen, nicht aktualisiert. Es fehlte ihm, so würden Joachim Ritter und seine Nachfolger argumentieren, jenes »Organ« für die Vergegenwärtigung der sichtbaren Natur, das der »Geist« erst nach dem Zerbrechen des metaphysischen Weltbildes entwickelte. Petrarca konnte nicht leisten, was er doch wollte: »sich im genießenden Anblick der großen Natur ringsum liebend Gott zu gewärtigen«[62]. Aber wollte er genau das? Ritter deutet das Motiv der »cupiditas videndi« aus der Tradition der philosophischen »Theoria«[63], und er liest dieses Motiv so, als habe Petrarca die Besteigung des Berges unternommen, um in – von praktischen Zwecken – »freier Betrachtung und Theorie an der ganzen Natur und Gott teilzuhaben«[64].

Zweierlei will mit dieser Deutung nicht übereinstimmen. Zum einen Petrarcas Charakterisierung des unerhörten Unternehmens als eine Art Jugendsünde, zum anderen das Erlebnis des Aufstiegs, der ja auch durch die freie Natur führt, aber von Petrarca nur als Last und Mühsal auf Irrwegen beschrieben wird. Trost und neue Kraft findet er dann auch nicht im Anblick der Natur, sondern in frommen Gedanken, in der aus der Tradition der Kirchenväter wohlbekannten Allegorisierung des Aufstiegs als Weg der Seele aus den Talgründen der Sünden zum Gipfel des seligen Lebens.

Wie kann aber der großartige, zur höchsten Erfüllung des Menschseins führende Aufschwung der Seele zum Betrachten des Ganzen der Natur zugleich als Verbotenes empfunden werden? Der Widerspruch ist dann zu vermeiden, wenn man annimmt[65], daß Petrarcas Eingangsmotiv »Sola videndi cupiditate ductus« die von Augustinus verworfene »voluptas oculorum«, die reine Augenlust, evoziert, die gleichfalls frei von praktischen Zwecken, aber als Sehen um des Sehens willen *transzendenzunwillig* ist: eine niedere Wahrnehmungsweise, wohl zur Zeit Platons ebenso alltäglich wie zur Zeit des Augustinus. Auf dem Gipfel demonstriert Petrarca, was das Sehen um des Sehens willen bewirkt: allenfalls Genuß des Irdischen, aber kein Erheben der Seele vom Körperlichen zum Unkörperlichen. Nicht der Blick in die Natur, sondern zuallererst der Blick ins Buch bringt solche Wirkung zustande. Aus dieser Perspektive erscheint Petrarcas Mont-Ventoux-Brief folgerichtig als »moral-philosophischer Traktat« (König) tief mittelalterlicher Prägung. Die These, Petrarca habe im Mont-Ventoux-Brief eine exemplarische Bekehrung in der Nachfolge des Augustinus darstellen wollen, ein Stück – fiktiver – idealisierter Autobiographie, ist auch angesichts der Tatsache, daß dieser Brief 16 Jahre nach dem angegebenen Datum geschrieben wurde[66], nicht ohne weiteres von der Hand zu weisen.

Eine solche Interpretation unterschlägt allerdings die Differenz zwischen Petrarca und Augustinus, die der Mont-Ventoux-Brief bei aller Bindung an das große Vorbild aufweist, eben einen signifikanten Unterschied, der Petrarca als exemplarische Figur für das Zeitalter der beginnenden Renaissance erscheinen läßt. Hatte Augustinus geschrieben: »Und da gehen die Menschen hin [...]«, so spricht Petrarca von sich selbst und handelt selbst: Er *geht* hin, um zu schauen. Er *selbst* will es ausprobieren, will in eigener Person, er, das *Individuum Petrarca*, eine neue Erfahrung machen. Dieser Aufbruch in die äußere Natur hat zweifellos Signalcharakter, auch wenn er von vornherein eher als moralisches denn als ästhetisches Selbstexperiment angelegt war.

Es ist vielleicht nicht nur eine müßige Spekulation zu überlegen, daß das Selbstexperiment als ästhetisches hätte gelingen können, wenn Petrarca die Vorstellung des Erhabenen zur Verfügung gestanden hätte. Denn in diesem Fall wäre der Selbstvorwurf, er bewundere nur Irdisches, unbegründet gewesen. Die Vorstellung des Naturerhabenen gelangte aber erst nach den Entdeckungen der frühneuzeitlichen Astronomie, mit der Erkenntnis von der Unendlichkeit des Universums als naturästhetische Kategorie ins Bewußtsein. Die Kopernikanische Wende, für die einen »Metapher der Erniedrigung«, für die anderen »Metapher der Erhöhung des Menschen«[67], hatte noch eine dritte Lesart gefunden: eine physikotheologische. Diesen dritten Weg beschritten die Akteure der Kopernikanischen Wende selbst – von Kopernikus bis Newton – sowie jene Gelehrten und Dichter, die in christlich-platonischer Überlieferung von den gleichen metaphysischen und kosmologischen Bedingungen ausgingen. Sie versuchten, die sich tendenziell abzeichnende Kluft zwischen Naturwissenschaft und Theologie, zwischen Vernunft und Glauben zu schließen. Und zwar nicht allein auf rationalistischem Weg durch den Transcensus des Begriffs der physikalischen Unendlichkeit zum Begriff der Unendlichkeit des allgegenwärtigen Schöpfers, sondern nach der Aufwertung der sinnlichen Erfahrung durch die den Transcensus des Begriffs nachvollziehende *Betrachtung* der Sinnendinge.

1541, zweihundert Jahre nach Petrarca, konnte ein Universalgelehrter des Humanismus, der von den Florentiner Platonisten beeinflußte Zürcher Conrad Gesner, vom »großen Schauspiel des Weltalls« sprechen, aus dessen Wundern der Mensch »etwas Höheres, ja das höchste Wesen selbst begreife«. Gesner ist es auch, der mit »ergriffenem Geist« das »Schauspiel« des Gebirges bewundert[68]:

»Ich weiß nicht, wie es zugeht, daß durch diese unbegreiflichen Höhen das Gemüt erschüttert und hingerissen wird zur Betrachtung des erhabenen Baumeisters.«

Bei »eingehender Betrachtung« der »erhabenen Berge« bezeugt Gesner eine Offenheit aller Sinne, seine lebendige Schilderung beruht auf genauer Beobachtung: Sein Blick schweift in die Ferne, richtet sich auf das Nähere, bemerkt den »Wechsel« und die »Mannigfaltigkeit« in den »Gegenständen«, wie man sie derart gehäuft nur in den Bergen antrifft. Seine Bemerkung, daß man im Gebirge »die vier Jahreszeiten [...] an einem Tag« sehen und erleben kann[69], wird zu einem Topos der Bergliteratur, den noch Rousseau[70] sich zu eigen macht. Kein Zweifel, daß bereits der Humanist Gesner in frei genießender Betrachtung der Berge sich zur Anschauung des *Ganzen* erhebt.

Metaphysische und ästhetische Widerstände

Conrad Gesner war nicht der einzige unter den Schweizer Humanisten, der Bergbesteigungen nicht nur zu Forschungszwecken unternahm. Eine Reihe von Forschern und Reisenden des 16. und 17. Jahrhunderts bezeugen dasselbe Muster christlich-platonischer Naturfrömmigkeit und Offenheit der Sinne, aber die Höhe von Gesners Enthusiasmus wurde über Jahrhunderte kaum wieder erreicht. Zu sehr herrschte vor allem unter Nicht-Schweizern, d. h. den Bewohnern flacherer Weltgegenden, die Vorstellung von den Gefahren und Schrecknissen des Hochgebirges, seiner Unzugänglichkeit und Unwirtlichkeit, seiner scheußlichen Wildheit.

Das Grauen, das man beim Anblick unersteigbarer Wände, steiler Firste und rauher, zackiger Felsklippen empfand, entsprang nicht nur einer verständlichen, einer natürlichen Furcht, sondern war zugleich ein metaphysisches Grauen. Seit Luther gelehrt hatte, die Natur sei durch den Sündenfall mit ins Verderben gezogen worden, hatte sich innerhalb der Theologie eine pessimistische Sicht der Natur erhalten. Godfrey Goodman, Anhänger dieser Richtung, veröffentlichte 1616 ein Buch mit dem Titel »The Fall of Man, or the Corruption of Nature«: Alle Übel dieser Welt, unfruchtbare Landstriche, wilde Meere, bösartige Bestien galten als Mahnung an den Sündenfall, vor allem auch hohe und rauhe Berge, die nichts als Warzen auf der Oberfläche der Erde seien. Eine so verstandene Natur konnte nicht als schön wahrgenommen werden[71].

Thomas Burnet entwarf 1681 in seiner »Telluris Theoria Sacra« eine Kosmogonie aus der Perspektive der lutherischen Verfallstheorie, in der er die Sintflut als gewaltige Erdkatastrophe beschrieb. Das ursprünglich glatte, ebene, geometrisch perfekt von Gott geformte Weltenei sei zerbrochen, und dabei sei allererst das Hochgebirge entstanden. Als »Ruinen einer zerbrochenen Welt«, als Strafe Gottes muß der Mensch diese Monstrositäten ohne Symmetrie und Proportionen ertragen. Dies war der Ausgangspunkt der kosmogonischen Spekulation: Burnet, königlicher Kaplan und Master of the Charterhouse, hatte zehn Jahre zuvor auf seinem Grand Tour die Alpen überquert. Noch ganz im Bann des klassizistischen Schönheitsideals und der Vorstellung vom Schöpfergott als eines Renaissancearchitekten mit Lineal und Zirkel fand er die Berge in ihrer wilden Unregelmäßigkeit abstoßend häßlich: »the greatest Examples of Confusion that we know in Nature«[72]. Denn in der Ästhetik des Maßes, der Proportion und der Symmetrie hatte wilde Natur, also Vielfältiges, Unregelmäßiges, Gegensätzliches, Unbegrenztes keinen Platz.

Wie wir sehen, verbinden sich bei den Vertretern der Verfalls- oder »Decay«-These in ihrer Ablehnung der wilden Natur metaphysische und ästhetische Widerstände, die sich gegenseitig verstärken. Zum Abbau dieser Widerstände hat die Theologia Naturalis oder Physikotheologie wesentlich beigetragen.

Das Harmonie-Programm der Physikotheologie

Alexander Pope bringt 1733 in dem »Essay on Man« seine Weltsicht auf die Formel:

> All nature is but art, unknown to thee;
> All chance, direction, which thou canst not see;
> All discord, harmony not understood;
> All partial evil, universal good:
> And, spite of pride, in erring reason's spite,
> One truth is clear, Whatever Is, Is Right.

Für diesen ontologischen Optimismus der Frühaufklärung hat die Physikotheologie die metaphysischen Fundamente aufgebaut. In England begann sie als geistige Bewegung um die Mitte des 17. Jahrhunderts im Umkreis der Cambridger Platonisten. Sie trat an gegen zwei grundverschiedene Gegner: zum einen gegen die bereits erwähnte pessimistische Richtung der protestantischen Theologie, die mit den Argumenten der »Decay«-These die Tradition christlicher Weltverneinung fortsetzte. Goodmans Buch löste alsbald eine Kontroverse aus, die sich schlagwortartig auf den Nenner *Design versus Decay* bringen läßt. Design, das war der Schöpfungsplan Gottes, der der weisen und zweckmäßigen Einrichtung der Welt zugrunde gelegen habe, wie sich bei eingehender Betrachtung an jedem Ding der Natur nachweisen lasse. Mit ihrer Auffassung, die Welt sei genauso, wie wir sie heute sehen, in derselben geographischen Gestalt aus der Hand Gottes hervorgegangen und daher keineswegs durch den Sündenfall mit ins Verderben gezogen worden, vertraten die Anhänger der Design-These eine ganz andere Kosmogonie als ihre pessimistischen Gegner. Als erster wandte sich George Hakewill 1627 gegen Goodman mit dem programmatischen Titel »Apology, or Declaration of the Power and Providence of God«[73]. Zum anderen traten die Physikotheologen an gegen die Atheisten, wie man jene Vertreter des Atomismus nannte, die die Lehre vom Schöpfungsplan ablehnten, statt dessen von der Eigendynamik der Materie sprachen und die Entstehung der Welt aus der zufälligen Zusammenballung von Atomen erklärten. Die Physikotheologen wollten der Etablierung eines mechanistischen Weltbildes, den Entzweiungstendenzen der objektivierenden Naturwissenschaften entgegenwirken. Ihr großes Harmonisierungsprogramm zur Rettung der alten Einheit eines christlich-platonisch verstandenen Kosmos war die Antwort auf den Schock der Kopernikanischen Wende.

Daß alle Bemühungen, die Kluft zu schließen, auf lange Sicht vergeblich sein würden, kündigte sich freilich bereits im 17. Jahrhundert an. Der berühmte englische Physiker und Chemiker Robert Boyle, Atomist und einer der Begründer des mechanistischen Weltbildes, bestätigte implizit die Unüberbrückbarkeit der Gegensätze der Behauptung, die Glaubensinhalte würden von den wissenschaftlichen Erkenntnissen nicht berührt. Zugleich aber suchte er die Gefahr des Atheismus mit teleologischen Argumenten zu bannen, indem er 1688 drei Jahre vor seinem Tod »A Disquisition about the Final Causes of Natural Things« veröffentlichte und in seinem Testament die Boyle-Lectures stiftete, die der Lehre der Physikotheologen die institutionelle Basis gaben.

Die Tradition physikotheologischen Denkens geht auf Platons »Timaios« und Ciceros »De natura deorum« zurück, die von der Renaissance-Philosophie neu rezipiert wurden. Insbesondere an der im 15. Jahrhundert gegründeten Platonischen Akademie in Florenz bemühte man sich unter Rückgriff auf Lehren von Augustinus um eine Harmonisierung platonischer Philosophie und christlicher Offenbarungslehre. »De natura deorum« stellt gewissermaßen die »heidnische« Urschrift der Physikotheologie dar: Alle Teile des Weltalls sind derart eingerichtet, daß sie nicht zweckmäßiger und schöner sein könnten. Und Cicero fordert seine Leser auf, »contemplari pulchritudinem rerum earum, quas divina providentia dicimus constituas« (mit den Augen die

Schönheit dieser Einrichtungen zu betrachten, die unserer Behauptung nach Werke der göttlichen Vorsehung sind)[74]. Der physikotheologische Gottesbeweis ist hervorgegangen aus der langen Geschichte der teleologischen Beweise von der griechischen Philosophie über die Frühscholastik bis zu Thomas von Aquin und darüber hinaus. Die Vorstellungen von der Natur als »Werk Gottes«, von der »Weltmaschine«, die ohne den göttlichen Baumeister nicht zu denken ist, von Gott als dem »höchsten Architekten« des Weltgebäudes gehören sämtlich in die Tradition physikotheologischer Motive. Auch die Werke der großen Astronomen, die die Entwicklung der modernen Naturwissenschaften einleiten und vorantreiben, bleiben eingebunden in physikotheologische Denkweisen[75].

Das Programm der Physikotheologie manifestierte sich in unzähligen Versuchen, die Erkenntnisse der neuen Naturwissenschaften mit dem überlieferten Weltbild in Einklang zu bringen. Die Physikotheologen, oft Naturwissenschaftler und Theologen in einer Person, stellten Methoden und Instrumente der »New Science« in den Dienst dieses Ziels. Sie wandten sich der Erforschung von Mikrokosmos und Makrokosmos zu, um aus der Zweckmäßigkeit ihrer Organisation, ihrer Nützlichkeit für den Menschen, ihrer Schönheit und Unendlichkeit *teleologisch* auf die Existenz und die Prädikate des Schöpfers zu schließen. Unermüdlich »bewiesen« sie, daß die Prädikate Gottes: Weisheit, Güte, Allmacht, sich im Kosmos spiegeln, daß sie abzulesen sind aus *jedem* Ding der Natur. Dieses Bemühen bezog seine Energie u. a. aus der alten, auf Augustinus zurückgehenden Lehre von den zwei Büchern, dem Buch der Offenbarung, der Bibel, und dem Buch der Natur. Jedes Geschöpf sei, so sagte man, ein mit dem Finger Gottes geschriebener Buchstabe, und deshalb führe die Lektüre des Buchs der Natur ebenso zur Erkenntnis Gottes wie die Lektüre der Heiligen Schrift.

Die Physikotheologen waren die ersten, die sich auf die Gleichberechtigung der beiden Bücher einließen. Ganz wörtlich genommen traten die Gelehrten aus ihren Studierstuben hinaus in die Welt, um im Buch der Natur zu lesen. Ausgerüstet mit Teleskop und mit Mikroskop, mit Thermometer und Barometer, mit Botanisiertrommel und Netz, mit Seziermesser und Waage gingen sie ans Werk. Mit Hilfe der neuen Instrumente ließ sich der Schöpfungsplan nachzeichnen und, so glaubte man, seine Weisheit und Zweckmäßigkeit Skeptikern gegenüber *wissenschaftlich* demonstrieren.

Auch auf dem Kontinent war seit dem 16. Jahrhundert ein sich ständig verbreiternder Strom theologischer Naturwissenschaft oder naturwissenschaftlicher Theologie entstanden[76], der durch die Werke der englischen Physikotheologen, die binnen kurzem in deutscher Übersetzung erschienen, mächtigen Zustrom erhielt. Bis hin zu den physikotheologischen Spezialisten des 18. Jahrhunderts bekundete sich ungeheurer Gelehrtenfleiß von enzyklopädischem Zugriff. Eine Vielzahl von Bindestrich-Theologien von der Litho-Theologie über die Anthropo-Theologie bis zur Astro-Theologie verfolgte die Spuren Gottes in den Erscheinungen der Natur.

Die physikotheologische Bewegung, die entscheidend zur Entstehung und Popularisierung wissenschaftlicher Erkenntnisse sowie zur Entzauberung der noch magisch bestimmten vormodernen Welt beigetragen hat, ist von der europäischen Aufklärung nicht zu trennen. Wissenschaftsgeschichtlich gesehen erfüllte ihre Weltsicht alle Voraussetzungen eines Paradigmas, also der herrschenden Forschungsperspektive einer Zeit. Das christliche Weltbild und vor allem der Schöpfungsglaube glitten mit Hilfe dieses Paradigmas fast unbemerkt in die Moderne hinein. Auch wenn im Laufe des 18. Jahrhunderts zunehmend Natur und Vernunft an die Stelle Gottes traten, erbten diese Begriffe doch den metaphysischen Glanz, und das teleologische Denken, ob nun bereits säkularisiert oder nicht, wurde erst durch die Entdeckungen Darwins außer Kraft gesetzt.

Die theologische Rechtfertigung der Berge

Bei einer optimistischen Weltsicht, wie die Physikotheologen sie propagierten, konnte es nicht ausbleiben, daß sich das Problem der Theodizee in besonders radikaler Weise stellte, mithin die Frage, wie sich denn die Übel dieser Welt mit der Auffassung von einem gnädigen und gütigen, allmächtigen und für die Menschen sorgenden Gott vertrügen. Also etwa die wilde Natur, schroffe, eisige, schreckenerregende Berge, Wüsten, Meeresstürme, Feuersbrünste, Vulkanausbrüche, Erdbeben, Heuschreckenplagen, Giftschlangen, Tiger, Skorpione, Pest- und Seuchenzüge, Brennesseln, Disteln und anderes Unkraut. Auf diesem Gebiet bewältigten die Physikotheologen ein riesiges Arbeitspensum, das man schlagwortartig mit der Überschrift Positivierung des Negativen versehen kann.

Die Argumente dieser Theodizee bleiben ohne Einsicht in die Struktur des physikotheologischen Gottesbeweises unverständlich. Denn allein mit den Sinnen konnte das Buch der Natur nicht gelesen werden[76a], auch nicht mit den durch Teleskop und Mikroskop geschärften und erweiterten Sinnen. Kants Diktum, Anschauungen ohne Begriffe seien blind, gilt für das Vorhaben der Physikotheologen in gleicher Weise wie für die moderne Naturerfahrung, die den »Geist der Natur« nicht erfassen kann, ohne den »rohen Stoff empirischer Anschauung gleichsam durch Ideen zu beherrschen«[77]. Die Leitidee der Physikotheologen ist der theistische Begriff Gottes mit seinen Prädikaten potentia, providentia und sapientia. Die gesamte äußere wahrnehmbare Natur wird als Offenbarung dieses Gottes durch die Sinnenwelt verstanden, und die funktionalen Naturprozesse werden als göttliche Ordnung zum Nutzen des Menschen interpretiert. Dieser metaphysische Naturbegriff liegt den teleologischen Gottesbeweisen als Prämisse zugrunde. Wenn die Physikotheologen nun aus der Zielgerichtetheit der Naturdinge auf eine diese Teleologie einrichtende Ursache schließen, ergibt der Schluß nichts anderes, als was die Prämisse besagt. Der physikotheologische Beweis argumentiert also im Zirkel. Deshalb konnte aus dem Buch der Natur, verstanden als Offenbarung Gottes, als »Lehre« nur das herausgelesen werden, was man zuvor hineingelesen hatte. Als logische scheitern die Beweise, sie enthalten immer einen Sprung vom Physischen ins Metaphysische.

Die physikotheologischen Autoren stellten jedoch unbeirrt die Empirie in den Dienst jenes Zirkels. Was sich bei dem Bemühen gewissermaßen zwangsläufig ergab, war eine paradigmatische Wende im Prozeß der Aneignung der äußeren Natur durch die ungeheure Aufwertung der sinnlichen Erfahrung. Je wacher der Blick, je genauer die Beobachtung, je intensiver die Zuwendung zur äußeren Natur, desto sicherer kam der Naturbetrachter an sein Ziel, das Dasein Gottes und seiner Prädikate Allmacht, Weisheit und Güte in der weisen und nützlichen Einrichtung der Welt zu erkennen.

Das teleologische Prinzip bildete auch den Dreh- und Angelpunkt der physikotheologischen Theodizee. Das Ergebnis ihrer universalen *Positivierung des Negativen* lautet in heutiger Wissenschaftssprache[78]:

»Alle Übel dieser Welt sind innerhalb eines funktionell vernetzten Ganzen notwendig, sind also nur scheinbare Übel. Berge, Meere, Wüsten, wilde Tiere – alle haben sie einen naturgeschichtlichen Sinn für das optimale Funktionieren der Schöpfung.«

Ein solches Argument bildete die Hauptwaffe gegen die Atomisten und Atheisten, die gerade die Übel der Welt als Beweis dafür ansahen, daß die Welt aus Zufall und nicht nach einem weisen Plan entstanden war. Bereits Lukrez hatte in seinem Lehrgedicht »De rerum natura« im 1. Jahrhundert v. Chr. diese Ansicht vertreten, die von den Atomisten der Renaissance wieder aufgegriffen wurde.

Die Nützlichkeit der Berge war aus diesem Grund ein klassisches Thema. Bereits Conrad Gesner hatte Mitte des 16. Jahrhunderts nicht nur mit ergriffenem Geist die Werke des erhabenen Baumeisters bewundert, sondern auch den Reichtum der Berge an Wasser, Wäldern, nahrhaften Weiden und heilkräftigen Kräutern gerühmt. 1592 wurde im Jesuiten-Kolleg von Coimbra in einer Abhandlung die Frage, ob die Erde mit oder ohne Berge erschaffen worden sei, mit der Begründung bejaht, Berge seien nützlich und schön[79]. Die zahlreichen Beweisgründe, die die physikotheologische Bergapologie ins Feld führte, zeigen, welche Widerstände hier zu überwinden waren: Die grauenerregenden Berge sind nicht nur die großen Wasserwerke der Natur, sie liefern auch Heilquellen und Mineralien, sie sind ein Schutzwall gegen Winde, Bollwerk gegen Feinde etc. Noch 1752 erschien ein Buch mit dem Titel »Essai sur les usages des montagnes«, in dem sein Verfasser Elie Bertrand gegen Thomas Burnet polemisierte. Immer ging es um die »Rechtfertigung der Berge aus der Darlegung ihres Nutzens«, wie ein Berner Geograph, Gottlieb Gruner, es 1760 formulierte[80]. Der Autor wendet sich gegen die Klagen über die »Gefährlichkeiten« und »Nachteile« der »Eisgebirge des Schweizerlandes«, also über ihre Unfruchtbarkeit wegen der dicken Schnee- und Eisdecke, über die Lawinen und die Gletscherspalten, die steilen Felswände und tiefen Täler. Er weist naturwissenschaftlich nach, daß diese Erscheinungen, nach den »wahren Absichten« betrachtet, »in der Ordnung der Natur allerdings nötig und in Absicht auf den Zusammenhang der Dinge meistens ungemein nützlich sind [. . .]«. »Nur der Unweise«, schließt er, käme auf den Gedanken, es wäre besser gewesen, fruchtbare Täler und Wiesen statt Eis, kahle Felsen und entsetzliche Wildnisse an diesen Orten zu schaffen: »Je mehr wir also die geheimen Wege der Natur einsehen und ihren Grundgesetzen nachforschen, desto mehr werden wir auch die unendliche Weisheit und unaussprechliche Güte ihres großen Urhebers erkennen.«

Auch Albrecht von Haller, den Gruner als Motto zitiert und der eine Zeitlang unter dem Einfluß der norddeutschen Physikotheologen stand, hob in seinem berühmten Gedicht »Die Alpen« 1729 den Nutzen der Berge hervor[81]:

»Der Berge wachsend Eis, der Felsen steile Wände
sind selbst zum Nutzen da und tränken das Gelände.«

Der naturkundige alte Bergbewohner »kennt sein Vaterland und weiß an dessen Schätzen sein immerforschend Aug am Nutzen zu ergötzen«. Hallers Beschreibung der Alpen selbst, die den Hintergrund für die Idylle ihrer Bewohner bildet, ist bekanntlich weniger Zeugnis einer erlebten Landschaft als einer nüchternen naturwissenschaftlichen Beobachtungsweise. Und dennoch erschließt sich seinen »gelehrte[n] Blicke[n]« die Schönheit der Natur:

Ein angenehm Gemisch von Bergen, Fels und Seen,
Fällt nach und nach erbleicht, doch deutlich ins Gesicht,
Die blaue Ferne schließt ein Kranz beglänzter Höhen.

Größere Bedeutung als praktischer Nutzen und natürliche Schönheit hatte allerdings für Haller der moralische Nutzen der Berge, ihre repressive Funktion, da sie durch die Kargheit der Lebensbedingungen den Sittenverfall ihrer Bewohner – im Vergleich mit der der Städte und milderer Landstriche – verhindern.

Der physikotheologisch inspirierte Naturdichter Barthold Hinrich Brockes, unerschütterlicher Optimist und von der negativen Anthropologie Hallers weit entfernt, sang ungefähr 10 Jahre früher ein anderes Lied. In seinem Gedicht »Die Berge«[82] thematisiert er außer dem teleologischen Nutzen-Argument ein Problem, das in Hallers Gedicht nicht angesprochen wird: die Herausforderung des Betrachters durch die wilde Natur. Von den 21 Strophen des Gedichts stellen die erste und die letzte den metaphysischen Bezug her. Ausgehend von der gewußten Allmacht Gottes, der zum Ruhm »wir« – er verbindet sich und den Leser in der 1. Person Plural und stellt so die Suggestion gemeinsamen unmittelbaren Erlebens her – »der Berge Bau besingen«, steht am Ende die physikotheologische »Lehre« in Form der rhetorischen Frage: »Kommt dies alles ohngefähr Oder aus der Macht und Güte Eines weisen Wesens her?« Das teleologische Nutzenargument nimmt aber nur zweieinhalb Strophen in Anspruch, in denen die kostbaren Metalle, Diamanten, Bergkristalle, die Berge als Wasserspender, ihr Reichtum an nahrhaften Weiden gerühmt werden. Den breitesten Raum nimmt das Schreckenerregende ein: die »entsetzlichen Höhen«, »abscheulich tiefen Gründe«, »Wüsteneien«, »zerborstenen Felsenschlünde«, »stürzende Gewässer«, dunkle, unfruchtbare Täler, bedeckt mit fahlem Moos. Und doch reagieren *wir* nicht allein mit Furcht und Grauen, sondern mit jenem ambivalenten Gefühl, das später in der Theorie des Erhabenen so prominent wird, »mit Lust-vermischtem Grausen«: »Ihre Größ' erregt uns Lust, Ihre Gähe schreckt die Brust.« Die für uns interessantesten Verse lauten:

Ob nun gleich der Berge Spitzen
Öd und grausam anzuschn,
Sind sie doch, indem sie nützen,
Und in ihrer Größe, schön.

Zunächst fällt der Widerspruch im ästhetischen Urteil auf. Die ersten beiden Zeilen erklären die Berge zu unschönen Gebilden, die beiden folgenden als schön. Unseren herkömmlichen Sehgewohnheiten folgend, sind wir geneigt, die Berge als häßlich zu betrachten, nach ebenso herkömmlicher Sehgewohnheit betrachten wir aber alles, was nützlich und zweckvoll ist, als schön. Das sind zwar vor allem bekanntlich die Gärten und Felder, aber wenn von Gott die Berge so geschaffen sind, daß sie dem Menschen nützen, dann sind sie insofern schön. Und schließlich sind die Berge »in ihrer Größe schön«: Dieser Ausdruck meint nichts anderes als den Begriff des Naturerhabenen, auf das wir »mit Lust-vermischtem Grausen« reagieren.

Das Gedicht »Die Berge« ist in diesem zentralen Punkt, so meinen wir, keine Reflexion auf Brockes Alpenerlebnis im Jahre 1703 während seiner Italienreise, sondern Antwort auf seine Rezeption der englischen Physikotheologen und Literaten, die die neue Kategorie des Erhabenen entwickelt hatten und deren Schriften Brockes nachweislich kannte. Seine Naturpoesie spricht bereits die Sprache der ästhetischen Empfindung, die allerdings stets auf das Bedenken des transzendenten Ursprungs des Schönen wie des Nützlichen zielt.

Die ästhetische Rechtfertigung der Berge durch die Ästhetik des Unendlichen

Wir haben gesehen, daß die physikotheologische Rechtfertigung der Berge aus der Darlegung ihres Nutzens den Blick freigeben konnte für die Schönheit auch der wilden Natur. In Hallers Reflexionspoesie ist freilich die Sprache des ästhetischen *Empfindens* nicht zu entdecken. Die Herrlichkeit der Berge beeindruckt mehr seinen Verstand als sein Gefühl. Hallers Naturgefühl wurde bekanntlich weit mehr in Holland angesprochen, wo er sich am Anblick schnurgerader Alleen und Kanäle, ordentlich angelegter Gärten, Felder und Weiden ergötzte und lobend bemerkte, daß »kein Baum in diesem Lande außer der Schnur [wächst], kein Fußbreit Boden [. . .] ohne Ausbeute« ist[83]. Sein Beispiel zeigt überdeutlich, daß das Nutzenargument letztlich nicht ausreichte, um eine dem Hochgebirge angemessene ästhetische Aneignung zu ermöglichen. Das Gefühl mußte erst lernen, mit diesen bisher als ungeheuerlich und häßlich empfundenen Erscheinungen umzugehen, und die Sprache mußte lernen, die neuen Gefühle auszudrücken.

Eine solche Möglichkeit entstand erst in dem Augenblick, in dem die Physikotheologie im Rahmen ihres universalistischen Harmonisierungsprogramms auf den kopernikanischen Schock im engeren Sinn antwortete, auf die Entdeckungen der Astronomen[84]. Nachdem Kopernikus die Erde ihrer biblisch garantierten Sonderstellung als Fixzentrum des Universums beraubt und zu einem Planeten unter anderen gemacht hatte, gab Galileis Blick durch das Fernrohr dem Gedanken einer Vielzahl von Welten im unendlichen Raum neuen Auftrieb. Die Antwort der Physikotheologie auf diese Herausforderung bestand in der *theologischen Besetzung des Universums*. Das Erschrecken der Menschen angesichts eines grenzenlosen Weltalls, das mit Begriffen wie »Barockpessimismus«, »kosmische Verlorenheit« und Bedrohung durch einen »kosmischen Nihilismus«[85] beschrieben wird, konnte aufgefangen werden durch die Vorstellung eines unendlichen, allgegenwärtigen Schöpfergottes. Brockes hat auch diese »Lehre« der Physikotheologie, die von den Nachfolgern Hakewills weiterverbreitet wurde und auch in William Derhams »Astro-Theology or A Demonstration of the Beings and Attributes of God from a Survey of the Heavens« von 1715 Eingang fand, in seine Naturpoesie aufgenommen[86]:

> Als jüngst mein Auge sich in die Sapphirne Tieffe,
> Die weder Grund, noch Strand, noch Ziel, noch End' umschrenckt,
> Ins unerforschte Meer des holen Luft-Raums senckt,
> [. . .] entsatzte sich mein Geist [. . .]
> Und ich verlor mich selbst. Dieß schlug mich plötzlich nieder,
> Verzweiflung drohete der ganz verwirrten Brust:
> Allein, o heylsams Nichts! glückseliger Verlust!
> Allgegenwärtiger Gott, in Dir fand ich mich wieder.

Herbert Dieckmanns Einschätzung der Rolle der Physikotheologie liest sich wie ein Kommentar zu Brockes Gedicht[87]:

> »Es war das teleologische und physikotheologische Argument, das es möglich machte, sich von dem ›Kopernikanischen Schock‹ zu befreien und eine Brücke zu schlagen über den Abgrund, der aufgegangen war zwischen dem Schöpfer und einer durch immanente unabänderliche Gesetze beherrschten Welt. Mit seiner Hilfe konnte man eine Antwort finden auf die Furcht vor dem Schweigen grenzenlosen Raumes, um Pascals Sprache zu reden.«

Mit diesem Problem setzten sich vor allem die englischen Physikotheologen im Umkreis der Cambridger Platonisten um die Mitte des 17. Jahrhunderts auseinander, erfolgreich auch hinsichtlich der Breite ihrer Rezeption. Eine Schlüsselrolle in diesem Prozeß spielte Henry More, Fellow of Christ's College und führender Kopf der dortigen Platonisten. Als »Democritus Platonissans« vollzog er bereits 1646 eine Synthese von astronomischer Theorie und philosophischer Theologie, von Physik und Metaphysik[88]. Was er 25 Jahre zuvor in Form eines theologisch-astronomischen Lehrgedichts vorgetragen hatte, brachte er 1671 im »Enchiridion Metaphysicum« auf die Formel, daß dem unendlichen Raum die Prädikate des unendlichen Gottes zukommen: unum, simplex, aeternum, a se existens, omnipraesens etc.[89] Das konnte nur gelingen auf dem Boden eines »harmonikalen«[90], das »Ganze« umfassenden Naturbegriffs christlich-platonischer Prägung. Für orthodoxe Christen hatte freilich eine solche Identifizierung den Makel, daß sich mit ihr die Vorstellung der griechischen Philosophie von der Göttlichkeit des Kosmos durchzusetzen drohte, im Widerspruch zur biblischen Naturvorstellung: Verstanden als creatio ex nihilo war die Welt der Bibel nur ein Spiegel Gottes, wies selber aber keine göttlichen Eigenschaften auf.

Es war jedoch genau diese Identifizierung der Prädikate Gottes mit denen des Raumes, mit deren Hilfe eine ästhetische Kategorie entstand, die in ihrem Begriff selbst die Vermittlung von Sinnlichem und Übersinnlichem, von Physik und Metaphysik leistete: der Begriff der Unendlichkeit. Die »Ästhetik des Unendlichen« (Tuveson)[91] wurde zum Ursprung der Ästhetik des Naturerhabenen.

Henry More hatte auf diesem Weg dieselben Widerstände zu überwinden wie andere. Die zentrale These seiner 1652 erschienenen Streitschrift »An Antidote against Atheism«, die zum Vorbild für die späteren Physikotheologen wurde, lautete, die gesamte Schöpfung beweise die Macht und die Vorsehung Gottes. Aus den Prädikaten des Schöpfers schloß er auf das Gutsein der Schöpfung, bemerkte in allen Dingen »design« und »plan« und betrachtete die Berge als nützlich und als Zierde der Erde[92]. Ihre Schönheit sprach jedoch seine Sinne nicht an, denn seine pythagoräische Ästhetik fand Gefallen nur an Symmetrie und Regelmaß. Der klassische Kanon des Schönen war jedoch durch die Vorstellung des unendlichen Raumes bereits ins Wanken geraten. Hatte das festgefügte Sphärenhaus des Ptolemäus als unwandelbarer Garant von Maß, Ordnung und Begrenztheit gelten können, so war nun nach der Entdeckung der Milchstraße, der Mondberge, der Phasen der Venus die Möglichkeit einer Menge von Welten, von Varianten und Variabilität offen.

Mores Reaktion auf diese Revolution des Weltbildes war eine solche des ästhetischen Urteils. Er fand »delight in disorder«[93]. Damit bahnte sich ein Wandel der ästhetischen Normen an: vom Typischen, Konstanten und Regelmäßigen zum Individuellen, Veränderlichen, Unregelmäßigen. Nun konnte More »the Higth of somme insuperable and inaccessible Rock or Mountain« bewundern, nun wurde sein Gefühl von der wilden Natur angesprochen und antwortete »with a pleasing Horror and Chillness«. Nun vermochte er sich den Bergen mit »our Hearts and Eyes« zuzuwenden, als Teil der Schöpfung ihnen »Love, Fear and Veneration« entgegenzubringen[94]. Kurzum, er konnte sich in freier genießender Anschauung wilde Naturlandschaft ästhetisch vergegenwärtigen. Das ambivalente Gefühl der negativen Lust hatte More bereits vierzehn Jahre früher – 1646 – als Reaktion auf die die Einbildungskraft übersteigende, übersinnliche Vorstellung der Unendlichkeit von Raum und Zeit bestimmt: »[...] th'infinite I'll sing Of Time, Of Space [...] my heart for joy doth spring And all my spirits move with *pleasant trembeling*«[95]. Das Übersinnliche, identifiziert mit der Allgegenwart des Göttlichen, ist der Sache nach seit je das Erhabene, das durch seine metaphysische Größe den Geist des Menschen herausfordert, indem es ihn zugleich überwältigt und erhebt. Diese am Übersinnlichen gewonnene Erfahrung wird zum ersten Mal von More auf die großen Gegenstände der äußeren und wilden Natur übertragen. Es findet gewissermaßen ein Transfer vom »Himmel« auf die »Erde« statt. Es lag wohl in der Konsequenz dieses Erlebens, wenn More eine auf Kant vorausweisende Theorie der Ästhetik, die in Ansätzen eine Theorie der Subjektivität einschloß, entwickelte[96].

Von jetzt an verbindet sich der Anblick großartiger Naturgegenstände mit dem Gedanken einer metaphysisch begriffenen Unendlichkeit. Allgemein anerkannt war die Ästhetik des Unendlichen freilich noch nicht. Die prominenten Leser Mores, alle aus demselben platonistischen Schulzusammenhang von Christ's College, vollzogen mühsam seinen Weg aufs neue. Die Vorstellung des Erhabenen gewann dabei zunehmend deutlichere Gestalt.

Welche Widerstände sich dem Wandel der ästhetischen Ideale noch entgegenstellten, zeigt ein Streit, der sich unter den Physikotheologen selbst an der Frage Schönheit oder Häßlichkeit der Berge entzündete. Mit Empörung wurde Thomas Burnet, der die Berge in seinem Werk »Die Heilige Theorie der Erde« als das größte Beispiel von Unordnung in der gesamten Natur bezeichnet hatte, vorgeworfen, mit einem solchen Urteil vergehe er sich gegen Gott und seine Schöpfung: »The high and rocky Mountains immediately adjoyning the boundless Seas, [...] represent unto us the infinite Power and Majesty of God«[97]. Und John Ray pries in *dem* physikotheologischen Hauptwerk »The Wisdom of God Manifested in the Works of the Creation« 1691 gerade die Vielgestaltigkeit der Erde mit ihren Meeren, Flüssen, Ebenen, Tälern und Bergen[98]. Auf Burnets Behauptung, daß die gegenwärtige Erde »looks like a Heap of Rubbish and Ruins«, antwortete er, daß »the present Face of the Earth, with all its Mountains and Hills [...] so rude and deformed as they appear, seem to me a beautiful and pleasant Object, [...] far more grateful to behold, than a perfectly level Country«[99]. Hier bei Ray wird deutlich, daß Sprache und Gefühl – bei aller Bereitschaft – adäquaten Zugang noch nicht gefunden hatten.

Auf den Punkt brachte Richard Bentley, der erste Boyle-Lecturer und ein eifriger Apologet der Berge in pragmatischer und ästhetischer Hinsicht, im Jahr 1693 eines der Haupthindernisse auf dem Weg zu einer Ästhetik des Erhabenen mit dem Gedanken[100]:

»There ist no Universal Reason, that a Figure by us called Regular is absolutely more beautiful than any irregular one.«

Und er begründet seine Absage an das klassische Schönheitsideal mit dem subjektivistischen Argument:

»This objected Deformity is in our Imagination only, and not really in the things themselves.«

Es sind kulturgeschichtlich determinierte Präsuppositionen, die das ästhetische Urteil bestimmen.

Für die Entstehung der Ästhetik des Erhabenen war das Alpenerlebnis der englischen Aristokraten ein auslösender Faktor.

Der sinnlichen Faszination des Hochgebirges hat sich auch Thomas Burnet nicht entziehen können. Die Alpen, befand er, seien zwar nichts anderes als große Ruinen, aber als solche von großer Pracht und Herrlichkeit. Ihre Unförmigkeit war indes für ihn ein so großes ästhetisches Übel, daß er in seiner »Heiligen Theorie der Erde« eine Theodizee entwarf: Nicht der Schöpfer, sondern der sündige Mensch sei schuld an diesen Monstrositäten. Das Janusgesichtige vieler Reaktionen jener Zeit auf erhabene Gegenstände der Natur tritt bei Burnet besonders eindringlich in Erscheinung: eine ästhetische Ablehnung, die in die Vergangenheit weist, und ein Affiziertsein des Gefühls, in dem das Gemüt zur Vermittlungsinstanz des Übersinnlichen wird und in dieser Funktion bereits Momente der Kantischen Theorie des Erhabenen vorwegnimmt[101]:

»The greatest objects of Nature are, methinks, the most pleasing to behold; and next to the great Concave of the Heavens, and those boundless Regions where the Stars inhabit, there is nothing that I look upon with more pleasure than the wide Sea and the Mountains of the Earth. There is something august and stately in the Air of these things, that inspires the Mind with great Thoughts and Passions; we do naturally, upon such Occasions, think of God and his Greatness: And whatsoever hath but the Shadow and Appearance of INFINITE, as all Things have that are too big for our Comprehension, they fill and overbear the Mind with their Excess, and cast it into a pleasing kind of Stupor and Admiration.«

Die hohen Berge und das weite Meer, der Himmel und das grenzenlose All mit seinen Sternen haben etwas Erhabenes und Majestätisches an sich, das in Geist und Gemüt eine ähnliche Saite anklingen läßt und erhabene Gedanken und Gefühle weckt. Wie von selbst, »naturally«, also ohne Zuhilfenahme logischer Verstandesoperationen, erscheint im Geist bei ihrem Anblick die Idee Gottes und seiner Größe. Denn *alles*, was die Einbildungskraft des Menschen übersteigt, ist mehr oder weniger mit der Vorstellung des *Unendlichen* verbunden und ruft im Gemüt die Ambivalenz von »Erstarrtsein« und »Bewunderung« hervor. So wird das Gemüt unwillkürlich, durch die Analogie der Empfindungen, genötigt, den erhabenen Gegenstand der Natur als Darstellung der Idee des Übersinnlichen zu begreifen. »Stupor and Admiration« ist die Formel, auf die Burnet seine Gefühle bringt, nachdem More 20 Jahre zuvor von »pleasing horror« gesprochen hatte.

In diesen Überlegungen zur ästhetischen Wahrnehmung des Naturerhabenen aus der »Heiligen Theorie der Erde« von 1681 hat Burnet seine konkreten Erfahrungen während des Grand Tour im Jahre 1671 aufgearbeitet. Davon zeugt eine Passage, die wir aus einer zeitgenössischen Übersetzung zitieren[102]:

»Wann uns aber die Natur auff diesem Erdreich jemals ein recht angenehmes Schau-Spiel angestellet, [. . .] erachte ich daß solches mir einmal wiederfahren; Da ich auff einem sehr hohen Felsen gegen dem Rand des mittländischen Meeres außsahe, und hier die blaue See, dort den Alpischen Strich besichtigte; zwey ungleiche Dinge, dergleichen an Ungleichheit und Unähnligkeit, [. . .] in seiner Art nichts zu finden. [. . .] Es ist zwar nicht zierlich oder schön, aber doch sehr groß und herrlich, und das wegen seiner Grösse, einem Vorbild der Unmäßlichkeit. [. . .] Disseits gefile mir der Natur Einheit und Einfältigkeit und unübersichtliche Ebene; Jenseits die viel-formige Unordnung großer Leiber und unsinnige Zerstörung der Natur.«

Ohne praktischen Zweck, allein in freier genießender Anschauung wendet sich der Betrachter von seinem hohen Aussichtsort an der Mittelmeerküste der Landschaft zu. Seine Sinne widerstreben deutlich der »Unordnung« des zerklüfteten Küstengebirges, die er bekanntlich als Folge der sintflutlichen Erdkatastrophe ansah, aber dennoch findet er nicht nur Gefallen am Schauspiel der Gegensätze von Land und Meer, sondern gerade auch an der Wildheit der Berge. Und das vor allem der »Größe« wegen, die ihm bereits hier, in der unmittelbaren Anschauung, die Idee der Unendlichkeit eingibt. Das »Unmäßliche« nämlich übersteigt die Reichweite sinnlicher Erfahrung. Burnet trifft in diesem Zusammenhang eine in der Folge fundamentale Unterscheidung. Er verweigert dieser Landschaft das Prädikat »schön« und nennt sie »sehr groß und herrlich«, das meint der Sache nach *erhaben*. Der Begriff »sublime« stand ihm noch nicht zur Verfügung.

5. Die Entstehung der Theorie des Naturerhabenen

Das ästhetische Dilemma, das mit der neuen Sensibilität für das physisch-metaphysisch begriffene Naturerhabene entstanden war, harrte freilich noch der Lösung. Es waren Dennis, Shaftesbury und Addison, alle drei aus dem Schulzusammenhang der Cambridger Platonisten, die um die Wende zum 17. Jahrhundert die Grundlagen für die neue Ästhetik des Erhabenen schufen.

Als John Dennis 1688 – sieben Jahre nach Erscheinen von Burnets »Heiliger Theorie« – auf seiner Italienreise nach Überquerung der Pässe Mont Aiguebellette und Mont Cenis in Turin angekommen war, beschrieb er sein Alpenerlebnis aus frischer Erinnerung in einem Brief. Mit den Augen Burnets nahm er die Felsregionen als »horrid, hideous, ghastly ruins«, als höchst unregelmäßige, unförmige Gebilde wahr. Wenn die Natur überhaupt einen Plan bei dieser monströsen Aufhäufung ungefüger Massen verfolgt habe und die Berge nicht erst während der Sintflut entstanden seien, dann habe sie wohl nichts damit bezweckt, als einen Schutzwall um den »Garden Italy« zu ziehen. Aber dennoch findet Dennis Gefallen, ja Entzücken angesichts der wilden, kühnen Formen dieses Geniestreichs der Natur. Die wichtigste Erfahrung, die Dennis auf dieser Reise macht, geht jedoch über die, daß er bewundern muß, was er eigentlich unschön findet, hinaus. Ungewöhnliche, nie zuvor gekannte Empfindungen steigen auf, als er sich auf einem Paßweg am Rande eines Abgrunds unmittelbar konfrontiert sieht mit überhängenden Felsen, rauschenden Wildbächen in unergründlichen Schluchten, mit schroffen Bergflanken, halb verhüllt vom Nebel, der bisweilen auch den Blick auf glatte, schöne Umrisse des Bergmassivs freigibt:

»The sense of all this produced different motions in me: a delightful Horror, a terrible Joy, and at the same time, that I was infinitely pleased, I trembled.«[103]

Diese widersprüchlichen Empfindungen einer mit Schrecken vermischten Lust fanden lange Jahre nach der konkreten Erfahrung Eingang in Dennis' Poetologie. Er, der sein Leben lang am rationalistischen Schönheitsbegriff festhielt (S. 205, 335), mußte, um das überwältigende Erlebnis des bizarren, sich den herkömmlichen Kriterien des Schönen entziehenden Hochgebirges überhaupt theoretisch verarbeiten zu können, eine kategoriale Unterscheidung treffen. Bemüht, den Vorgang ästhetischer Erfahrung gewissermaßen seelenphysikalisch auf Ursache und Wirkung hin zu untersuchen, unterschied er zwischen »Enthusiastick Passions« und »Ordinary Passions« (S. 216 f.). Letztere, gleich ob Bewunderung, Schrecken oder Freude, werden von Gegenständen hervorgerufen, die dem Begreifen keinen Widerstand bieten. Die enthusiastischen Gefühle hingegen sind jene widersprüchlichen wie »terrible joy«, deren Ursachen das Fassungsvermögen, die Einbildungskraft übersteigen und die ihre überwältigende Kraft aus Ideen beziehen, die gleichfalls solche Gefühle hervorrufen (S. 217):

»[. . .] the Reason why we know not the Causes of Enthusiastick, as well as of ordinary Passions, is, because we are not so us'd to them, and because they proceed from Thoughts, that latently, and unobserv'd by us, carry Passion along with them.«

Offensichtlich hatte Dennis seinen Burnet genau gelesen. Später ordnete er den so unterschiedenen Gefühlen als Ursachen zwei Klassen von Gegenständen zu: den »Ordinary Passions« alles, was unter den Begriff des »*dulce*« fällt, den »Enthusiastick Passions« das, was sich mit dem Begriff des »*pulchrum*« fassen läßt[104]. Damit stellt Dennis als erster in der ästhetischen Theorie neben das Schöne (dulce) das Sublime oder Erhabene (Pulchrum). Er errichtet eine Hierarchie von erhabenen Gegenständen (S. 339 f., 348 ff.): An der Spitze steht Gott, darunter stehen als göttliche Manifestationen das Weltall und die Himmelskörper, auf der nächsten Stufe das Meer, die Ströme, die Berge der sublunaren Welt. Den »greatest and strongest Enthusiasm« ruft die Vorstellung Gottes hervor; und je intensiver die Gegenstände der äußeren Natur in empfindsamen Gemütern diese Vorstellung wecken, desto intensiver sind die entsprechenden erhabenen Gefühle. Umgekehrt ist die Stärke des Gefühls ein Gradmesser der Erhabenheit, mithin der Eignung eines Gegenstandes, die Vorstellung des Übersinnlichen zu vermitteln.

Deutlich wird damit, daß die logische Struktur der ästhetischen Erfahrung des Erhabenen dieselbe Zirkelhaftigkeit aufweist wie die physikotheologische Lektüre des Buches der Natur[105]. Aber auch wenn die Sinne allein nicht ausreichen, um das Naturerhabene ästhetisch wahrzunehmen, so war mit der neuen Ästhetik doch eine Aufwertung der sinnlichen Wahrnehmung und des subjektiven Gefühls verbunden. Diese subjektive Reaktion auf die Herausforderung durch erhabene Gegenstände der äußeren Natur sprengte die Mechanismen der rationalistischen Regelpoetik.

Shaftesbury hat seiner Ästhetik des Erhabenen in der philosophischen Rhapsodie »The Moralists« 1709 eine literarische Form gegeben, die das alte Muster der kosmischen Reise aufgreift[106]. Im Jahr 1686 hatte er auf seinem Grand Tour die Alpen überquert. Die Spuren seiner unmittelbaren Erfahrung sind in »The Moralists« ebenso deutlich auszumachen wie die Spuren seiner Leseerfahrung. Die »trembling steps« am Rande des Abgrunds, der »giddy horror« beim Blick in die Tiefe, das unheimliche Rauschen der Wildbäche in den Schluchten erinnern an Dennis; beim Anblick zerklüfteter Felsmassen denken die Reisenden an »revolutions« der Erdgeschichte; und das Gebirge erscheint ihnen wie Burnet »only as a noble ruin«, Zeuge des »decay« unserer Welt. Der »horror«, der sie auch in einem riesigen, finsteren Wald ergreift, ruft jedoch auch in ihnen die Vorstellung des Übersinnlichen wach, »an unknown force works on the mind [. . .] and various forms of deity seem to present themselves« (S. 123).

In »The Moralists« verschmelzen physikotheologisches Credo und konsequenter Platonismus zu einer erstaunlichen Synthese. Die Rhapsodie preist den gesamten Kosmos als ein Fest Gottes. Die Welt der Menschen wie das Universum bezeugen in ihrer Schönheit und Vollkommenheit die Vorsehung, die göttliche Weisheit ihres Schöpfers (S. 122). Seine Spuren in seinen Werken zu suchen, sind die Reisenden aufgebrochen. In der unermeßlichen Ausdehnung des Weltraums, in der Unzahl der Gestirne, die der »sole mover« auf ihren Bahnen hält (S. 113), offenbart sich das Wesen Gottes als unendlich und unbegreiflich: »In thy immensity all thought is lost« (S. 112). Das Erhabene ist bei Shaftesbury wie bei More, Burnet und Dennis das die Einbildungskraft des Menschen Übersteigende, das beim Anblick großer Gegenstände der äußeren Natur durch das *Gefühl* vermittelt wird: »our sun [. . .] makes us feel Divinity more present« (S. 113). Aber der Schöpfer ist nicht nur der mächtige Herr des Himmels, sondern auch der Hausvater, der in weiser »economy« (S. 122) die Welt so eingerichtet hat, daß jedes Ding an seinem Platz die ihm gemäße Aufgabe erfüllt und als nützliches Glied dem Ganzen dient. Wir können gar nicht, sagt er – wohl mit Blick auf die zahllosen Versuche der Physikotheologen seiner Zeit –, den Nutzen aller Dinge beweisen, wir sind jedoch – so schließt er den physikotheologischen Zirkel kurz – ohnehin ganz sicher, daß alle Dinge vollkommen sind. Hier begegnet uns derselbe metaphysisch begründete Optimismus wie in Popes »Essay on Man«.

Diesem idealistischen Naturbegriff entspricht Shaftesburys idealistischer Schönheitsbegriff. Während Burnet und Dennis sich noch an der pythagoräischen Ästhetik der Klassik orientierten und deshalb die systematische Unterscheidung zwischen Schönem und Erhabenen treffen mußten, kann Shaftesbury die »formal mockery of princely gardens« (S. 125) schmerzlos hinter sich lassen. Denn für den Platonisten ist *alles* schön. Das sinnliche Erscheinungsbild der Dinge verhüllt ihr wahres Wesen. Das Unregelmäßige, Unförmige, ja selbst das Furchtbare und Gräßliche in der Schöpfung ist nur *scheinbar* so, in Wahrheit sind diese Dinge »beauteous in themselves«; »Disorder becomes regular, corruption wholesome«, weil alles in der göttlichen Ordnung seinen zugewiesenen Platz hat (S. 122). Unter idealistischer Perspektive liegen hier nützlich und schön dicht beieinander, kann auch »the wilderness« gefallen. Metaphysische Prämissen begründen und rechtfertigen die neue ästhetische Erfahrung der wilden Natur (S. 125):

»I shall no longer resist the passion growing in me for things of a natural kind, where neither art nor the conceit or caprice of man has spoiled their genuine order by breaking in upon that primitive state. Even the rude rocks, the mossy caverns, the irregular unwrought grottos and broken falls of waters, with all the horrid graces of the wilderness itself [. . .].«

Die Freigabe der Wildnis für ästhetische Naturerfahrung bleibt nicht die einzige Lehre aus der Bildungsreise des Philokles in die Gefilde der ästhetischen Theorie. Vollkommen ist die neue Erfahrung erst dann, wenn die sinnliche Erfahrung transzendiert wird und wenn der Naturgenuß frei von praktischen Zwecken ist (S. 126 f.). Womit zwei Bedingungen erfüllt sind, die sich aus der »Theoria« der antiken Philosophie ableiten.

Da, wie Plato lehrte, die Erscheinung der Dinge nur ein Abglanz der Ideen, alles Naturschöne folglich »the faint shadow of that first beauty« ist, bleibt ein Naturgenuß, der allein die Sinne erreicht, im wahrsten Verstand des Wortes auf der Oberfläche.

Denn der »rational mind«, für den Gott, Vernunft und Natur in metaphysischem Zusammenhang stehen, wird stets hinter dem schönen Schein den Ursprung der Schönheit suchen. Das kann nur dann gelingen, wenn die Zuwendung zur schönen Natur frei von praktischen Zwecken ist[107]. Wer beim Anblick einer schönen Baumgruppe an nichts anderes als an den Genuß der Früchte dieser Bäume denkt, wer sich beim Anblick des Meeres in die Rolle eines meerbeherrschenden Kapitäns träumt, wen bei einer schönen Aussicht der Wunsch überkommt, dieses Stück Erde besitzen zu wollen, der ist weit von jenem *interesselosen Wohlgefallen* entfernt, das ästhetische Naturerfahrung allererst ermöglicht.

Das physikotheologische Nutzenargument, das Shaftesbury ja auch verwendet, steht nicht im Widerspruch zu einer solchen Forderung, denn die teleologische Betrachtung des Zweckvollen und Nützlichen ist selber zweckfrei und daher »theoria«konform.

Während aber in der philosophischen Theorie der »Himmel über dem Haus und die Erde, die es trägt, [...] bereits in den Begriffen gewußt und ausgesagt [werden], in welchen die Theorie das Ganze begreift« (Ritter)[108], und die sichtbare Natur deshalb kein In-sie-Hinausgehen fordert, treten die »Moralists« ihre kosmische Reise an, um im Betrachten der Dinge das Schöne, Wahre, Gute von Makro- und Mikrokosmos zu begreifen. Das häufige Vorkommen von Ausdrücken wie »behold«, »see«, »charmed by the view« bezeugt trotz der erklärten Inferiorität der sinnlichen Erscheinung die gewachsene Bedeutung der sinnlichen Wahrnehmung.

Joseph Addison hatte dort studiert, wo Thomas Burnet lehrte. Die »Heilige Theorie« hatte ihn derart beeindruckt, daß er ihrem Autor eine Ode widmete. Als Addison 1699 auf seinem Grand Tour die Alpen überschritt, sah er sie, wie schon Dennis und Shaftesbury vor ihm, mit den Augen seines Lehrers Burnet als

»vast heaps of mountains [...] thrown together with so much irregularity and confusion. [...] the Alps [...] are broken into so many steps and precipices, that they fill the mind with an agreeable kind of horror, and form one of the most irregular misshapen scenes in the world.«[109]

Im Gegensatz zu Dennis und Shaftesbury stand Addison in der Tradition des Longinus. Er war der erste, der beide Formen des Erhabenen, das Naturerhabene und das rhetorisch Erhabene, in seiner ästhetischen Theorie behandelte und in ein System brachte; und zwar in diversen Folgen der von ihm 1712 und 1714 herausgegebenen Zeitschrift »The Spectator« unter dem Titel »Pleasures of the Imagination«[110]. Hier unterscheidet Addison zwischen »primary pleasures«, die durch den Anblick von Gegenständen der äußeren Natur, und »secondary pleasures«, die von Kunstwerken hervorgerufen werden. Ferner teilt er am Leitfaden des Longinus das, was ästhetischen Genuß bereitet, in drei Kategorien ein: »the great«, das Erhabene, »the uncommon«, das durch seine ungewöhnliche Erscheinung Interesse weckt, und »the beautiful«, das durch die Vollkommenheit der Gestalt gefällt. In unserem Zusammenhang ist nur das Verhältnis von »great« und »primary pleasures«, also die ästhetische Erfahrung des Naturerhabenen von Wichtigkeit. Sie hat, wie wir sehen werden, die gleiche Struktur wie bei den Vorläufern und ist auf denselben metaphysischen Naturbegriff bezogen.

Unter »Greatness« versteht Addison[111] eine ausgedehnte, mit einem Blick erfaßte Landschaft, eine Wüste ebenso wie ein hochgetürmtes Gebirge, aufragende Felsen und jähe Abgründe oder das weite Meer. Auch er registriert, daß unsere Einbildungskraft sich gern der Herausforderung von Gegenständen stellt, die »too big for its capacity« sind, ihr Fassungsvermögen übersteigen. Unwillkürlich geben sie der Seele die Vorstellung eines allmächtigen Wesens ein, und die Gewißheit seines Daseins vermitteln sie ebenso überzeugend wie ein metaphysischer Beweis. Wiederum fungiert die Einbildungskraft als Vermittler des Übersinnlichen anhand des Leitgedankens der Unendlichkeit:

»The Imagination prompts the Understanding, and by the Greatness of the sensible Object, produces in it the Idea of a Being who is neither circumscribed by Time nor Space.«[112]

Auch in Addisons Hierarchie erhabener Gegenstände stehen die irdischen auf der untersten Stufe, gefolgt vom Sternenhimmel und der ungeheuren Weite des Weltraums. Die höchste Stelle nimmt als Ursprung alles Erhabenen der unendliche Schöpfergott selbst ein, der die Seelen der Menschen derart eingerichtet hat, daß sie »naturally delight in the Apprehension of what is Great or Unlimited« empfinden[113].

Von den englischen Theoretikern des Erhabenen gibt indessen keiner derart deutlich wie Addison darüber Auskunft, daß die Voraussetzungen für die Ästhetik des Unendlichen die Überwindung des Kopernikanischen Schocks gewesen war[114]. »Lost in such a Labyrinth of Suns and Worlds«[115], fühlte sich der Mensch erniedrigt zu einer kleinen unbedeutenden Gestalt, nicht der geringsten Beachtung durch den Urheber der gewaltigen Schöpfung würdig. Dieser Schrecken kann nur durch die Vorstellung der Allgegenwart Gottes überwunden werden[116]:

»We shall therefore utterly extinguish this melancholy Thought, of our being overlooked by our Maker in the Multiplicity of his Works, and the Infinity of those Objects among which he seems to be incessantly employed, if we consider, in the first place, that he is Omnipresent; and, in the second, that he is Omniscient.«

Diese theologische Besetzung des unendlichen Weltraums ist die Leistung der Physikotheologie gewesen.

6. Metaphysische und weltliche Ekstasen

Als konstitutiv für die ästhetische Erfahrung des Naturerhabenen begreifen Dennis, Shaftesbury und Addison den Transfer des Erhabenen von Gott über die äußere Natur zur Seele des Menschen und umgekehrt von der Seele des Menschen über die äußere Natur zu Gott. Sie erkennen ebenfalls bereits den Anteil des Subjekts an diesem Vorgang. Erst ihre genauere Analyse, herausgefordert durch die Widerständigkeit der Objekte und die Widersprüchlichkeit der Gefühlsreaktionen, brachte den subjektiven Anteil an der Transzendierung der sinnlichen Erfahrung zum Vorschein. Ein Blick in die Schriften der drei Autoren zeigt jedoch, daß der Sprung von der Physik in die

Metaphysik nicht nur beim Betrachten erhabener Natur, sondern bei jedweder Naturerscheinung erfolgte. Die äußere wahrnehmbare Natur wird insgesamt als sinnliche
Erscheinung der göttlichen Weltordnung interpretiert, als Offenbarung Gottes durch
die Sinnenwelt. Dieser metaphysische Naturbegriff der Natürlichen Theologie wie der
platonistischen Naturphilosophie ist das umgreifende Prinzip, das sinnliche Wahrnehmung zuallererst in eine ästhetische transformiert. »Cosmotheoria sacra«, dieser Titel
einer physikotheologischen Schrift demonstriert mit aller Deutlichkeit, auf welchem
Boden dieses Weltbild entstanden war. Die »theoria« der griechischen Philosophie, so
Ritter, »bedeutet anschauende Betrachtung«, ein »Anschauen, das dem Gotte zuge-
wendet« ist[117]. Betrachtung, »contemplation« ist denn auch der Zentralbegriff der
Physikotheologie wie der englischen Theorie der ästhetischen Naturerfahrung. Noch
1752 schrieb ein französischer Physikotheologe: »La contemplation du monde est la
théologie des sens.«[118]

Zur Verbreitung dieser Form ästhetischer Vergegenwärtigung des Ganzen der Natur
auch auf dem Kontinent hat vor allem der ungeheure Erfolg des »Spectator« beigetragen. Die neuen Einsichten wurden in unzähligen physikotheologischen Schriften und
Predigten aufgenommen. Brockes, der den »Spectator« übersetzte und auch die
anderen Werke der Cambridger Platonisten kannte, hatte das Programm der Transzendierung der sinnlichen Erfahrung wohl begriffen, wenn er dichtete[119]:

Kein Vergnügen kann auf Erden
mit der Lust verglichen werden,
Die ein Mensch, durch's Auge, spürct,
Wenn ihm, was die Cörper zieret,
Nicht den äussern Sinn nur rühret,
Sondern wenn er, mit Bedacht,
Aller Schönheit Quell betracht't,
Weil sodann der Wercke Pracht
Ihn zu Dem, Der sie gemacht,
Zu der Wunder Schöpfer, führet.

Die neue Theorie ästhetischer Naturerfahrung hat die Wahrnehmungsmuster bereitge-
stellt, deren sich Reisende und Spaziergänger fortan bedienen sollten. Es zeigte sich
jedoch, daß das Gefühl im Naturerleben immer mehr an Gewicht gewann. Waren bei
Addison noch »imagination« und »understanding« am Prozeß ästhetischer Wahrnehmung beteiligt, so konnte der englische Dichter Thomas Gray 1739 schon auf die
explizite Formulierung des physikotheologischen Arguments verzichten. Gleichwohl
schildert er sein Erlebnis einer wilden Alpenszenerie beim Anstieg auf die Grande
Chartreuse bei Chamonix auf eine Weise, die die Cambridger Schule – er hatte dort
studiert – nicht verleugnet[120]:

»Not a precipice, not a torrent, not a cliff, but is pregnant with religion and poetry.
There are certain scenes that would awe an atheist into belief, without the help of other
argument.«

Religion und Poesie verbinden sich im vorromantischen Naturgefühl als *Organ* der anschauenden Betrachtung, das des »Beweises« nicht mehr bedarf. Dieses neue Organ ist selber ein sinnlich-übersinnliches: Es hat den durch die Tradition der Natürlichen Theologie und platonistischen Naturphilosophie vermittelten metaphysischen Naturbegriff in sich aufgenommen und »aufgehoben«. Die Herkunft dieses Organs war Goethe offenbar voll bewußt, als er in den »Maximen« mit Blick auf Kant formulierte[121]:

»Den teleologischen Beweis vom Dasein Gottes hat die kritische Vernunft beseitigt; wir lassen es uns gefallen. Was aber nicht als Beweis gilt, soll uns als Gefühl gelten, und wir rufen daher von der Brontotheologie bis zur Niphotheologie alle dergleichen fromme Bemühungen wieder heran.«

Der eingangs zitierte Dichter Heinse, der angesichts der Berge am Gotthard seine Gefühle mit »keiner Zunge aussprechen und mit keiner Feder beschreiben« zu können meinte, ist ebenso Zeuge dieses »Gefühls« wie Carl Gustav Carus, wenn er 1835 ausruft[122]:

»Tritt denn hin auf den Gipfel des Gebirges, schau hin über die langen Hügelreihen, betrachte das Fortziehen der Ströme und alle Herrlichkeit, welche Deinem Blicke sich auftut, und welches Gefühl ergreift Dich? – es ist eine stille Andacht in Dir, Du selbst verlierst Dich im unbegrenzten Raum, Dein ganzes Wesen erfährt eine stille Läuterung und Reinigung. Dein Ich verschwindet, Du bist nichts, Gott ist Alles.«

Solche Zuwendung des empfindenen Betrachters zur Natur ist, wie Joachim Ritter an einem ähnlichen Beispiel verdeutlicht, »Abkömmling der philosophischen Theorie in dem genauen Sinne, daß sie Gegenwart der ganzen Natur ist«[123]. Sich dem »Weltgeiste näher« fühlen[124], »in die innerste, geheimste Harmonie der Wesen« eindringen (Heinse), »den Geist der Natur ergreifen, welcher unter der Decke der sinnlichen Erscheinung verhüllt liegt« (Humboldt)[125], »die Natur selbst als das je Ungesehene und Ungesagte [...] zum Scheinen [...] bringen« (Ritter)[126], das sind Leistungen eines ästhetischen Sinns, der dem metaphysischen Naturbegriff der Tradition neue Namen gibt und im Erfassen des »Ganzen« den alten Sprung vom Sinnlichen ins Übersinnliche immer neu vollzieht. Daß dieser ästhetische Sinn, dieses »Organ« sich nicht erst auf dem Boden der modernen Gesellschaft unter der Bedingung der Freiheit und der gesellschaftlichen Herrschaft über die Natur herausbildete, wie Ritter behauptet, haben wir anhand der Entstehungsgeschichte der Erfahrung des Naturerhabenen zu zeigen versucht.

Zum Abschluß wenden wir uns der Frage zu, in welchem Verhältnis die Naturästhetik Rousseaus, dessen Roman »Julie ou la Nouvelle Héloïse« eine Welle empfindsamer Naturschwärmerei auslöste und die Leser in Scharen an die Orte des Geschehens am Genfer See lockte, zu dieser Geschichte steht. Ließ Rousseau sich in seinem Naturerleben von jenem ästhetischen Sinn leiten, dessen Herkunft und Funktion wir beschrieben haben? Wenn wir St. Preux auf seiner im 22. Brief des Romans geschilderten Wanderung in den Vorbergen der Walliser Alpen folgen, so sehen wir, was andere vor ihm sahen: überhängende, ruinenhafte Felsen, schäumende Wasserfälle, abgrundtiefe

Schluchten, undurchdringliche Wälder. Das Schauspiel der Natur lenkt St. Preux immer wieder ab von seinem Schmerz über die Trennung von der Geliebten, aber von einer Herausforderung oder Überwältigung des Gemüts durch »erhabene Natur« ist nicht die Rede, wenn man davon absieht, daß er vor dem Blick in die Tiefe zurückschreckt. Vielmehr läßt die Vorgebirgslandschaft mit ihrer bizarren Mischung von Wildnis und Zivilisation, mit ihren rasch wechselnden Ausblicken, die er durchaus bewundert und genießt, ein Gefühl in ihm aufsteigen, das – für uns – neu ist: »*le calme*«. St. Preux findet in der »Natur« seine Seelenruhe wieder. Am höchsten Punkt seiner Wanderung, in der reinen Luft über den Wolken bedenkt er diesen Gemütswandel; und seine Worte klingen nun doch wie ein fernes Echo auf die Theorie des Erhabenen, wenn er schreibt, daß seine »méditations y prennent je ne sais quel caractère grand et sublime, proportionné aux objets qui nous frappent«[127]. Die großen erhabenen Gedanken nehmen aber nicht die gleiche Richtung wie bei Dennis, Shaftesbury und Addison, sondern suchen den wiedergefundenen Seelenfrieden zu ergründen. St. Preux fühlt

»je ne sais quelle volupté tranquille, qui n'a rien d'âcre et de sensuel [. . .]. On y est grave sans mélancolie, paisible sans indolence, content d'être et de penser: tous les désirs trop vifs s'emoussent.«

In dem Zusammenhang zitiert St. Preux eine Strophe aus einem Sonett, in dem Petrarca sich dazu bekennt – was der Mont-Ventoux-Brief verweigert –, daß ein Naturanblick den Geist zum Himmel zu erheben vermag: »levan di terra al ciel nostr'intelletto.« Das große Vorbild führt St. Preux zur Apotheose seines Erlebens. Das Naturschauspiel hat nun für ihn etwas Magisches, Übernatürliches an sich, das Geist und Sinne hinreißt[128]:

»[. . .] on oublie tout, on s'oublie soi-même, on ne sais plus où l'on est.«

Was aber für Petrarca der Himmel war, das ist für St. Preux in einer säkularen Umkehrung eine Glückseligkeit des Ich, die nicht aus der Fülle des Seins, sondern aus der Leere kommt, aus der Freiheit von allen Leidenschaften und Begierden, von Unruhe und Ängsten, aus der absoluten Selbstvergessenheit, aus Zeit- und Ortlosigkeit.

In »Les Rêveries du promeneur solitaire« hat sich Rousseau selbst zur Naturerfahrung seines Helden St. Preux bekannt. Angesichts schöner Landschaft genießt der Träumer[129]:

»De rien d'extérieur à soi, de rien sinon de soi-même et de sa propre existence, tant que cet état dure on se suffit à soi-même comme Dieu.«

Offenkundig geht es hier nicht um ästhetische Vergegenwärtigung von Landschaft durch einen fühlenden und empfindenden Menschen. Vielmehr gibt die äußere Natur nur den Anstoß im Sinne eines romantischen Occasionalismus: das Bild der Landschaft verschwindet im Medium des Subjekts, wenn die Landschaft ihre Funktion als »remède« erfüllt hat. Sie heilt vom Schmerz, den die Entzweiung von Ich und Gesellschaft hervorruft, indem sie das Bewußtsein der Entzweiung ins Unbewußte verdrängen hilft. Wenn Rousseau in der Einsamkeit der Natur Kompensationen für seine verlustreiche Lebensgeschichte suchte, dann hat die von ihm empfundene

Entzweiung ebensowenig gemein mit der von Ritter beschriebenen »Entzweiungs-struktur der modernen Gesellschaft« wie der schlichte Natur/Kultur- oder Stadt/Land-Gegensatz.

Nicht erst im Spätwerk »Rêveries« (1777), sondern bereits in seinem Erziehungsro-man »Emile« (1762) hat Rousseau die fundamentale Rolle des Gefühls für die Selbstvergewisserung der eigenen Existenz hervorgehoben. Dort schreibt er im Glau-bensbekenntnis des savoyardischen Vikars: »Exister pour nous, c'est sentir.«[130] Die besondere Form des Naturerlebens bei Rousseau steht im systematischen Zusammen-hang mit dem hypothetischen Naturbegriff, den er in seiner Geschichtsphilosophie entwickelt hat. Im zweiten Diskurs »Über den Ursprung der Ungleichheit« und im »Emile« wird Natur nicht mehr kosmologisch als von einer übernatürlichen Instanz gesetzte Ordnung verstanden, sondern anthropologisch als Zustand des Menschen vor aller Geschichte. Dieser hypothetische Naturzustand des Menschen ist »nach Rous-seau von vollkommener Selbstgenügsamkeit des einsamen Individuums«[131]:

»L'homme naturel est tout pour lui; il est l'unité numérique, l'entier absolu, qui n'a de rapport qu'à lui même ou à son semblable«[132].

Den Menschen im »pur état de natur« stellt er sich als »animal« vor, als ein Tier vor allem deshalb, weil dieses Wesen Selbstreflexion nicht kennt: »L'état de reflexion est un état contre nature.«[133]

Rousseau wie St. Preux erleben die kurzen Momente absoluten Glücks im Angesicht einer Landschaft als die totale Selbstbezogenheit des »homme naturel«, als Aufhebung der eignen Geschichte wie der Geschichte der Menschheit. Nicht von ungefähr gerät St. Preux gerade auf der Höhe des Berges in den Zustand der Selbstvergessenheit. Die »inaltérable pureté«[134] der hohen Regionen teilt sich seiner Seele mit und versetzt sie im Einklang von Innen und Außen in den »pur état de nature«. In diesem rauschhaften Zustand des Selbstvergessens gewinnt das Ich seine »vorgeschichtliche Autarkie«[135] zurück: das Ganze des allein auf sich gestellten Subjekts. Die Naturerfahrung Rous-seaus ist somit keine Vergegenwärtigung des »Ganzen« der Natur. Die Totalität der Natur, wie sie Ritter in seiner Theorie ästhetischer Landschaftserfahrung versteht, erschließt sich auch nicht im Erfassen eines Panoramas als Raumkontinuum ange-schauter Landschaft noch im Blick auf eine Berglandschaft, die dem Betrachter alle vier Jahreszeiten auf einmal vor Augen führt, »dans le même instant, [...] dans le même lieu«, wie St. Preux schreibt[136]. Denn das »Ganze« ist dem Auge allein überhaupt nicht zugänglich, sondern als Synthese von Sinnlichem und Übersinnlichem nur auf dem *Weg* über sinnliche Wahrnehmung. Das Naturgefühl Rousseaus steht aber nicht mehr auf dem Boden der traditionellen idealistischen Naturphilosophie, sondern auf dem seiner Geschichtsphilosophie. Es ist deshalb nicht identisch mit jenem ästhetischen Sinn des Schillerschen Wanderers, der in allen Gestalten der Natur das Scheinen der an sich verlorenen Natur ästhetisch wahrnimmt. Das »Organ« Rousseaus genießt, vermittelt durch die Droge äußere Natur, das Scheinen des an sich verlorenen »Ganzen« des Subjekts.

Beide Formen ästhetischer Naturerfahrung bestehen seit Rousseau nebeneinander. In beiden begegnet der Mensch der Landschaft frei von praktischen Zwecken, beide sind subjektiv aufgrund der Korrespondenz von Empfindung und äußerer Natur. Der Unterschied zur idealistischen Form besteht allein darin, daß bei Rousseau in einer Säkularisationsbewegung an die Stelle der Totalität der Natur die Totalität des Subjekts tritt. In der Praxis ästhetischer Wahrnehmung von Natur vermischten sich freilich bis ins 20. Jahrhundert metaphysische und weltliche Ekstasen – bisweilen bis zur Unentwirrbarkeit.

Anmerkungen

[*] Wir planen eine größere Veröffentlichung zu diesem Thema.
Die ideengeschichtliche Herleitung, auf die wir uns im Rahmen der Vorlesungsreihe beschränkt haben, ist nur ein Erklärungsstrang und bedarf, um historischen Ansprüchen zu genügen, einer Erweiterung. Aus sozialgeschichtlicher oder soziologischer Perspektive stellt sich naturgemäß die Frage nach den Trägern dieser neuen Weise der Naturaneignung, nach ihrer Herkunft, ihren religiös-weltanschaulichen Interessen, ihrer ökonomischen Abhängigkeit oder Unabhängigkeit. Diese Frage führt weiter zu der allgemein historischen nach jenen Vorgängen im Bereich von Ökonomie, Gesellschaft und Politik, die mit dem von uns skizzierten Weltbild- und Einstellungswandel in Wechselwirkung standen, als Vorbedingung, Verstärkung oder Behinderung gelten können.
Unsere Darstellung der Entstehung der Ästhetik des Naturerhabenen in England seit der zweiten Hälfte des 17. Jahrhunderts wird bestätigt durch die ausgezeichnete Arbeit von Carsten Zelle, »Angenehmes Grauen«. Literaturhistorische Beiträge zur Ästhetik des Schrecklichen im 18. Jahrhundert, Hamburg 1987.
[1] An Fritz Jacobi, 10.9.1780, Sämtl. Werke, hg. v. C. Schüddekopf, Bd. 10, Leipzig 1910, S. 39–45.
[2] Rolf Peter Sieferle, Entstehung und Zerstörung der Landschaft, in: M. Smuda (Hg.), Landschaft, Frankfurt 1986, S. 238–265, Zit. S. 238. Natur überhaupt und später die wilde, unkultivierte rief bekanntlich Angst und Schrecken hervor. Deren Abbau setzt Naturbeherrschung im modernen Sinn voraus. Auf diesen für das hier untersuchte Thema konstitutiven Zusammenhang haben seit Beginn unseres Jahrhunderts mehrere Autoren aufmerksam gemacht, z. B. Richard Hennig, Die Entwicklung des Naturgefühls, Leipzig 1912, S. 81 f.; Norbert Elias, Über den Prozeß der Zivilisation (1936), Frankfurt 1977, Bd. 2, S. 405–407, und zuletzt Christian Begemann, Furcht und Angst im Prozeß der Aufklärung, Frankfurt 1987, in einer grundlegenden Studie, die vor allem im 4. Kapitel über Naturfurcht, Naturbeherrschung, Naturgenuß für uns wichtige Aspekte behandelt.
[3] Marjorie H. Nicolson, Mountain Gloom and Montain Glory. The Development of the Aesthetics of the Infinite, Ithaca 1959, S. 3.
[4] Ludwig Friedländer im Jahr 1873: Darstellungen aus der Sittengeschichte Roms, 9. u. 10. Aufl., Bd. 4, hg. v. G. Wissowa, Leipzig 1921, S. 158.
[5] Wir beschränken uns auf wenige Beispiele: J. Haas, Über die Anfänge der Naturschilderung im französischen Roman, Zschr. f. frz. Sprache u. Lit. 26, 1904, S. 1–69; Richard Weiss, Das Alpenerlebnis, Zürich 1933; Robert Spaemann, Natürliche Existenz und politische Existenz bei Rousseau, in: Collegium Philosophicum. Festschr. f. Joachim Ritter z. 60. Geb., Basel-

Stuttgart 1965, S. 372–388; Karlheinz Stierle, Theorie und Erfahrung. Das Werk Jean-Jacques Rousseaus und die Dialektik der Aufklärung, in: J. v. Stackelberg (Hg.), Neues Hdb. d. Literaturwiss. Bd. 13, Wiesbaden 1980, S. 159–208; Hans Robert Jauß, Ästhetische Erfahrung und literarische Hermeneutik, Frankfurt 1982.

Das aus dem Jahr 1974 stammende, aber erst 1987 in deutscher Sprache erschienene Buch von Jaček Woźniakowski, Die Wildnis. Zur Deutungsgeschichte des Berges in der europäischen Neuzeit, Frankfurt, bietet eine große Menge von Material zu unserem Thema. Was die Einsicht in den historischen Prozeß, der zur Entstehung der modernen Naturerfahrung führte, und dessen Erklärung betrifft, gibt der Autor keine erhellende Auskunft. Nicht zuletzt deshalb, weil er sich mit seinen vier Klassifikationsschemata, die sich einer primär kunstwissenschaftlichen Sehweise verdanken, den Weg zu historischen Einsichten und systematischen Erklärungspotentialen selber verbaut.

[6] Schriften, Bd. 2, hg. v. R. Samuel, Darmstadt 1965, S. 640.

[7] Ästhetik, hg. v. F. Bassenge, Berlin (Ost) 1955, Bd. 1, S. 414 f.

[8] Zit. Friedrich Georg Jünger, Gärten im Abend- und Morgenland, München 1960, S. 55.

[9] Zit. Christopher Hussey, The Picturesque: Studies in a Point of View, London 1927, S. 126.

[10] Lediglich Ansätze zu einer solchen Rezeptionsgeschichte findet man bei Franz R. Kempf, Albrecht von Hallers Ruhm als Dichter. Eine Rezeptionsgeschichte, Bern 1986.

[11] Auf dem Wendelstein, in: Rudolf Sieck, Von der Landschaft, Heilbronn 1924, S. 49–60, Zit. S. 54.

[12] Die Kunsttheorie der Renaissance und die Entstehung der Landschaftsmalerei (1950), in: ders., Die Kunst der Renaissance, Bd. 1: Norm und Form, Stuttgart 1985, S. 140–157, Zit. S. 152 f.

[13] Friedländer, a. a. O., S. 145.

[14] In: ders., Subjektivität, Frankfurt 1974, S. 141–163; Anm. 172–190.

[15] Ebd. S. 149 f.

[16] Ebd. S. 153–157.

[17] Ebd. S. 158–161.

[18] Ebd. S. 162.

[19] Ebd. S. 150 f. Voll entfaltet wird diese These allerdings nur in seiner Hegelinterpretation. Siehe die Textstellen zu den Anm. 26–30.

[20] Ebd. S. 151. Der ländlich Wohnende sieht die Natur aus der Perspektive seines jeweiligen Tagewerks: »[...] der Wald ist das Holz, die Erde der Acker, die Wasser der Fischgrund« (S. 147). Um mit August Wilhelm Schlegel (Vorlesung über schöne Literatur und Kunst, 1801/02) zu sprechen, sieht jeder, »der Landmann, der Mineraloge, der Geometer, der General [...] durch die Aussicht hin etwas anderes«. Ihr Blick ist ein partieller, er richtet sich nach dem je partiellen Interesse, bestimmt durch den jeweiligen praktischen Zweck.

[21] Ebd. S. 150 f.

[22] Ebd. S. 182. Hervorhebungen von uns.

[23] Ebd. S. 183. Vgl. dagegen Weber in diesem Band S. 113.

[24] Kosmos. Entwurf einer physischen Erdbeschreibung (1845), Bd. 1, Stuttgart o. J., S. 45.

[25] Humboldt ebd.; Kant, Kritik der Urteilskraft, hg. v. K. Vorländer (Phil. Bibl. Bd. 39a), Hamburg 1959, S. 115.

[26] Hegel und die Französische Revolution, Köln-Opladen 1957, S. 30, 32 f. Was bedeutet in diesem Zusammenhang »*geschichtlich*«? Das »Geschichtliche der Revolution und des ganzen Zeitalters und aller ihrer Probleme [ist] das Aufkommen der modernen bürgerlichen Arbeits-

gesellschaft« (S. 35). Sie begründet sich »auf die Natur als die Form, in der sie sich gegenüber der Geschichte der Herkunft verselbständigt, sich aus ihr emanzipiert«. Daraus folgt, daß die »geschichtslose Natur der Gesellschaft [...] ihr geschichtliches Wesen« ist (S. 41).

[27] Subjektivität und industrielle Gesellschaft, in: ders., Subjektivität, S. 11–35. Zit. S. 26 f.

[28] Z. B. ebd. S. 28.

[29] Ebd. S. 32.

[30] Ebd. S. 33.

[31] Ritter hat übrigens in einem Aufsatz aus derselben Zeit »Die Aufgabe der Geisteswissenschaften in der modernen Gesellschaft« (in: Subjektivität, S. 105–140) den Begriff *Kompensation* mehrfach verwendet, was darauf hinweist, daß er ihm in einem solchen oder ähnlichen Kontext durchaus präsent war. Er hat ihn offenbar im Text des Landschaftsaufsatzes bewußt vermieden. Eine Ausnahme bildet allein Anm. 58, S. 186 oben, wo von der »verlorenen Natur, die ästhetische Kompensationen fordert«, in Bezug auf Baudelaire und eben nicht in Bezug auf moderne ästhetische Naturerfahrung die Rede ist, denn die »ästhetischen Kompensationen« bei Baudelaire zielen in eine völlig andere, ja geradezu entgegengesetzte Richtung. Die Aufgabe der Geisteswissenschaften dagegen sieht Ritter gerade in ihrer Kompensationsfunktion: Sie hätten sich auf dem Boden der modernen Gesellschaft deshalb herausgebildet, weil diese »notwendig eines Organs bedarf, das ihre Geschichtslosigkeit kompensiert« (S. 131).
Komplementarität verstehen wir hier als die Möglichkeit, dasselbe Objekt unter verschiedenen Blickwinkeln als ein verschiedenes zu erfahren. In einem komplementären Verhältnis stehen z. B. die Begriffsbildungen der Naturwissenschaften und die Lebenswelt. Ausgangspunkt ist die Erfahrung, daß wir sowohl Zuschauer als auch Mitspieler im Drama des Lebens sind (Nils Bohr). Siehe auch Carl Friedrich von Weizsäcker, Komplementarität und Logik, in: ders., Zum Weltbild der Physik, Stuttgart 1963, S. 281–331.
Im Gegensatz zum Komplementaritätsbegriff, der eher ein wissenschaftstheoretischer Begriff ist, ist Kompensation ein sozialpsychologischer oder anthropologischer Begriff, der ideologisch viel stärker aufgeladen werden kann.

[32] Z. B. Günter Rohrmoser, Subjektivität und Verdinglichung. Theologie und Gesellschaft im Denken des jungen Hegel, Gütersloh 1961, S. 85 f.; Horst Stuke, Philosophie der Tat. Studien zur »Verwirklichung der Philosophie« bei den Junghegelianern und den Wahren Sozialisten, Stuttgart 1963, S. 39–49.
Auch Manfred Riedel, Tradition und Revolution in Hegels »Philosophie des Rechts« (1962), in: ders., Studien zu Hegels Rechtsphilosophie, Frankfurt 1969, S. 100–134, hier insbes. S. 122 Anm. 32, 127; und ders., Der Begriff der »Bürgerlichen Gesellschaft« und das Problem seines geschichtlichen Ursprungs, in: ders., a.a.O., S. 135–165, hier insbes. S. 137, kritisiert mit Recht zentrale Aspekte der Ritterschen Hegelinterpretation.

[33] Odo Marquard, Der angeklagte und der entlastete Mensch in der Philosophie des 18. Jahrhunderts, in: ders., Abschied vom Prinzipiellen, Stuttgart 1981, S. 39–66, Zit. S. 65, Anm. 38.

[34] Skeptische Methode im Blick auf Kant, Freiburg-München 1958, S. 20, Anm. 31.

[35] Kompensation, in: J. Ritter u.a. (Hg.), Historisches Wörterbuch der Philosphie, Basel-Stuttgart, Bd. 4, S. 912–918, Zit. S. 916. Ausführlicher in: K. G. Faber – Chr. Meier (Hg.), Historische Prozesse, München 1978, S. 330–362.

[36] Ebd. S. 915.

[37] Siehe oben Anm. 31.

[38] Zukunft ohne Verheißung? Sozialer Wandel als politisches Orientierungsproblem, Köln 1976, S. 9.

[39] In der wohl ausführlichsten Geschichte des Kompensationsbegriffs zeigt Jean Svagelski (L'idée de compensation en France [1750–1850], Lyon 1981), ein Schüler Canguilhems, daß der Begriff zu Beginn des 19. Jahrhunderts verschwindet, also gerade in derselben Periode, in der nach Marquard, Lübbe, u.a. Kompensation der Sache nach notwendig wird!

[40] Gemeint sind vor allem Hans Robert Jauß und diejenigen, die mit ihm darauf beharren, daß Kunst ihre gesellschaftliche Bestimmung nur durch Heautonomie, durch ästhetische Differenz erfüllen könne, die sich aber gleichwohl auf das Kompensationsmodell der neokonservativen Ritterschüler einlassen, das ihre politischen und wissenschaftlichen Intentionen zu dementieren geeignet ist. Vgl. Dieter Groh, Kompensationsmodell, in: H. Pfeiffer – H. R. Jauß – F. Gaillard (Hg.), Art social und art industriel. Funktionen der Kunst im Zeitalter des Industrialismus, München 1987, S. 48–50.

[41] Wir beziehen uns dabei auf Habermas' Theorie und deren historische Begründung auf den »Spuren der Vernunft in der Geschichte«. Vgl. den Aufsatz gleichen Titels von Dieter Groh, Geschichte u. Gesellschaft 12, 1986, S. 443–476.

[42] Vgl. Jörn Rüsen, Vernunftpotentiale der Geschichtskultur, u. Dieter Groh, Postinstrumentelle Geschichtswissenschaft, in: J. Rüsen – E. Lämmert – P. Glotz (Hg.), Die Zukunft der Aufklärung, Frankfurt 1988, S. 105–114 u. 115–121. In einem etwas anderen Zusammenhang kritisiert die Kompensationsthese treffend Jürgen Mittelstraß, Glanz und Elend der Geisteswissenschaften, Oldenburg 1989.

[43] Vgl. die überzeugende Kritik von Jürgen Habermas, Motive nachmetaphysischen Denkens, in: ders., Nachmetaphysisches Denken, Frankfurt 1988, S. 35–60. Zu kritisieren wäre nur die Tendenz von Habermas, Ritter und seine Schüler umstandslos gleichzusetzen. Gerade das Insistieren auf deren Differenz läßt die neokonservative Wende schärfere Konturen gewinnen und deren Motive stärker hervortreten, was ja auch im Sinn von Habermas liegen dürfte.

[44] Zum Begriff der »Sattelzeit«, der für das Unternehmen »Geschichtliche Grundbegriffe« konstitutiv geworden ist, vgl. Koselleck, Richtlinien für das Lexikon politisch-sozialer Begriffe der Neuzeit, Arch. f. Begriffsgesch. 11, 1967, S. 81–99.

[45] Ritter, Landschaft, S. 159–161.

[46] So z.B. Jörg Zimmermann, Zur Geschichte des ästhetischen Naturbegriffs, in: ders. (Hg.), Das Naturbild des Menschen, München 1982, S. 118–154, hier S. 122.

[47] So Rainer Piepmeier, Das Ende der ästhetischen Kategorie »Landschaft«, Westfälische Forschungen 30, 1980, S. 8–46, bes. S. 11, der zugleich inkonsequenterweise die Theorie Ritters übernimmt.

[48] So Helmuth Zebhauser in: Frühe Zeugnisse der Alpenbegeisterung, München 1986, S. 23.

[49] Jauß, Ästhetische Erfahrung, S. 140. Siehe auch Hans Blumenberg, Die Legitimität der Neuzeit, Frankfurt 1966, S. 336 ff.; Ritter, Landschaft, S. 141–144. Zur kontroversen Interpretation von Petrarcas Mont-Ventoux-Erlebnis siehe Karlheinz Stierle, Petrarcas Landschaften. Zur Geschichte ästhetischer Landschaftserfahrung, Krefeld 1979, und Bernhard König, Petrarcas Landschaften, Roman. Forschungen 92, 1980, S. 251–282.

[50] Confessiones X.8.15. In der Ausgabe des Kösel-Verlages, 4. Aufl., München 1980, S. 509.

[51] Vom Erhabenen, hg. v. R. Brandt, Darmstadt, 1966, S. 99.

[52] Landschaft, S. 151.

[53] An Nees von Esenbeck, 31.10.1823, Goethes Werke (Weimarer Ausgabe), Bd. 37, 1889, S. 258.

[54] Landschaft, S. 183.

[55] Jauß, Ästhetische Erfahrung, S. 147.

[56] Landschaft, S. 162.

[57] Eine solche Gegenposition zu Ritter hat kürzlich auch Rolf Peter Sieferle formuliert: Höfische und bürgerliche Natur, in: Hermann Lübbe – Elisabeth Ströker (Hg.), Ökologische Probleme im kulturellen Wandel, München 1986, S. 93–99, hier S. 98 f.

[58] Petrarcas berühmter Brief, den er auf den 26.4.1336 datiert, ist am besten zugänglich in Francesco Petrarca, Le Familiarii, hg. v. V. Rossi, Florenz 1933, Bd. 1, S. 153–161; deutsche Übers. in: Petrarca, Dichtungen, Briefe, Schriften, hg. v. H. W. Eppelsheimer, Frankfurt 1980, S. 88–98.

[59] Wir folgen hier Bernhard Königs Interpretation, a.a.O., S. 279.

[60] Ein auf Pythagoras zurückgehender Topos der antiken und auch frühchristlich-platonischen »Theologie«, Vgl. Ritter, Landschaft, S. 145 u. Anm. zu diesem Topos. Ein dort nicht erwähntes Beispiel: Pseudo-Longinus, Vom Erhabenen, a.a.O., S. 99.

[61] Gottesstaat, XXII.24. In der Artemis Ausgabe, Zürich 1978, Bd. 2, S. 814 f. Petrarca war nicht nur Kenner, sondern auch Verehrer Ciceros, der später die Physikotheologen inspirierte (siehe unten S. 69 f.). Ins rechte Licht gegenüber mannigfachen Fehlinterpretationen rückt die Rezeption Platons und Ciceros durch Petrarca Walter Rüegg, Cicero und der Humanismus. Petrarca, in: K. Büchner (Hg.), Das neue Cicerobild, Darmstadt 1971, S. 65–128.

[62] Ritter, Landschaft, S. 143.

[63] Ebd. S. 174, Anm. 23.

[64] Ebd. S. 146.

[65] Wie dies König tut: Petrarcas Landschaften, S. 279.

[66] So mit überzeugender Begründung Guiseppe Billanovich, Petrarca und der Ventoux (1966), in: A. Buck (Hg.), Petrarca, Darmstadt 1976, S. 444–463.

[67] Hans Blumenberg, Die kopernikanische Wende, Frankfurt 1965, S. 122 ff.

[68] Gesner, De lacte et operibus lactariis, Zürich 1541, Vorwort. Übers. v. Richard Weiß, Die Entdeckung der Alpen, Frauenfeld 1934, S. 1 f.

[69] Beschreibung des Pilatus, 20.8.1555, Weiß, a.a.O., S. 8.

[70] Nouvelle Héloise, hg. v. R. Pomeau, Paris 1960 (Garnier), S. 51, 23. Brief.

[71] London 1616, bes. S. 286 f., 391, 407 f.

[72] The Sacred Theory of the Earth, 2. Aufl. London 1691 (ND 1965), S. 53 ff., 115, 113.

[73] Da uns Hakewills Buch nicht zugänglich war, haben wir uns auf das Referat bei Clarence J. Glacken, Traces on the Rhodian Shore. Nature and Culture in Western Thought from Ancient Times to the Ende of the 18th Century, Berkeley 1967, S. 383–389, gestützt. Zur Goodman–Hakewill-Kontroverse vgl. bes. Victor Harris, All Coherence Gone. A Study of the 17th Century Controversy over Disorder and Decay in the Universe (1949), London 1966.

[74] Vom Wesen der Götter, II. 97–98, hg. v. W. Gerlach u. K. Bayer, München 1978, S. 256 f.

[75] Hier nur einige wenige Beispiele: *Kopernikus* äußert 1543 in »De revolutionibus orbium caelestium«, Berlin (Ost) 1959, S. 10/11, sein Erstaunen darüber, daß die Philosophen, die alle Kreisbewegungen bis ins kleinste erforscht hätten, »keinen sicheren Grund für die Bewegungen der Weltmaschine« angeben könnten, »die doch unseretwegen von dem größten und nach genauesten Gesetzen zu Werke gehenden Meister geschaffen ist«. *Kepler* wollte mit seiner »Weltharmonik« von 1619 zeigen, wie der »vollkommenste Baumeister« bei der »Ausschmükkung der Welt [. . .] notwendig ein Werk von höchster Schönheit bilden« mußte. Zit. hg. v. M. Caspar, München 1939, Einl. Und im »Mysterium cosmographicum« von 1596 schreibt er, hg. v. Caspar, 1923, S. 149 f., seinen Hymnus »Jova sator mundi«:
»Ich aber such die Spur Deines Geistes draußen im Weltall, Schaue verzückt die Pracht des mächtigen Himmelsgebäudes, Dieses kunstvolle Werk, Deiner Allmacht herrliche Wunder!«
Newtons physikotheologische Bemühungen gipfeln 1686 in den Philosophiae naturalis princi-

pia mathematica, die mit dem »Scholium Generale« enden, Kölner Ausg. 1760, 3, S.673: »Und wenn jeder Fixstern Mittelpunkt eines dem unsrigen ähnlichen System ist, so muß das Ganze, da es nach einheitlicher Absicht konstruiert erscheint, das Reich ein und desselben Herrschers bilden. Es folgt daraus, daß Gott ein lebendiger, einsichtiger und allmächtiger Gott ist, daß er über das Weltganze erhaben und durchaus vollkommen ist. Es ist klar, daß der höchste Gott notwendig existiert, und kraft derselben Notwendigkeit existiert er überall und zu jeder Zeit.«

76 Dazu vgl. vor allem Wolfgang Philipp, Das Werden der Aufklärung in theologiegeschichtlicher Sicht, Göttingen 1957.

76a Vgl. dagegen Weber in diesem Band S. 101f.

77 Ritter, Landschaft, S.152.

78 Sieferle, Entstehung, S.241.

79 Vgl. François de Dainville, La Géographie des Humanistes. Les Jésuites et l'Éducation de la Société Française, Paris 1940, S.26–28.

80 Die Eisgebirge des Schweizerlandes, 3 Bde., Bern 1760. Zitate auf den letzten Seiten von Bd. 3, S.212–219.

81 Die Alpen, hg. v. H. T. Betteridge, Berlin (Ost) 1959, S.20 f., Strophen 31, 32, 34.

82 Auszug der vornehmsten Gedichte aus dem »Irdischen Vergnügen in Gott«, Hamburg 1738 (ND 1965), S.124–131. Die ursprüngliche Fassung war in 9 Bänden seit 1721 erschienen. Das Gedicht »Die Berge« muß vor 1721 entstanden sein.
Für die hier behandelten deutschen Autoren sei auf die grundlegende Arbeit von Uwe-K. Ketelsen, Die Naturpoesie der norddeutschen Frühaufklärung. Poesie als Sprache der Versöhnung: alter Universalismus und neues Weltbild, Tübingen 1974, nachdrücklich aufmerksam gemacht.

83 Tagebücher seiner Reisen nach Deutschland, Holland und England, 1723–1727, hg. v. E. Hintzsche, St. Gallen 1948, S.20.

84 Siehe oben S.70 u. Anm. 75f.

85 Vgl. Philipp, Werden der Aufklärung, S.78 ff.

86 Das Firmament, ebenfalls vor 1721 entstanden. Brockes, Auszug, S.477.

87 Herbert Dieckmann, Religiöse und metaphysische Elemente im Denken der Aufklärung, in: Wort und Text. Festschr. f. F. Schalk, hg. v. H. Meier u.a., Frankfurt 1963, S.333–354, Zit. S.352 f.

88 Democritus Platonissans, hg. v. P. G. Stanwood, Los Angeles 1968. Auf die entscheidende Rolle Mores hat zuerst Ernest L. Tuveson, Space, Deity, and the »natural sublime«, Modern Language Quarterly 12, 1951, S.20–38, hier S.23 f., wo T. von der »transition to the new world idea« spricht, aufmerksam gemacht.

89 Enchiridion Metaphysicum, engl. Übers. in: F. I. Mackinnon (Hg.), Philosophical Writings of H. M., New York 1925, S.183–229.

90 Vgl. Jörg Zimmermann, Zur Geschichte, S.119.

91 »The Development of the Aesthetics of the Infinite« lautet zwar der Untertitel von Marjorie H. Nicolsons grundlegender Studie Mountain Gloom and Mountain Glory, der Begriff wurde aber von Ernest L. Tuveson im Zusammenhang mit seinem Werk Millenium and Utopia: A Study in the Background of the Idea of Progress, Berkeley – Los Angeles 1949, geprägt. Siehe Nicolson, a.a.O., S. XII f. u. dies., The Breaking of the Circle. Studies in the Effect of the »New Science« upon 17th Century Poetry, Evanston 1950, S.178.

92 An Antidote against Atheism, in: ders., A Collection of Several Philosophical Writings, London 1662 (ND New York 1978), S.9–142, hier S.48, 53.

[93] Zit. Nicolson, Mountain Gloom, S. 133, aus den 1640er Jahren.

[94] An Explanation of the Grand Mystery of Godliness, London 1660, in: ders., Theological Works, London 1708, S. 43 f.

[95] Democritus Platonissans, S. 2. Hervorhebungen von uns.

[96] The Immortality of the Soul (1659), in: ders., A Collection, Bd. 2, S. 17. Man vgl. Kant, Kritik der reinen Vernunft (Hamburg 1956, Phil. Bibl. 37a), A 42, 22–36.

[97] Herbert Croft, Some Animadversions upon a Book Intitulated the Theory of the Earth, London 1665, S. 140 f., zit. Nicolson, a. a. O., S. 260.

[98] The Wisdom of God Manifested in the Works of the Creation, London 1691 (ND Hildesheim–New York 1964), S. 62 f., 135–150.

[99] Miscellaneous Discourses Concerning the Dissolution and Changes of the World, London 1692 (ND Hildesheim 1968), S. 165 f.

[100] The Folly and Unreasonableness of Atheism Demonstrated from the Origin and Frame of the World, London 1693, S. 35–38, zit. Nicolson, a. a. O., S. 262 f.

[101] Sacred Theory (Anm. 72 ob.), S. 109 f. Man vgl. Kant, Kritik der Urteilskraft, Hamburg 1959, S. 114 f., bes. S. 114, Beschreibung des Erhabenen, u. S. 115 oben.

[102] Theoria Sacra Telluris, d. i. Heiliger Entwurf oder Biblische Betrachtung des Erdreiches, Frankfurt 1693, S. 77 f.

[103] Turin, 25.10.1688, The Critical Works of J. D., hg. v. E. N. Hooker, Baltimore 1943, Bd. 2, S. 280–282. Zit. S. 280. Die eingeklammerten Seitenangaben im Text beziehen sich auf Bd. 1 dieser Ausgabe.
Zur ästhetischen Theorie der drei jetzt behandelten Autoren vgl. die nicht ganz befriedigende Arbeit von Hannelore Klein, There is no disputing about taste. Untersuchungen zum englischen Geschmacksbegriff im 18. Jahrhundert, Münster 1967.

[104] Critical Works, Bd. 2, S. 401 f.

[105] Siehe oben S. 70.

[106] Dieses Werk wurde dann 1711 in die »Charakteristicks of Men, Manners, Opinions, Times etc.« aufgenommen. Die folgenden Seitenangaben im Text beziehen sich auf Characteristicks, hg. v. J. M. Robertson, New York 1964, Bd. 2.

[107] Siehe auch Karlheinz Stierle, Diderots Begriff des »Interessanten«, Arch. f. Begriffsgesch. 23, 1979, S. 55–76, hier S. 57 f.

[108] Landschaft, S. 149.

[109] Remarks on several parts of Italy etc. in the years 1701, 1702, 1703 (1703), in: The Works of J. Addison, hg. v. R. Hurd, London 1881, Bd. 1, S. 507 f.

[110] The Spectator, hg. v. D. F. Bond, 5 Bde., Oxford 1964. Im folgenden nach No., Bd. u. S. zitiert.

[111] 412, 3, S. 540.

[112] 489, 4, S. 234.

[113] 413, 3, S. 545.

[114] Vgl. Ketelsen, Naturpoesie, S. 112.

[115] 420, 3, S. 575.

[116] 565, 5, S. 531. Vgl. auch das oben S. 75, zit. Gedicht Brockes.

[117] Landschaft, S. 144.

[118] Elie Bertrand, Essai sur les usages des montagnes, Zürich 1752, S. 166.

[119] Aus dem Gedicht »Der Herbst«, entstanden vor 1721, Brockes, a. a. O., S. 310.

[120] An West, 16. 11. 1739, Correspondence, hg. v. P. Toynbee u. L. Whibley, Oxford 1935, Bd. 1, S. 128.

[121] Werke, Bd. 12, Hamburg 1953, S. 365 f.

[122] Briefe über Landschaftsmalerei, ND d. 2. Aufl. 1835, hg. v. D. Kuhn, Heidelberg 1972, S. 29.

[123] Ritter, Landschaft, S. 151.

[124] Ch. Aeby 1865, zit. Ein Miraculum naturae, Merian 15, 1962, H. 5, S. 76 f.

[125] Siehe oben Anm. 24.

[126] Ritter, a.a.O., S. 183.

[127] Nouvelle Héloïse (Garnier), S. 52.

[128] Ebd. S. 53.

[129] Rêveries, hg. v. H. Roddier, Paris 1960 (Garnier), S. 71.

[130] Émile, hg. v. F. u. P. Richard, Paris 1964 (Garnier), S. 353.

[131] Robert Spaemann, Natürliche Existenz, S. 68.

[132] Émile, S. 9.

[133] Über den Ursprung der Ungleichheit unter den Menschen, in: ders., Schriften zur Kulturkritik, hg. v. K. Weigand, 3. Aufl. Hamburg 1978, S. 78, 84, 98.

[134] Nouvelle Héloïse, S. 52.

[135] Spaemann, Natürliche Existenz, S. 72.

[136] Nouvelle Héloïse, S. 51. Vgl. dagegen Jauß, Ästhetische Erfahrung, S. 149, u. teilweise auch Weber in diesem Band, S. 108ff.

HEINZ-DIETER WEBER

Die Verzeitlichung der Natur im 18. Jahrhundert

Daß unsere Erde etwa 4,5 Milliarden Jahre alt ist, daß es seit etwa 3,8 Milliarden Jahren organisches Leben auf diesem Planeten gibt, daß das Alter der Gattung Mensch ungleich kürzer ist und sich auf etwa 400 000 Jahre belaufen mag, daß der Aufbau der Erde in der Verteilung seiner Kontinente, in Schichten und Gebirgsfaltungen das Ergebnis langdauernder Prozesse ist, all dies gehört zum selbstverständlichen Inventar unseres Weltbildes. Daß die dem Historiker zugängliche Geschichte der Menschheit nur einen Sekundenanteil an der großen Erdzeitalteruhr ausmacht, das vergessen wir zwar, können es aber nicht leugnen. Der Einsicht in die Unumkehrbarkeit dieser Prozesse können wir uns spätestens dann nicht entziehen, wenn wir mit der Tatsache konfrontiert werden, daß wir unsere Energie aus fossilen Ablagerungen gewinnen, die in erdgeschichtlichen Zeiträumen entstanden und in erwartbaren Zeiten nicht ersetzbar sind.

Auch wenn sich die Theorien über die Entstehung unseres Sonnensystems widerstreiten, auch wenn der Übergang von der anorganischen Materie zum organischen Leben nicht restlos geklärt ist, auch wenn es umstritten sein mag, welche unserer Vorfahren bereits zur Gattung Mensch gerechnet werden können, so gibt es doch keinen hinreichenden Grund, die Vorstellung einer durchgängigen Evolution der Natur in Zweifel zu ziehen. Dieses nachdarwinsche Weltbild ist uns so selbstverständlich geworden, daß es uns schwerfällt, einen Begriff von Natur uns zu vergegenwärtigen, in dem geschichtliches oder gar evolutives Denken keinen Platz hat. Die Vorstellung, daß die Natur eine Geschichte hat, lag aber dem Altertum fern. Auch wenn der jüdisch-christliche Mythos von einer Schöpfung der Natur und ihrer endlichen Zerstörung berichtet, so betraf dies zwar die Heilsgeschichte des Menschen, führte aber keineswegs zur Vorstellung einer in geschichtlichen Zeiträumen sich vollziehenden Schöpfung. Der Mensch war zwar in die Zeit hineingestellt, aber durch Sündenschuld und Erlösung dazu berufen, eines Ewigen Lebens teilhaftig zu werden. Das Buch der Natur, die Betrachtung der wandelbaren Dinge auf der Erde, wie die Betrachtung der unwandelbaren Gesetze am Himmel, konnten gleichermaßen nur gelesen werden als Spiegel dieser seiner Bestimmung.

Von der endgültigen Auflösung dieses Weltbildes, von den damit verbundenen Erschütterungen und von der Herausbildung unseres heutigen genetisch-evolutiven Weltbildes handelt das Thema »Die Verzeitlichung der Natur«. Michel Foucault hat in seinem Buch *Die Ordnung der Dinge*[1] den Zeitraum zwischen 1775 und 1825 als den

Zeitraum benannt, in dem sich der Übergang zu der Auffassung, daß die Dinge historisch erklärt werden können oder müssen, vollzog, und er hat diese These an Paradigmen aus der Medizingeschichte, der Wirtschaftswissenschaft und der Sprachwissenschaft verifiziert. Die geschichtliche Betrachtungsweise als diese neue Form der Episteme setzt sich auch in den Naturwissenschaften in diesem Zeitraum durch oder bahnt sich zumindest an.

Wolf Lepenies hat das für die Naturwissenschaften in seinem Buch, das den paradoxen Titel trägt *Das Ende der Naturgeschichte*[2], nachvollzogen. Paradox deswegen, weil das Wort Naturgeschichte im Titel noch in dem Sinne verwendet wird, in dem es verwendet wurde, bevor sich eben jene historische Betrachtungsweise durchsetzte.

Es geht mir im folgenden nicht darum, diese und andere wissenschaftsgeschichtlichen Forschungen zu rekapitulieren oder aus eigenem zu ergänzen. Meine Frage ist vielmehr, wie sich die literarischen Texte oder, genauer, wie sich Natur- und Landschaftsdichtung zu diesem Prozeß der Verzeitlichung der Natur verhalten.

Was bedeutet dieser Prozeß für die lebensweltliche Erfahrung der Menschen, wie sie sich allemal in Literatur niederschlägt: Folgt die Dichtung dem Wandel des Naturbegriffs in den Wissenschaften und ratifiziert sie ihn nur oder greift sie ihm sogar vor und ermöglicht sie ihn erst?

Freilich scheint die Literatur für diese Fragestellung ein ganz ungeeignetes Medium zu sein. Viel eher scheint sich die Frage an den Gegenständen der bildenden Kunst diskutieren zu lassen. Denn aufs Ganze gesehen kann gar nicht in Zweifel gezogen werden, daß die Malerei uns seit Beginn der Neuzeit viel bessere Auskünfte über den Wandel des Bildes von der Natur gibt, als es die Dichtung tun kann. Doch könnte es sein, daß sich der hier interessierende Aspekt der Verzeitlichung der Naturerfahrung wiederum eher im Zeugnis dichterischer Aussagen spiegelt. Ja es könnte sein, daß sich der volle Sinn ästhetischer Naturerfahrung erst in literarischen Texten offenbart, insofern sie (anders als die Malerei) die Zeitstruktur der Naturerfahrung zu offenbaren geeignet sind.

Die Überlegungen sind in drei Teile untergliedert, die zugleich ein Nacheinander von Typen literarischer Naturerfahrung repräsentieren sollen. Der erste Teil hat den Titel »Die Zeitlichkeit der Natur als Bedrohung und als Glückserfahrung«; das zweite Kapitel lautet: »Das Scheinen der an sich verlorenen Natur« und das dritte »Die Geschichtlichkeit der Natur als Erdleben«.

I. Die Zeitlichkeit der Natur als Bedrohung und als Glückserfahrung

Daß das Gedicht eine redende Malerei, die Malerei aber eine stumme Poesie sei, ist für die Frühaufklärung noch ein selbstverständlicher Lehrsatz der Poetik. Die alte Horazische Formel »ut pictura poesis« stand in der ersten Hälfte des 18. Jahrhunderts erst recht in Geltung und wurde zur Legitimation der descriptive poetry eines Pope und Thomson herangezogen. Dies blieb im wesentlichen so bis zu Lessings *Laokoon oder Über die Grenzen der Malerei und Poesie* von 1766, obgleich man schon in der Barock-Poetik sehr wohl bedachte, daß sich beide Künste ganz unterschiedlicher Zeichenarten, die Malerei nämlich natürlicher Zeichen, die Poesie hingegen der willkürlichen Zeichen der Sprache, bedienten. Es ist von heute aus gesehen einigermaßen verwunderlich, da sich das kompetitive Verhältnis der beiden Künste auch auf die Landschaft erstreckte, denn es mußte ja auffallen, daß die Sprache mit der unhintergehbaren Allgemeinheit ihrer Beschreibungsmittel gegenüber der Möglichkeit der Malerei, ikonische Zeichen zu bilden und so Landschaft in ihrer unverwechselbaren Einmaligkeit aufzufassen und darzustellen, immer im Nachteil sein müßte. Aber das Bedürfnis, eben diese Individualität einer Landschaft auszusagen, bestand noch nicht. Dabei läßt sich der Vorrang der Malerei schon aus der Geschichte des Wortes Landschaft ablesen. »Landschaft«, im Mittelalter ausschließlich in der Bedeutung territorium, regio und in der Bedeutung »versammelte Stände eines Landes« belegt, wird erst im späten Mittelalter zu einem Fachbegriff, und zwar der bildenden Künste. Landschaft ist malerische Darstellung eines Landesausschnitts. Erst auf diesem Umweg wird Landschaft um 1700 ein Begriff der allgemeinen ästhetischen Erfahrung. Für landscape gilt das gleiche: zunächst »a picture representing natural inland scenery, as distinguished from a sea picture, a portrait etc.«, dann bei Pope, also erst nach 1700, »a view or prospect of natural inland scenery such as can be taken in at a glance from one point of view«.[3]

Von dieser Landschaftsauffassung ausgehend, kommt Lessing im 16. und 17. Kapitel seines »Laokoon« zum Verdikt über die poetische Landschaftsdarstellung. Landschaft sei etwas Koexistierendes im Raume und bedürfe daher zu ihrer Nachahmung der Zeichen der Malerei, »Figuren und Farben in dem Raume«; die Poesie hingegen verfüge über »Töne in der Zeit«, folglich seien das Sukzessive, also Handlungen, der eigentliche Gegenstand der Poesie. Lessings kritischer Beispielgegenstand ist Hallers Gedicht »Die Alpen«. Wenn Breitinger dieses Gedicht weit über alle Möglichkeiten der Malerei erhoben habe, so könne er sich das nur so erklären, daß er dabei »auf die Erhöhung über das vegetative Leben, auf die Entwicklung der inneren Vollkommenheiten, welchen die äußere Schönheit nur zur Schale dienet«, hingesehen habe, nicht aber auf diese Schönheit selbst »und den Grad der Lebhaftigkeit oder Ähnlichkeit« – und hierauf, nicht also auf die Bedeutung des Dargestellten komme es bei der Landschaftsdarstellung an. Lessings Verdikt über poetische Landschaftsdarstellung beruht also auf zwei Prämissen: erstens, daß Landschaft und Landschaftserfahrung sich zwar zergliedern lasse, aber als ästhetischer Gegenstand als »ein Ganzes« eben etwas Koexistierendes im Raume und nichts Sukzessives sei, zweitens, daß Landschaftsdarstellung in der Vermittlung dieses Ästhetischen aufgehe und nicht auf eine Bedeutungsgebung abziele, die über das Sichtbare hinausliege.[4]

Die Absage an die Möglichkeit literarisch-poetischer Landschaftsdarstellung und die Sicherung des Vorrangs der Malerei ist also bei Lessing durchaus Konsequenz eines Landschaftsbegriffs, der insofern modern ist, als er die ästhetisch als Landschaft erfahrene Natur im Sinne Joachim Ritters[5] meint und sich von jeder Art allegorischer Bedeutung der Naturgegenständlichkeiten distanziert. In der Landschaftsmalerei sieht Lessing also etwas autonom Ästhetisches realisiert, was die Dichtung, insbesondere die physikotheologische allemal verfehlt.

Lessings Argumentation hat die poetische Landschaftsdarstellung des frühen 18. Jahrhunderts gründlich in Verruf gebracht, und dieses Urteil wirkt bis heute nach. Es ist nicht leicht, dem zu widerstehen und die Frage zu beantworten, worin die eigenständige Bedeutung der poetischen Naturdichtung bestehen könnte, so daß sie aus der Nachrangigkeit gegenüber der Malerei befreit würde.

Glücklicherweise hat Lessing selbst im Laokoon-Aufsatz einige Hinweise gegeben: Der Dichter könne zwar nicht die Bestandteile körperlicher Schönheit, wohl aber deren Wirkung, Wohlgefallen, Zuneigung, Entzücken, schildern, er könne ferner die Schönheit in Reiz verwandeln, als »Schönheit in Bewegung«, und uns so »ein transitorisches Schönes« geben, »das wir wiederholt zu sehen wünschen«.[6]

Ich nehme diese Andeutung des Laokoon auf und möchte durch Lessing ermutigt gegen Lessing die These wagen:

1. Die poetische Landschaftsbeschreibung des 18. Jahrhunderts thematisiert Landschaft als etwas Sukzessives.
2. Sie ermöglicht dadurch allererst eine moderne und das heißt nach-theologische Naturerfahrung, deren Kriterium die Zeitlichkeit der Natur ist.

Barthold Heinrich Brockes wird zwar in Lessings *Laokoon* nicht genannt, aber er ist stets mitgemeint. Seine Poesie gilt ja als Inbegriff deskriptiver Naturdichtung. Sie gilt seit Hettner zugleich als gereimter physikotheologischer Gottesbeweis. Brockes beruft sich wiederholt auf die uralte Metapher vom Buch der Natur, und er folgt noch einem sympathetischen Naturverständnis, so daß die Dinge der Natur zum Menschen sprechen, indem Natur und Mensch auf einen gemeinsamen Kontext bezogen sind, den ihres Kreaturseins. Die Metapher vom Buch der Natur aber hatte zu seiner Zeit längst ihren neuzeitlichen Weg zu einem szientifischen Naturverständnis angetreten. Die Sprache des Buches der Natur ist die der Mathematik, hieß es nach Galilei.[7] Brockes reagiert darauf; die Sprache der Natur ist eben nicht mehr die des philosophisch-theologischen Begriffs, sondern die des ästhetischen Empfindens.

> Je öfter man sich übt, die Creatur zu sehn,
> Je fertiger wird man im lesen,
> Je deutlicher wird man der Gottheit Wesen,
> Des Welt-Buchs Inhalt, Kern und Zweck verstehn.
> Und, immer brünstiger, Sein herrlichs Lob erhöhn.
> Ach so gewehnet euch, geliebte Menschen, doch
> Zu dieser süssen Müh, zu diesem leichten Joch!
> Beschäfftigt euch, und lernt aufmerksam, GOTT zu Ehren,
> Empfinden, schmecken, sehn und hören![8]

Von gereimten physikotheologischen Gottesbeweisen kann man also schon deswegen nicht sprechen, weil die Lektüre des Buches der Natur nicht in die Kompetenz des begrifflichen Denkens, sondern in die der Sinne fällt. Brockes Plädoyer für einen »sinnlichen Gottes-Dienst«[9] setzt sich in einer doppelten Frontstellung von der alten Theologie ebenso ab wie von der zeitgenössischen Naturwissenschaft.

> Er will uns, im Begriff, so sehr nicht überführen,
> Auf welche Weis er alle Pracht
> Von seiner Kreatur gemacht;
> Er will uns hier nur bloß, durch seine Wohltat, rühren.[10]

Auch da, wo Brockes Mikroskop und Fernrohr benutzt oder gewissermaßen experimentell vorgeht, zielt seine Beschreibung ganz auf die Erfassung der sinnlichen Qualitäten, vorzüglich der Farb- und Lichtwirkungen ab:

> Ich brach darauf ein Crocus-Blümchen ab,
> Wovon ein jeglichs mir, als ich es nahe
> Mit Achtsamkeit besahe,
> Ein sonderbar Vergnügen gab.

> Sie wachsen oft allein, oft in vermehrter Zier
> Selb viert' und fünft' aus einer Hüls' herfür,
> Da denn die nahe Nachbarschaft
> Der schönen Farben Glanz, der bunten Schatten Kraft
> Noch um ein merkliches verschönert und vermehrt.
> Wenn man die Blätterchen ein wenig auswärts kehrt,
> Verbleiben sie geöffnet stehn:
> Sie sind sodann ganz anders von Figur
> Und kleinen Lilgen gleich,
> An gelbem Glanz gedoppelt reich,
> Mit neuer Anmut anzusehen.
> Der Stiel, wie Silber weiß, und auch sie Silber, glatt,
> Ist mit sechs Linien von Purpur sanft gestreift,
> Von denen jegliche auf ein besondres Blatt
> Allmählich aufwärts läuft.[11]

Die Wahrnehmung der Einzelheit verselbständigt sich in solchen Gedichten so, daß sie nicht mehr Zug um Zug auf den Schöpfer bezogen werden können, so daß man sagen kann: Bei Brockes beginnt das deutsche Naturgedicht, indem sich die Schönheit der Natur von ihrem theologischen Verweischarakter emanzipiert.

Gleichwohl zeigt dieses Gedicht durchaus jene Statik, die Lessing als der sukzessiv verfahrenden Zeichenpraxis der Sprache unangemessen erklärt hatte. Doch gibt es bei Brockes, was bisher weniger beachtet wurde, auch zahlreiche Texte, die zwar nicht Handlungen, wohl aber Prozesse in der Zeit thematisieren. Schon die Titel seiner

Gedichte lassen das erkennen: *Morgengebet im Winter*; *Der Mondschein in einer Frühlingsnacht*; *Kirschblüte bei der Nacht*; *Der Sonne Schönheit, des Abends hinter einem Gebüsche*; *Sonnenschein in der Nacht*; *Die Sonnenfinsternis*. Viele dieser Gedichte reihen sich in die alte Gattung des enkomion chronon ein und sind in der Thematisierung wiederkehrender Naturzeichen auf die Erfahrung einer Beständigkeit bezogen, die als sinnliche Präsenz einer Eigenschaft Gottes gilt, so wie noch Thomsons Werk *The Seasons* von 1730, das Brockes übrigens als Band 10 seines *Irdischen Vergnügens in Gott* ins Deutsche übersetzte, auf die Repräsentation eines »perfect whole«, einer Vollkommenheit bezogen war, die der Zeitlichkeit gerade entzogen ist. Viele andere Gedichte von Brockes aber thematisieren bereits ein neuartiges ästhetisches Interesse an prozeßhaften Vorgängen in der Natur in der Weise, daß die Zeitstruktur der ästhetischen Erfahrung der Natur selbst zum Angelpunkt des Gedichtes wird. Ob der Anlaß nun ein plötzlicher Eisregen wie in der *Betrachtung einer sonderbar schönen Winterlandschaft*, ob es das *Atem-Holen*, das *Nordlicht*, ob es sich um *Ein starkes Ungewitter, nebst darauf erfolgter Stille* oder um die *Betrachtung wallender Wasser-Wogen*, um *Gedanken über Treib-Eis* oder um die von der Reisekutsche aus gesehen ständig sich verändernde Landschaft handelt. Hier manifestiert sich ein ästhetisches Wahrnehmen des Transitorischen in der Weise, daß das Vergängliche zum Medium ästhetischer Glückserfüllung wird. Brockes ist sich der Neuartigkeit dieser Erfahrung durchaus bewußt, ohne sie theoretisch zu verstehen, wie das folgende Gedicht ausweist:

> Die durch Veränderung von Licht und Schatten sich
> vielfach verändernde Landschaften.
>
> Die Sonne scheint mit Fleiß zuweilen
> Bald hier bald dort den Duft der Wolcken zu zertheilen,
> Und gleichsam, wie die Welt am herrlichsten zu zieren,
> (Den Schatten und das Licht verwechselnd) zu probiren.
> Bald deckt ein Glantz, bald Dunckelheit, die Matten:
> Ein sich verändernder ein wandelbarer Schatten
> Erhebt bald hier bald dort,
> Durch seiner Schwärtze klare Nacht,
> Des an ihn gräntzenden fast güld'nen Lichtes Pracht.
>
> Ein lauffendes Gewölck, wenn es das Feld schattiret,
> Und durch den Gegensatz das Licht durch Schatten zieret,
> Färbt, als mit schwartzer Kunst und Tusch,
> So manchen Wald, so manchen Busch,
> Wann es sein Bild darauf selbst zeichnet und formiret.
>
> Jetzt glühet der bestrahl'te Wald,
> Bald ändert er die gläntzende Gestalt,

Und wird von unten auf geschwärtzt, da seine Wipfel
Zusamt des nahen Berges Gipfel
Annoch gantz unverändert schön
In einem hellen Lichte stehn.
[...]
Der Landschaft Vorgrund ist bald dunckel und bald hell:
Ist der Gesicht=Kreis hier im duncklen Schatten; schnell
Bestrahlet sie ein Licht bald vorn, bald in der Mitten.
Durch diesen Wechsel nun geschichts,
Daß, auf bald schattiger, bald heller Fluht und Erden,
Durch nichts, als Änderung des Schattens und des Lichts,
Aus einer Landschaft, hundert werden,
Von denen, wenn mans recht ermisst,
Stets eine schöner noch, als wie die ander', ist.

Den Endzweck dieses Spiels begreiff' ich anders nicht,
Als daß dieß alles bloß geschicht,
Durch steten Wechsel dir den Eckel zu verwehren,
Und, durch Veränderung, dein' Anmuth stets zu mehren.
Es scheint die Sonne sich recht zu bemühen,
(Damit man Gottes Allmacht mercke,)
Dein Aug', o Mensch, auf Gottes Wercke,
Durch öfter' Änderung der Schönheit, hinzuziehen.[12]

»Den Endzweck dieses Spiels begreiff' ich anders nicht« – und doch hat Brockes sich
wiederholt über diese neuartige ästhetische Erfahrung zu verständigen versucht.

Die weil es Gott, dem Herrn der Welt,
Also gefallen und gefällt;
So muß die flüchtige Beschaffenheit
Der Dinge besser seyn, als die Beständigkeit.[13]

heißt es einmal in dem schon zitierten Gedicht über *Die Schnee- und Crocus-Blume*.
Der zeitliche Wandel in der Natur war für die Theologen des Barockzeitalters und
christliche Dichter wie Gryphius noch selbstverständliches Emblem der Vergänglichkeit menschlicher Natur und seiner Fortuna-Welt, in der nichts stabil und dauernd sein
kann. Er war eben dadurch Hinweis auf die eigentliche Bestimmung des Menschen, die
nicht im Diesseits lag. Gewiß gab es Arkadien, aber das war eine Wunschwelt der Zeitlosigkeit.
   Die Welt, in der wir leben, war eine wandelbare und daher unvollkommene Welt und
bedurfte der Erlösung; für Brockes aber wurde die Wandelbarkeit der Natur zur
ästhetischen Erfahrung einer erlösungsunbedürftigen Welt, »zur irdischen Vollkommenheit«. Man kann deswegen nicht umstandslos von einem christlichen Weltbild

sprechen. Seit Augustinus war der Mensch in statu viatores, für Brockes wird die Reise zum Medium intensiver Landschaftserfahrung. In seinen Neujahrsgedichten hat Brockes immer wieder über Wesen und Bedeutung der Zeiterfahrung nachgedacht und den auf die Vergänglichkeit gegründeten contemptus mundi als »Ursprung des menschlichen Unvergnügens« diagnostiziert, ihm wird das Vergängliche »zur gegenwärtigen Kost beglückter Augenblicke«. Er wendet sich gegen die »gefährliche Verachtung der Welt«, der das Diesseits nur »ein Durchgang, eine Reise«, ein »Postweg« sei zum Schöpfer oder auch zum Teufel.[14] »Sind uns die Sinnen, hier im Leben denn nur fürs Künftige gegeben«, fragt er dagegen.[15] Gegen die Zeitstruktur, der das Gegenwärtige immer schon entwertet ist im Licht einer verheißenen oder drohenden Zukunft, wird hier zuerst eine ästhetische Naturerfahrung ins Recht gesetzt, der die Zeitmomente zum Gegenstand eines präsentischen Glücks werden.

Diese ästhetische Naturerfahrung ist in ihrer Differenz zur wissenschaftlichen Welterkenntnis bei Brockes vollauf bewußt. Sie soll gerade in dieser Hinsicht Gottesdienst sein. Sie beansprucht aber noch nicht, eine ihr eigene Wahrheit zu vermitteln, und kann daher als Korrelat, nicht aber als Kompensation eines durch die wissenschaftlich-rationale Welterkenntnis eingetretenen Verlustes interpretiert werden.

Die Naturdichtung des frühen 18. Jahrhunderts hat das naturwissenschaftliche Weltbild der Zeit mit der Bewegtheit und Weite des Kosmos durchaus in sich aufgenommen und versucht nicht, das alte geozentrisch-anthropozentrische Weltbild als ästhetische Wahrheit gegen es auszuspielen. Das gilt erst recht für Albrecht von Haller. In seinem *Unvollkommenen Gedicht über die Ewigkeit*[16] unternimmt er, scheinbar Mustern des Barocks folgend, einen Preis der Ewigkeit Gottes als »Maß der ungemessenen Zeit«, als »steten Mittag« und stehendes Jetzt. Gott wird apostrophiert als »Uralter Quell von Welten und von Zeiten! Unendliches Grab von Welten und von Zeit«. Aber diese Ewigkeit Gottes ist angesichts des ständigen Werdens und Vergehens nur noch erreichbar als Resultat des hyperbolischen Gedankens. Ihr eignet keinerlei zeichenhafte Präsenz im Diesseits, die sich als Berufensein des Menschen zur Teilnahme an dieser Ewigkeit lesen ließe. Der Preis der Ewigkeit bleibt deswegen ein unvollkommenes Gedicht, das den Zorn orthodoxer Theologen hervorrief. Es endet mit der Anerkennung der unauflöslichen Zeitlichkeit des Ich. Wenn man in Hallers Gedicht einen physikotheologischen Gottesbeweis sehen will, so muß man hinzufügen, daß dieser gescheitert ist. Vor diesem Hintergrund muß man auch Hallers großes Landschaftsgedicht *Die Alpen* interpretieren. Vergil nachahmend hat Haller in den *Alpen* einen bukolischen Zustand geschildert, den er jedoch seiner Zeitlosigkeit entkleidet und geographisiert und verzeitlicht hat. Dem landschaftlichen Blick, der Berge und Hänge mitsamt seinen Bewohnern zu einem einzigen Bilde versammelt, erscheint dieser Zustand der Zeitlichkeit als Glück. Selig ist der, so heißt es am Schluß des Gedichts, der wie der Alpenbewohner »seinen Zustand liebt und niemals wünscht zu bessern. Gewiß, der Himmel kann sein Glücke nicht vergrößern«. So ist auch hier die Zeitstruktur der Landschaft die Antwort auf ein Fragwürdigwerden menschlicher Existenz angesichts der zeitlichen Unendlichkeit des Kosmos und der wandelbaren Vielgestaltigkeit auf der Erde.

Es ist nun leicht zu zeigen, wie dieses Subjektmoment der ästhetischen Landschaftserfahrung in der Lyrik des 18. Jahrhunderts immer mehr hervorgekehrt wird. Ewald von Kleists *Frühling* wäre hier zu nennen, ein Gedicht, das Lessing in seinem *Laokoon* nur deswegen gelten ließ, weil der Dichter noch geplant habe, »aus einer mit Empfindungen nur sparsam durchwebten Reihe von Bildern, eine mit Bildern nur sparsam durchflochtene Folge von Empfindungen!« zu machen.[17]

1759 veröffentlichte Klopstock seine *Ode über die ernsthaften Vergnügungen des Landlebens*, besser bekannt unter dem späteren Titel *Die Frühlingsfeier*. Man kann auch dieses Gedicht noch als gereimte Theodizee mißverstehen, zumal Klopstock in einer Anmerkung betont hat, die Anschauung der Natur habe ihn »zu Betrachtungen über Den, der dies alles und wieviel mehr noch! gemacht hat, erhoben«.[18] Doch es kommt bei Klopstock zu einer Selbstbewegung des Gefühls, für die das gedankliche Substrat des Gedichts nur noch Auslöser ist. Schon der Titel *Frühlingsfeier* läßt sich, da in dem Gedicht kaum etwas auf die Jahreszeit bezogen ist, nur als Metapher einer seelischen Disposition verstehen, die das Ziel des Gedichts ist. Es handelt sich dem Untertitel zufolge um ein »Lied beim Gewitter zu singen« und antwortet als solches auf die reiche Kirchenliedtradition, die im Anschluß an Psalm 29 und 50 den Zorn Gottes verkündete und zur Buße aufrief. Bei Klopstock ist von einem Zorn Gottes und von Buße nicht die Rede, wohl aber von einer Verlorenheit des Menschen angesichts kosmischer Größenordnungen, in denen der Mensch nur ein »Tropfen am Eimer« gegenüber dem »Ozean der Welten alle« ist. Diese Welten sind der Hand des Allmächtigen »entquollen«, und angesichts der Zeitüberantwortetheit der Welt stellt sich die Frage:

> Wer sind die Tausend mal Tausend,
>   wer die Myriaden alle
> Welche den Tropfen bewohnen und bewohnten?
>   und wer bin ich?

Gegen diese Verlorenheit wird nichts ins Feld geführt als das Glück, das in dem Gefühl liegt, selbst Geschöpf unter Geschöpfen zu sein. Gerhard Kaiser hat recht, wenn er bemerkt,[19] bei Klopstock werde das Theodizeeproblem aus der Innerlichkeit des Gefühls gelöst, nicht aus dem Vernunftdenken wie bei Leibniz. »Die feiernde Seele beschreibt nicht mehr eine vorgegebene Ordnung von Gegenständen, sondern ist in ihrer Bewegtheit autonom geworden, setzt ein eigenes inneres Maß [...].« Man hat derartige Naturerfahrung immer wieder mit dem Begriff der Stimmung in Zusammenhang gebracht und bei Klopstock einen Übergang zur Stimmungslyrik konstatiert. Georg Simmel hat in seinem Aufsatz *Philosophie der Landschaft*,[20] dies generalisierend, die Stimmung schlechthin als diejenige Befindlichkeit des Menschen benannt, durch die es zur Konstitution einer Landschaft komme. Der Ausdruck der Landschaft, schreibt er, und die Stimmung des Betrachters sind nur zwei Seiten einer und derselben Medaille. Es ist nichts gegen die Anwendung des Stimmungsbegriffs einzuwenden, wenn man davon die Vorstellung eines psychischen Oberflächenphänomens, einer bloßen Laune fernhält und Stimmung mit Heidegger als eine Grundbefindlichkeit, als eine »ausgezeichnete Erschlossenheit des Daseins« auffaßt. Man muß dabei die von Bollnow im Anschluß an *Sein und Zeit* herausgearbeitete Zeitstruktur der Stimmungen ernst nehmen.[21] Bollnow hat gezeigt, daß die von Heidegger in seiner Analyse des Daseins bevorzugte Grundbefindlichkeit der Angst nicht als die einzige Weise der Erschlossenheit des Daseins begriffen werden kann, sondern daß ihr sowohl die Glückserfahrung der Zeitenthobenheit, der »große Mittag« Nietzsches, als auch ein in Erinnerung und Vorgriff konstatiertes Getragensein vom Geschichtlichen, das Bollnow an Proust entwickelt, zur Seite gestellt werden können. Flache Kategorien des Erhabenen, die im Erhabenen eine Weise der Gegenständlichkeit der Objekte sehen, sind offenbar ungeeignet, die bei Klopstock vorliegende Stimmung zu interpretieren und deren Zeitstruktur zu erfassen. Kant dagegen hat in der *Kritik der Urteilskraft* das Erhabene als eine Lust bestimmt, welche »nur indirecte entspringt, nämlich so, daß sie durch das Gefühl einer augenblicklichen Hemmung der Lebenskräfte und darauf sogleich folgenden desto stärkeren Ergießung derselben erzeugt wird«.[22] Es handelt sich also nach Kant bei dem Erhabenen um ein Kippphänomen derart, daß wir durch die Erfahrung unserer Nichtigkeit angesichts einer nicht zu bewältigenden Größe oder Macht zurückverwiesen werden auf eine Unzerstörbarkeit, die uns als Menschen kraft unserer übersinnlichen Bestimmung zukommt. Die Subjektivierung des Erhabenen, die bei Klopstock vorliegt, wird auch in Kants Überlegungen faßbar, wenn er sagt, daß der Begriff des Erhabenen »überhaupt nichts Zweckmäßiges in der Natur selbst, sondern nur in dem möglichen Gebrauche ihrer Anschauungen, um eine von der Natur ganz unabhängige Zweckmäßigkeit in uns selbst fühlbar zu machen«, anzeige. Das Gefühl des Erhabenen in der Natur sei eine Achtung für unsere eigene Bestimmung, »die wir einem Objekt der Natur durch eine gewisse Subreption (Verwechslung einer Achtung für das Objekt statt der für die Ideen der Menschheit in unserem Subjekte) beweisen«. Ich will die Anwendbarkeit von Kants Begriff des Erhabenen auf Klopstocks Lyrik nicht in jeder Hinsicht betonen. Wichtig scheint mir zu sein, daß die Zeitstruktur der Klopstockschen Naturgedichte gekennzeichnet ist durch eine Positivierung von Angst derart, daß das Ausgeliefertsein an die Empfindung ungeheurer Zeit- und Raumausdehnung in ihrer ästhetischen Erfahrungsweise umschlägt in die Affirmation einer glückhaften Präsenz, in die Aktualität eines Lebensgefühls, in der das zukunftsbezogene Besorgtsein angesichts der unübersehbaren Ausdehnung von Zeit momenthaft aufgehoben ist. Der Ort, aber, an dem diese Erfahrung gemacht werden kann, ist die Landschaft. Damit entsteht erst die von Ritter gemeinte ästhetische Naturerfahrung als Leistung der auf sich gestellten Subjektivität und nicht nur als Visualisierung eines auch theologisch oder philosophisch Gewußten.[23]

II. Das Scheinen der an sich verlorenen Natur

Was die Landschaft uns lehrt, ist nach einem Wort Dufrennes eine »Lektion des In-der-Welt-Seins«. Es ist eine Erschlossenheit unseres Daseins als Struktur der zeitlichen Dauer. Bei Klopstock wird aber bereits der Sachverhalt deutlich, daß damit nicht mehr eine Erschlossenheit der Welt selbst verbunden ist. Die Landschaft repräsentiert die ganze Natur, aber sie ist sie nicht selbst, in ihrem Anschauen verbirgt sie sich zugleich.

Schon Luther hatte gelehrt, daß durch die Schuld Adams die dem Menschen eigentlich zukommende Natur nicht mehr die gleiche geblieben sei. Die Natur ist vielmehr selbst in den Sündenfall verstrickt. Dieser heilsökonomische Zusammenhang zwischen Sünde und Verderbtheit der Natur wird nun um 1750 geschichtlich interpretiert. Ein bedeutendes literaturgeschichtliches Dokument dieses Sachverhalts ist die Idyllen-Dichtung Geßners, die zur Lieblingslektüre der Generation um 1760 avancierte und den besonderen Beifall Rousseaus erhielt. Im ausdrücklichen Widerspruch gegen eine je geschichtliche Anpassung der Hirtenwelt verweist sie Geßner strikt auf das theokritische Vorbild als Darstellung eines goldenen Weltalters, »das gewiß einmal da gewesen ist«, wovon die »Geschichte der Patriarchen« und »die Einfalt der Sitten, die uns Homer schildert« Zeugnis gebe.[24] Diese Hirten sind frei von »allen den sklavischen Verhältnissen, und von allen den Bedürfnissen, die nur die unglückliche Entfernung von der Natur nothwendig macht«. Diese Gegenstände aber gefallen uns nur, weil sie Ähnlichkeit mit »unseren seligsten Stunden« haben, denen der Erfahrung der schönen Natur im Hinausgehen aus der Stadt. »Oft reiß ich mich aus der Stadt los, und fliehe in einsame Gegenden, dann entreißt die Schönheit der Natur mein Gemüt allem dem Ekel und allen den widrigen Eindrücken, die mich aus der Stadt verfolgt haben; ganz entzückt, ganz Empfindung über ihre Schönheit, bin ich dann glücklich wie ein Hirt im goldenen Weltalter [...].« Damit ist gesagt, daß die Erfahrung der schönen Natur als Landschaft die Erinnerung an eine verlorene Natur zum Inhalt bekommt. Der Wunsch aber, in dieser heimisch zu sein, wird zum Irrealis.

Den epochalen Ausdruck hat diese geschichtsphilosophische Struktur bei Jean Jacques Rousseau gefunden. In seinem zweiten *Discours sur l'origine et les fondements de l'inégalité parmi les hommes* hat Rousseau die Kultur vom Standpunkt eines ›état de nature‹ kritisiert. Diesem ›état de nature‹ weist er zwar einen hypothetischen Status zu, er ist aber doch insofern geschichtlich bestimmt, als sich die Kultur zunehmend von ihm entfernt. Rousseau leugnet den Fortschritt der Kultur durchaus nicht, was er bestreitet, ist, daß dieser Fortschritt auch einen Fortschritt für die Sittlichkeit des Menschen bedeutet. Indem er nun die Vergesellschaftung des Menschen, bezeichnet durch die Einrichtung von Eigentumsrechten, für den Verfall verantwortlich macht und den ›état de nature‹ als einen Zustand vor aller Vergesellschaftung, auch vor aller Sprache interpretiert, charakterisiert durch eine im wesentlichen auf Selbsterhaltung angelegte Vermögens- und Bedürfnisstruktur des Menschen, ergibt sich die Konzeption einer Gesellschaft, die die Struktur einer geschichtlich zunehmenden Entfrem-

dung aufweist. Naturnähe oder Naturfremde ferner Kulturzustände können nun, mit dem eigenen verglichen und im Sinne einer Ungleichzeitigkeit des Gleichzeitigen, historisch interpretiert werden. Dieser so bestimmte Naturbegriff Rousseaus muß zunächst gar nichts mit der als Landschaft ästhetisch erfahrenen Natur zu tun haben. Nun hat aber Rousseau im 23. Brief des ersten und im 11. Brief des vierten Teiles seiner *Nouvelle Héloïse* von 1761 einer neuartigen Landschaftserfahrung Ausdruck verliehen, deren innerer Zusammenhang mit dem Naturbegriff seiner »Discours« auf der Hand liegt, auch wenn Rousseau diesen Zusammenhang nirgends ausdrücklich reflektiert. Es ist Schiller gewesen, der in seiner Schrift *Über naive und sentimentalische Dichtung* den Zusammenhang mit Blick auf Rousseau auf die berühmte Formel gebracht hat: »So wie nach und nach die Natur anfing, aus dem menschlichen Leben als Erfahrung und als das (handelnde und empfindende) Subjekt zu verschwinden, so sehen wir sie in der Dichterwelt als Idee und als Gegenstand aufgehn.«[25] In der Tat geht Rousseau davon aus, daß dem vergesellschafteten Menschen die Erfahrungsmöglichkeit seiner Natur durch die Entfremdung seiner Zustände abhanden gekommen ist. Soll landschaftlich erfahrene Natur aber ein Äquivalent, eine Repräsentanz für die verlorene Natur sein, so bedarf es der besonderen Zuwendung, die das Überschreiten der gesellschaftlich verfügten Natur einschließt. Für eine solche Zuwendung gibt es in der *Nouvelle Héloïse* zwei Modelle:
1. den Weg in die unbearbeitete und in diesem Sinne freie Natur,
2. den Weg der Opposition gegen die Gesellschaft in der Gesellschaft kraft der Fiktion.

Der erste Weg wird im 23. Brief des ersten Teils geschildert, es ist der Weg in die unberührte Alpenwelt. Der zweite Weg wird im 11. Brief des vierten Teils geschildert, es ist der Weg des englischen Gartens.

Nach dem Liebesgeständnis zwischen Julie und St. Preux, das ihn, den Hauslehrer, in eine konfliktgeladene Situation mit der Adelswelt verstrickt hatte, und nachdem Julie ihm eine Trennung auferlegt hat, reist St. Preux in die Walliser Alpen, um sich dort seinem empfindsamen Herzen zu überlassen.

> »Ich wollte meinen Gedanken nachhängen und stets wurde ich durch einen unerwarteten Anblick abgelenkt. Bald hingen unermeßliche Felsen in Trümmern über meinem Haupt; bald umströmten mich hohe, rauschende Wassergüsse mit ihrem Nebel; bald öffnete eine immerwährende Flut zu meiner Seite einen Abgrund, dessen Tiefe das Auge sich nicht zu erforschen getraute. Zuweilen verlor ich mich in eines dichten Waldes Dunkelheit; zuweilen, wenn ich aus einem Schlunde herauskam, erquickte auf einmal meinen Blick eine angenehme Wiese. Eine erstaunliche Vermischung von wilder und bebauter Natur zeigte überall der Menschen Hand, wohin man nicht geglaubt hätte, daß sie jemals gedrungen wäre; [. . .].«[26]

»Diese Anblicke fügen sich nicht mehr in ein Bedeutungsfeld, in dem jede Naturerscheinung symbolisch von der abwesenden Geliebten spräche, wie noch bei Petrarca, noch ordnen sie sich einem erkennbaren Fluchtpunkt zu«,[27] so interpretiert Hans

Robert Jauß diese Landschaftsbeschreibung. Gerade deswegen aber ist diese Landschaft in der Lage, St. Preux von seiner gesellschaftlich bedingten komparativen Existenz zu heilen und ihm dadurch den Blick zu öffnen für ihre nicht komparable Vollkommenheit. Die Jahreszeiten in ihrem Wechsel und ihrer Wiederkehr, immer schon ein Zeichen der Vollkommenheit der Schöpfung, werden simultan und unter einem Blick visualisiert. »Gegen Morgen des Frühlings Blumen, gegen Mittag des Herbstes Früchte, gegen Norden des Winters Eis; alle Jahreszeiten vereinigte sie im selben Augenblick, alle Landesarten an einem Ort, entgegengesetzte Erdstriche auf einem Boden und brachte der Ebenen und Berge Früchte in eine sonst überall unbekannte Übereinstimmung.« Die ästhetisch, nämlich wie ein Schauspiel erfahrene Vollkommenheit der Welt bekommt kathartische Wirkung zugesprochen, indem sie von den gesellschaftlich bedingten Leidenschaften befreit. »Ich bewunderte der fühllosesten Dinge Macht über unsere heftigsten Leidenschaften und verachtete die Philosophie, weil sie nicht so viel über unsre Seele vermag als eine Reihe unbeseelter Gegenstände.« Die reine Luft bewirkt ein Gefühl von Freiheit, Leichtigkeit und Heiterkeit im Geiste. »Es scheint, als schwänge man sich über der Menschen Aufenthalt hinauf und ließe darin alle niedrigen und irdischen Gesinnungen zurück, als nähme die Seele, je mehr man sich den ätherischen Gegenden nähert, etwas von ihrer unveränderlichen Reinheit an.« St. Preux glaubt, »gewissermaßen eine andere Natur zu bemerken und sich in einer neuen Welt zu erblicken«. »Kurz das Schauspiel hat etwas Zauberisches, Übernatürliches.« Diese raffende Wiedergabe des 23. Briefes zeigt, daß es sich hier nicht nur um eine Flucht aus der Gesellschaft handelt. Was als Flucht aus der Gesellschaft begann, wird vielmehr zu einem Neuen. Es trifft daher hier vollkommen zu, wenn Joachim Ritter schreibt: »Die große Bewegung des Geistes, in welcher der ästhetische Sinn die Aufgabe der ›Theorie‹ übernimmt, um die ohne ihn notwendig entgleitende ›ganze Natur‹ als Landschaft gegenwärtig zu halten, hat daher nichts mit bloßem Spiel und mit illusionärer Flucht oder dem (tödlichen) Traum zu tun, in den Ursprung als in eine noch heile Welt zurückzugehen. Sie ist das Gegenwärtige.«[28] Gewiß bedarf es zunächst des Hinausgehens aus der Gesellschaft in die freie und unbearbeitete Natur. Aber von dort aus wird gerade der visualisierte Kontrast oder, wie es im Text heißt, »die erstaunliche Vermischung von wilder und bebauter Natur« zum ästhetischen Erlebnis einer des philosophischen Begriffs nicht bedürftigen Ganzheit, die St. Preux nun auch das Äquivalent eines seligen Lebens jenseits der gesellschaftlich bedingten Entzweiung zu sein scheint. Sie versetzt ihn dann auch in die Lage, im Leben unter Wallisischen Bergbauern und in deren Gastfreundschaft das Fortdauern des Goldenen Zeitalters zu finden, in dem der ›état de nature‹ mit der Vergesellschaftung noch versöhnt war. So geht in der ästhetischen Schau der Landschaft die Erfahrung einer Ganzheit auf, die sonst von der Gesellschaft nicht mehr gewußt wird. Im Überschreiten der Grenze, im Hinausgehen in die freie Natur wird etwas erinnert, das nur von der Gesellschaft aus gesehen Vergangenheitscharakter hat, dessen Geltendmachen in der Gesellschaft gegen die Gesellschaft als eine Leistung der Subjektivität für Rousseau aber denkmöglich bleibt. Dies ist ja das Thema der *Nouvelle Héloïse*. Das Paradigma dieses Geltendmachens gegen die Gesellschaft ist (im Roman selbst) der englische Garten, den Madame Wolmar angelegt hat. St. Preux fühlt sich hier zunächst »gar außer der Welt« und im »Elysium«. Dieser Sinneneindruck des wie Natur erscheinenden englischen Gartens aber ist das Ergebnis der höchsten Kunst und Mühe. St. Preux wundert sich über diesen Widerspruch, der dann von Madame Wolmar dadurch gerechtfertigt wird, daß normalerweise »die Natur den Augen der Menschen ihre wahren Reize vorenthalten wolle, für die sie so wenig empfänglich sind«. »Sie flieht die dichtbewohnten Gegenden. Auf den Gipfeln der Berge, in der Tiefe der Wälder, auf menschenleeren Inseln breitet sie ihre eindrucksvollsten Reize aus.«[29]

Das Bild der moralisch relevanten Natur ist also auch hier die fremde, gesellschaftlich unbearbeitete Natur. Aber um sie als Gegenentwurf gegen die Gesellschaft in der Gesellschaft geltend zu machen, ergibt sich nun im dialektischen Umschlag die Notwendigkeit, sie zu einer Fiktion ihrer selbst, genauer ihres Versöhntseins mit dem Menschen zu zwingen. »Wer sie liebt [...], ist genötigt, ihr Gewalt anzutun, sie gewissermaßen zu zwingen, daß sie komme und bei ihm wohne. Das alles läßt sich ohne ein wenig Vortäuschung nicht erreichen.«[30]

Es gibt eine auffällige Analogie zwischen dieser Garten- und Rousseaus Erziehungstheorie, die den Zusammenhang von Natürlichkeit und Künstlichkeit betrifft. Denn der *Émile* enthält das Programm zur Erziehung eines Menschen, das unter den gegebenen gesellschaftlichen Bedingungen einen Naturmenschen heranbilden will und sich dabei aller Mittel zu äußerster Manipulation bedient. In einer eigens für ihn gewählten und konstruierten Umgebung auf dem Lande wird Émile allem schädlichen Einfluß der Gesellschaft entzogen, nicht etwa, um ihn einfach wachsen zu lassen, sondern um ihn einer Entartung zu unterziehen, die es ihm aber erlaubt, im kritischen Durchschauen gesellschaftlicher Entfremdung sich selbst als moralisches Wesen zu behaupten. So wie der Landschaftsgarten die Fiktion einer neuen befreiten Natur nur durch das planvolle Werk des Gärtners präsentieren kann, ist Émile nicht als Wilder, sondern als Produkt einer umfassenden Konditionierung der Gesellschaft gewachsen. So künden die Landschaftsbeschreibungen und die Beschreibung des englischen Gartens in der *Nouvelle Héloïse* von dem Versuch, die in der ästhetischen Erfahrung erinnerte ursprüngliche Natur des Menschen innerhalb der Gesellschaft gegen die Gesellschaft geltend zu machen.

Es hat nicht nur biographische, sondern auch systematische Gründe, daß Rousseau in den *Rêveries du promeneur solitaire* (1782) noch eine dritte Form der Landschaftserfahrung kennt. Der fünfte Spaziergang ist eine Erinnerung Rousseaus an seinen Aufenthalt 1765 auf der Insel St. Pierre im Bieler See, die er, wie er im Buch 12 der *Bekenntnisse* darlegt, zu einem Asyl gewählt hatte, »um von den Menschen abgeschiedener, von ihren Kränkungen sicherer, mehr von ihnen vergessen, mit einem Wort, mehr der Süße der Muse und des beschaulichen Lebens hingegeben leben zu können«.[31] Als zweiter Robinson flieht er vor der Welt in die Arme der Mutter Natur: »Oh Natur, oh meine Mutter, hier bin ich ganz unter Deinem Schutz, hier drängt sich kein listiger und schurkischer Mensch zwischen Dich und mich.« Im fünften Spaziergang legt sich Rousseau nun die Frage vor: »Welcher Art war nun dieses Glück, worin bestand der Genuß desselben?«[32]

110

Es ist interessant zu sehen, wie Rousseau diesen Glückszustand hinsichtlich seiner Zeitstruktur interpretiert. Er wird nämlich ausdrücklich gegen jede Zeiterfahrung ins Recht gesetzt, mit der wir auf Geschichte bezogen sind. »Auf Erden ist alles in einer immerwährenden Bewegung: Nichts behält eine feste bleibende Gestalt, und unsere Neigungen, die sich an äußerliche Dinge heften, vergehen und verändern sich notwendigerweise mit jenen. Sie sind immer vor oder hinter uns, rufen uns daher das Vergangene zurück, das nicht mehr ist, oder nehmen das Zukünftige vorweg, das oft nicht sein darf: Es gibt dabei nichts Festes, woran das Herz sich hängen könnte. So hat man hienieden fast nur vergängliche Freuden; ich bezweifle, daß ein dauerhaftes Glück bekannt ist.« Dagegen realisiert nun die hier in Rede stehende ästhetische Erfahrung einen Zustand, »in welchem die Zeit nichts für sie ist«, »ohne sich an das Vergangene erinnern oder sich das Zukünftige herbeiwünschen zu müssen.« »Was genießt man in einem solchen Zustand? Nichts, was außerhalb von uns ist, nichts außer uns selbst und unser eigenes Dasein. Solange dieser Zustand währt, ist man sich selbst genug, wie Gott.«[33] Die ästhetische Landschaftserfahrung, die zu Beginn des 18. Jahrhunderts mit dem Anspruch begann, der Seinsentzogenheit der Zeit den seligen Augenblick abzugewinnen, wird hier selbst zur lebensimmanenten Erfahrung eines nunc stans, einer Ewigkeit, die der Verheißung einer Transzendenz nicht mehr bedarf. Noch Nietzsches Zarathustra wird im Traum des Großen Mittags, in der Erfahrung der Vollkommenheit der Welt zu seinem Herzen sprechen: »Was geschah mir: Horch! Flog die Zeit wohl davon? Fall ich nicht? Fiel ich nicht – horch! Zu den Brunnen der Ewigkeit?« Und: »Wann, Brunnen der Ewigkeit! du heiterer schauerlicher Mittags-Abgrund! wann trinkst du meine Seele in dich zurück?«[34]

Doch Rousseau, nach Nietzsche der erste moderne Mensch, bezeichnet diese Erfahrung ausdrücklich als »Ersatz« für den »Unglücklichen, der aus der menschlichen Gemeinschaft verstoßen wurde«. In der Tat hat sie nun die Geschichtlichkeit des Menschen und seiner Kultur außer sich. So wird denn auch der Scheincharakter dieser Naturerfahrung einbekannt; sie bedarf im Ernstfall nicht einmal des realen Substrats der Landschaft. »Diese Art von Träumerei kann man überall genießen, wo man ungestört sein kann, und ich habe oft gedacht, daß ich in der Bastille oder selbst in einem finsteren Verlies, in dem mir kein Gegenstand in die Augen fiele, noch immer angenehm hätte träumen können.«[35] Hier ist nun doch von einem Traum und einer Flucht in einen vorzeitlichen Zustand die Rede, in dessen Existenzgefühl sich der naturale Zustand wiederholt. Diese Ambivalenz in der Funktionsbestimmung der ästhetischen Naturerfahrung bei Rousseau aber ist der Ausdruck einer nicht überwindbaren Entzweiung der Gesellschaft. Rousseau gelang es letztlich nicht, der in der ästhetischen Erfahrung als Leistung der Subjektivität erscheinenden ganzen Natur einen positiven Wert im Verhältnis zur Gesellschaft zuzuschreiben.

Es ist die Leistung Friedrich Schillers, über Rousseau hinausgehend, die in der Landschaft scheinende verlorene Natur selbst als ein Phänomen der Geschichte einsichtig gemacht zu haben. Dies geschieht in seinem großen Lehrgedicht *Der Spaziergang* sowie in seiner Schrift *Über naive und sentimentalische Dichtung* von 1795. Natur, so argumentiert Schiller, interessiert uns in der ästhetischen Zuwendung nicht an sich, sondern sofern sie naiv ist, d. h., daß die Natur mit der Kunst in Kontrast stehe und sie beschäme.[36] Erst vom Standpunkt des Sentimentalischen aus erscheint das Naive naiv, es ist daher ein Produkt der Geschichte. In dem Lehrgedicht *Der Spaziergang* wird gezeigt, wie erst im Zuge des geschichtlichen Fortschritts die geschichtlich zurückgelassene Natur in der Landschaft ästhetisch aufscheint. »Alle Völker, die eine Geschichte haben, haben ein Paradies, einen Stand der Unschuld, ein goldenes Alter; ja, jeder einzelne Mensch hat sein Paradies, sein goldenes Alter, dessen er sich je nachdem er mehr oder weniger Poetisches in seiner Natur hat, mit mehr oder weniger Begeisterung erinnert«[37], heißt es in *Über naive und sentimentalische Dichtung*. Schiller kann dies historisch durchschauen, weil er anders als Rousseau den Verlust des Naturzustandes als notwendige Bedingung der Freiheit interpretiert. Die Übel der Kultur sind also eine Folge der Freiheit, die man – so kann er geradezu sagen – als die »Naturbedingung des einzig Guten« zu respektieren habe. Die daraus entspringende Sehnsucht nach der Natur hat deswegen für Schiller zwei Seiten, als Sehnsucht nach der Glückseligkeit und als Sehnsucht nach der Vollkommenheit. Der ersteren muß man sich entschlagen, jene aber muß die Kultur als eine ihr wesentliche Idee aufnehmen. »Wir waren Natur wie sie, und unsere Kultur soll uns auf dem Wege der Vernunft und der Freiheit zur Natur zurückführen.« Zur Vorzeitlichkeit der Natur im Verhältnis zur Kultur bei Rousseau tritt also bei Schiller ein utopisches Moment hinzu, das es allererst erlaubt, die Entzweiung als einen notwendigen und positiven Zustand, damit aber auch die ihr entwachsene Sehnsucht nach der verlorenen Natur philosophisch zu rechtfertigen als »das Verlangen, die Natur als sie selbst da ästhetisch zu vergegenwärtigen, wo das gegenwärtige Dasein ihr entfremdet ist und die Entfremdung ästhetisch aufzuheben sucht«.[38]

Schillers Essay will u. a. eine Diagnose der sentimentalischen Dichtkunst sein, deren Epoche er auf die Jahre 1750 bis 1780 datiert. Das in ihr zutage tretende Landschaftsinteresse interpretiert er als eines, das den Abstand des Subjekts von der in der Landschaft erscheinenden Vollkommenheit der Natur immer schon voraussetzt. Diesen Abstand aber bezeichnet er als einen historischen in dem doppelten Sinne, daß er historisch geworden ist und daß das, was in der Landschaft erfahren wird, das Scheinen der historisch verlorenen ganzen Natur ist. Deswegen kann Schiller auch sagen: »Daraus erhellet, daß diese Art des Wohlgefallens an der Natur kein ästhetisches sondern ein moralisches ist, denn es wird durch eine Idee vermittelt, nicht unmittelbar durch Betrachtung erzeugt, auch richtet es sich ganz und gar nicht nach der Schönheit der Formen.« Das besagt in der Terminologie Schillers nichts anderes, als daß die ästhetisch erfahrene Natur zur verlorenen Natur noch immer in einem allegorischen Verhältnis steht.

Verzeitlichung der Natur bedeutet weder für Rousseau noch für Schiller, daß die Natur dabei selbst als etwas aufgefaßt wird, was Geschichte hat. Der Natur als verlorener Natur kommt daher in dieser Form der ästhetischen Erfahrung keinerlei historische Bestimmtheit oder Individualität zu. Joachim Ritter hat das völlig zutreffend in bezug auf Schiller ausgeführt. Jedoch verallgemeinert Ritter diesen Befund und bezieht ihn auf die ästhetische Landschaft schlechthin. »Für die ästhetische Konstituierung von Landschaft bleibt daher sowohl ihre jeweilige bestimmte Gestalt wie ihre geschichtliche Eigenart durchaus sekundär.«[39] Dies aber scheint mir nicht zutreffend zu sein. Der Prozeß der Verzeitlichung der Natur erreicht vielmehr im 18. Jahrhundert eine dritte Stufe, auf der die Natur selbst als geschichtlich gewordene und sich wandelnde zum Gegenstand einer so neu begründeten Aisthesis wird. Dieser Vorgang wird bei Goethe faßbar, den Ritter bemerkenswerterweise mit keinem Worte erwähnt.

III. Die Geschichtlichkeit der Natur als Erdleben

Verzeitlichung der Natur bedeutet nicht, daß man auch schon zu der Vorstellung eines in der Zeit ablaufenden genetischen Prozesses der Natur gelangt wäre. Fontenelle hatte zwar bereits 1688 in seinen *Entretiens sur la pluralité des mondes* die Vorstellung einer Natur entwickelt, der Geschichte zukäme. Dies blieb aber für die empirischen Wissenschaften ebenso wie für das allgemeine Weltbild bis zum letzten Viertel des 18. Jahrhunderts ohne Folge. Der Begriff ›Naturgeschichte‹ blieb bis zu diesem Zeitpunkt ein Begriff der ars memoriae, dergestalt, daß es darum ging, durch Klassifikationen und Subdivisionen die gedächtnismäßige Bewältigung der beschriebenen Natur zu gewährleisten. Erst jetzt dringt die Vorstellung der Geschichte als eines unumkehrbaren Gesamtverlaufs in die Betrachtung der Natur ein und führt zu einer Neudefinition des Begriffs ›Naturgeschichte‹. In seinem Aufsatz *Von den verschiedenen Rassen der Menschen* (1775) formulierte Kant:

> »Wir nehmen die Benennungen Naturbeschreibung und Naturgeschichte gemeiniglich in einerlei Sinne. Allein es ist klar, daß die Kenntnis der Naturdinge, wie sie jetzt sind, immer noch die Erkenntnis von demjenigen wünschen lasse, was sie ehedem gewesen sind und durch welche Reihe von Veränderungen sie durchgegangen, um an jedem Ort in ihren gegenwärtigen Zustand zu gelangen. Die Naturgeschichte, woran es uns fast gänzlich fehlt, würde uns die Veränderung der Erdgestalt in gleichen die der Erdgeschöpfe (Pflanzen und Tiere), die sie durch natürliche Wanderungen erlitten haben und ihre daraus entsprungene Abartungen von dem Urbild der Stammgattung lehren. Sie würde vermutlich eine große Menge scheinbar verschiedener Arten zu Rassen eben derselben Gattung zurückführen und das jetzt so weitläufige Schulsystem der Naturbeschreibung in ein physikalisches System für den Verstand verwandeln.«[40]

Kant erhebt damit also sowohl die Forderung nach einer Erdgeschichte als auch die nach einer geschichtlichen Betrachtung der pflanzlichen und tierischen Lebewesen. Es ist aber deutlich, daß er von der Vorstellung einer durchgängigen Evolution noch weit entfernt ist. Zwar rechnet er bereits mit der Möglichkeit einer historischen Diversifikation durch Degeneration der Arten und Rassen, aber es bleibt bei einer Stabilität der Gattung, der species, von Anfang an. Diese Lehre von der Stabilität der Gattungen war das große Hindernis, bis Darwin durch den Nachweis der Wechselwirkung von Mutation und Selektion den Gedanken einer über die Gattungsgrenzen hinweg sich vollziehenden Evolution denkmöglich machte. Im 18. Jahrhundert aber hatte noch das Wort Evolution selbst einen anderen Sinn. Evolutionisten waren diejenigen, die an der Präformation jedes Individuums einer Gattung, sei es wie die Animalkulisten im Samen oder wie die Ovulisten im Ei, festhielten. Haller etwa vertritt die Auffassung, alle Individuen einer Gattung seien auf diese Weise im Ei der Mutter präformiert, so daß die aufeinanderfolgenden Generationen alle im ersten Elternpaar seit Beginn der Schöpfung eingeschachtelt vorhanden gewesen seien mit der Folge, daß es eben nur der Auswicklung (Evolution) des im Keime bereits Vorhandenen bedürfe. Es ist klar, daß von hier aus wohl an eine Entwicklung der Individuen, nicht aber an eine Veränderung der Gattung selbst oder gar über die Artgrenzen hinweg zu denken war. »Nil noviter generari« war denn auch die These Hallers, die ihre Parallelität in Linnés »Systema naturae« hatte, in dem Linné bis 1766 an der These festhielt, daß es keine neuen Gattungen geben könne.[41]

Ein großer Schritt vorwärts zu einer evolutionären Betrachtung der Natur wurde mit dem Werk des Leclerc de Buffon getan. In seinem Essay »De la dégénération des animaux« reflektiert er über Konstanz und historische Variabilität von Gattungen und glaubt, die zweihundert existierenden Gattungen der Vierfüßler auf 38 Familien genetisch zurückführen zu können. Schon 1756 hatte er in seinem Werk *Époques de la Nature* über den Einfluß des Klimas auf die Variabilität der Gattungen gehandelt, und in diesem Zusammenhang war er zu einer entschiedenen Einschätzung des Zeitfaktors für die Naturentwicklung vorgedrungen. »Diese Wandlungen«, schrieb er, »geschehen langsam und unmerklich. Der große Arbeiter der Natur ist die Zeit.«[42] Aber erst in seiner *Naturgeschichte der Vögel* von 1770 wird die Verwandtschaft der Arten, zunächst räumlich dargestellt als Seitenzweige eines einzigen Stamms, nun auch historisch erklärt als Variation unter den Bedingungen von Klima, Nahrung und Zeit, ohne daß es auch hier zu einer klaren Annahme einer Transmutation über Gattungsgrenzen hinweg käme. Buffons Werk ist der größte Schritt auf dem Weg zu einer geschichtlich-evolutionären Deutung der Lebewesen, aber auch zugleich ihr größtes Hindernis, denn Buffon hat die Diskussion über die Grenzen von Gattungen lange Zeit beeinflußt, indem er das Kriterium der gemeinsamen Fortpflanzungsmöglichkeit als entscheidendes Kriterium der Gattungsdefinition einführte.[43] Die am Maulesel sichtbare Unfruchtbarkeit der Hybriden schien ihm das unüberwindbare Hindernis einer durchgängigen geschichtlichen Deutung der Tierwelt zu sein, die er zwar als erster ernsthaft diskutiert, aber noch zurückgewiesen hat. Obgleich es also bei Buffon nicht zu einer genetischen Erklärung der Tier- und Pflanzenwelt kommt, dringt dennoch durch ihn veranlaßt historisches Denken in die Naturbetrachtung ein und zwingt dazu, das aktuell Vorhandene als Gewordenes zu betrachten. »Natur behaupte ich«, so schrieb er, »ist in einem Zustand ständigen Flusses und ständiger Bewegung. Es ist genug für den Menschen, wenn er sie greifen kann, wie sie jetzt ist, und nur einen Blick oder zwei auf die Vergangenheit und Zukunft werfen kann, im Bestreben zu begreifen, was sie einst gewesen sein mag und was sie noch werden kann.«[44]

Was für Buffon gilt, das gilt für Goethes naturwissenschaftliche Studien, die in starkem Maße von Buffon abhängig sind, erst recht. Auch Goethes Metamorphosenlehre rechnet mit einer naturgesetzlichen Stabilität der Gattung bei einem Höchstmaß an historisch bedingter Varietät, »daß die Regel zwar fest und ewig, aber zugleich lebendig sei«.[45] Damit aber ist der Stand erreicht, daß das einzelne Naturphänomen zwar nicht lediglich hinsichtlich seines Stellenwertes in einem genetischen Gesamtzusammenhang interpretiert wird, daß aber doch das Inrechnungstellen des historischen Gewordenseins zur Bedingung der Lesbarkeit der Natur wird.

Das erste Paradigma einer neuen Naturgeschichte, das Kant nennt, ist die »Veränderung der Erdgestalt«. In der Tat ist die Geologie, die eben erst in diesem Zusammenhang ihren Namen erhielt, in viel stärkerem Maße Einfallstor historischer Theorien über die Natur gewesen.[46] Das sogenannte Fossilien-Rätsel, also das Vorkommen tierischer und pflanzlicher Überreste an Stellen, an denen sie nach jetzigem Zustand der Erdoberfläche nicht entstanden sein konnten, hatte schon in der Antike zu zeitlich gestaffelten Erklärungsversuchen veranlaßt. Christliche Erklärungsversuche bewegten sich im Rahmen der Genesis und nahmen entweder eine ursprüngliche Schöpfung der Fossilien an Ort und Stelle im Erdinnern an oder machten die Sintflut dafür verantwortlich. Solche Erklärungsversuche setzten sich bis ins 18. Jahrhundert fort, obgleich bereits Leonardo da Vinci einen Mechanismus von Erosion, Ablagerung und Versteinerung im Wasser zusammen mit einer späteren Anhebung annahm und auf diese Weise mit der Sintfluttheorie brach. Insbesondere rechnete Leonardo mit sehr viel größeren Zeiträumen, als sie eine wörtliche Bibelexegese zuließ. Denn noch William Whiston datierte 1696 die Sintflut auf den 18. November 2349 v. Chr., und 1741 errechnete der schwäbische Theologe Bengel den 10. Oktober 3943 v. Chr. als den Sonntag der Schaffung der Welt.[47] Leonardos und Geordano Brunos Theorien blieben in ihrer Zeit unbekannt bzw. unverstanden, und so ist die Geschichte der Geologie auf weite Strecken eine Geschichte der Rationalisierung und Metaphorisierung des biblischen Sintflutberichts geblieben. Im 18. Jahrhundert wurde besonders Thomas Burnets *Telluris theoria sacra* von 1681 populär. Er nahm an, daß das Paradies ursprünglich auf einer lieblichen und fruchtbaren äußeren Kruste der Erde existiert habe, daß dieses in der Sintflut zerstört wurde, als die Erdkruste zusammenbrach und in einen Abgrund von Wasser fiel, der sich unter der Erdkruste befand. Die herunterfallenden Stücke bewirkten eine Überschwemmung des Landes, während einige Stücke aufrecht steckenblieben und die Berge bildeten. Das Wasser drang in unterirdische Höhlungen ein, so daß es zu einem Absinken des Wasserspiegels kam. Im Zuge dieses Zusammenbruchs kam es übrigens zu einer Verschiebung der Erdachse mit der Folge der Einführung der Jahreszeiten, was wiederum gesundheitliche Auswirkungen hatte, so daß heute niemand mehr das in der Bibel genannte Alter der Patriarchen erreicht.

Nikolaus Steno und ihm folgend Leibniz in seiner *Protogaea* gaben durch ihre Beschreibung der Vorgänge der Sedimentierung und der Schichtenbildung einen Eindruck von der notwendigen Zeiterstreckung der erdgeschichtlichen Vorgänge, ohne sich selbst auf nicht bibelkonforme Zeitspekulationen einzulassen. Bei beiden jedoch begegnet eine klare Vorstellung davon, daß die Geschichte der Erde aus ihrer Zusammensetzung und ihrem Aufbau heraus eruiert werden kann, und im Jahre 1762 führt der Rudolfstädter Arzt Christian Füchsel den Nachweis, daß eine Serie von Schichten und Formationen zugleich eine bestimmte Periode der Erdgeschichte widerspiegelt. Es war jedoch wiederum Leclerc de Buffon, der in seiner *Théorie de la Terre* von 1749 und besonders dann in seinen 1778 veröffentlichten *Époques de la Nature* mit den bibelharmonisierenden Kosmogonien endgültig aufräumte. Buffons Theorie sieht im wesentlichen eine in sieben Epochen sich vollziehende langsame Abkühlung einer ursprünglich glühend flüssigen Erdmasse vor, so daß nacheinander Urgesteine, Sedimentgesteine und Gesteine vulkanischen Ursprungs in Erscheinung treten. Er rechnet mit einem Absterben früherer Meeresbewohner und einem späten Erscheinen der Landtiere und des Menschen, wie sich überhaupt erst in der sechsten Epoche die Trennung der Kontinente ergab und die Erde ihre heutige Gestalt annahm, die der Mensch dann in der siebten Periode selbst umgestaltete und die fortdauern wird bis zum endgültigen Abkühlen des Planeten. Entscheidend ist, daß Buffon immer wieder die Notwendigkeit betonte, in der Erdgeschichte mit langen Perioden zu rechnen. Er veranschlagte privat eine Dauer von einer halben Million Jahren für das Erdalter,[48] während er seine Schätzungen in dem publizierten Text so knapp wie möglich vornahm und auf 5000 bis 15 000 Jahre für die einzelnen Epochen kam. Das Neuartige war aber, daß es Buffon vermochte, die Geschichte des Erdkörpers und der Tierwelt einschließlich der des Menschen in ein gemeinsames naturgeschichtliches Weltbild zu integrieren und so die Zeitlichkeit des Menschen und die der Natur aufeinander zu beziehen.

1779, ein Jahr nach dem Erscheinen von Buffons *Époques de la Nature*, unternimmt Goethe in Begleitung des Herzogs von Weimar seine zweite Reise in die Schweiz. Es gibt von dieser Reise Briefe mit Landschaftsbeschreibungen, deren Neuartigkeit selten erkannt worden ist, obwohl schon Wieland von »einem wahren Poem« gesprochen hat. Vier Jahre zuvor, anläßlich der ersten Schweizer Reise, hatte Goethe sich vergeblich um eine angemessene Auffassung und Darstellung der Landschaft in Wort und Bild bemüht. »Awfull«, »Allmächtig, schröcklich«, »Öde wie im Thale des Todes« war sie ihm erschienen.[49] Nun, 1779, wird sie ihm lesbar. Am 3. Oktober schreibt er an Charlotte von Stein aus dem Münstertal:

> »Bald steigen an einander hängende Wände senkrecht auf, bald streichen gewaltige Lagen schief nach dem Fluss und dem Weeg ein, breite Massen sind auch auf ein ander gesetzt, und gleich darneben stehen scharfe Klippen abgesetzt. Grosse Klüfte spalten sich aufwärts und Platten von Mauerstärke haben sich von dem übrigen Gesteine los getrennt. Einzelne Felsstüke sind herunter gestürzt, andere hängen noch über und lassen nach ihrer Lage fürchten dass sie dereinst gleichfalls herein kommen werden. Bald rund, bald spiz, bald bewachsen, bald nakt sind die Firsten der Felsen, wo oft noch oben drüber ein einzelner Kopf kahl und kühn herübersieht, und an Wänden und in der Tiefe schmiegen sich ausgewitterte Klüfte hinein.

Mir machte der Zug durch diese Enge eine grosse ruhige Empfindung. Das Erhabene giebt der Seele die schöne Ruhe, sie wird ganz dadurch ausgefüllt, fühlt sich so gros als sie seyn kann, und giebt ein reines Gefühl [...].
Am Ende der Schlucht stiege ich ab und kehrte einen Theil allein zurück. Ich entwikelte noch ein tiefes Gefühl, was das Vergnügen auf einen hohen Grad für aufmerksame Augen vermehrt. Man ahndet im Dunkeln die Entstehung und das Leben dieser selsamen Gestalten. Es mag geschehen seyn wie und wann es wolle, so haben sich diese Massen nach der Schweere und Aehnlichkeit ihrer Theile gros und einfach zusammengesetzt. Was für Revolutionen sie nachhero bewegt, getrennt, gespalten haben, so sind auch diese auch nur einzelne Erschütterungen gewesen und selbst der Gedanke einer so ungeheuren Bewegung giebt ein hohes Gefühl von ewiger Festigkeit. Die Zeit hat, auch gebunden an die ewigen Gesetze, bald mehr bald weniger auf sie gewirkt. [...]
Die Vegetation behauptet ihr Recht, auf jedem Vorsprung, Fläche und Spalt fassen Fichten Wurzel, Moos und verwandte Kräuter säumen die Felsen. Man fühlt tief, hier ist nichts willkürliches, alles langsam bewegendes ewiges Gesez und nur von Menschenhand ist der bequeme Weeg über den man durch diese seltsame Gegenden durchschleicht.«[50]

Die Lesbarkeit der Landschaft beruht hier auf ihrem Zeugencharakter für eine prozeß-hafte Erdgeschichte. Die Kategorie des Erhabenen, die in diesem Zusammenhang von Goethe neu reflektiert wird, bezieht sich nicht mehr auf eine Überwältigung durch eine Übermacht und einen Rückverweis auf die intelligible Bestimmung des Menschen, sondern auf die Zugehörigkeit des Subjekts zu einer Naturgeschichte der langen Dauer, in der nun selbst das »Gefühl einer ewigen Festigkeit« gefunden wird. Es war Buffon, der Goethe zuerst die Möglichkeit der Erfahrung einer geschichtlich sich realisierenden Natur eröffnet hatte, wovon sein Plan, es Buffon nachzutun und einen »Roman über das Weltall« zu schreiben, Kunde gibt.[51] Das Glück, das in dieser neuen Anschaubarkeit der Erdoberfläche liegt, äußert sich in einem Brief vom 12. April 1782 an Frau von Stein folgendermaßen:

»Es ist ein erhabnes, wundervolles Schauspiel, wenn ich nun über Berge und Felder reite, da mir die Entstehung und Bildung der Oberfläche unsrer Erde und die Nahrung, welche Menschen draus ziehen, zu gleicher Zeit deutlich und anschaulich wird; erlaube, wenn ich zurückkomme, daß ich Dich nach meiner Art auf den Gipfel des Felsen führe und Dir die Reiche der Welt und ihre Herrlichkeit zeige.«[52]

Diese Feier der neu errungenen Erfahrbarkeit der Natur, die sich als »deutlich wie anschaulich« präsentiert, kündigt von einem gelösten Problem: sie hatte zwei Adres-saten, außer Frau von Stein war es Jean Jacques Rousseau. Die Lesbarkeit der Landschaft als Zeichen einer dynamisch bewegten Erdgeschichte ist die Antwort auf den Erfahrungsverlust, der durch das als Entzweiung gedachte Verhältnis des Menschen zur Natur eingetreten war. Diese Gedankenbewegung wird ablesbar in Goethes Aufsatz über den Granit, den er im Januar 1784 diktierte. Gegen die Aufteilung der Welt in eine immer gleichbleibende Natur einerseits und eine dem raschen Wandel unterliegende Geschichtswelt andererseits führt Goethe ein geschichtliches Denken ins Feld, das Erdgeschichte und Anthropologie aufeinander bezieht.

»Ich fürchte den Vorwurf nicht, daß es ein Geist des Widerspruches sein müsse, der mich von Betrachtung und Schilderung des menschlichen Herzens, des jüngsten, mannigfaltigsten, beweglichsten, veränderlichsten, erschütterlichsten Teiles der Schöpfung, zu der Beobachtung des ältesten, festesten, tiefsten, unerschütterlichsten Sohnes der Natur geführt hat. Denn man wird mir gerne zugeben, daß alle natürlichen Dinge in einem genauen Zusammenhange stehen, daß der forschende Geist sich nicht gerne von etwas Erreichbarem ausschließen läßt. [...]
Mit diesen Gesinnungen nähere ich mich euch, ihr ältesten, würdigsten Denkmäler der Zeit. Auf einem hohen nackten Gipfel sitzend und eine weite Gegend überschauend, kann ich mir sagen: Hier ruhst du unmittelbar auf einem Grunde, der bis zu den tiefsten Orten der Erde hinreicht, keine neuere Schicht, keine aufgehäufte zusammengeschwemmte Trümmer haben sich zwischen dich und den festen Boden der Urwelt gelegt, du gehst nicht wie in jenen fruchtbaren schönen Tälern über ein anhaltendes Grab, diese Gipfel haben nichts Lebendiges erzeugt und nichts Lebendiges verschlungen, sie sind vor allem Leben und über alles Leben. [...]
Hier auf dem ältesten, ewigen Altare, der unmittelbar auf die Tiefe der Schöpfung gebaut ist, bring ich dem Wesen aller Wesen ein Opfer. Ich fühle die ersten, festesten Anfänge unsers Daseins, ich überschaue die Welt, ihre schrofferen und gelinderen Täler und ihre fernen fruchtbaren Weiden, meine Seele wird über sich selbst und über alles erhaben und sehnt sich nach dem nähern Himmel.«[53]

Bald aber rufen Durst und Hunger den Blick zurück zum Kulturland.

»[...] er beneidet die Bewohner jener fruchtbareren quellreichen Ebnen, die auf dem Schutte und Trümmern von Irrtümern und Meinungen ihre glücklichen Wohnungen aufgeschlagen haben [...].«

Diesen Dualismus von Natur und Kultur beantwortet die geschichtliche Besinnung.

»Diese Klippe, sage ich zu mir selber, stand schroffer, zackiger, höher in die Wolken, da dieser Gipfel noch als eine meerumfloßne Insel in den alten Wassern dastand, um sie sauste der Geist, der über den Wogen brütete, und in ihrem weiten Schoße die höheren Berge aus den Trümmern des Urgebirges und aus ihren Trümmern und den Resten der eigenen Bewohner die späteren und ferneren Berge sich bildeten. Schon fängt das Moos zuerst sich zu erzeugen an, schon bewegen sich seltner die schaligen Bewohner des Meeres, es senkt sich das Wasser, die höhern Berge werden grün, es fängt alles an, von Leben zu wimmeln. [. . .]

Ich sehe ihre Masse von verworrenen Rissen durchschnitten, hier gerade, dort gelehnt in die Höhe stehen, bald scharf übereinander gebaut, bald in unförmlichen Klumpen wie übereinander geworfen, und fast möchte ich bei dem ersten Anblicke ausrufen: Hier ist nichts in seiner ersten, alten Lage, hier ist alles Trümmer, Unordnung und Zerstörung.«[54]

Schließlich fragt er sich,

»wie vereinigen wir alle diese Widersprüche und finden einen Leitfaden zur ferneren Beobachtung«.

Der Leitfaden, von dem Goethe hier spricht, war nicht fern, denn 1784 ist auch das Jahr der Erscheinung des ersten Bandes von Herders *Ideen zur Philosophie der Geschichte der Menschheit*. In diesem Werk unternahm es Herder, methodisch das Ganze der menschlichen Kultur einzubeziehen in einen universell gesetzmäßigen Naturzusammenhang. »Die ganze Menschengeschichte ist eine reine Naturgeschichte menschlicher Kräfte, Handlungen und Triebe nach Ort und Zeit.«[55] Goethe beschreibt die anregende Funktion, die Herders *Ideen* für ihn hatten, in der »Morphologie« von 1817. »Meine mühselige qualvolle Nachforschung ward erleichtert, ja versüßt, indem Herder die Ideen zur Geschichte der Menschheit aufzuzeichnen unternahm. Unser tägliches Gespräch beschäftigte sich mit den Uranfängen der Wasser-Erde und der darauf von alters her sich entwickelnden organischen Geschöpfe. Der Uranfang und dessen unablässiges Fortbilden ward immer besprochen und unser wissenschaftlicher Besitz, durch wechselseitiges Mitteilen und Bekämpfen, täglich geläutert und bereichert.«[56]

In der Tat enthalten Herders Ideen Äußerungen, die auf die Vorstellung einer durchgängigen Evolution bezogen werden können. »Die Masse wirkender Kräfte und Elemente, aus der die Erde ward, enthielt wahrscheinlich als Chaos alles, was auf ihr werden sollte und konnte.« Die Natur, die »auf unser Zeitmaß gar nicht rechnet«, hat nach Gesetzen, zu denen vielleicht die Chemie der Schlüssel ist, die Gattungen der Erde hervorgebracht, »der Gesteine, der Kristallisationen gar der Organisationen in Muscheln, Pflanzen, Tieren, zuletzt im Menschen.« »Wieviel Auflösungen und Revolutionen des einen in das andere setzen die voraus.« Der Mensch, »das letzte Schloßkind der Natur«, ist die letzte Blüte der Erdenschöpfung, zu dessen Bildung und Empfang viele Entwicklungen und Revolutionen vorhergegangen sein mußten. Und auch die Blüte seiner Kultur ist nichts anderes als ein Ergebnis dieser ewig wirkenden Natur. »Die Kraft, die in mir denkt und wirkt, ist ihrer Natur nach eine so ewige Kraft als jene, die Sonne und Sterne zusammenhält.«[57] Diese Kraft aber, die Herder in der Geschichte der Natur am Werk sieht, ist, obgleich er sich in der Einleitung deswegen theologisch salviert, nichts anderes als die Natur selbst. Noch am 17. Mai 1787 schreibt Goethe aus Neapel an Herder: »Was mir auch von Dir begegnen wird und wo, soll mir willkommen sein, wir sind so nah in unseren Vorstellungsarten, als es möglich ist, ohne eins zu sein, und in den Hauptpunkten am nächsten.«[58] Diese Hauptpunkte können sich nur auf den gemeinsamen Naturbegriff und den gemeinsamen Gottesbegriff beziehen, denn die Jahre 1784 bis 1786 waren die Jahre des Spinoza-Streits gewesen, die Goethe ebenfalls an Herders Seite gesehen hatten, und auf diesen Aspekt ist nunmehr etwas näher einzugehen.

Gewiß waren Herder und Goethe von verschiedenen Ausgangspunkten zum Spinozismus vorgedrungen. Für Goethe waren das ursprünglich Probleme des persönlichen Ethos, und im Blick auf diese erste Beschäftigung mit Spinoza im Jahre 1773 schreibt Goethe in *Dichtung und Wahrheit:* »Was ich mir aus dem Werk mag herausgelesen, was ich in dasselbe mag hineingelesen haben, davon wüßte ich keine Rechenschaft zu geben.«[59] Nun, im Jahre 1784, standen ganz andere Aspekte der Philosophie Spinozas im Mittelpunkt des Interesses. Der äußere Anlaß der Beschäftigung war der, daß Goethes Urfreund Friedrich Heinrich Jacobi im Jahre 1784 eben jene Schrift vorbereitete, die den sogenannten Spinozismusstreit auslöste. Es ging ihm um den Nachweis des Pantheismus, und das bedeutete für ihn des Atheismus bei Lessing und anderen Größen der Zeit.

Für Jacobi war der Geist des Menschen der einzige Ort einer Gotteserfahrung, die im Glauben ergriffen werden mußte und als die Erfahrung des ganz anderen auf eine extramundane Gottesvorstellung abzielte. Von hier aus erschien ihm jede Medialisierung Gottes zu einer selbsttätigen Natur als Atheismus. Hier aber setzte Goethes Widerspruch ein. »Du erkennst die höchste Realität an«, schreibt Goethe an Jacobi, »welche der Grund des ganzen Spinozismus ist, worauf alles übrige ruht, woraus alles übrige fließt. Er beweist nicht das Dasein Gottes, das Dasein ist Gott. Und wenn ihn andere deshalb Atheum schelten, so möchte ich ihn theissimum und christianissimum nennen und preisen.«[60] Besonders das Wort »christianissimum« muß in diesem Zusammenhang überraschen. Es wird nur klar, wenn man sich vor Augen hält, daß das Deus sive Natura (Gott und die Natur sind eins) des Spinoza für Goethe zugleich das Prinzip einer Unmittelbarkeit religiöser Erfahrung beinhaltete, deren Raum die Natur ist. Eben darum geht es Goethe in weiteren Briefen an Jacobi. »Vergib mir, daß ich so gerne schweige, wenn von einem göttlichen Wesen die Rede ist, das ich nur in und aus den rebus singularibus erkenne, zu deren näheren und tieferen Betrachtung niemand mehr aufmuntern kann, als Spinoza selbst, obgleich vor seinem Blicke alle einzelnen Dinge zu verschwinden scheinen [. . .]. Hier bin ich auf und unter Bergen, suche das Göttliche in herbis et lapidibus.«[61] Und wenig später: »[. . .] wenn Du sagst, man könne an Gott nur glauben, so sage ich Dir, ich halte viel aufs Schauen.«[62] Das Wort »Schauen« oder »Anschauen« betrifft den Kernbereich von Goethes Religiosität. Es hat große Affinität zu Spinozas sciencia intuitiva und bezeichnet die sinnlich-ästhetische Erfahrung der konkreten Erscheinungen wie die intellektuelle Erkenntnis des in ihnen immanenten Ideellen. Es steht, wie Goethe sich in einem Brief an Schiller ausdrückt, »in der Mitte« und erledigt die von Goethe als unfruchtbar empfundene

Frage, wie von der Dingwelt zum Geist und von diesem zu den Dingen übergegangen werden soll. Spinoza hatte die bei Descartes radikal geschiedenen Substanzen der res extensa und der res cogitans zu den beiden uns Menschen allein zugänglichen Attributen Gottes bzw. der Natur umdefiniert. Die Natur ist immer schon beides, Geist und Materie. Alles, was einzeln existiert, ist nur ein Modus des uranfänglich Einen, alles ist in ihm enthalten. Deswegen ist die Natur der einzig mögliche Ort der Offenbarung. »Wer die Natur als göttliches Organ leugnen will, der leugne gleich alle Offenbarung«, schreibt Goethe in einer Nachlaßnotiz und: »›Ich glaube einen Gott!‹ dies ist ein schönes löbliches Wort; aber Gott anerkennen, wo und wie er sich offenbare, das ist eigentlich die Seligkeit auf Erden.«[63]

Indessen übernimmt Goethe Spinozas Philosophie nur mit einer wesentlichen Modifikation: »Du weißt, daß ich über die Sache selbst nicht Deiner Meinung bin. Daß mir Spinozismus und Atheismus zweierlei ist. Daß ich den Spinoza, wenn ich ihn lese, mir nur aus sich selbst erklären kann, und daß ich ohne seine Vorstellungsart von Natur selbst zu haben, doch wenn die Rede wäre ein Buch anzugeben, das unter allen die ich kenne, am meisten mit der meinigen übereinkommt, die Ethik nennen müßte.«[64] Diese Einschränkung, Spinozas »Vorstellungsart von Natur« betreffend, ist nun in unserem Zusammenhang von besonderem Interesse, denn sie betrifft offenkundig Spinozas noch durchaus mathematisch-physikalisch bestimmten Naturbegriff, dem die Vorstellung einer organisch sich entfaltenden, geschichtlich sich realisierenden Gott-Natur fremd war.

Hier nun mögen für Goethe die naturmystischen Lehren eines Paracelsus und Böhme von einer creatio continua relevant geworden sein. Ulrich Gaier hat erst jüngst nachgewiesen,[65] daß er mit ihnen durch die Vermittlung des schwäbischen Pietisten Oetinger vertraut war, bei dem ebenfalls die Lehre von einer progressiven Offenbarung Gottes begegnet, »denn um Christi Willen hat Gott seine Wirkungen nicht simultanisch – sondern successiv gemacht«. Des extramundanen Schöpfergottes entkleidet, mochten sie zu einer dynamischen Auffassung der Natur beitragen. Wichtiger aber bleibt wohl doch, daß Goethe, durch Buffon angeregt, eine Lesbarkeit der Natur im Lichte eines geschichtlichen Naturverständnisses erfahren hatte. Dadurch wird Goethe zu einer Neuinterpretation des spinozistischen Naturbegriffs veranlaßt, die Herrmann Siebeck auf die Formel gebracht hat, Goethe ersetze den »Pantheismus des Seins« durch den »Pantheismus des Werdens«,[66] und Alfred Schmidt, der jüngste Interpret dieser Zusammenhänge, resümiert in gleichem Sinne für Herder: »[...] das Hen Kai Pan wird Prozeß.«[67]

Das Insistieren auf der Phänomenalität der erscheinenden Natur nannte Goethe seinen »philosophischen Naturstand«, der ihn der Entzweiung von Subjekt und Objekt überheben sollte, indem in jedem einzelnen Naturgegenstand sich die Struktur der ganzen Natur als Zugleich von Geist und Materie wiederholte. Schiller hat in einem seiner ersten Briefe, in denen er um Goethes Freundschaft warb, dessen Verfahren der konkreten Praxis der Naturbeobachtungen folgendermaßen beschrieben. »Lange schon habe ich, obgleich aus ziemlicher Ferne, dem Gang Ihres Geistes zugesehen und den Weg, den Sie sich vorgezeichnet haben, mit immer erneuerter Bewunderung bemerkt.

Sie suchen das Notwendige der Natur, aber Sie suchen es auf dem schwersten Wege, vor welchem jede schwächere Kraft sich wohl hüten wird. Sie nehmen die ganze Natur zusammen, um über das Einzelne Licht zu bekommen; in der Allheit ihrer Erscheinungsarten suchen Sie den Erklärungsgrund für das Individuum auf. Von der einfachen Organisation steigen Sie, Schritt vor Schritt, zu den mehr verwickelten hinauf, um endlich die verwickeltste von allen, den Menschen, genetisch aus den Materialien des ganzen Naturgebäudes zu erbauen. Dadurch, daß Sie ihn der Natur gleichsam nachschaffen, suchen Sie in seine verborgene Technik einzudringen. Eine große und wahrhaft heldenmäßige Idee, die zur Genüge zeigt, wie sehr Ihr Geist das reiche Ganze seiner Vorstellungen in einer schönen Einheit zusammenhält.«[68] Schillers Ausführungen, denen Goethe lebhaft zugestimmt hat, zeigen sehr deutlich, wie bei Goethe das historische Prinzip im Ästhetischen aufgehoben ist. Die grundsätzlich genetische Sicht der Natur änderte sich bei Goethe auch nicht, als er nach seiner Rückkehr aus Italien sich zunehmend von geologischen Forschungen abkehrte und der vergleichenden Botanik und Anatomie zuwandte. Die Urpflanze, die Goethe in Italien realiter zu sehen hoffte, und das Urtier werden zunehmend weniger als konkrete genetische Gattungsformen und mehr als ein variantenreicher Idealtypus interpretiert. Und hier mag es wiederum Buffon gewesen sein, der mit seiner Gattungslehre die Metamorphosentheorie Goethes von einer durchgängig evolutiven Deutung der Natur abhielt. Der methodische Vorrang einer geschichtlich interpretierten ganzen Natur bei der Anschauung des einzelnen blieb bestehen. Über das erste philosophische Gespräch mit Schiller im Jahre 1794 nach einer Sitzung der Naturforschenden Gesellschaft in Jena berichtet Goethe, Schiller habe sehr »verständig und einsichtig bemerkt«, daß »eine so zerstückelte Art, die Natur zu behandeln, den Laien [. . .] keineswegs anmuten könne«. Er, Goethe, habe darauf bemerkt, dies Verfahren lasse wohl auch den Eingeweihten unbefriedigt, es könne aber noch »eine andere Weise geben [. . .], die Natur nicht gesondert und vereinzelt vorzunehmen, sondern sich wirkend und lebendig, aus dem Ganzen in die Teile strebend darzustellen«.[69] In dieser Formulierung wiederholt sich die Doppelstruktur des Naturgegenstandes, am einzelnen zeigt sich das Ganze der Natur als sein Erklärungsgrund, weil sich die Struktur der natura naturans in ihm wiederholt. Die Natur hat den Gegenbegriff des Übernatürlichen endgültig abgeworfen. Die ganze Natur ist das Sich-Zeigende, und dieses bedeutet jene nicht länger allegorisch.

Die ideologiegeschichtliche und wissenschaftsgeschichtliche Beurteilung von Herders und Goethes Pantheismus ist immer noch äußerst umstritten. Haecker sah darin im 19. Jahrhundert nichts anderes als eine Vorstufe des Darwinismus, während andere in Feuerbachs Tradition darin eine nicht gelungene Enttheologisierung der Natur, die in ihrer radikalen Weltlichkeit nicht wirklich anerkannt werde, sahen. Wenn man ihn jedoch vor dem Hintergrund des mechanischen Materialismus, der Goethe in dem Werk von Helvetius so abschreckend vor Augen stand, worüber in *Dichtung und Wahrheit* berichtet wird, versteht, so kann man ihn sehr wohl mit Alfred Schmidt als den Versuch interpretieren, »sich des ungeschmälerten qualitativen Reichtums der Natur zu versichern«.[70] Bloch folgend versucht Schmidt, Goethes Naturbegriff für die

122

moderne ökologische Diskussion fruchtbar zu machen. »Heimisch werden [...] können wir nur in einer Natur, die uns nicht völlig fremd und äußerlich gegenübersteht. Eine mit der ›Wurzel der Dinge‹ sich vermählende, Natur nicht vergewaltigende Technik, ›Mitproduktivität eines möglichen Natursubjekts‹ – wer wollte solche Ideen nach der ökologischen Diskussion des letzten Jahrzehnts noch romantischer Verstiegenheit bezichtigen?« So könnte der metaphysische Restbestand einer ganzen Natur, die ästhetisch erfahren wird, zur kritischen Instanz gegen einen empirisch-technizistischen Naturbegriff ausgespielt werden. »Es könnte auch sein«, vermutete schon Heidegger, »daß die Natur in der Seite, die sie der technischen Bemächtigung durch den Menschen zukehrt, ihr Wesen gerade verbirgt.«[71] Man muß gegenüber solchen Aktualisierungen skeptisch bleiben, denn Goethes Naturauffassung ist trotz ihrer Erfolge den Anforderungen moderner Naturwissenschaft nicht gewachsen. Nicht nur, daß sie latent experimentfeindlich ist, sie unterschätzt auch den für die empirischen Wissenschaften charakteristischen Zusammenhang von Hypothesenbildung und Verifizierung und sieht darin nichts als ein »Gedankenwesen«. Sehr einschlägig kommt das in einem Versuch Goethes zum Ausdruck, die geologischen Verhältnisse des Kammerberges bei Eger zu beschreiben. Sein Versuch der historischen Lesbarkeit dieses Berges sieht sich plötzlich in den Streit der Neptunisten und der Vulkanisten verwickelt. Und hier nimmt Goethe nicht Stellung, weder verifizierend noch falsifizierend, er rekurriert vielmehr auf die Kategorie der Anschauung und rechtfertigt dieses Rekurrieren als einen methodischen Vorteil.

»Möchte man doch bei dergleichen Bemühungen immer wohl bedenken, daß alle solche Versuche, die Probleme der Natur zu lösen, eigentlich nur Konflikte der Denkkraft mit dem Anschauen sind. Das Anschauen gibt uns auf einmal den vollkommenen Begriff von etwas Geleistetem; die Denkkraft, die sich doch auch etwas auf sich einbildet, möchte nicht zurückbleiben, sondern auf ihre Weise zeigen und auslegen, wie es geleistet werden konnte und mußte. Da sie sich selbst nicht ganz zulänglich fühlt, so ruft sie die Einbildungskraft zu Hülfe, und so entstehen nach und nach solche Gedankenwesen (entia rationis), denen das große Verdienst bleibt, uns auf das Anschauen zurückzuführen und uns zu größerer Aufmerksamkeit, zu vollkommenerer Einsicht hinzudrängen.«[72]

So läßt sich Goethes lebenslange Beschäftigung mit der Natur als Versuch interpretieren, Naturgegenstände als Objekt der wissenschaftlichen Forschung einerseits und die in der subjektiven ästhetischen Erfahrung vergegenwärtigte ganze Natur andererseits im Medium der Aisthesis selbst zu versöhnen. Im Unterschied zu dem bloßen Scheinen einer an sich verlorenen Natur, worin das Historische gegenüber dem Ästhetischen sekundär bleibt und nicht selbst zur ästhetischen Erfahrung wird, muß dieser Versuch auf der Historizität der ganzen Natur als Erfahrungsgegenstand insistieren. Das in dem Modus der Subjektivität zutage getretene Freiheitsprinzip aber ließ sich nur dadurch retten, daß das Produzieren des Menschen selbst als natura naturans interpretiert wurde. Deus sive natura heißt für Goethe immer auch zugleich Deus sive homo. Doch

Abbildung 1 Caspar David Friedrich, Abtei im Eichwald, Berlin, Schloß Charlottenburg.

auch diese Vergöttlichung des eigenen Selbst bleibt an die Einmaligkeit einer unumkehrbaren Geschichte gebunden, wie es die Einleitung von *Dichtung und Wahrheit* ausspricht.

Daß Goethes Naturforschung der Konzeption einer empirisch-deduktiven Evolutionstheorie nicht standhalten würde, deutet sich bei ihm beispielsweise schon dadurch an, daß er sich der Astronomie immer fernhielt, weil, wie er sich ausdrückt, »hierbei die Sinne nicht mehr ausreichen, sondern weil man hier schon zu Instrumenten, Berechnung und Mechanik Zuflucht nehmen muß, die ein eigenes Leben erfordern und die nicht meine Sache waren«.[73] Dennoch ist in der Bestimmung der den Menschen miteinbegreifenden Zeitlichkeit der Natur ein Schritt getan, der für die deutsche Romantik folgenreich werden sollte und ihre bleibende Differenz zum Rousseauismus begründete.

Hier, in der Romantik, werden denn auch die Konsequenzen aus der Goetheschen Naturvorstellung gezogen und die Konzeptionen einer Naturgeschichte entwickelt, in der die Natur selbst Subjekt ist. So etwa, wenn Schelling schreibt, »wenn man von einer Naturgeschichte im eigentlichen Sinne des Wortes sprechen wollte, so müßte man sich die Natur vorstellen, als ob sie in ihren Produktionen scheinbar frei die ganze Mannigfaltigkeit derselben durch stetige Abweichungen von einem ursprünglichen Original allmählich hervorgebracht hätte, welches alsdann eine Geschichte nicht der Naturobjekte (welche eigentlich Naturbeschreibung ist), sondern der hervorbringenden Natur selbst wäre«.[74]

Ich will auf die mannigfaltigen und untereinander sehr verschiedenen Naturbegriffe der romantischen Denker nicht im einzelnen eingehen. Mir liegt aber daran zu zeigen, daß die Zeitlichkeit der Natur, die Lessing als Gegenstand der bildenden Kunst gerade ausgeschlossen hat, nun auf dem Umweg über die Literatur in der Romantik allererst zu einem fundamentalen Thema auch der Malerei werden kann. Bei Carl Gustav Carus in seinen 1815 bis 1824 geschriebenen *Neun Briefen über Landschaftsmalerei* wird dieser Zusammenhang sofort faßbar, wenn Carus den »trivialen Namen der Landschaft« durch den der »Erdlebenbildkunst« ersetzen möchte.[75] Es würde dem Maler, so lesen wir da, »dem die Erkenntnis des Naturlebens aufgegangen wäre, der reinste und erhabenste Stoff von allen Seiten zufließen. Wie redend und mächtig spricht nicht die Geschichte der Gebirge zu uns, wie erhaben stellt sie nicht den Menschen unmittelbar als Göttliches in Beziehung zu Gott, indem sie jede vergängliche Eitelkeit seines irdischen Daseins gleichsam mit einem Male vernichtet, und wie deutlich spricht sich diese Geschichte in gewissen Lagerungen und Bergformen aus, daß selbst dem Nichtwissenden dadurch die Ahnung einer solchen Geschichte aufgehen muß, und es steht nun dem Künstler nicht frei, solche Punkte hervorzuheben und im höheren Sinne historische Landschaften zu geben?«[76]

Dieses Historische aber bezieht nach Carus den Menschen mit ein. »Allerdings müssen aus letzterem Grunde Menschen und Menschenwerke im Erdlebenbilde als durch die Erdnatur bestimmt erscheinen [...].«[77] Was hier gemeint ist, läßt sich vielleicht am eindrücklichsten an Bildern des Carus-Freundes Caspar David Friedrich aufweisen, wenn man sie den Bildern eines Robert gegenüberstellt. Bei Robert noch eine Natur, der das betrachtende Subjekt sich gegenübersetzt, die zugleich die Allegorie des Naturzustandes meint, bei Friedrich, etwa in »Abtei im Eichwald«, die erdgeschichtliche Verflechtung von Mensch und Natur. Aus einer schon in Dunkelheit versunkenen Erde heben sich verdorrte Bäume in den noch fahl erleuchteten Himmel. Zwischen ihnen die nur noch als Fassade stehende Ruine einer gotischen Kirche, deren Fenster durchscheinend geworden ist. Zu ihr streben, vom Erdboden und den Grabmälern eines verfallenen Friedhofs kaum unterscheidbar, die gebückten Gestalten der Mönche. Alles überwölbt von einem das Licht erdrückenden Himmel. Doch diese Hingegebenheit an eine geschichtlich bewegte Erdnatur wird bei Caspar David Friedrich bereits zur Ambivalenzerfahrung. Die Glückserfahrung, die Goethe von ihr aussagte, wird bei Caspar David Friedrich problematisch. Es ist die gleiche Verschlungenheit alles von Menschen gesetzten Geschichtssinns in ein göttliches Naturgeschehen, das nicht teleologisch ist und deswegen immer auch als zerstörerisch erfahren werden kann, die sich in Hyperions Schicksalslied ausdrückt:

Abbildung 2   Hubert Robert, Landschaft mit Wasserfall, 1807.

126

Doch uns ist gegeben
Auf keiner Stätte zu ruhn
Es schwinden, es fallen
Die leidenden Menschen
Blindlings von einer
Stunde zur anderen,
Wie Wasser von Klippe
Zu Klippe geworfen,
Jahrlang ins Ungewisse hinab.[78]

Damit ist aber eine Grenze der spinozistisch gedeuteten, Menschen und Natur umgreifenden Erdgeschichte bezeichnet, an der menschliche Freiheit und geschichtlich sich verwirklichende Zwecke zur Disposition stehen. Die ästhetische Erfahrung der Natur heilt hier die Wunden nicht mehr, die das geschichtliche Bewußtsein von ihr schlug.

Die Romantik tendiert dazu, die Entzweiung von wissenschaftlich begriffener Natur und Subjekt-Natur als geschichtlichen Prozeß zu interpretieren, um in der ästhetischen Erfahrung den Ort einer Wiederherstellung eines mythischen Einseins von Geist und Natur zu sichten. Die ästhetisch begründete Naturphilosophie und Naturforschung der Romantik wird so als Ergebnis der Wissenschaftsgeschichte der modernen Naturwissenschaften interpretiert. Geist und Natur kehren aus ihrer ursprünglichen Identität im Durchgang durch die Geschichte der Entzweiung zu einer neuen Einheit zurück. Wo mit einer solchen Vorstellung ernstgemacht wird, d. h. wo wissenschaftliche Verfahren auf dem Boden der Aisthesis entwickelt werden, wie etwa bei J. W. Ritter (*Die Physik als Kunst*, 1806), da erweist sich die Naturgeschichte als eine solche, die in der Reflexion des Menschen »ihre verklärte Auferstehung zu erkennen lernt«. Ästhetische Reflexionen und naturwissenschaftliche Methodik sollen ineinander übergehen, und es kommt zu jenen Verfahren beliebiger Analogiebildungen, die die romantische Naturwissenschaft alsbald in Mißkredit gebracht haben.

Der Gedanke, daß die Geschichte der Natur und die Geschichte der Menschen aufeinander zu beziehen sind, erhält heute eine ganz andere Pointe, daß – um Carus zu zitieren – »nicht nur der Mensch der Erde bedarf zu seinem Leben und Thätigsein, sondern auch die Erde des Menschen«, bekommt einen anderen, verzweifelteren Sinn. Daß mit der Entwicklung des Denkvermögens das Leben die Chance bekommen hat, anstelle blinden Selbstzwecks der Vermehrung sich selbst neue Ziele zu suchen, dies ist heute nur ein Hoffnungsgrund, daß der Mensch zu seiner wahren Autonomie finden möge, die es ihm erlaubt, gerade im Besitz der wissenschaftlich-technischen Mittel die Natur doch noch so in ein Anthropozoikum zu führen, daß sie als Restnatur überdauern kann. Mit dem romantischen Vertrauen auf eine Natur, die Subjekt ihrer Geschichte ist, hat dieser Imperativ wenig zu tun. Von der Praxis romantischer Naturbefassung führt kein Weg hierher. Für die Romantiker wie Novalis führen Natur und Ich einen Dialog, wenn auch über die Abgründe der Vergessenheit ihrer Identität hinweg. Als unbestimmte Chiffre spricht sie zu uns. Es handelt sich in der Romantik um eine

Spiritualisierung der Natur, die sich empirisch-methodisch nicht einholen läßt, und zugleich um eine Naturalisierung des Menschen, die dem geschichtliche Zwecke setzenden Menschen als nicht kompatibel erscheint. Aus beiden Gründen ist denn die Zeit auch rasch über die romantischen Versuche einer Begründung der Naturwissenschaft aus dem Geiste der Ästhetik hinweggegangen.[79]

Die Natur als ganze Natur entschwand aus dem Gesichtskreis moderner Erfahrungswissenschaften. Gleichwohl hat um 1840 Alexander von Humboldt in seinem *Kosmos* noch einmal den Versuch gemacht, unter ausdrücklicher Anknüpfung an Goethe und Carus die ästhetisch erfahrene, geschichtlich bewegte Ganzheit der Natur zur Grundlage einer wissenschaftlichen Explikation zu machen, »das ewig Wachsende, ewig im Bilden und Entfalten Begriffene« als erscheinende Welt zu begreifen, in dem Bestreben, »die Erscheinung der körperlichen Dinge in ihrem allgemeinen Zusammenhange, die Natur als ein belebtes Ganzes aufzufassen«. Aber ihm ist das Unzeitgemäße dieses Versuchs längst bewußt. »Was ich physische Weltbeschreibung nenne [. . .], macht daher keine Ansprüche auf den Rang einer rationellen Wissenschaft der Natur; es ist die denkende Betrachtung der durch Empirie gegebenen Erscheinung als eines Naturganzen«, schreibt er im Vorwort seines Werkes. Naturerscheinungen und Geschichte des Menschen sollten gleichermaßen verstanden werden »aus dem Glauben an eine alte innere Nothwendigkeit, die alles Treiben geistiger und materieller Kräfte [. . .] beherrscht«.[80] Dieser ästhetisch begründete Naturbegriff ist für die sich erst um 1870 etablierende Geographie als Universitäts- und Schuldisziplin weiterhin verbindlich geblieben. Die ästhetische Bedeutung von Natur als Landschaft hat nur in einer wissenschaftlichen Disziplin, eben der Geographie, wirklich Karriere gemacht. Es ist leicht zu sehen, daß ein solcher Naturbegriff die Geographie einerseits aus dem Kreis der modernen Naturwissenschaft ausschloß, wie er sie andererseits anfällig machte für geschichtsnegierende Raum-Ideologien. Gerhard Hard hat die These von der latenten Ästhetik der klassischen Geographie überzeugend belegt, jene »Utopie von zugleich ganzheitlicher und unmittelbarer Erkenntnis, eine Vision von augennaher bildkräftiger, sinnlicher und erlebnishafter Erfahrung und Erfassung des Ganzen«.[81] Diese Utopie stand, folgt man Hard, bis in die 60er Jahre dieses Jahrhunderts in voller Geltung, aber: »Im Verlauf der schrittweisen Versuche, das alte Paradigma durch entsprechende Umbauten und Neuinterpretationen zu einem Instrument zu machen, mit dem man auch die heutigen Industriegesellschaften, überhaupt die Zustände und Prozesse in Regionen der heutigen Ersten bis Vierten Welt verständlicher machen könnte, ist das klassische Paradigma [. . .] buchstäblich verdampft und dabei ist zuerst die konkrete Natur, dann die Natur überhaupt, aus der fortgeschrittenen geographischen Theorie und Metatheorie verschwunden.«[82]

Daß der einzelne Naturgegenstand in seiner geschichtlich gewordenen Besonderheit und Individualität im Modus der ästhetischen Erfahrung zugleich das Ganze der Natur repräsentierte und ineins damit dem Subjekt das Glück des Zuhauseseins in dieser Natur gewährte, dies war nur auf dem Boden eines ästhetischen Pantheismus möglich. Mit ihm schwand die große abendländische Idee, daß Kunst und Ästhetik die Erfahrung einer ganzen Natur präsent halten können, die lebensweltlich verloren ist, dahin.

Zur verlogenen Ikonologie der Reiseprospekte herabgekommen, vermögen die Dichter die Idee allenfalls noch in ihrer Abwesenheit für die Erfahrung festzuhalten.

Die ästhetische Erfahrung kann dem in allen Gegenwartsdiskussionen evidenten Mangel einer operationalisierbaren Idee einer »ganzen Natur« nicht abhelfen, und doch steckt in der verlogensten Evasion in die touristisch längst verfügte Restnatur ein Moment der sentimentalen Erinnerung.[83] Ist sie aufgebbar oder brauchen wir sie noch immer, und sei es als wissenschaftspragmatisches Movens einer ökologischen Anthropologie, die sich nicht bereitfinden möchte, die Idee einer ganzen Natur, in der wir zuhause sein können, als Chimäre abzubuchen?

Anmerkungen

[1] Michel Foucault, Les mots et les choses, 1966; dt. Die Ordnung der Dinge, Frankfurt/Main 1974.

[2] Wolf Lepenies, Das Ende der Naturgeschichte, Frankfurt/Main 1978.

[3] Nach: Eckhard Lobsien, Landschaft in Texten. Zur Geschichte und Phänomenologie der literarischen Beschreibung, Stuttgart 1981, S. 4.

[4] G. E. Lessing, Gesammelte Werke, hg. P. Rilla, Bd. 5, S. 115, 126.

[5] Joachim Ritter, Landschaft; in: ders., Subjektivität, 1974.

[6] Lessing, a. a. O., S. 158.

[7] Vgl. den Beitrag von Klaus Mainzer, in diesem Band, S. 18.

[8] B. H. Brockes, Fertigkeit zu lesen in dem Buch der Natur; Irdisches Vergnügen in Gott, bestehend in Physikalisch- und Moralischen Gedichten, Bd. 4 (1735), Neudruck 1970, S. 323.

[9] Brockes, Irdisches Vergnügen, Bd. 5 (1736), 1970, S. 289.

[10] Brockes, Irdisches Vergnügen, Bd. 6 (1739), 1970, S. 406f.

[11] Brockes, Die Schnee- und Crocus-Blume; Irdisches Vergnügen, Bd. 2 (^{4}1739) 1970, S. 20.

[12] Brockes, Irdisches Vergnügen, Bd. 1 (^{6}1737), 1970, S. 230f.

[13] Brockes, Die Schnee- und Crocus-Blume; Irdisches Vergnügen, Bd. 2 (^{4}1739), 1970, S. 20.

[14] Brockes, Gefährliche Verachtung der Welt; Irdisches Vergnügen, Bd. 6 (1739), 1970, S. 288.

[15] Ebd.

[16] A. von Haller, Versuch Schweizerischer Gedichte, (^{9}1762) 1969, S. 24ff., S. 205ff.

[17] Lessing, a. a. O., S. 130.

[18] F. G. Klopstock, Ausgewählte Werke, hg. K. Aug. Schleiden, S. 85ff.

[19] Gerhard Kaiser, Klopstocks »Frühlingsfeyer«, in: Deutsche Lyrik – Interpretationen, hg. J. Schillemeit, S. 28ff. In überarbeiteter Fassung auch in: G. K., Augenblicke deutscher Lyrik, 1987, S. 94ff.

[20] Georg Simmel, Brücke und Tor. Essays des Philosophen zur Geschichte, Religion, Kunst und Gesellschaft, hg. M. Landmann, Stuttgart 1957.

[21] Otto F. Bollnow, Das Wesen der Stimmungen, Frankfurt/Main ^{5}1974.

[22] I. Kant. Kritik der Urteilskraft, § 23, B75; Werke, hg. W. Weischedel, Bd. 5, S. 329; B78, S. 331; B97, S. 344.

[23] Dieser strikte Wortgebrauch von »Subjektivität« im Hegelschen Sinne bei J. Ritter unterschei-

det sich von der Subjektivität ästhetischer Erfahrung, die Groh und Groh (in diesem Band, S.65) schon bei den Physikotheologen konstatieren können, nachdem sie Hegels und Ritters Subjektivitätsbegriff zur bloßen »empfindsamen Betrachtung« und »Zuordnung von Seele und Natur« vereinfacht haben. Zieht man dies in Betracht, so endet die vermeintliche Widerlegung Ritters in seiner glänzenden Bestätigung. Groh und Groh müssen denn auch in einer nachträglich beigefügten Zweitschrift meiner Ausführungen zu Rousseau das radikal Neue der ästhetischen Naturerfahrung im Einzugsbereich geschichtsphilosophischen Entzweiungsdenkens zugestehen, »im Einklang von Innen und Außen ... das Ganze des auf sich gestellten Subjekts«. Dies eben macht die Relevanz *ästhetischer* Naturerfahrung aus: die Abwesenheit eines *Begriffs* von der »Totalität der Natur«. Die »Unentwirrbarkeit« metaphysischer und weltlicher Ekstasen nützt dann nicht mehr.

[24] S.Geßner, Idyllen, Kritische Ausgabe, hg. E. Th. Voss, Stuttgart 1973, S.15f.

[25] Schillers Sämtliche Werke, Säkular-Ausgabe, Bd. 12, S.182.

[26] J. J. Rousseau, Julie oder Die Neue Héloïse; dt. v. J. G. Gellius, neu hg. D. Leube, München o. J., S.76.

[27] Hans Robert Jauß, Aisthesis und Naturerfahrung; in: Jörg Zimmermann (Hg.), Das Naturbild des Menschen, München 1982, S.155ff.

[28] J. Ritter, a.a.O., S.161f.

[29] J. J. Rousseau, a.a.O., S.500.

[30] Ebd., vgl. dazu den Beitrag von Ulrich Gaier in diesem Band S.150.

[31] J. J. Rousseau, Die Bekenntnisse. Die Träumereien des einsamen Spaziergängers, dt. v. A. Semerau und D. Leube, München o. J., S.628.

[32] Ebd. S.696.

[33] Ebd. S.701.

[34] Fr. Nietzsche, Werke in drei Bänden, hg. K. Schlechta, Bd. 2, S.513f.

[35] A. a.a.O., S.702.

[36] Schiller, a. a. O., S. 161.

[37] Schiller, a.a.O., S.224.

[38] J. Ritter, a.a.O., S.183.

[39] Ebd.

[40] I. Kant, Werke, hg. W. Weischedel, Bd. 6, S.18.

[41] Lepenies, a.a.O., S.45.

[42] G.-L. Leclerc de Buffon, Sämtliche Werke, dt. v. J. J. Schaltenbrand, Bd. 7; Vögel, übers. v. B. Rave, Düsseldorf o. J.

[43] Dazu: Arthur Oucken Lovejoy, Buffon and the problem of species, in: Glass (u.a.), Forrunners of Darwin, Baltimore [3]1967, S.84–113.

[44] G. L. Leclerc de Buffon, Les Epoques de la Nature, ed. crit., hg. Roquer, Paris 1962.

[45] J. W. Goethe, Metamorphose der Pflanze, HA, Bd. 13, S.163.

[46] Zum folgenden: Karl Alfred von Zittel, Geschichte der Geologie und Paläontologie bis Ende des 19. Jahrhunderts, München/Leipzig 1899. Frank Dawson Adams, The birth and development of the geological sciences, New York 1954.

[47] Nach Lepenies, a.a.O., S.43.

[48] Nach Lepenies, a.a.O., S.113.

[49] H. Wahl, Goethes Schweizerreisen, 1921.

[50] Wahl, a.a.O., S.11ff.

[51] An Frau v. Stein, 7.12.1781.

[52] Goethe, HA Bd. 13, S.592.

[53] Goethe, HA Bd. 13, S. 255f.

[54] Ebd., S. 256f.

[55] Herders Werke in fünf Bänden, Berlin/Weimar 1964, Bd. 4, S. 13.

[56] Goethe, HA Bd. 13, S. 63.

[57] Herder, a. a. O., S. 15, 22, 23.

[58] Goethe, HA Bd. 11, S. 322.

[59] Goethe, HA Bd. 10, S. 35.

[60] Goethe, Briefe, HA Bd. 1, S. 475.

[61] Ebd., S. 476.

[62] Ebd., S. 508. Vgl. zum Spinozismus-Streit: S. Nicolai, Goethe, Spinoza, Jacobi – in: Gratulatio, FS. für Christian Wegner, 1963, S. 40–62.

[63] Goethe, HA Bd. 12, S. 365.

[64] Zitiert nach Nicolai, a. a. O., S. 50.

[65] Ulrich Gaier, Nachwirkungen Oetingers in Goethes »Faust«, in: Pietismus und Neuzeit, Bd. 10/1984, S. 90–123, dort das Oetinger-Zitat S. 113.

[66] H. Siebeck, Goethe als Denker, [4]1922, S. 66.

[67] A. Schmidt, Goethes herrlich leuchtende Natur, Phil. Studie zur deutschen Spätaufklärung, München/Wien 1984, S. 93.

[68] Brief Schillers an Goethe vom 23.8.1794.

[69] Goethe, Glückliches Ereignis, HA Bd. 10, S. 540.

[70] A. Schmidt, a. a. O., S. 95.

[71] Ebd., S. 18, das Heidegger-Zitat S. 14.

[72] Goethe, HA Bd. 13, S. 268.

[73] Gespräch mit Eckermann, 1.2.1827.

[74] F. W. J. Schelling. Werke, hg. M. Schröter, Schriften zur Naturphilosophie Bd. 2, S. 588.

[75] C. G. Carus, Neun Briefe über Landschaftsmalerei, geschrieben in den Jahren 1815 bis 1824, Dresden o. J., S. 133.

[76] Ebd., S. 124.

[77] Ebd., S. 136.

[78] Fr. Hölderlin, Hyperion, in: Ges. Werke, hg. B. v. Heiseler, 1955, S. 454.

[79] Zur romantischen Naturforschung vgl. D. v. Engelhardt, Spiritualisierung der Natur und Naturalisierung des Menschen; in: F. Rapp (Hrsg.), Naturverständnis und Naturbeherrschung, München 1981, S. 96–110.

[80] A. v. Humboldt, Kosmos, Entwurf einer physischen Weltbeschreibung, Stuttgart 1877, Bd. 1, S. XIX, S. 19, 20.

[81] Gerhard Hard, Zu Begriff und Geschichte der »Natur« in der Geographie des 19. und 20. Jahrhunderts, in: G. Großklaus u. E. Oldenmeyer (Hg.), Natur als Gegenwelt, Karlsruhe 1983, S. 149ff., das Zitat S. 153.

[82] Ebd., S. 162.

[83] Zur frühen Kritik an der touristischen Verdinglichung der Naturerfahrung vgl. H.-D. Weber, Heines Harzreise und der Tourismus, Der Deutschunterricht, 1/1986, S. 51–68.

Ulrich Gaier

Garten als inszenierte Natur

I.

Dieser Vortrag geht zurück auf ein über zwei Semester geführtes Seminar über das Thema ›Literarische Gärten‹, in dem von Althistorikern, Altphilologen, Germanisten der älteren und neueren Literatur die Beziehungen zwischen Garten und Literatur untersucht wurden. Aus diesem Seminar ging eine Ausstellung über ›Garten und Literatur‹ hervor, die an verschiedenen Orten in der Bundesrepublik gezeigt wurde.

Das Ergebnis dieser Arbeit läßt sich in einem Satz so zusammenfassen: Es gibt nicht nur Gärten in der Literatur und Literatur in Gärten, sondern Gärten sind selbst Literatur. Der Garten in der Literatur ist eine beliebte Szene des geistlichen und des leiblichen Eros; vom Paradies über Platons ›Phaidros‹, Marthes Garten in Goethes ›Faust‹ bis zu Stifters ›Nachsommer‹ und bis in die Gegenwart gibt es unzählige Beispiele. Umgekehrt dient der Garten seit der Renaissance häufig als Theaterszene und wird als Naturbühne aufgebaut, oder er zitiert Literatur als Szenen aus Mythologie, Theater und Oper in seinen Skulpturen, oder er baut literarische Szenen und Ambientes nach, so daß der Besucher des Gartens zur literarischen Figur wird, die einen Roman in natura erleben kann und soll. Abgesehen von diesen offensichtlichen Beziehungen zwischen Literatur und Garten schien uns jedoch das wichtigste Ergebnis unserer Arbeit, daß der Garten selbst Literatur, Text, Zeichen bestimmter Bedeutung und Kommunikat bestimmten Sinnes ist. Das Bedeutungsverleihende und Sinngebende nannten wir den »Blick«, mit dem der Gestalter des Gartens Kraut und Unkraut unterscheidet, die eine Pflanze hierhin, die andere dorthin setzt, einen Weg so und nicht anders führt und damit vor dem inneren Auge die angepflanzten Schößlinge schon als Ensemble ausgewachsener Bäume und Sträucher und den Samen schon als farbenprächtige Blume sieht. Zum semiotischen und zum kommunikativen Wert des Gartens zunächst einige allgemeine Befunde aus seiner Geschichte.

Für den Blick des archaisch denkenden Menschen, dessen große Göttin sagt »Ich bin der Garten«, ist der Genuß der Früchte, das Atmen der Luft, die Kühlung durch den Brunnen, die Freude an Farbe und Gestalt der Blätter und Blüten ein Genuß der Gottheit selbst in der unmittelbaren Substanz. Distanz nimmt der Blick in der mythischen Religiosität, wo die Götter sich aus der Greifbarkeit zurückgezogen haben: Die Griechen unterscheiden z. B. mit den Begriffen ἄλσος und κῆπος den heiligen Hain von dem bepflanzten Gehege oder Nutzgarten und Viehpferch; in der amönen Natur des Hains ist die Gottheit im Gedenken und Gebet des Menschen anwesend, er kann sie allenfalls als Säuseln des Windes in den Blättern, als panische Stille der Mittagshitze erfahren. Der Kaiser Hadrian machte mit seiner Villa in Tivoli sich und seinen Besuchern das ganze römische Weltreich in Erinnerungsbauten präsent – eine riesige Stoa z. B. erinnerte an Athen, ein Nilarm mit Serapeion an Ägypten, vor allem aber auch ganz privat an des Kaisers dort verstorbenen Liebling Antinous. Ist Hadrians architektonischer Erinnerungsgarten eine Vorwegnahme der englischen Erinnerungs-Parks aus dem 18. Jahrhundert, so liest man im Brief 5,6 des Plinius von einem ästhetischen Angebot an den Besucher seiner Villa, das von einem Landschaftsgärtner aus dem 18. Jahrhundert stammen könnte:

>>Die Landschaft ist ganz herrlich. Stelle Dir ein riesiges Amphitheater vor, wie es allein die schöpferische Natur hervorbringen kann. Eine weitausgedehnte Ebene wird rings von Bergen umschlossen, die Berge zeigen um ihre Gipfel hochgewachsenen, alten Baumbestand. [...] Unterhalb der Waldungen breiten sich, wohin man blickt, Weingärten aus [...]. Dann Wiesen und Felder [...]. Alles wird von nie versiegenden Bächen berieselt. [...]
Es wird für Dich ein großer Genuß sein, wenn Du von einem Berge aus auf diese Landschaft hinunterblickst. Denn es wird Dir so vorkommen, als sähest Du nicht Ländereien, sondern ein in außergewöhnlicher Schönheit gemaltes Landschaftsbild, an dessen Buntheit und Gliederung Deine Augen sich erquicken werden, wohin auch immer sie blicken. Das Landhaus liegt am Fuße eines Hügels und schaut doch gleichsam von oben in die Welt [...]. Vor den Arkaden eine Terrasse, in Blumenbeete von vielerlei Gestalt aufgeteilt, von Buchsbaumhecken eingefaßt; weiterhin ein sanft abfallender Rasenteppich, in den der Buchsbaum paarweise einander gegenüberstehende Tiergestalten eingezeichnet hat; beim Übergang in das Flachland geschmeidiger, beinahe möchte ich sagen: wogender Akanthus. Den Rasenteppich umzieht eine von niedrigem, mannigfach zugestutztem Buschwerk eingefaßte Promenade; zur Seite eine zirkusförmige Allee, die um vielgestaltigen Buchsbaum und künstlich niedrig gehaltene Bäumchen herumführt. Das Ganze ist von einer Lehmmauer eingefriedigt, die von einer treppenförmigen Buchsbaumhecke verdeckt und den Blicken entzogen wird. Dahinter eine Wiese, nicht weniger hübsch in ihrem urwüchsigen Zustand als obige Dinge in ihrer Künstlichkeit; dann, weiter weg, Felder, wieder viele Wiesen und Jungholz.<<[1]

Sicherlich ist dieser Brief des Plinius, den ich hier nur im Auszug zitiert habe, eine der bedeutendsten Anregungen für den neuen, die Landschaft wieder einbeziehenden Blick der Renaissance, der wie Plinius aus dem reizvollen Gegeneinander von Natürlichkeit und Künstlichkeit sein Interesse gewinnt; der Weg vom Blick des Plinius und des Renaissancemenschen bis zu dem Bürgerblick des 18. Jahrhunderts wird nachher zu beschreiben sein und soll den Schwerpunkt dieses Vortrags bilden. Das Mittelalter will

134

mit dem Garten des Kreuzgangs der Klöster, in dem vom Mittelpunkt vier Wege ausgehen und in den die Bogenfenster aus dem Kreuzgang blicken, einen Ort der gedenkenden und der mahnenden Interpretation schaffen, denn einerseits erinnert er den meditierenden Betrachter an den Garten des Paradieses mit seinen vier Flüssen, andererseits läßt er ihn auf die quadratische Stadt des himmlischen Jerusalem mit seinen zwölf Toren am Ende der Zeit hoffen. Die gemalten Gärten der Bilder Marias, die ja selbst der verschlossene Garten genannt wird, sind voll von allegorischen Pflanzen und Tieren: das Buch der Natur, wie seit Augustinus die hermeneutische Anweisung zur Begegnung mit der Schöpfung lautet, fordert schon durch die Verweisleistung der signifikanten Dinge zur meditativen kontextuellen Interpretation auf, wieviel mehr die schon mit allegorischem Blick vorgestellten Gärten der Literatur und Malerei.

Mit dem Beginn der Neuzeit setzt ein Naturbegriff im Gartendenken ein, den ich als »inszenierte Natur« bezeichne. Es ist nicht mehr die substantielle Natur der Muttergöttin (»Ich bin der Garten«), nicht mehr die heilig-hinweisende Natur des Götterhains, nicht mehr die typologische Meditations-Natur des mittelalterlichen Klostergartens. Es ist, wie es andeutend schon bei Plinius zu hören war, die Natur als Szene für den in ihr auftretenden und agierenden sowie für den sie überblickenden und den Akteur betrachtenden Menschen. Die Umsetzung dieses Verhältnisses zwischen Natur und Mensch zeigt sich in der perspektivischen Ausrichtung des Gartens, der Standpunktwahl für den Betrachter, der Planung von Situationen der subjektiven Erfahrung für den Besucher. Ich will zeigen, daß die Gartenkonzeptionen von der Renaissance bis zum Ende des 18. Jahrhunderts sich als Teilphasen dieser Inszenierungsidee verstehen lassen, die dann von der Interpretation der Inszenierung abgelöst wird.

II.

Der Garten der Renaissance faßt alle vorausgehenden Gartenkonzeptionen, damit alle »Blicke« und kommunikativen Ansprüche der Gärten in sich und reiht sie perspektivisch für den betrachtenden Blick oder sukzessiv für die gehende Erfahrung des Gartenbesuchers, dem damit die schöpferische, demiurgische Macht des gärtnernden Fürsten zum Bewußtsein kommen soll. Da ist zunächst wieder der Garten als lebende Substanz: Ficino, der platonische Philosoph und Gartentheoretiker Lorenzo de'Medicis, hob auf die magisch belebende, kosmische Mächte anziehende und vermittelnde Kraft des Gartens, seiner Pflanzen, Farben und Düfte ab.[2] Der Besucher des Gartens sollte »laetus in praesens« werden, die Freude des gegenwärtigen Augenblicks, zugleich körperliche und geistige Gesundheit erlangen, so wie der altorientalische Gottkönig seine Gottheit im Garten genoß. Dieser Unmittelbarkeit des Bezugs steht dialektisch die Mittelbarkeit gegenüber, mit dem der Renaissancegarten die platonische Idee verwirklicht – so wie der griechische Hain die nur vorgestellte Präsenz des mythischen

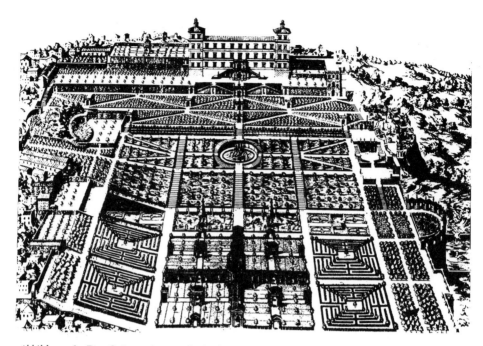

Abbildung 1 Der Spätrenaissance-Park des Kardinals d'Este in Tivoli inszeniert Natur in vielfacher Weise: Zunächst durch herkulische Beherrschung der Elemente – Erdarbeiten und Aufführung gewaltiger Stützmauern, Anzapfung des unterirdisch laufenden Aniene-Flusses zur Speisung von Hunderten von Wasserspielen, Beherrschung der tönenden Luft in Wasserorgel und zwitschernden Kunstvögeln, Licht- und Farbspiele durch Blumen- und Wasserspiegel-Kompositionen. Dann ist der Garten von »bosco«, wild wirkendem Wald, umrahmt, nach innen folgen Labyrinthe als verwirrende Ordnung, innen liegt das Doppelband der kunstvoll geometrisierten Parterres. Die, von unten gesehen, erste breite Querachse verläuft von der vielbrüstigen Diana als Lebensmutter über eine Kette von Fischteichen zum Neptunbrunnen: Weg vom Ursprung zum Ende. Die zweite Querachse vom Tivolibrunnen zur »Rometta« verbindet die zwei Lebenssphären des Kardinals. Die Mittelachse ist der Weg des Herkules (des »Stammvaters« der d'Este): Am zentralen Drachenbrunnen muß er sich entscheiden – links für Venus (und Tivoli), rechts für Diana (und die Kardinalspflichten in Rom).

Gottes vermittelte –: Als Ficino mit Pico della Mirandola an den Hängen von Fiesole eines Tages spazierenging, entdeckten sie die Villa des Humanisten Leonardo Bruni: »Der Archetypus, die innere Idee, die sie im Geiste trugen, fand sich da plötzlich verwirklicht, und sie hatten den Eindruck, als träten sie in einen Traum ein.«[3] Den mittelalterlichen Klostergarten nimmt nicht nur die geometrisierte Form der Blumenparterres auf; auch die Allegorik des mittelalterlichen Denkens setzt sich in dem ikonischen Programm und Netz von Bedeutungsbezügen fort, die den Renaissancegarten zu einem »Sinnen-Bild« machen.

Die Vielfalt dieser Sinnbezüge wird jedoch zusammengehalten und zur Szene gemacht durch die doppelte Perspektivik des Renaissancegartens: Der Besucher verliert sich auf verschlungenen Pfaden im dichten Wald oder Wäldchen, irrt durchs Heckenlabyrinth, wird auf schnurgeraden Wegen an der Sinnenkunst der Blumenrabatten vorbeigeführt, entwickelt die Verweisungsbezüge des ikonischen Programms und nähert sich, von der Syntax dieses Mikrokosmos gelenkt, dem allüberschauenden Aussichtspunkt, von dem aus der Fürst seinem Suchen und Erfahren schon längst lächelnd zugesehen hat, dem Aussichtspunkt, der mit einem Male alles übersichtlich zeigt, dem Ursprung der durch den Garten gelegten Blickachse, der folgend das Auge weit in die Ferne auf die Landschaft geführt wird. Die Perspektiven des Gartenbesuchers und die des allüberblickenden Fürsten spiegeln die des Bürgers und des Fürsten im Staat oder die des Menschen und Gottes im Kosmos wider, und dies in einem vom fürstlichen Gärtner geschaffenen Mikrokosmos.

Ist die Natur ein von Gott geschriebenes, nur mit Hilfe der Offenbarung lesbares Buch, eine Schöpfung, in der der Mensch immer nur enthalten ist, so ist der Garten ein vom Fürsten in verständlichen Zeichen geschriebenes Buch, eine Theaterszene, die der fürstliche Demiurg schafft, überblickt und beherrscht. Wesentlich ist, daß die Zeichen des Menschen die Zeichen Gottes[4] – Elemente, Bäume, Sträucher, Blumen, Tiere – als Material nehmen und ihnen damit eine zweite, verdeutlichende Bedeutung aufprägen, daß die menschliche Schöpfung die göttliche Schöpfung durch Kunst umschafft und verschönert, daß der menschliche Kommunikationsanspruch die Rede Gottes durch die Kreatur weiter verdeutlicht und expliziert. Der Renaissancegarten ist also die humanisierende Verdoppelung von Zeichen, Schöpfung und Rede Gottes; die menschliche Kunst ist die strukturanaloge, perspektivisch proportionale Wiederholung und Fortführung der göttlichen Natur, im magisch hermetischen Sinne sogar die Wiederbringung der durch den Sündenfall verkommenen Natur durch den Menschen. Unbearbeitete wilde Natur ist in Gestalt des Waldes (bosco) deshalb nicht nur Teil des Renaissancegartens, sondern sie erfährt sukzessive ihre Erlösung durch die Kunst des Menschen, wie auch der Mensch als Gartenbesucher von der Verlorenheit in der ihn überwachsenden Wirrnis zum weiten hohen herrlichen Blick über das Ganze geführt wird. Der Humanist Gianozzo Manetti schreibt an König Alfons II. von Neapel, Besitzer eines der berühmtesten Renaissancegärten am Ende des 15. Jahrhunderts: »Wenn das Auge auf einen einzigen Blick [in uno aspectu] fassen kann, was der Geist von der Schönheit der Landschaft innerlich weiß, dann kann der Mensch, lebend und schauend, ein fühlbares Maß seiner eigenen Größe entdecken.«[5]

III.

Der Garten der Renaissance in seiner mikrokosmischen Totalität als Zeichen, Schöpfung und kommunikativer Anspruch an den Besucher enthält alle neuzeitlichen Gartenkonzeptionen in nuce; später werden Elemente dieser kleinen Welt herausgeho-

ben, verstärkt, differenziert und abgewandelt. Auf die Mikrokosmen der Renaissance folgen seit der Spätrenaissance Gärten, in denen ein Aspekt des gärtnernden Verhältnisses zur Natur herausgehoben und szenisch umgesetzt wird, so etwa das Moment der Künstlichkeit und des Illusionären in den manieristischen Gärten von Bomarzo, oder z. B. die wunderbaren Gartengedichte des englischen metaphysical poet Andrew Marvell ›Upon Appleton House‹ und ›The Garden‹ beschreiben um 1660 einen Blick auf den Garten, der in ihm die Idee der Natur und der Gärten überhaupt verwirklicht sieht. Am Schluß von ›Upon Appleton House‹ heißt es, in deutsche Prosa übertragen, in Anrede an den Garten:

> »Gegenüber dir wird das Tempetal in Thessalien als veraltet verachtet, Aranjuez als geringer verschmäht, Bel-Retiro als beengt; auch den Hain vom Ida soll keiner nennen, denn der war die Szene unverantwortlicher Liebe, und noch viel weniger die elysäischen Felder der Toten – aber auch der ihrigen weicht deine Schönheit nicht. Sie ist nicht, was sie einmal war, die Welt, nur noch ein roher Haufen, nachlässig zusammen- und übereinandergeworfen, Golfe, Wüsten, Abgründe, Stein. Deine kleinere Welt enthält sie alle, aber gezähmt, in zierlicher Ordnung. Du bist das Zentrum des Himmels, der Schoß der Natur und der einzige Grundriß des Paradieses.«[6]

Schließlich übersteigt der Gedanke die Gartenwirklichkeit, zieht aus ihr gewissermaßen die Essenz, das Wesentliche heraus; der Besucher erfährt sich in einen paradiesischen Zustand seiner selbst versetzt. Im Gedicht ›The Garden‹ sagt er:

> »Was führe ich doch für ein wundersames Leben! Reife Äpfel fallen um mein Haupt, die saftigen Trauben der Rebe drücken mir den Wein in den Mund; die Nektarine, der seltene Pfirsich drängen sich mir in die Hände; im Vorbeigehen über Melonen stolpernd, gefangen in Blumenschlingen, falle ich aufs Gras.
> Inzwischen zieht sich der Geist von geringeren Vergnügungen in seine Seligkeit zurück: der Geist, dieser Ozean, wo jedes Ding sogleich sein Gleichnis findet, doch er schafft, diese transzendierend, ganz andere Welten und andere Meere, indem er alles, was gemacht ist, vernichtet in einen grünen Gedanken im grünen Schatten.
> Hier am feuchten Fuß der Quelle oder an der moorigen Wurzel eines Obstbaums, das Kleid des Körpers beiseite werfend, gleitet meine Seele in die Zweige: Dort sitzt und singt sie wie ein Vogel, dann putzt und kämmt sie ihre

◄

Abbildung 2 Der »heilige Wald« des Vicino Orsini (1523–1585) in Bomarzo ist eine Schöpfung, in der Natur und Kunst, Leben und Tod, Universalität von Raum und Zeit und die punktuelle Gegenwart des Betrachters die Rollen tauschen. Die abgebildete Maske vereinigt aztekische und etruskische Züge, suggeriert damit einen historischen Zusammenhang dieser Kulturen, die ihrerseits das vollplastisch über die Weltkugel gespannte Wappen der Orsini di Castello tragen.

Silberschwingen und läßt, bis sie zu längerem Flug bereit ist, in ihren Federn das farbige Licht spielen.«[7]

Auch in La Fontaines Gedichten zur Verherrlichung des Parks von Vaux-le-Vicomte wird die einfache Gartenwirklichkeit transzendiert, und zwar in der Fiktion des Eintretens in einen Traum. Die Gedichte, von 1659 bis 1661 entstanden und wegen des Sturzes des Auftraggebers unvollendet, standen unter dem Titel ›Le songe de Vaux‹; es ist ein idealer Ort, wo das Göttliche wohnt, so z. B. der Gott des Schlafes:

»Die Wohnung des Gottes ist in der Mitte eines Waldes, wo die Stille und die Einsamkeit sich aufhalten: es ist eine Höhle, welche die Natur mit eigenen Händen gegraben und deren Zugänge sie gegen Licht und Lärm verbarrikadiert hat. Unter den Moosvorhängen dieses finsteren Palastes antwortet Echo nicht und scheint eingeschlummert: Die lässige Muße, auf der Schwelle gehockt, rührt sich Tag und Nacht nicht von der Stelle und läßt in der Umgebung niemals durch Hahnenschrei oder Trompetenlärm die Natur zur Arbeit aufrufen. Ein Bach fließt in der Nähe und murmelt sanft.«[8]

An diesen Texten wird deutlich, wie die Gartennatur, nicht genug, daß sie die Natur draußen durch Schönheit und Ordnung transzendiert, selbst noch einmal durch ein ideales Bild ihrer selbst illusionär transzendiert wird und nur die Stufe ist, auf der der Geist in den Traum, die Poesie, den paradiesischen oder gar mystischen Zustand aufsteigt, in dem sich alles in das Nichts eines »grünen Gedankens im grünen Schatten« verwesentlicht. Die Natur, im Garten durch den Menschen schon in den Zustand eines irdischen Paradieses transformiert, wird durch den essentiierenden Tiefblick vollends auf ihre Idee, ihr Wesen hin geöffnet, wie die Architektur der barocken Kirchen durch die Deckengemälde sich in den Himmel zu öffnen scheint. Die Natur des Gartens ist hier also Inszenierung einer metaphysischen Idee oder Illusion und verlangt nach ihrer Transzendierung durch den Betrachter.

IV.

Wenn hier der Archetypus, den Ficino im Renaissancegarten verwirklicht sah, sich über mehrere Transzendierungsstufen als Illusion, als Traum, als Jenseitshoffnung des Gartenbesuchers herstellt, so ist die nächste Phase der Gartenkonzeptionen und damit des Begriffs der gärtnerisch bedeutend und sinnvoll umgeschaffenen Natur diejenige, daß der Mensch seine Vorstellung von sich und seinem Verhältnis zur Natur und Welt nicht mehr in der Transzendenz des Gartens faßt, sondern in die Natur des Gartens projiziert und von ihr verwirklichen läßt. Hier entstehen die Konzeptionen des französischen Parks wie die des englischen Landschaftsgartens, die eine die Abbildung des absoluten Herrschaftsprinzips, die andere die in bewußter Opposition dazu gefaßte

140

Abbildung 3 Der Park von Versailles, von dem berühmten Gartenarchitekten Le Nôtre für Ludwig XIV. gestaltet, hebt aus den Elementen des Renaissanceparks die geometrische Achsialstruktur besonders heraus, die durch rigorose Trimmung der Parkbäume nach der Richtschnur in ihrer Wirkung noch verstärkt wurde. Hier war der Blick des Sonnenkönigs nach allen Richtungen, aber auch der Blick von allen Seiten auf den Monarchen verwirklicht, die Natur der Kunst unterworfen. Damit die Inszenierung des Absolutismus auch vollendet genossen wurde, schrieb der König einen Führer, wie sein Park zu begehen sei.

Abbildung der liberalistischen bürgerlichen Verfassung, die eine die Verwirklichung des geometrisierenden Verstandes, die andere die Projektion der Gemälde einer empfindsamen Einbildungskraft in die Natur hinaus. Die Parkkonzeption des französischen Gartenarchitekten Le Nôtre für Ludwig XIV. in Versailles verabsolutierte die Axialkonstruktion des Renaissancegartens und ließ den Herrscherblick des Sonnenkönigs, der radial von einem Zentrum alles bestrahlt und alles sieht, unmittelbare geometrische Wirklichkeit werden. Ludwig XIV. führte auch selbst seine Gäste und verfaßte eigenhändig einen Führer, wie sein Park zu besichtigen sei. Es ist interessant, daß La Fontaine, der 1669 auch den Park von Versailles bedichtete, hier auf die Traumfiktion verzichtet und eine Allegorisierung oder Mythisierung nach frostigem Mißlingen deutlich ablehnt. Die Dichtung ›Les Amours de Psyché‹ erzählt von der Vorlesung einer Liebesgeschichte im Park von Versailles, dessen »lange Reihe verschiedenartiger Schönheiten« beschrieben wird:

141

»Dort genießt in vergoldeten Karossen der Fürst mit seinem Hofstaat die Frische der Abenddämmerung. Die eine und die andere Sonne, einzig in ihrer Art, präsentieren den Zuschauern ihren Glanz und ihren Reichtum. Phöbus glänzt mit dem französischen Monarchen um die Wette; man weiß oft nicht, wem man seine Stimme geben soll. Alle beide sind voll von Glanz und strahlen von Herrlichkeit. Ah! wenn die Musen mir helfen würden, mit welchen Zügen schmückte ich diesen Vergleich! Versailles wäre der Palast des Apollon, die Schönen des Hofes würden die Horen abgeben: Aber malen wir nur einfach diese bezaubernden Stätten!«[9]

Die Musen helfen ihm nicht, La Fontaine beschreibt nur mit peinlicher Genauigkeit die verschiedenen Teile des Parks und lobt, daß die Schönheiten so vieler Objekte sich nicht vermischen. Beschreibung, ebenso erstaunlich wie bei der sprühenden Phantasie La Fontaines, liefert auch die Verfasserin heroisch-galanter Romane Madeleine de Scudéry in ihrer ›Promenade de Versailles‹, um, wie sie sagt, das Gedächtnis dieser großartigen Kunstleistung zu bewahren. Ich zitiere aus ihrer Beschreibung der Thetis-Grotte:

»Die Augen sind entzückt, die Ohren bezaubert, der Geist hingerissen, die Vorstellungskraft sozusagen erdrückt von der Menge der schönen Objekte. Diese Grotte ist sehr großartig, weit, geräumig, hat drei Vertiefungen, deren verschiedene Schönheiten miteinander in Beziehung stehen. Die Sonne ist in der Kuppel der Grotte abgebildet als Gestirn, das hier überall herrscht. Alle Ornamente, die die Architektur aufnehmen kann, scheinen hier aus Muscheln geformt, mindestens die, die zum Wasser passen, wie Fische oder Wasservögel, wahre und fabelhafte. [. . .] Verschiedene Spiegel zwischen den Muscheln vervielfältigen noch diese schönen Objekte, und tausend Vögel in Relief täuschen die Augen, während die Ohren angenehm getäuscht werden durch eine ganz neue Erfindung: verborgene Orgelpfeifen sind so plaziert, daß ein Echo in der Grotte ihnen von einer Seite zur andern antwortet; aber so natürlich und deutlich, daß, solang die Harmonie dauert, man tatsächlich mitten im Wald zu stehen meint, wo tausend Vögel einander antworten, und diese ländliche Musik mit dem Murmeln des Wassers gemischt macht einen Effekt, der nicht auszudrücken ist.«[10]

Waldvogelgesang in einer Grotte der Thetis, die das Unterwasserreich darstellen soll – man sieht, daß es mindestens an manchen Stellen des Parks von Versailles eher auf Prachtentfaltung, Erregung von Bewunderung durch technische Neuerungen, die der Kardinal d'Este schon hundert Jahre vorher eingesetzt hatte, ankam als auf die Konsistenz der Bedeutungen in einem ikonischen Programm. Die inszenierte Natur des Parks verliert ihre semiotische Differenzierung und bezeichnet vor allem nur noch den königlichen Willen und die hierarchischen Strukturen seiner Durchführung; um so stärker und eindeutiger ist die erdrückende kommunikative Gewalt der kanalisierten

Blicke und Bewegungen in den schnurgeraden Schneisen zwischen grünen Baumwänden oder die Schutzlosigkeit vor dem königlichen Blick auf den immensen Terrassen und schattenlosen Wegen vor dem Schloß und in der Mittelachse des Grand Canal. Daß auch der König in dieses System der persönlichen Freiheitsberaubung einbezogen ist, wird an der Umkehrbarkeit des Blicks deutlich: Von allen Seiten blickt man auf das Schloß; keine private Bewegung ist dort möglich, vom Lever bis zum Coucher du Roi spielt sich sein Leben in öffentlicher Repräsentation ab. Der Park aber ist der vollkommene Ausdruck dieses allumfassenden Systems, seiner Beherrschung und Unterdrückung natürlicher Individualität und freien Entwicklung.

V.

Den Gegensatz dazu, Projektion eines auf Unabhängigkeit und Freiheit des einzelnen abzielenden Verständnisses der menschlichen Gesellschaft, bildet der englische Landschaftspark. Nachdem 1712 Joseph Addison in seinem großen Essay über ›The Pleasures of the Imagination‹ in dem weitverbreiteten Journal ›The Spectator‹ die Beziehung zwischen der Idee und dem Lebensgefühl der Freiheit einerseits und dem Blick auf den weiten Prospekt der Natur andererseits hergestellt hatte, fand das politische und gesellschaftliche Selbstverständnis des englischen Gentleman seinen Ausdruck im Landschaftspark mit seinen Solitärbäumen, schlängelnden Wegen in unregelmäßigem Terrain und begehbaren Gemälden.

Was der Einbildungskraft Vergnügen bereitet, ist das Große, das Neue und das Schöne – dies sind die Hauptkategorien der seit Francis Bacon und Thomas Hobbes, den italienischen Ästhetikern und dann wieder bei Shaftesbury und Addison der rationalistischen Ästhetik der Mimesis entgegenstehenden Ästhetik der Phantasie.[11] Addison schreibt:

»Unter *Größe* verstehe ich nicht die Masse eines einzelnen Objekts, sondern die Weite eines ganzen Blicks, der als Einheit betrachtet wird. Das sind z.B. Prospekte einer offenen Heidelandschaft, einer weiten unkultivierten Steppe, von riesigen Bergmassiven, hohen Felsen und Abstürzen, oder einer weiten Ausdehnung von Wasser, wo wir nicht von der Neuheit oder Schönheit des Anblicks überrascht werden, sondern von jener rohen Art von Großartigkeit, die in vielen dieser erstaunlichen Werke der Natur erscheint. Unsere Imagination liebt es, von einem Gegenstand ausgefüllt zu werden oder etwas zu fassen, das zu groß für ihre Fassungskraft ist. Wir werden in angenehmes Staunen versetzt bei solchen grenzenlosen Anblicken und fühlen eine entzückende Stille und Überwältigung in der Seele bei ihrer Wahrnehmung. Der Geist des Menschen haßt von Natur aus alles, was wie Zwang auf ihn aussieht, und stellt sich leicht in einer Art von Gefangenschaft vor, wenn die Sicht auf einen engen Ausblick

Abbildung 4 Der englische Park, wie der französische Ausdruck eines politischen Programms, ist Symbol der liberalen Ideen. Nach Vorlagen und Prinzipien der Landschaftsmalerei wird, wie hier in Stourhead, »Natur« zu Gemälden komponiert und gibt in kalkulierten Durchblicken und

eingeschränkt und auf jeder Seite durch nahe Mauern oder Berge verkürzt wird. Im Gegensatz dazu ist ein geräumiger Horizont ein Bild der Freiheit, wo das Auge unbehindert umherschweifen, in der Unermeßlichkeit seines Blicks losgelassen umherwandern und sich inmitten der Mannigfaltigkeit von Objekten verlieren kann, die sich seiner Beobachtung anbieten. Solche weiten und unbestimmten Prospekte sind so angenehm für die Phantasie wie die Betrachtungen über Ewigkeit oder Unendlichkeit für den Verstand. Aber wenn etwas Schönes oder Ungewöhnliches mit dieser Größe verbunden ist, wie in einem aufgewühlten Ozean, einem mit Sternen und Meteoren geschmückten Himmel oder einer weiten, durch Flüsse, Wälder, Felsen und Wiesen gegliederten Landschaft, dann wächst das Vergnügen noch in uns, da es aus mehr als einer Quelle sich speist.«[12]

Nach der Größe und Weite, dem Sinnenbild der Freiheit, ist es für Addison zweitens das Neue und Ungewöhnliche, was die Einbildungskraft vergnügt:

»Das ist es, was Abwechslung so willkommen macht, wo der Geist alle Augenblicke auf etwas Neues abgezogen wird und die Aufmerksamkeit nicht zu lange auf einem einzelnen Objekt ruhen und sich darauf verschwenden darf. [...] Deshalb belebt nichts eine Aussicht so sehr wie Flüsse, Springbrunnen oder Wasserfälle, wo die Szene sich ewig ändert und das Auge jeden Moment mit etwas Neuem unterhalten wird. Wir werden schnell müde vom Anblick von Hügeln und Tälern, wo alles fest und ruhig am Ort und in derselben Stellung bleibt, aber wir finden unsere Gedanken ein wenig bewegt und erleichtert durch Dinge, die immer in Bewegung sind und vom Auge des Betrachters weggleiten.«[12a]

Addison führt weiter aus, daß die Werke der Kunst nie die Größe und Kühnheit der Werke der Natur erreichen und deshalb weniger angenehm für die Einbildungskraft sind. Kunstwerke sind deshalb angenehmer, wenn sie der Natur ähnlich sind, und umgekehrt sind Naturwerke da besonders angenehm, wo sie künstlich zu sein scheinen, weil dann neben der Einbildungskraft der vergleichende Verstand beschäftigt ist und Absicht im Zufälligen zu finden meinen kann.

»Deshalb entzückt uns ein Prospekt so sehr, der gut komponiert und mit Feldern, Wiesen, Wäldern und Flüssen diversifiziert ist; uns entzücken jene Aussichten dem immer neu überraschten Spaziergänger Szenen mit antiker Ruine oder mit gotischer Kirche und Burg, mit Einsiedelei oder Köhlerhütte vor, in die er sich wie in ein Bild hineinbegibt und empfindsam dem zitierten Geist sich anverwandelt. Hier, wo sich die Natur scheinbar kunstlos in die verschiedensten schönen Formen gestaltet, wird der Betrachter selbst freiwillig zum einfühlsamen Element der Inszenierung, das sich zugleich in diesen Empfindungen reflektiert und genießt.

zufälligen Landschaftsgemälde mit Bäumen, Wolken und Städten, die man manchmal in den Adern des Marmors findet; uns entzückt die seltsame Ornamentik von Felsen und Grotten, mit einem Wort: alles, was eine solche Mannigfaltigkeit oder Regularität aufweist, daß es die Wirkung einer Absicht in dem zu sein scheint, was wir Werk des Zufalls nennen.«[13]

Addison versäumt nicht, seine Ästhetik des kunstvoll Natürlichen und naturhaft Künstlichen auf das Verhältnis zwischen freier Natur und Garten anzuwenden, der zu seiner Zeit noch ganz unter dem Einfluß des französisierenden »formal garden« stand, und man kann sagen, daß in der Nummer 414 des ›Spectator‹ die Theorie des englischen Landschaftsgartens erstmals formuliert ist:

»Die Schönheiten des stattlichsten Gartens oder Palastes liegen in einer engen Begrenzung, die Einbildungskraft durchläuft sie rasch und verlangt nach etwas anderem, das sie befriedigen soll; aber in den weiten Gefilden der Natur wandert der Blick auf und ab ohne Einengung und wird mit einer unendlichen Vielfalt von Bildern genährt ohne bestimmte Verteilung oder Anzahl. [. . .] Deshalb sind unsere englischen Gärten nicht so unterhaltend für die Phantasie wie die in Frankreich und Italien, wo wir einen großen Teil der Fläche mit einer angenehmen Mischung von Garten und Wald bedeckt sehen, die überall eine künstliche Wildheit darstellen, viel reizender als diese Nettigkeit und Eleganz, die wir in den Gärten unseres Landes antreffen. Es könnte allerdings schlimme Folgen für die Öffentlichkeit haben und den Profit der Privatleute schmälern, wenn man der Nutzung als Weide und Acker so viel Land entziehen wollte in vielen Teilen eines Landes, das so dicht bevölkert und zu besserer Rendite kultiviert ist. Aber warum kann nicht ein ganzes Gut zu einer Art Garten gemacht werden durch intensive Bepflanzung, die dem Profit seines Besitzers ebenso dient wie seinem Vergnügen? [. . .] Kornfelder geben einen angenehmen Ausblick, und wenn die Wege zwischen ihnen ein wenig gepflegt würden, wenn die natürliche Stickerei der Wiesen durch einige kleine Zusätze der Kunst unterstützt und verbessert und die Heckenreihen mit Bäumen und Blumen, soweit sie dort wachsen, abgesetzt würden, könnte ein Mann ein hübsches Landschaftsbild aus seinem Besitztum machen.«[13a]

Es folgt der äußerst folgenreiche Hinweis auf die Chinesen, ihre genialen Naturgärten, ihren Spott auf die mit Zirkel und Lineal gärtnernden Europäer, ihre Absicht, die Einbildungskraft beim ersten Blick auf den Garten zu überraschen, ohne daß man den Grund dieser Wirkung entdeckt. Von diesem Hinweis leiten sich die unzähligen Anspielungen auf mehr oder weniger gut verstandene chinesische Gartenkunst in den Parks des 18. Jahrhunderts ab; man wollte damit das literarisch und durch die Stiche jesuitischer Missionare vermittelte Bild des chinesischen Geschmacks für das Verspielte, Eigenwillige in den Produktionen der Natur assoziieren. Auch die Schelte auf die französisierenden Gärten in Addisons England fehlt nicht:

146

»Unsere britischen Gärten dagegen, statt die Natur in ihren Launen zu verwöhnen, lieben es, so weit wie nur möglich von ihr abzuweichen. Unsere Bäume steigen in Kegeln, Kugeln und Pyramiden auf. Ich weiß nicht, ob ich allein bin mit meiner Meinung, aber ich, wenn ich wählen sollte, würde lieber auf einen Baum in all seiner Pracht und Ausbreitung von Ästen und Zweigen schauen, als wenn er so in eine mathematische Figur gesägt und getrimmt wird; und ich kann mir nur einbilden, daß ein blühender Baumgarten unendlich entzückender aussieht als all die kleinen Labyrinthe des vollkommensten Parterres.«[13b]

Als sekundäre Vergnügungen der Einbildungskraft fügt Addison diejenigen hinzu, die durch Erinnerungszeichen assoziativ ausgelöst werden, wo die Einbildungskraft an Gesehenes, Erlebtes, Gelesenes, Gedachtes, Erträumtes gemahnt wird und so ganze Ketten von Assoziationen ausgelöst werden. Skulptur, Malerei, Beschreibung, Musik werden genannt, aber auch Düfte oder Farben, die den Geist plötzlich mit der Erinnerung an Felder oder Gärten füllen, wo wir sie zuerst erlebten.[14] Solche Assoziationsspender im Landschaftsgarten zu plazieren, erhöht seinen Vergnügungswert und nähert ihn noch mehr dem Charakter eines Gemäldes, einer Landschaftsmalerei der Zeit.

Addisons Essay ›On the Pleasures of Imagination‹ von 1712 enthält, das ist sicher deutlich geworden, die Anweisung zur Inszenierung der Park-Natur so, daß sie zur Quelle des Vergnügens der Einbildungskraft wird, und damit alle Elemente des englischen Landschaftsgartens von dem Maler William Kent an, der ihn 1730 zum erstenmal verwirklichte, bis hin zu Capability Brown und Humphrey Repton am Ende des Jahrhunderts, der das schon von Addison propagierte Nützlichkeitsprinzip erstmals wieder neben den Prinzipien der Proportion und Einheit oder Harmonie zur Geltung brachte[15] und damit Fürst Pückler-Muskau anregte.

Für den Naturbegriff, der durch Addisons Ästhetik der Einbildungskraft begründet wird, sind zusammenfassend folgende Gesichtspunkte entscheidend: Während die Natur bei den französisierenden Gärten durch die Ratio beherrscht wird und sich damit implizit als das Wilde und Rohe erweist, durch dessen Unterdrückung sich erst der Mensch bestätigt, ist die Natur bei Addison ein schaffendes Prinzip, durch das sich Gott mit seinen Zielen und Absichten manifestiert und das deshalb mit seinen tatsächlichen oder scheinbaren Zufälligkeiten und Launen bei gutem Humor gehalten werden muß.[16] Über die Einbildungskraft vermittelt sie dem sinnlich wahrnehmenden Menschen Analogieerfahrungen seines eigenen Daseins und moralischen Handelns – weiter oder verengter Horizont als Erfahrung von Freiheit oder Zwang, die Erfahrungen des Großen und Erhabenen, des Schönen, des Neuen, Seltenen und Ungewöhnlichen. Die über die Einbildungskraft vermittelte Dialektik von Sinnlichkeit und Vernunft erzeugt auch das Vergnügen der Einbildungskraft als Dialektik zwischen Natur und Kunst; Natur ist am interessantesten, wo sie an Kunst erinnert und System in ihren Zufällen vermuten läßt; Kunst ist am entzückendsten, wo sie Natur zu sein scheint. Konsequent legt Addison den Zaun zwischen Garten, genutzter und freier Natur nieder: Wie der Blick ein ästhetischer ist, so sollen Natur, Feld und Garten ein einziges

Landschaftsgemälde werden, das große Landgut mit Nutzflächen, Wäldern und Garten, mit Arbeitern und Herrschaften, »a pretty Landskip«. So wie im französischen Park die Natur das Herrschaftssystem des geometrischen Verstandes darzustellen hat, so ist sie bei Addison nicht weniger systematisch Inszenierung des auf Freiheit im Ausgleich gegensätzlicher Kräfte gerichteten liberalistischen Gesellschaftssystems der ästhetisch vermittelnden, alles ins Bild erhebenden Einbildungskraft.

Die ersten Beispiele des englischen Landschaftsgartens vereinigen primäre und sekundäre Vergnügungen der Einbildungskraft, d.h. nicht nur die begehbaren Landschaftsgemälde, sondern auch die Assoziationsspender, die in Gestalt von Skulpturen, Büsten berühmter Menschen, mythologischen Szenen, architektonischen Zitaten wie antiken Tempeln, chinesischen Kiosks und antiken Ruinen dem Betrachter und Besucher das System von Werten zum Bewußtsein brachten und in Erinnerung riefen, zu dem sich der Besitzer des Parks bekannte. Der Park wird damit zur historischen, philosophischen, moralischen, politischen Landschaft, in die der Besucher eintritt und durch die er sich erziehen und bessern lassen soll. Über den Projektionscharakter dessen, was hier Natur heißt, täuscht man sich keineswegs:

> »Gärtnern ist eine Nachahmung der ›schönen Natur‹ und sollte deshalb nicht Kunstwerken gleichen. Wo immer die Kunst sichtbar wird, hat der Gärtner in seiner Ausführung versagt.«[17]

Nachahmung der schönen Natur ist aber das Prinzip, auf das der französische Ästhetiker Charles Batteux alle Künste zurückführt; schöne Natur entspricht dabei der Idee des Zeuxis oder des Raffael, die nach einer inneren Vorstellung vollkommener Schönheit aus der Realität die Elemente des Gegenstandes zusammentrugen und so eigentlich den vorgestellten Typus unter Verwendung realer Anschauungshilfen »nachahmten«, d.h. besser, ins Anschauliche hinausprojizierten.[18] Daß mit dieser Idee zugleich das bürgerliche Selbstverständnis der Unabhängigkeit und Freiheit, ja des englischen humour und spleen projiziert wurden, läßt sich an den Dichtern der Zeit nachweisen, vor allem bei Pope und Thomson; dies ist in überzeugender Darstellung in Adrian von Buttlars Buch ›Der englische Landsitz 1715–1760. Symbol eines liberalen Weltentwurfs‹ nachzulesen.

Die nächste Phase des englischen Landschaftsgartens ist diejenige, in der die Landschaften und Assoziationsgegenstände in ihnen nicht mehr sozusagen mit erhobenem moralischen Zeigefinger ausgewählt werden, sondern nach Stilrichtungen und internationalen Gartenkonzeptionen.

> »Ein Beispiel ist der berühmte Park des Milord Cobham in Stowe. Das ist eine Ansammlung von sehr schönen und malerischen Szenen, deren Ansichten aus verschiedenen Ländern gewählt worden sind und an denen alles natürlich erscheint außer der Zusammenstellung, wie in den chinesischen Gärten, von denen ich mit Ihnen gesprochen habe. Der Herr und Schöpfer dieser großartigen Einsamkeit hat darin sogar Ruinen, Tempel, antike Gebäude bauen lassen, und

sowohl die Zeiten wie die Gegenden sind dort mit einer übermenschlichen Großartigkeit versammelt. Das ist es gerade, was ich beklage. Ich möchte gern, daß die Vergnügungen der Menschen immer eine Leichtigkeit an sich haben, die nicht an die Schwäche des Menschen denken läßt, und daß man sich nicht beim Anstaunen solcher Wunder ermüdet vorstellen muß, wieviel Geld und Arbeit sie gekostet haben. Gibt uns das Schicksal nicht schon genug Mühe, müssen wir sie noch bei unseren Spielen haben?«[19]

Der Garten, das Beispiel ist Stowe, von »Capability« Brown gestaltet, ist also damit eine Serie historischer Gartenszenerien und Gemälde geworden; der Besucher wandert durch die Geschichte der Menschheit und der Kulturen seinem eigenen Zeitalter zu, das als zurückblickendes, Vergangenes in seiner Eigenart tolerierendes, verehrendes und anbetendes alles Vergangene schließlich kritisch hinter sich läßt und überwindet. Die Natur ist hier ausschließlich zur sekundären Vergnügung der Einbildungskraft geworden: sie muß gewissermaßen geographische und historische Assoziationsmasken tragen, an der einen Stelle chinesisch, an der andern griechisch oder arabisch wirken. Auch die Menschen, die in diese begehbaren Zeiten und historischen Räume hineinwandern, werden durch die ihnen auferlegten Assoziationen ständig aufgefordert, sich aus sich zu versetzen, sich ein Bild von sich als Chinese, als alter Grieche, arabischer Herrscher oder englischer Landadliger zu machen. So wie außerhalb des Parks die Ausbeutung der Natur und der kolonisierten Welt voranschreitet und der Mensch seiner Gegenwart entfremdet wird, so sind auch im Landschaftsgarten Natur und Mensch nicht bei sich selbst. Denselben Weg ging übrigens auch der herrschaftliche Park auf dem Kontinent. Beispiel dafür sind die Gartenschöpfungen der Markgräfin Wilhelmine von Bayreuth, der Schwester Friedrichs des Großen, in der ›Eremitage‹ und im Felsenhain ›Sanspareil‹ bei Bayreuth. In der ›Eremitage‹, die seit den vierziger Jahren des 18. Jahrhunderts von Wilhelmine weiter ausgebaut wurde, finden sich z.B. ein römisches Theater, ein Garten der Hesperiden, der zugleich an das Paradies erinnert, aber auch Herkules- und Apollomotivik enthält und zugleich die Herkules-Drachen im japanischen Stil abwandelt und in der Nähe ein »japanisches Häuschen« aufweist.[20] Die in Stowe getrennten historischen Zitate werden hier synkretistisch in ein höheres Ganzes gefaßt, das die zitierten Kulturepochen noch durchscheinen läßt, sie aber in einer neuen Konzeption kritisch aufhebt und überwindet. Die Gartennatur wird damit ins Feen- und Märchenhafte transformiert, wie dies auch die Bühnenwerke dieser erstaunlichen Frau nahelegen.

VI.

Die Kritik am Park von Stowe, die ich vorhin zitiert habe, stammt von Rousseau; sie trifft sich mit englischer Kritik am verdinglichten Stilpluralismus der Landschaftsparks.[21] Rousseau stellt in seiner ›Nouvelle Héloïse‹ diesen entfremdenden und teuren Objekten das »Elysium« der Julie am Genfer See gegenüber, einen ehemaligen Baumgarten, den sie in einen »désert artificiel«, eine künstliche Wildnis, zurückverwandelt hat. Durch geschickte Bewässerung und Bepflanzung mit einheimischen Wildpflanzen hat Julie einen Garten entstehen lassen, der den eintretenden Saint-Preux zunächst an eine von Menschen nie betretene Insel am Ende der Welt erinnert, ihm dann aber, nach der Erkenntnis, daß planender Geist am Werk war, als Elysium erscheint.

> »Sie sehen nichts Ausgerichtetes, nichts Nivelliertes; niemals war eine Richtschnur an diesem Ort; die Natur pflanzt nichts nach der Richtschnur; die Biegungen in ihrer scheinbaren Unregelmäßigkeit sind durch Kunst angelegt, damit der Spazierweg sich verlängert, die Grenzen der Insel verborgen bleiben und die scheinbare Ausdehnung vergrößert wird, ohne daß man unbequeme und zu häufige Umwege machen müßte.«[22]

Saint-Preux wundert sich, daß man sich bei dieser künstlichen Wildnis zwar keine Kosten, aber dennoch Mühe gemacht habe, statt der Natur einfach freien Lauf zu lassen. Man antwortet ihm:

> »Die Natur scheint ihre wahren Reize vor den Menschen verbergen zu wollen, die dafür zu wenig empfänglich sind und die sie zerstören, wenn sie Zugriff darauf haben: sie flieht die häufig begangenen Orte; auf den Gipfeln der Berge, in der Tiefe der Wälder, auf verlassenen Inseln entfaltet sie ihren rührendsten Zauber. Wer sie liebt und sie nicht so weit weg suchen gehen kann, muß ihr Gewalt antun, sie in gewisser Weise zwingen, bei ihm zu wohnen, und das alles läßt sich nicht ohne ein wenig Illusion machen.«[23]

Man sieht deutlich, daß der dahinterstehende Gedanke derselbe ist wie in der Gemäldesammlung von Stowe oder in dem synkretistischen Park der Wilhelmine von Bayreuth. Dort ging es nur um die Sammlung von Gartenkultur, während es hier um die Kondensation von natürlicher Natur geht, um das Zusammenzwingen von hochalpiner Vegetation mit den Schattenpflanzen des Waldinneren. Ist es dort die menschliche Kulturgeschichte, so hier die Naturgeschichte zivilisationsferner Biotope. Muß sich dort der Mensch aus sich heraus versetzen, wird er hier eigentlich gar nicht zugelassen, denn es ist die unberührte Natur, in die er sich versetzt sehen soll. Und so sind auch die Vögel die Herren eines Teils des Gartens, den die Menschen gar nie betreten. Schon hier nimmt der Mensch sich freiwillig zurück und verzichtet innerhalb seines Besitzes auf die Ausübung seiner Besitzerrechte. Der Mensch läßt sich von der ideologisierten, künstlich als Natur inszenierten Natur verdrängen. Saint-Preux sagt: »So macht ihr euch also zu Sklaven der Vögel bloß aus Angst, daß ihr sie nicht zu den euren macht.« Julie meint in der Antwort, man könne doch nicht seine Freiheit nur in den Kategorien von Herrschaft und Versklavung anderer messen, aber das Problem, daß die Menschen gewissermaßen erst das Glück finden, indem sie auf Glück, auf ihre eigene Präsenz, Genuß und Liebe verzichten, bleibt ja das Zentralproblem des Romans; Elysium, Gefilde der abgestorbenen Seelen, scheint der richtige Name für diesen literarischen Garten.

VII.

Eine letzte Phase des Verständnisses der im Garten inszenierten Natur im 18. Jahrhundert soll noch angedeutet werden. Die Sammlung von Gemälden wie in Stowe, die Folge musikalischer Stimmungen, wie der Gartenarchitekt von Stowe, »Capability« Brown, sie auch sonst anstrebte, der Synkretismus von Gärten in der »Eremitage«, das Kondensat naturhafter Natur in Julies »Elysium« führten, wie wir gesehen haben, überall zu einem Außersichsein des Menschen, der sich entweder in fremde Zustände oder in Stimmungen zu versetzen oder überhaupt zurückzuziehen hat, und zu einer Maskierung der Natur, die eine fremdkulturelle oder geographisch ferne oder altertümliche oder wild-natürliche Wirkung zu erzeugen hat, so daß Christian Hirschfeld in seiner ›Theorie der Gartenkunst‹ (1777–1782) geradezu schreiben konnte:

> Der Garten ist »eine von der Kunst nachgebildete Gegend zur Verstärkung ihrer natürlichen Wirkung«.[24]

Ein Versuch, den Garten aus seiner Spezialisierung auf Gemälde-Existenz oder Repräsentation literarischer Szenen wie in Sanspareil bei Bayreuth oder auf künstliche Wildnis zu erlösen und auch den Besucher sozusagen seiner ganzen Menschheit wiederzugeben, findet sich in einer kurzen Rezension Schillers ›Über den Gartenkalender auf das Jahr 1795‹.[25] Zunächst wird französischer und englischer Gartengeschmack als architektonisch und poetisch, unter Gesichtspunkten der Ordnung und der Freiheit stehend unterschieden und beide wegen ihrer Einseitigkeit kritisiert; Schiller faßt zusammen: Der englische Garten machte sich

> »die *Freiheit*, so wie sein architektonischer Vorgänger die *Regelmäßigkeit*, zum obersten Gesetz; bei ihm mußte die *Natur*, bei diesem die *Menschenhand* siegen«.[26]

Indem er nun einen »ganz guten Mittelweg zwischen der Steifigkeit des französischen Gartengeschmacks und der gesetzlosen Freiheit des sogenannten englischen« anvisiert, fordert Schiller »einen Garten, der allen Forderungen des guten Landwirts entspricht, sowohl für das Auge als für das Herz und den Verstand zu einem charakteristischen Ganzen zu machen«.[27] Drei Dinge sind hier bemerkenswert: Erstens der Versuch der Vereinigung des französischen und des englischen Geschmacks, von Ordnung und Freiheit zur Vermeidung von steifer Geometrisierung und ausufernder Tändelei und Willkür. Zweitens mit der Befriedigung der »Forderungen des guten Landwirts« neben den ästhetischen Qualitäten die Vereinigung von Nützlichkeit und künstlerischem Selbstzweck des Gartens. Drittens die Gestaltung des Gartens »sowohl für das Auge als für das Herz und den Verstand«. Das bedeutet die Absage an die Spezialisierung entweder für den ordnenden Verstand im französischen Park oder für die Empfindung in dem von Schiller sogenannten »pathetischen Garten«[28] oder für das Auge in den Gemälden der Einbildungskraft, wie wir sie in den Gartenkonzeptionen im dritten Viertel des 18. Jahrhunderts beobachtet haben. Vielmehr sollen jetzt Sinne, Einbildungskraft, Empfindung und Verstand gleichermaßen wieder angesprochen, soll der ganze Mensch mit dem Garten gemeint sein. 1795, das Erscheinungsjahr dieses Aufsatzes, ist auch die Zeit, in der die ›Briefe über die ästhetische Erziehung des Menschen‹ abgeschlossen und die Abhandlung ›Über naive und sentimentalische Dichtung‹ geschrieben wurden. Die Grundideen dieser beiden Abhandlungen spiegeln sich in den Überlegungen Schillers zum Garten, der damit zum Instrument der ästhetischen Erziehung zur integralen Humanität wird. Die Dreiheit des kommunikativen Anspruchs des Gartens an Auge, Herz und Verstand spricht die Dreiheit von Sachtrieb, Spieltrieb und Formtrieb aus der ästhetischen Erziehung an; Sinnlichkeit und Vernunft werden durch das Spiel der Einbildungskraft und Empfindung vermittelt, der ganze Mensch als ästhetische Einheit, als lebende Gestalt hergestellt.

Wie nun der Garten zu dieser neuen Leistung fähig wird, das zeigt Schiller an der seit 1782 entstandenen Garten- und Schloßanlage in Hohenheim.

»Jedem, der diese mit Recht berühmte Anlage entweder selbst gesehen oder auch nur vom Hörensagen kennt, muß es angenehm sein, dieselbe in Gesellschaft eines so feinen Kunstkenners zu durchwandern. Es wird ihn wahrscheinlich nicht weniger als den Rezensenten überraschen, in einer Komposition, die man so sehr geneigt war für das Werk der Willkür zu halten, eine Idee herrschen zu sehen, die, es sei nun dem Urheber oder dem Beschreiber des Gartens, nicht wenig Ehre macht. Die mehresten Reisenden, denen die Gunst widerfahren ist, die Anlage von Hohenheim zu besichtigen, haben darin, nicht ohne große Befremdung, römische Grabmäler, Tempel, verfallene Mauern u. d. gl. mit Schweizerhütten, und lachende Blumenbeete mit schwarzen Gefängnismauern abwechseln gesehen. Sie haben die Einbildungskraft nicht begreifen können, die sich erlauben durfte, so disparate Dinge in ein Ganzes zu verknüpfen. Die Vorstellung, daß wir eine ausländische Kolonie vor uns haben, die sich unter den Ruinen einer römischen Stadt niederließ, hebt auf einmal diesen Widerspruch und bringt eine geistvolle Einheit in diese barocke Komposition. Ländliche Simplizität und versunkene städtische Herrlichkeit, die zwei äußersten Zustände der Gesellschaft, grenzen auf eine rührende Art aneinander, und das ernste Gefühl der Vergänglichkeit verliert sich wunderbar schön in dem Gefühl des siegenden Lebens. Diese glückliche Mischung gießt durch die ganze Landschaft einen tiefen elegischen Ton aus, der den empfindenden Betrachter zwischen Ruhe und Bewegung, Nachdenken und Genuß schwankend erhält und noch lange nachhallet, wenn schon alles verschwunden ist.«[29]

Man sieht, wie aus der Vorstellung des Gegeneinanders von »ländlicher Simplizität und versunkener städtischer Herrlichkeit« ähnlich wie in der gleichzeitig entstandenen Elegie ›Der Spaziergang‹ das sentimentalische Empfinden des Betrachters erweckt und eine elegische Stimmung ausgelöst wird. Die satirische – nämlich der Zorn auf die Verderbnis des Ideals in der Wirklichkeit – und die idyllische Empfindung, in der die Utopie einer neuen Harmonie mit der inzwischen verlorenen und in höherem Sinne wiedergewonnenen Natur geträumt wird, bringt Schiller in der folgenden eigenen Interpretation der Anlage Hohenheims zur Geltung:

»[. . .] wir möchten noch hinzusetzen, daß nur derjenige ihre Schönheit vollständig fühlen könne, der sich auf einem bestimmten Wege ihr nähert. Um den ganzen Genuß davon zu haben, muß man durch das neu erbaute fürstliche Schloß zu ihr geführt worden sein. Der Weg von Stuttgart nach Hohenheim ist gewissermaßen eine versinnlichte Geschichte der Gartenkunst, die dem aufmerksamen Betrachter interessante Bemerkungen darbietet. In den Fruchtfeldern, Weinbergen und wirtschaftlichen Gärten, an denen sich die Landstraße hinzieht, zeigt sich demselben der erste physische Anfang der Gartenkunst, entblößt von aller ästhetischen Verzierung. Nun aber empfängt ihn die französische Gartenkunst mit stolzer Gravität unter den langen und schroffen Pappelwänden, welche die freie Landschaft mit Hohenheim in Verbindung setzen und durch ihre kunstmäßige Gestalt schon Erwartung erregen. Dieser feierliche Eindruck steigt bis zu einer fast peinlichen Spannung, wenn man die Gemächer des herrlichen Schlosses durchwandert, das an Pracht und Eleganz wenig seinesgleichen hat und auf eine gewiß seltene Art Geschmack mit Verschwendung vereinigt. Durch den Glanz, der hier von allen Seiten das Auge drückt, und durch die kunstreiche Architektur der Zimmer und des Ameublement wird das Bedürfnis nach – Simplizität bis zu dem höchsten Grade getrieben und der ländlichen Natur, die den Reisenden auf einmal in dem sogenannten *englischen* Dorfe empfängt, der feierlichste Triumph bereitet. Indes machen die Denkmäler versunkener Pracht, an deren trauernde Wände der Pflanzer seine friedliche Hütte lehnt, eine ganz eigene Wirkung auf das Herz, und mit geheimer Freude sehen wir uns in diesen zerfallenen Ruinen an der Kunst gerächt, die in dem Prachtgebäude nebenan ihre Gewalt über uns bis zum Mißbrauch getrieben hatte. Aber die Natur, die wir in dieser englischen Anlage finden, ist diejenige nicht mehr, von der wir ausgegangen waren. Es ist eine mit Geist beseelte und durch Kunst exaltierte Natur, die nun nicht bloß den einfachen, sondern selbst den durch Kultur verwöhnten Menschen befriedigt und, indem sie den erstern zum Denken reizt, den letztern zur Empfindung zurückführt.«[30]

Für diese im Sinne der ästhetischen Erziehung integrative und die sentimentalische Stimmung vom Elegischen über das Satirische bis ins Idyllische führende Erfahrung der Anlage von Hohenheim ist eines entscheidend, und dies macht auch die neue Phase der Inszenierung von Natur im Garten aus: die Interpretation, von der Schiller sowohl

Abbildung 5 Im Park von Schloß Hohenheim war die »englische Gartenanlage«, die Herzog Karl Eugen für seine Mätresse Franziska anlegen ließ, weitgehend auf die Aneignung der antiken Reste durch Mittelalter und Neuzeit aufgebaut – christliche Kapellchen lehnten sich an eine Nachbildung der Cestiuspyramide an oder, wie auf der Abbildung, eine moderne »Meierei« für Milch- und Käseproduktion ist von den Säulenresten eines antiken Tempels getragen. Diesen Park interpretierte Schiller in seiner Rezension ›Über den Gartenkalender auf das Jahr 1795‹.

bei dem »feinen Kunstkenner« spricht, dessen Gartenkalender er rezensiert, wie bei sich selbst mit seiner Empfehlung des Weges von Stuttgart nach Hohenheim, durchs Schloß und in das englische Dorf. Hohenheim ist an sich eine »barocke Komposition«, eine Serie von Landschaftsgemälden im Stil von »Capability« Brown. Erst die Interpretation bringt die »geistvolle Einheit« hinein und macht aus der Gemäldestaffage die »mit Geist beseelte und durch Kunst exaltierte Natur«, die den naiven Menschen »zum Denken reizt«, also sentimentalisch vervollkommnet, »den durch Kultur verwöhnten Menschen [. . .] zur Empfindung zurückführt« und damit durch neugewonnene Naivität vervollkommnet. Dies leistet nicht mehr die wie immer gestaltete und inszenierte Natur im Garten, sondern erst die sekundär hinzutretende geistvolle hermeneutische Deutung. Die Natur hat, wie Schiller sagt, allenfalls den Vorzug, diese Interpretation nicht »Lügen zu strafen«.[31] Inszenierte Natur wird zur interpretierten Inszenierung.

Schiller vollzieht damit die kopernikanische Wendung im Blick auf den Garten. Sollte die semiotisch und kommunikativ überformte Natur des Gartens von der

154

Renaissance bis zu den Stimmungskompositionen des »Capability« Brown dem Besucher Bedeutung vermitteln und/oder sinnvoll auf ihn wirken, ihn beeindrucken und verändern, so wird jetzt der Interpretationsakt zwischen Garten und Besucher geschaltet; wie sich bei Kant die Natur nach dem Erkenntnisvermögen des Menschen richtet, so richtet sich bei Schiller die inszenierte, vermenschlichte Natur des Gartens nach dem Geist und hermeneutischen Willen des Interpreten. Die ästhetische Erziehung, die

Abbildung 6 Fürst Hermann von Pückler-Muskau veröffentlichte 1834 seine ›Andeutung über Landschaftsgärtnerei‹ als literarischen Kommentar zu den von ihm angelegten Parks. In der zur »poetischen Landschaft« ideal verschönerten Natur fungieren nun auch noch die Landarbeiter als Staffage: »Mit Vergnügen können dann die Liebhaber der Idylle die Hirten ihre Heerden über den Plan nach Hause treiben, und die Arbeiter nach vollbrachtem Tagewerk singend dem erwünschten Klange der Abendglocke zueilen sehen« (Pückler-Muskau).

Vervollkommnung des naiven und des sentimentalischen Menschen werden nicht durch den Garten, sondern anläßlich seiner durch die magisch idealistische Beschwörung des »feinen Kunstkenners« geleistet, in dessen Gesellschaft man den Garten durchwandert. Zwischen den Menschen und die im Garten menschlich bedeutende und sinnvolle Natur hat sich nun ein Mensch geschoben, der Bedeutung und Sinn dieser Natur erst zu entwerfen hat; selbst bleibt sie in Zukunft fremd, stumm und wirkungslos und kann deshalb um so ungenierter zur industriell-technischen Ausbeutung einerseits und zur beliebigen Interpretation, Veränderung, Umgestaltung andererseits freigegeben werden. Die unablässig umdeutenden und verändernden Gärtner in Goethes ›Wahlverwandtschaften‹ kommen überhaupt zu keiner einheitlichen Konzeption, und Fürst Pückler-Muskau liefert zu seinem Park gleich Theorie und Interpretation mit. Auf die »Gesellschaft eines so feinen Kunstkenners« kann man im Park des 19. Jahrhunderts zum Verständnis der in ihm gedachten Idee nicht mehr verzichten, bis endlich auch die Interpretationen im Klischee erstarren, aus dem sich Fontanes

155

›Effi Briest‹ tragisch scheiternd zu befreien sucht. Hier ist dann nicht mehr die Inszenierung, sondern die Interpretation der inszenierten Natur des Gartens durch die hermeneutische Subjektivität zum Zwang geworden und die Moderne, die Neuzeit, an ihr Ende gekommen.

Anmerkungen

[1] Plinius d. J.: Briefe. Lateinisch und Deutsch von Helmut Kasten. – Berlin 1982, S. 261–265 (Nr. 5, 6).

[2] Vgl. vor allem Ficinos Traktate ›De vita‹ und dort besonders ›De vita longa‹, Kap. 14. Marsilius Ficinus: De vita libri tres. Nach dem Manuskript ediert von Felix Klein-Franke. – Hildesheim, New York 1978.

[3] Marsilio Ficino: Opera omnia. – Basel 1576, NDr. Torino 1962, Bd. I, S. 893.

[4] Wie das Mittelalter versteht z. B. Pico die Schöpfung als Zeichen (vgl. Terry Comito: The Idea of the Garden in the Renaissance. – New Brunswick, N. J. 1987, S. 81).

[5] Zitiert bei Comito, ebd., S. 161.

[6] »For you, Thessalian Tempe's seat/ Shall now be scorned as obsolete;/ Aranjuez, as less, disdained;/ The Bel-Retiro as constrained;/ But name not the Idalian grove –/ For 'twas the seat of wanton love –/ Much less the dead's Elysian Fields,/ Yet nor to them your beauty yields.// 'Tis not, what once it was, the world,/ But a rude heap together hurled,/ All negligently overthrown,/ Gulfs, deserts, precipices, stone./ Your lesser world contains the same,/ But in more decent order tame;/ You, heaven's centre, Nature's lap,/ And paradise's only map.« Andrew Marvell: The Complete Poems, ed. by Elizabeth Story Donno. – Aylesbury 1981, S. 99 (›Upon Appleton House‹, Str. 95f.).

[7] »What wondrous life is this I lead!/ Ripe apples drop about my head;/ The luscious clusters of the vine/ Upon my mouth do crush their wine;/ The nectarene, and curious peach,/ Into my hands themselves do reach;/ Stumbling on melons, as I pass,/ Ensnared with flowers, I fall on grass.// Meanwhile the mind, from pleasures less,/ Withdraws into its happiness:/ The mind, that ocean where each kind/ Does straight its own resemblance find,/ Yet it creates, transcending these,/ Far other worlds, and other seas,/ Annihilating all that's made/ To a green thought in a green shade.// Here at the fountain's sliding foot,/ Or at some fruit-tree's mossy root,/ Casting the body's vest aside,/ My soul into the boughs does glide./ There like a bird it sits, and sings,/ Then whets, and combs its silver wings;/ And, till prepared for longer flight,/ Waves in its plumes the various light.« (Andrew Marvell: ›The Garden‹, Str. 5–7; ebd., S. 101).

[8] »Le logis du dieu est au fond d'un bois où le silence et la solitude font leur séjour: c'est un antre que la Nature a taillé de ses propres mains, et dont elle a fortifié toutes les avenues contre la clarté et le bruit.
Sous les lambris moussus de ce sombre palais,/ Echo ne répond point, et semble être assoupie:/ La molle Oisiveté, sur le seuil accroupie,/ N'en bouge nuit et jour, et fait qu'aux environs/ Jamais le chant des coqs, ni le bruit de clairons,/ Ne viennent au travail inviter la Nature;/ Un ruisseau coule auprès, et forme un doux murmure.« (Jean de la Fontaine: Œvres diverses, ed. par Pierre Clarac. – Paris 1958, II, S. 82f. (›Le songe de Vaux‹).

[9] »Là, dans des chars dorés, le prince avec sa cour/ Va goûter la fraîcheur sur le déclin du jour./

L'un et l'autre Soleil, unique en son espèce,/ Etale aux regardants sa pompe et sa richesse./ Phébus brille à l'envi du monarque françois;/ On ne sait bien souvent à qui donner sa voix./ Tous deux sont pleins d'éclat et rayonnants de gloire./ Ah! si j'étais aidé des filles de Mémoire!/ De quels traits j'ornerais cette comparaison!/ Versailles, ce serait le palais d'Apollon;/ Les belles de la Cour passeraient pour les Heures:/ Mais peignons seulement ces charmantes demeures.« Ebd., S. 185 (›Les amours de Psyché‹).

[10] »Les yeux sont ravis, les oreilles sont charmées, l'esprit est étonné, et l'imagination est accablée, s'il faut ainsi dire, par la multitude des beaux objets. Cette grotte est tres-magnifique, grande, spacieuse, ayant trois enfoncements, dont les diverses beautez ont pourtant du rapport entre elles. Le soleil est encore representé au haut de la grotte, comme un astre dominant en tous lieux. Tous les ornements que l'architecture peut recevoir, y paroissent formez par des coquillages, du moins ceux qui peuvent convenir aux eaux, comme des poissons et des oiseaux aquatiques, vrais ou fabuleux.

Plusieurs miroirs enchassez dans des coquillages multiplient encore tous ces beaux objets, et mille oiseaux de relief, trompent les yeux pendant que les oreilles sont agréablement trompées: car par une invention toute nouvelle, il y a des orgues cachez et placez de telle sorte, qu'un écho de la grotte leur répond d'un costé à l'autre; mais si naturellement et si nettement, que tant que cette harmonie dure, on croit effectivement estre au milieu d'un bocage, où mille oiseaux se répondent, et cette musique champestre mêlée au murmure des eaux, fait un effet qu'on ne peut exprimer.« Madeleine de Scudéry: La Promenade de Versailles. – NDr. Genf 1979.

[11] Vgl. Silvio Vietta: Literarische Phantasie. Theorie und Geschichte. Barock und Aufklärung. – Stuttgart 1986.

[12] Joseph Addison: On the Pleasures of Imagination. Spectator Nr. 412 (1712). Addison, Steele and others: The Spectator, ed. by Gregory Smith. – London 1958, Bd. 3, S. 279f.

[12a] Ebd., S. 280.

[13] Ebd., Nr. 414; S. 285

[13a] Ebd., S. 284, 286.

[13b] Ebd., S. 286.

[14] Ebd., Nr. 416f.

[15] Humphrey Repton: An Enquiry into the Changes of Taste in Landscape-Gardening. – London 1806/NDr. Farnborough 1969, S. 174.

[16] »Humouring Nature« (Nr. 414; Bd. III, S. 286).

[17] Joseph Spence: Letter to the Rev. Mr. Wheeler (on gardening) 1751. Zitiert in The Genius of the Place – The English Landscape Garden 1620–1820 – by John Dixon Hunt and Peter Willis. – London 1975, S. 268f.

[18] Zur Geschichte dieser Ästhetik vgl. Erwin Panofsky: ›Idea‹, ein Beitrag zur Begriffsgeschichte der älteren Kunsttheorie. – ²Berlin 1960.

[19] Jean Jacques Rousseau: Julie ou La Nouvelle Héloise. – Paris 1967, S. 363.

[20] Beschreibung bei Thomas Korth: Von der Renaissance zum Klassizismus. Grundzüge der neueren Kunstgeschichte am Obermain. In: Elisabeth Roth (Hrsg.): Oberfranken in der Neuzeit bis zum Ende des Alten Reiches. – Bayreuth 1984, S. 378–542, 488–490.

[21] Adrian von Buttlar: Der englische Landsitz 1715–1760. Symbol eines liberalen Weltentwurfs. – Mittenwald 1982, S. 173.

[22] Rousseau, Julie a. a. O., S. 363.

[23] Ebd., S. 359f.

[24] Christian Cay Lorenz Hirschfeld: Theorie der Gartenkunst. – Leipzig 1779–1785, NDr. Hildesheim 1973, II, Bd. IV, S. 26.

[25] Schillers sämtliche Werke, Säkular-Ausgabe, hrsg. v. Eduard von der Hellen. – Stuttgart und Berlin o. J., Bd. 16, S. 271–279.

[26] Ebd., S. 274.

[27] Ebd., S. 274f.

[28] Ebd., S. 276.

[29] Ebd., S. 276f.

[30] Ebd., S. 277f.

[31] Ebd., S. 278.

JÜRGEN MITTELSTRASS

Der idealistische Naturbegriff

Eine Darstellung des idealistischen Naturbegriffs, genauer des Naturbegriffs des deutschen Idealismus, vor allem Kants, Fichtes, Hegels und Schellings, in allen seinen philosophischen und begriffsgeschichtlichen Aspekten bedeutet eine schier unlösbare Aufgabe. Nicht nur aus sachlichen, sondern auch aus sprachlichen Gründen. Die ›Anstrengung des Begriffs‹, von der Hegel in seiner Philosophie des objektiven und des absoluten Geistes spricht, ist vor allem die Anstrengung dessen, der Hegel und die anderen Idealisten zu verstehen sucht. Schon die Bezeichnung ›Idealismus‹ selbst bereitet Schwierigkeiten. Ist Idealismus eine Philosophie? Oder ein System? Oder eine Haltung? Oder ein philosophischer Glaube? Heißt Idealismus, Idealist sein, und Idealist sein, die Philosophie des Idealismus teilen? Gibt es in Sachen Idealismus, bezogen auf den genannten deutschen Idealismus, nur Vorläufer und Epigonen? Was sind, philosophisch gesehen, seine Koalitionen, was seine Oppositionen? Das sind keine leichten Fragen, auch für den philosophischen Experten nicht.

Wenn wir darum auch nicht gleich ein neunmalkluges Lexikon aufschlagen, um vor lauter Gelehrsamkeit erst recht ratlos und sprachlos zu werden, dann ist zu Beginn vielleicht folgende, mit reichlich common sense durchsetzte Erläuterung hilfreich. Idealismus, das ist die Philosophie dessen, der die Welt mit anderen Augen, eben mit idealistischen Augen anschaut. Der dabei aus *seiner* Welt, zumal der seines *Denkens*, eine Philosophie *der Welt* macht. Dessen Blick Höherem gilt und der dabei in der Regel mit der Welt, wie sie ist, nicht zurechtkommt – wie Thales, der, den Blick den Sternen zugewandt, in einen Brunnen fällt und von einer thrakischen Magd, die sich auf der Erde auskennt, ausgelacht wird. Der in seinem Denken schon dort ist, wohin die Welt mit ihrer schwerfälligen Realität allenfalls auf dem Wege ist, der an die Stelle der *Dinge* seine *Sicht* der Dinge setzt; dessen Realität die Ideen und Begriffe, nicht die realen Dinge sind. Der, jetzt auch philosophisch ausgedrückt, den *Primat der Vernunft* oder den *Primat des Denkens* vor der Wirklichkeit vertritt. Platon und der Platonismus lassen grüßen.

Wie aber mag in den Augen eines derartigen Idealisten die *Natur* aussehen? Ist Natur, also das, was wir nicht gemacht haben, nicht gerade auch das, was *gegen* unser Denken und unsere Gegenwelten steht? Was uns daran erinnert, daß die Konstrukteure anderer Welten selbst stets jener Welt angehören, gegen die sie ihre Konstruktionen setzen? Das uns ferner daran erinnert, daß wir selbst auch *Natur* sind, und diese Wirklichkeit gegen keine andere, bessere Wirklichkeit getauscht werden kann? Natur also als das, was uns Göttern, die allemal die besseren Idealisten wären, unähnlich und dem, was wir in dieser Welt nicht sind, ähnlich macht. Gibt es überhaupt einen idealistischen Naturbegriff? Es gibt ihn, und von ihm soll im folgenden die Rede sein.

1. Kant oder die Genealogie der Vernunft

Der Idealismus beginnt historisch, mit Kant, als *Aufklärung* und endet, mit Schellings absolutem Idealismus, als schwer verständliche *Spekulation*, nach Hegel in einer »Nacht [. . .], worin, wie man zu sagen pflegt, alle Kühe schwarz sind«[1]. Dies wird gerade am Beispiel des Naturbegriffs deutlich. Den Differenzierungsbemühungen Kants, die sowohl naturwissenschaftlichen Entwicklungen als auch philosophischen Einsichten Rechnung zu tragen versuchen, die sich nur vermeintlich im Zuge jener Entwicklungen als Irrtümer herausgestellt haben, folgt mit einer Identitätsthese, auf Natur und Geist bezogen, ein neues Systemdenken unter einer Einheitsperspektive. Besonnenes Weiterdenken auf der einen Seite, spekulative Abschlüsse auf der anderen Seite. Zunächst zu Kant.

Im Idealismus Kants, der darin beruht, daß nach Kant die Vernunft das Vermögen ist, »das das Erkennen objektiv gültig und das Handeln moralisch richtig macht«[2], tritt der Begriff der Natur in drei verschiedenen systematischen Zusammenhängen auf: in einer theoretischen Philosophie, deren Kernstück eine Theorie der Physik ist, in einer praktischen Philosophie, einschließlich Rechts- und Geschichtsphilosophie, und in einer Theorie der Urteilskraft, die eine philosophische Ästhetik einschließt. Natur im Sinne der theoretischen Philosophie ist für Kant »das Dasein der Dinge, so fern es nach allgemeinen Gesetzen bestimmt ist«[3]. Mit ihr ist der »Inbegriff aller Dinge« gemeint, »so fern sie *Gegenstände unserer Sinne*, mithin auch der Erfahrung sein können, worunter also das Ganze aller Erscheinungen, d. i. die Sinnenwelt mit Ausschließung aller nicht sinnlichen Objekte, verstanden wird«[4]. Diese Formulierungen machen zugleich die ›materielle Bedeutung‹ des Naturbegriffs aus, im Gegensatz zu einer ›formalen Bedeutung‹, unter der Kant das »erste, innere Princip« alles dessen versteht, »was zum Dasein eines Dinges gehört«[5]. Beide Bedeutungen bestimmen nach Kant philosophisch den Naturbegriff der neuzeitlichen Physik, ergänzen also gewissermaßen eine fachwissenschaftliche Entwicklung in weiter ausgearbeiteter Form durch eine ›Metaphysik der Natur‹, die nichts anderes zu sein vorgibt als eine Metatheorie der Newtonschen Physik.

Von dieser Ergänzung, die philosophisch die Dinge zurechtrückt, ohne sie wesentlich zu verändern, soll hier nicht weiter die Rede sein. Desgleichen nur in einer kurzen Bemerkung vom Naturbegriff innerhalb einer »Kritik der ästhetischen Urteilskraft«. Thematisch geht es, wie in einer »Kritik der teleologischen Urteilskraft«, um Gesichtspunkte einer »Zweckmäßigkeit der Natur«, in diesem Falle in Form eines ästhetischen

Urteils. Nach Kant kann auch »Schönheit der Natur, d. i. ihre Zusammenstimmung mit dem freien Spiele unserer Erkenntnisvermögen in der Auffassung und Beurtheilung ihrer Erscheinung, [. . .] als objective Zweckmäßigkeit der Natur in ihrem Ganzen, als System, worin der Mensch ein Glied ist, betrachtet werden: wenn einmal die teleologische Beurtheilung derselben durch die Naturzwecke, welche uns die organisirten Wesen an die Hand geben, zu der Idee eines großen Systems der Zwecke der Natur uns berechtigt hat«[6]. An diesem (zukünftigen) ›System der Zwecke der Natur‹, seinem philosophischen Status nach *heuristisch* wie die ›Ideen‹ in Kants theoretischer Philosophie, nimmt die Vernunft nach Kant ein moralisches und ein ästhetisches Interesse. Jenes bestimmt das Handeln mit (und in) der Natur, dieses die Auffassung der schönen Kunst als Natur.[7] Daß diese Auffassung für sich genommen im übrigen noch nicht idealistisch ist, machen dann die Einsprüche Schellings und Hegels deutlich. Für Schelling ist allein, »was die Kunst in ihrer Vollkommenheit hervorbringt, Princip und Norm für die Beurtheilung der Naturschönheit«[8]; für Hegel ist Ästhetik nur als ›Philosophie der schönen Kunst‹, unter Ausschluß des Begriffs des Naturschönen, möglich[9].

Doch auch dieser Argumentationsstrang, der sich historisch mit dem Streit um den Nachahmungsbegriff in einer Theorie der Kunst verbindet, sei hier nicht weiter verfolgt. Interessanter unter dem Gesichtspunkt eines idealistischen Naturbegriffs ist die Weiterführung des Begriffs einer *Zweckmäßigkeit der Natur*, wie ihn Kant in der »Kritik der teleologischen Urteilskraft« ausarbeitet, zum Begriff einer *Naturabsicht*, in dessen Rahmen bei Kant die Natur, wie im Falle der Aristotelischen Natur[10], Eigenschaften eines *handelnden Subjekts* zu gewinnen scheint. Wir betreten damit den Boden der praktischen Philosophie Kants, und zwar in Form einer Geschichts- und Kulturphilosophie, wie sie die beiden kleinen Abhandlungen »Idee zu einer allgemeinen Geschichte in weltbürgerlicher Absicht« (1784) und »Muthmaßlicher Anfang der Menschengeschichte« (1786) enthalten. Kant unterscheidet hier zwischen Natur als *Newtonscher Natur* und Natur als einer *Idee*, deren Gegenstand die gesellschaftliche Welt ist. Er stellt die Frage, ob man nicht »eine *Naturabsicht* in diesem widersinnigen Gange menschlicher Dinge entdecken könne; aus welcher von Geschöpfen, die ohne eigenen Plan verfahren, dennoch eine Geschichte nach einem bestimmten Plane der Natur möglich sei«[11].

Wie man sieht, tritt hier Natur als eine Art Subjekt auf, das Absichten hat und die Dinge, in diesem Falle die gesellschaftlichen Dinge, auf seine Weise regelt. Allerdings eben nicht als ein physisches Subjekt wie in einem Aristotelischen Begriffsrahmen, sondern als Idee, als Konstruktion in philosophischer, nämlich praktischer Absicht. Natur soll, so könnte man mit Kant sagen, auch jenseits einer Newtonschen Natur wirklich werden, indem wir sie als Idee realisieren: »Ein philosophischer Versuch, die allgemeine Weltgeschichte nach einem Plane der Natur [. . .] zu bearbeiten, muß als möglich und selbst für diese Naturabsicht beförderlich angesehen werden.«[12] Zur Argumentation Kants, die mit einem ungewöhnlich subtilen, dabei weit weniger spekulativen als aufklärerischen Naturbegriff arbeitet, im einzelnen und auf sieben Thesen gebracht:

161

Kant beginnt im »Muthmaßlichen Anfang« eine *Genealogie der Vernunft*, die im wesentlichen in der Genealogie rationaler Lebensformen beruht und in der Ideenschrift um den Begriff der Naturabsicht ergänzt wird, mit einer methodischen Unterscheidung. Es ist die Unterscheidung zwischen einer (zugelassenen) Vermutung über den Anfang der »Entwickelung der Freiheit aus ihrer ursprünglichen Anlage in der Natur des Menschen«[13] und (nicht zugelassenen) Vermutungen über den tatsächlichen Gang dieser Freiheitsgeschichte, sofern diese sich nicht auf ›Nachrichten‹ stützen können.[14] Eine Konstruktion nimmt die Stelle faktischer Entwicklungen ein, allerdings so, daß diese Konstruktion begreifbar macht, was die Geschichte nicht sagt, und erklärbar macht, was sie sagt. Die leitende Idee dabei ist, *konstitutive* Momente auch solcher Entwicklungen im Blick auf den jeweils herrschenden gegenwärtigen Zustand anzugeben, die selbst als bezeugte historische Entwicklungen nicht mehr greifbar sind.

Solche Momente sind im Rahmen einer unterstellten Freiheits- bzw. Vernunftgeschichte nach Kant: (1) Die Ablösung des Instinkts durch Vernunft, d. h. durch die Fähigkeit der Vernunft, neue Bedürfnisse, auch ›wider die Natur‹, zu erzeugen. Dazu gehört auch die Ausbildung alternativer Lebensformen.[15] (2) Die Kultivierung erster vernunftvariierter Fähigkeiten (z. B. die Kultivierung des Geschlechtstriebes).[16] (3) Die Vergegenwärtigung und Planung des Zukünftigen.[17] (4) Die Deklaration des Menschen zum ›Zweck der Natur‹ über die Bildung der Idee der ›Gleichheit mit allen vernünftigen Wesen‹.[18] Dieses letzte Moment oder dieser vierte Schritt ist zugleich der Schritt in eine *moralische Welt*, insofern Gleichheit, dieser konstruierten Genealogie der Vernunft entsprechend, selbst nichts Ursprüngliches, sondern eine Leistung des Menschen, ein Sich-Herausarbeiten aus der ›Rohigkeit seiner Naturanlagen‹[19] ist. Darüber hinaus tritt der Mensch im Rahmen dieser vier Momente, mit dem Schritt vom Naturzustand in den Stand der Freiheit, in *Entwicklungen* ein. Hier und nirgendwo anders beginnt der Mensch nach Kant, im scharfen Gegensatz zu Rousseaus Vorstellungen, seinen Weg als Vernunftwesen. Also These 1: *Der Schritt vom Naturzustand in den Stand der Freiheit (Rousseau: in den Gesellschaftszustand) ist nicht ein Schritt vom wahren zum verformten Menschen, sondern der Eintritt des Menschen in Entwicklungen. In Entwicklungen verwirklicht oder verfehlt sich der Mensch als Vernunftwesen.*

Diese Argumentationslinie wird in der Ideenschrift, unter Vorgriff auf entsprechende Überlegungen in der »Kritik der Urteilskraft«, mit dem Begriff einer *Naturabsicht*, die sich in der konstruierten Genealogie der Vernunft zum Ausdruck bringt, aufgenommen und fortgeführt. Insofern dabei *Natur*, nach dieser Vorstellung, dem Menschen die *Kultur* seiner Anlagen, und zwar in Freiheit, zum *Zwecke* macht[20], darf der Mensch nach Kant zugleich als ein Selbstzweckwesen aufgefaßt werden. Mehr noch: Da, wiederum nach dieser Vorstellung, derjenige Teil der Natur, der zugleich Selbstzweck ist, als *Endzweck* der Natur begriffen werden muß, stellt der Mensch einen solchen Endzweck dar. Die Frage ist, ob die Geschichte des Menschen in diesem Sinne als eine Geschichte des ›Fortschritts im Bewußtsein der Freiheit‹ (Hegel) beschrieben werden kann. Kants Antwort ist von subtiler Raffinesse: er postuliert diese Geschichte in der Argumentationsform eines Faktums. Was sein soll, wird so beschrieben, als wäre es bereits wirklich. Die aufklärerische Aufforderung lautet, sich selbst so, in einer solchen Geschichte, zu verstehen, diese zu verwirklichen.

Dazu weist Kant darauf hin, daß die Idee des Menschen als eines Vernunftwesens sich nur in der Gattung, nicht im Individuum vollständig entwickeln kann. Zugleich ist die Entwicklung des Menschen als eines Vernunftwesens an seine *Fortschritte* (an ein allmähliches Fortschreiten »von einer Stufe der Einsicht zur andern«[21]) gebunden. Der Unterschied zwischen Entwicklung und Fortschritt ist hier signifikant. These 2: *Fortschritt erfolgt unter beliebigen Zwecken, Entwicklung nur unter einem Zweck. Nur im Menschen (als Gattungswesen) nimmt Fortschritt den Charakter von Entwicklung an.* Dem läßt sich, unter dem Gesichtspunkt, daß mit dem Faktum der Vernunft die *Natur* dem Menschen »eine klare Anzeige ihrer Absicht in Ansehung seiner Ausstattung«[22] gab, gleich These 3 anfügen: *Nur im Vernunftgebrauch bleibt der Mensch seiner Natur verbunden.* Prägnanter läßt sich die aufklärerische Idee vom Menschen, eingebettet in die Idee vernünftiger Entwicklungen, kaum ausdrücken.

Die folgenden Überlegungen Kants geben seine *gesellschaftstheoretischen* Auffassungen wieder – von der Vorstellung eines natürlichen gesellschaftlichen Antagonismus, der die Neigung des Menschen, sich zu vergesellschaften, begleitet (»die ungesellige Gesellschaft der Menschen«[23]), über die Konzeption einer bürgerlichen Gesellschaft als einer »allgemein das Recht verwaltenden« Gesellschaft[24] bis hin zum Postulat eines »weltbürgerlichen Ganzen«[25], das – in Übereinstimmung mit dem Entwicklungsmodell des »Muthmaßlichen Anfangs« – auch ein »moralisches Ganzes«[26] ist. Dabei steht die Kritik an Rousseaus Auffassungen ständig im Hintergrund, z. B. in der folgenden hübschen Bemerkung: »Ohne jene an sich zwar eben nicht liebenswürdige Eigenschaften der Ungeselligkeit, woraus der Widerstand entspringt, den jeder bei seinen selbstsüchtigen Anmaßungen nothwendig antreffen muß, würden in einem arkadischen Schäferleben bei vollkommener Eintracht, Genügsamkeit und Wechselliebe alle Talente auf ewig in ihren Keimen verborgen bleiben: die Menschen, gutartig wie die Schafe, die sie weiden, würden ihrem Dasein kaum einen größeren Werth verschaffen, als dieses ihr Hausvieh hat; sie würden das Leere der Schöpfung in Ansehung ihres Zwecks, als vernünftige Natur, nicht ausfüllen.«[27]

Dazu zwei weitere Thesen. These 4: *Der agonale und der kommunikative Charakter der Vernunft verbieten die Rückkehr in einen Naturzustand, der rousseauistisch ist, und schreiben einen Naturstand vor, der moralisch ist.* Und These 5, die sich nunmehr unmittelbar auf Rousseaus Kulturkritik bezieht: *Moralität, die nicht vollkommen ist, ist Kultur nach Rousseau.* Die entsprechenden Bemerkungen Kants lauten an dieser Stelle: »Rousseau hatte so Unrecht nicht, wenn er den Zustand der Wilden vorzog, so bald man nämlich diese letzte Stufe, die unsere Gattung noch zu ersteigen hat, wegläßt. Wir sind in hohem Grade durch Kunst und Wissenschaft *cultivirt.* Wir sind *civilisirt,* bis zum Überlästigen zu allerlei gesellschaftlicher Artigkeit und Anständigkeit. Aber uns für schon *moralisirt* zu halten, daran fehlt noch sehr viel. Denn die Idee der Moralität gehört noch zur Cultur.«[28]

Der Schluß der Ideenschrift (mit dem achten und neunten Satz) greift einerseits mit dem Hinweis auf einen ›verborgenen Plan der Natur‹, der sich in der Gattungsgeschichte des Menschen geltend mache[29], auf die Rede von einer Naturabsicht zu Beginn der gleichen Schrift zurück und wendet andererseits diese Vorstellung auf die eigenen Bemühungen an: die Darstellung eines derartigen ›Planes der Natur‹ in einer, wie Kant sagt, philosophischen Geschichte befördert gleichzeitig diesen Plan. Der dialektische Zusammenhang von Konstruktion und Wirklichkeit ist offenkundig: Philosophische Konstruktionen helfen der Wirklichkeit auf die Beine, die ihrerseits als das eigentliche Subjekt dieser Konstruktionen erscheint. Diese Dialektik erfaßt auch die Aufklärung selbst. These 6: *Wenn Vernunft als Naturzweck begreifbar ist, dann vollzieht sich in der Aufklärung ein Plan der Natur.* Gibt es eine stärkere geschichtsphilosophische Legitimation von Aufklärung als diese? Wohl nicht. Dabei ist übrigens die Charakterisierung dieser Legitimation als geschichtsphilosophisch ganz unerheblich. Entscheidend ist, daß sich Aufklärung selbst als Teil, und zwar als der zentrale Teil, einer vernünftigen Entwicklung bzw. einer vernünftigen ›Naturgeschichte‹ begreifen läßt, die durch sie überhaupt erst ihre eigene Sprache findet.

Damit hat Kant der Aufklärung nicht nur zu einem großartigen Selbstverständnis verholfen, er hat auch, entgegen der vermeintlichen Blindheit der Aufklärung in historischen Dingen, diese mit einem noch heute beherzigenswerten Geschichtsbegriff verbunden. These 7: *Philosophische Geschichte ohne empirische Geschichte ist leer, empirische Geschichte ohne philosophische Geschichte ist blind.* Konstruktionen, mit anderen Worten, gehören nicht einfach einer anderen Welt als der Geschichte an; sie bringen vielmehr als eine Vorstellung von vernünftigen Entwicklungen diese Welt zum Sprechen, wie umgekehrt die Geschichte unsere Konstruktionen sinnvoll und realisierbar macht. Daß dies eine Einsicht der Aufklärung, eine Einsicht Kants ist, ist im übrigen so überraschend nicht: Sie entspricht der erkenntnistheoretischen Einsicht in die weltkonstituierende Kraft der Vernunft, wie sie der Transzendentalitätsgedanke bei Kant zum Ausdruck bringt. Den Verhältnissen, so stellt sich diese Einsicht in historischen Dingen dar, kann man die Vernunft nicht einfach ablesen, man kann ihnen die Vernunft nicht einfach entnehmen. Man muß die Vernunft vielmehr *herstellen*, und sei es auch nur in der Weise eines Spiegels, den man den Verhältnissen entgegenhält, oder unter Rekurs auf die Idee einer Natur, die die Wirklichkeit ›vernünftig macht‹, indem sie dem Menschen seine Entwicklung als Vernunftwesen zur Aufgabe macht.

Soviel zu Kants Begriff der Natur, soweit dieser sich nicht nur mit dem Begriff der Zweckmäßigkeit (der Natur), sondern auch mit dem Begriff der Naturabsicht verbindet. Sein ›idealistischer‹ Charakter liegt in der Wiedergewinnung eines *regulativen* Aspekts, der ihn mit der Idee der Vernunft bzw. mit der Idee einer vernünftigen Entwicklung verbindet. Und dennoch ist klar, daß auch der sich in Kants ›philosophischem Versuch‹, die ›allgemeine Weltgeschichte‹ nach einem ›Plane der Natur‹ zu bearbeiten, ausdrückende Kunstgriff, Natur erneut als eine *Orientierungsinstanz* einzusetzen, den älteren, Aristotelischen Naturbegriff, der Natur als ein handelndes Subjekt zum Gegenstande hatte, nicht mehr zu rehabilitieren vermag. Es ist ja gar nicht die *konkrete Natur*, sondern die Idee einer *Vernunft in der Entwicklung*, für die Natur hier mit ihren ›Absichten‹ steht. Mit anderen Worten: Natur bleibt auch nach Kant nur in der Idee (als Idee vernünftiger Verhältnisse) und in der Naturwissenschaft (als Newtonsche Natur) greifbar. Daneben in der Auffassung der schönen Kunst als Natur – im Anschluß an die auf Natur bezogene Formel einer ›Zweckmäßigkeit ohne Zweck‹[30].

2. Natur und Geist

Kants ›idealistische‹ Vorstellung, daß die Objektivität der Erkenntnis und die Moralität des Handelns in der Vernunft begründet sind, schließt noch die Anerkennung einer Welt ein, die etwa in Form der Newtonschen Natur nicht erst ein Produkt der Vernunft ist. In der – selbst mit vielen systematischen Schwierigkeiten behafteten – Unterscheidung zwischen *Erscheinungen* und *Dingen an sich* – wobei Erscheinungen die unter Bedingungen der Sinnlichkeit und des Verstandes erfaßten Gegenstände, Dinge an sich die von diesen Bedingungen unberührten Gegenstände sind – sucht Kant diesem Gesichtspunkt Rechnung zu tragen. Er geht dabei von der verständlichen Annahme aus, daß ohne eine derartige Unterscheidung zumindest in Erkenntnisprozessen zwischen Realität und Fiktion nicht mehr unterschieden werden kann bzw. daß sich ohne eine derartige Unterscheidung über die Angemessenheit unserer Konstruktionen nicht mehr urteilen läßt. Anders die weitere Entwicklung des Idealismus, die diesen verbliebenen, aus ihrer Sicht inkonsequenten ›Realismus‹ Kants, d. h. die Voraussetzung eines ›außervernünftigen‹ oder subjektunabhängigen Korrelats des Erkennens und des Handelns, bereinigt, indem sie, in Hegelscher Terminologie, den Gegensatz von Natur und Geist aufhebt.

So ist für Fichte Kants Annahme eines für die Vernunft unerkennbaren, für den Begriff eines vernunftgeleiteten Erkennens gleichwohl notwendigen ›Dinges an sich‹ ein philosophisches Ärgernis, das das gesamte idealistische Programm gerade in seinen erkenntnistheoretischen Aspekten in Widersprüche führt. Für ihn ist, wie es Friedrich Jodl einmal in seiner »Geschichte der neueren Philosophie« ausgedrückt hat, »der Gedanke einer dem Bewußtsein gegenüberstehenden dinglichen Welt, in welcher das Bewußtsein selbst wurzelt, und der es seine wesentlichen Inhalte verdankt, ein unvollziehbarer Gedanke [. . .]. Es müssen daher jene Inhalte des Bewußtseins, welche diesem Gedanken hauptsächlich zugrundeliegen, aus dem Bewußtsein selbst abgeleitet werden.«[31] Hier wird nicht nur die Welt der ›Dinge an sich‹, sondern auch die Welt der *Erfahrung* zum Produkt des Bewußtseins bzw. das idealistische Programm durch die Forderung charakterisiert, eine »vollständige Deduction der ganzen Erfahrung aus der Möglichkeit des Selbstbewußtseyns«[32] vorzulegen. In der für die philosophische Sprache Fichtes eigentümlichen Abstraktheit verblaßt die Welt zum ›Nicht-Ich‹, das sich zudem noch als eine ›Setzung des absoluten Ichs‹ erweist (»Ich setze im Ich dem theilbaren Ich ein theilbares Nicht-Ich entgegen«[33]). Das heißt: Welt tritt nur als *Negation* des Ich auf, als das, was das Ich nicht ist, und das doch zugleich selbst ohne das Ich nichts ist.

Was hier wie eine abstruse Konstruktion erscheint, mit der sich der Philosoph seine arme Welt macht, ist das Resultat einer erkenntnistheoretisch ausgelegten praktischen Philosophie, in der – im übrigen in wesentlicher Übereinstimmung mit den Intentionen Kants – dargelegt werden soll, wie die Vernunft aus sich selbst heraus ›frei‹ und in diesem Sinne auch verantwortliche Ursache aller ihrer Wirkungen sein kann. Fichtes Grundgedanke ist der, »daß die Vernunft zunächst praktisch ist, handelnd in der Welt sich orientiert, bevor sie auf ihre Praxis – ihre erkenntnisbildenden Orientierungsleistungen – theoretisch reflektieren kann«[34]. Eben dies wird dann aber so gedeutet, daß die Vernunft in jeder Hinsicht Grenze der Welt ist bzw. daß sich die Gegenstände selbst allein als die Grenzen einer handelnden Vernunft, damit wiederum als Resultate dieser handelnden Vernunft, bestimmen lassen. So wird alles zum Produkt der Vernunft, nicht nur die *Selbstbestimmung* des Subjekts, als Ich, sondern auch die *Welt* des Subjekts, als Nicht-Ich.

Damit ist klar, daß für Fichte die Vorstellung, eine wohlgeordnete Natur, eine Natur ›an sich‹, könne irgendwelche Orientierungsfunktionen für den Menschen haben, sowohl in praktischer (normativer) als auch in theoretischer (objektiver) Hinsicht keinen Sinn mehr macht. In der Terminologie von Ich und Nicht-Ich wird auch Natur ein durch den Menschen, durch das weltlose Ich, Gesetztes: »Es giebt keine Natur an sich; meine Natur und alle andere Natur, die gesetzt wird, um die erste zu erklären, ist nur eine besondere Weise, mich selbst zu erblicken.«[35] Außerhalb dieser vom Ich für sich selbst gesetzten Natur gibt es diese nach Fichte nur als ein ›totes‹, als »ein starres und in sich beschlossenes Daseyn«[36], daneben, gewissermaßen als die naturhafte Seite des Ich, als ›Trieb‹[37]. In beiden Formen stellt Natur die »Sphäre der Thätigkeit«[38] der Vernunft dar, etwa der Naturwissenschaft treibenden Vernunft und der praktischen Vernunft. Für die praktische Vernunft ist Natur daher auch allein ›Material‹ der sittlichen Pflicht, an ihm hat sich die Vernunft abzuarbeiten. Das Ziel aber ist auch hier das autarke Ich: »Ich bin durchaus mein eigenes Geschöpf. Ich hätte blind dem Zuge meiner geistigen Natur folgen können. Ich wollte nicht Natur, sondern mein eigenes Werk seyn.«[39]

Das läßt sich nun durchaus als Anschluß an die Kantische Pflichtethik verstehen. Doch was in dieser Weise sowie als der Gedanke Sinn macht, daß wir die Welt niemals, wie sie ohne uns ist, vor uns haben, sondern stets als eine durch unsere Unterscheidungen (unseren ›Verstand‹) ›geprägte‹, durch unsere Erfahrungen und Zwecke ›gelesene‹ Welt, wird durch seine abstrakte philosophische Darstellung, nämlich in der Unterscheidung zwischen Ich und Nicht-Ich, und die Behauptung, daß das Ich das Nicht-Ich setzt, über die Grenze des Verständlichen, jedenfalls die Grenze des für den common sense philosophisch Zumutbaren geschoben. Das gilt auch für den Naturbegriff. In Fichtes ›idealistischer‹ Optik wird Natur zum Produkt der Subjektivität bzw. zu einer durch das Handeln, das moralische und das theoretische Handeln, selbst gesetzten Grenze. *Die Grenzen des Ich sind die Grenzen der Welt.*

Das ist nicht das letzte Wort des Idealismus in Sachen Natur. Gegen Fichtes Verabsolutierung des Ich steht bereits Hegels Klage über den Verlust des Aristotelischen Naturbegriffs, der Vorstellung einer handelnden, subjekthaften Natur. Eben dies ist auch für Hegel der entscheidende Aspekt am Aristotelischen Naturbegriff: »Des Aristoteles Begriff von der Natur ist vortrefflicher, als der gegenwärtige; denn die Hauptsache ist bei ihm die Bestimmung des Zwecks, als die innere Bestimmtheit des natürlichen Dinges selbst.«[40] Das geht nicht nur etwa gegen Boyles Verabschiedung der Idee einer handelnden Natur[41], sondern auch gegen Fichtes Reduktion einer welthaften Natur zum bloßen Nicht-Ich. Dagegen sieht Hegel einen Aristotelischen Hoffnungsschimmer bei Kant: »In Rücksicht des Begriffs der Natur muß man sagen, daß diese bei Aristoteles auf die höchste, wahrhafteste Weise dargestellt ist, – auf eine Weise, die erst in neuerer Zeit durch Kant wieder in Erinnerung gebracht worden ist, zwar in subjektiver Form, die das Wesen der kantischen Philosophie ausmacht, aber doch ganz wahrhaft.«[42] Was Hegel hier als die ›subjektive Form‹ des Kantischen Naturbegriffs beanstandet, ist in der Tat die Pointe der ›idealistischen‹ Philosophie Kants, die von Fichte in gewisser Weise überdreht wird. Hegel will nicht nur hinter Fichte, er will in diesem Punkte auch hinter Kant zurück.

Das geschieht allerdings auf eine der Aristotelischen Naturphilosophie, zumindest terminologisch, doch recht fremde Weise. Hegels eigene Naturphilosophie, die den zweiten Teil des späteren ›Systems‹, neben der Logik als erstem und der Philosophie des Geistes als drittem Teil, ausmacht, soll nichts anderes als eine ›Versöhnung‹ des Geistes mit der Natur bewerkstelligen, und zwar auf eine nun auch bei Hegel für den Geist vorteilhafte Weise: »Der Geist, der sich erfaßt hat, will sich auch in der Natur erkennen, den Verlust seiner wieder aufheben.«[43] Natur erscheint darüber hinaus als »die Idee in der Form des *Andersseyns*«[44]. Hegel weiter wörtlich: »Da die *Idee* so als das Negative ihrer selbst oder *sich äußerlich* ist, so ist die Natur nicht äußerlich nur relativ gegen diese Idee (und gegen die subjektive Existenz derselben, den Geist), sondern die *Äußerlichkeit* macht die Bestimmung aus, in welcher sie als Natur ist.«[45] Natur also als Idee bzw. (in subjektiver Form) als Geist in seiner ›Äußerlichkeit‹, zugleich auf dem Wege, selbst Geist zu werden. Eben dies hat nach Hegel die Naturphilosophie darzustellen: »Die denkende Naturbetrachtung muß betrachten, wie die Natur an ihr selbst dieser Proceß ist, zum Geiste zu werden, ihr Andersseyn aufzuheben.«[46]

Gleichwohl bleibt die ›Versöhnung‹ des Geistes mit der Natur, die Aufhebung der ›Trennung‹ beider eine Leistung der Vernunft. »Die Natur«, so heißt es zu Beginn der ersten Berliner Naturphilosphie-Vorlesung von 1819/20, »ist dem Menschen als ein Problem aufgegeben, zu dessen Auflösung er sich ebensosehr angezogen fühlt, als er davon abgestoßen wird. Der Natur draußen entgegen steht sein Gemüt und sein Geist, ein Einfaches. Die Natur ist mir, dem Ich, widerstrebend. Diesen Gegensatz soll man zur Einheit, die ich selbst bin, zurückführen. Also einerseits Einheit, dagegen Trennung.«[47] Und wieder ist es die Unterscheidung zwischen einer theoretischen und einer praktischen Perspektive, die auch Hegel (wie Fichte, wenn auch auf andere Weise) zum Leitfaden dieser Aufgabe nimmt. In theoretischer Perspektive ist die Natur ›das Andere‹ des Geistes, als solches selbständig, wenn auch, aus der Sicht des Geistes, bereits als ›verkörperte Vernunft‹[48]. In praktischer Perspektive ist sie gerade nicht selbständig, ohne eigene ›Bestimmung‹: »ihr Zweck sind wir«[49].

Dieser Satz könnte auch von Kant stammen, hätte bei diesem jedoch, wie zuvor dargestellt, einen anderen Sinn: Der Mensch ist (End-) Zweck der Natur (nur) insofern, als er im Vernunftgebrauch mit seiner Natur verbunden bleibt. Bei Hegel wird aus dieser Bestimmung, die im aufklärerischen Sinne die Vernunft zur Natur des Menschen macht, die Bestimmung einer *vernünftigen Natur*. Das kommt auch in Bezeichnungen wie ›der sich entfremdete Geist‹[50] oder ›der entäußerte Geist‹[51] sowie in überschwenglichen Formulierungen wie der folgenden zum Ausdruck: »die Natur ist der Sohn Gottes, aber nicht als der Sohn, sondern als das Verharren im Andersseyn, – die göttliche Idee als außerhalb der Liebe für einen Augenblick festgehalten. Die Natur ist der sich entfremdete Geist, der darin nur *ausgelassen* ist, ein bacchantischer Gott, der sich selbst nicht zügelt und faßt; in der Natur verbirgt sich die Einheit des Begriffs.«[52] Auch in einer derartigen Beschwörung einer mystischen Einheit von Natur und Geist bleibt jedoch Natur der unterlegene Teil: sie zeigt »keine Freiheit, sondern *Nothwendigkeit* und *Zufälligkeit*«[53]. Ihr ›Spiel der Formen‹ folgt keinem eigenen Begriff, wie ihn (nach Hegel) die absolute Notwendigkeit des Geistes enthält: »Es ist die *Ohnmacht* der Natur, die Begriffsbestimmungen nur abstract zu erhalten, und die Ausführung des Besondern äußerer Bestimmbarkeit auszusetzen.«[54] Gemeint ist wohl etwas Einfaches: Kein Blatt in der Natur gleicht dem andern, kein natürliches Ereignis wiederholt, in jeglicher Weise gleich, das andere, selbst wenn es denselben ›Gesetzen‹ folgte, kein Strohhalm – und das ist Hegels Beispiel – beweist Gottes Sein (im Gegensatz zu jeder Äußerung des Geistes, wie Hegel meint).[55]

Natur ist damit bei Hegel kein Produkt, keine einfache ›Setzung‹ des Geistes (wie bei Fichte), aber sie ist selbst als das ›Andere‹ des Geistes eine *Form des Geistes* (›entäußerter‹ oder ›entfremdeter‹ Geist), der zugleich seine eigentliche Subjekthaftigkeit verliert. Und das ist denn auch das Besondere an Hegels Idealismus. Er stellt, erkennbar in der Rede vom Geist als der Idee in ihrer subjektiven Form, nichts anderes als den Versuch dar, schließlich einen ›Idealismus ohne Subjekt‹[56] zu formulieren. Die *Subjektivierung der Natur* in Form eines entäußerten oder entfremdeten Geistes wird durch die *Entsubjektivierung des Geistes* bzw. der Vernunft im Hegelschen Begriff der Idee wieder aufgefangen. Die Idee, das ist nach Hegel die eigentliche Wirklichkeit, die Einheit von ›Begriff‹ und dessen ›Verwirklichung‹[57], wobei die Philosophie die Ideen der Natur und des Geistes sowie die ›absolute‹ Idee rekonstruiert, in der das begreifende Erkennen (der Begriff) sich selbst Gegenstand ist. *Die Grenzen des Geistes und der Idee sind die Grenzen der Welt.*

Kein leichtes Brot, doch kommt es noch schwerer, zumindest spekulativer. Schellings Idealismus, der die Einheit von Subjektivität (im transzendentalen, konstitutionstheoretischen Sinne) und Objektivität (im realistischen Sinne) proklamiert, sucht der Natur ein Stück Selbständigkeit zurückzugewinnen: »alle ihre Gesetze sind immanent, oder: *die Natur ist ihre eigne Gesetzgeberin* (Autonomie der Natur). Was in der Natur geschieht, muß sich auch aus den thätigen und bewegenden Principien erklären lassen, die in ihr selbst liegen, oder: *die Natur ist sich selbst genug* (Autarkie der Natur).«[58] Diese autonome und autarke Natur ist Gegenstand einer neuen Naturphilosophie, die gegenüber den Naturwissenschaften, dabei erneut in polemischer (und auch ein wenig peinlicher) Absetzung vom Mechanisierungsprogramm, wie es Boyle formuliert hatte, eine ›höhere Erkenntnis‹ der Natur sichern soll: »Mit der Naturphilosophie beginnt, nach der blinden und ideenlosen Art der Naturforschung, die seit dem Verderb der Philosophie durch Baco, der Physik durch Boyle und Newton allgemein sich festgesetzt hat, eine höhere Erkenntnis der Natur; es bildet sich ein neues Organ der Anschauung und des Begreifens der Natur.«[59] Zugleich wird von Schelling die auch von ihm ins Auge gefaßte Einheit von Natur und Geist als die Wiederherstellung eines ›mythischen Bewußtseins‹ gedeutet, mit dem die Geschichte des Menschen, sein eigentlicher ›Naturzustand‹, begonnen habe. Diese Wiederherstellung bedeutet die Überwindung der Entzweiung von Natur und Geist. Eben dazu aber bildet Naturphilosophie das Mittel, insofern Schelling in ihr zu zeigen versucht, daß die Natur (wie bei Hegel) selbst auf dem Wege zum Menschen, zum Geist ist. Natur stellt, zumal in den Organismen, in diesem Sinne (gegen Fichte und Hegel) eine (unbewußte) Vorform der *Subjektivität* dar. Sie ist der ›sichtbare Geist‹, wie der Geist in dieser Konzeption die unsichtbare Natur ist.

Pointiert hat Schelling diese seine Auffassung der Ich-Philosophie Fichtes, in der Natur zum bloßen Nicht-Ich unter der Botmäßigkeit des Ich verblaßt, entgegengesetzt: für Fichte sei das Ich alles, während für ihn alles Ich sei.[60] Die Subjektivität der Natur bedeutet für Schelling, daß diese selbst ichhaft, geisthaft ist, wenn auch in unbewußter Form. Dem wiederum begegnet Fichte mit dem Vorwurf der Schwärmerei. Für Fichte ist Schellings Naturphilosophie der Versuch, »durch Einfälle in das Innere der Natur einzudringen, und sich dadurch des mühsamen Lernens und der leidigen, gegen alle unsere vorgefaßten Systeme ausfallen könnenden Versuche zu überheben«[61].

Da bringt denn auch Schellings Unterscheidung zwischen Naturphilosophie, die spekulativ sein darf, und Naturwissenschaft, die nicht spekulativ sein kann, wenig Entlastung. Mit dieser Unterscheidung erneuert Schelling zugleich die alte Unterscheidung zwischen einer natura naturans und einer natura naturata[62], insofern nun Gegenstand der Naturphilosophie ›Natur als Produktivität‹ und Gegenstand der Naturwissenschaft ›Natur als bloßes Produkt‹ sein soll.[63] Und wiederum ist es dabei der Gedanke der Subjektivität bzw. der Subjekthaftigkeit der Natur, der die Darstellung bestimmt: »Die *Natur* als bloßes *Produkt* (natura naturata) nennen wir Natur als *Objekt* (auf diese allein geht alle Empirie). Die *Natur* als *Produktivität* (natura naturans) nennen wir *Natur* als *Subjekt* (auf diese allein geht alle Theorie).«[64] Theorie, das heißt hier Naturphilosophie oder ›speculative Physik‹, wobei Schelling nun sogar eine Übereinstimmung zwischen den Prinzipien der quantitativen Naturwissenschaft seiner Zeit und dieser ›spekulativen Physik‹, die alle Naturkräfte zu Potenzen einer absoluten Produktivität erklärt, zu erkennen glaubt.[65] Darüber hinaus wird ein kühner Vergleich zwischen dem Dynamischen, das diese Produktivität darstellt, und den transzendentalphilosophischen Grundlagen des Idealismus gezogen: »Das Dynamische ist für die Physik eben das, was das Transcendentale für die Philosophie ist.«[66] Natur und Geist haben, zumindest im Kopfe der Philosophie, zu einer neuen Einheit gefunden.

Wie spekulativ diese Einheit ist, mag eine Bemerkung verdeutlichen, mit der Schelling das Dynamische der Natur, das unter anderem in der Wirkung eines

Polaritätsprinzips liegen soll, beschreibt: »Die Entgegengesetzten müssen ewig sich fliehen, um sich ewig zu suchen, und sich ewig suchen, um sich nie zu finden; nur in *diesem* Widerspruch liegt der Grund aller Thätigkeit der Natur.«[67] Beispiel und Beleg für dieses ›unglückliche Bewußtsein‹ der Natur ist die Trennung der Geschlechter bzw. »der Widerspruch der Natur in dem, was sie durch die *Geschlechter* zu erreichen versucht, ohne es erreichen zu können«. Und weiter: »Die Natur *haßt* das Geschlecht, und wo es entsteht, entsteht es wider ihren Willen. Die Trennung der Geschlechter ist ein unvermeidliches Schicksal, dem sie, nachdem sie einmal organisch ist, sich fügen muß, und das sie nie verwinden kann.«[68] Boyle hätte seine helle Freude an dieser Natur gehabt.[69]

Der Idealismus, der mit Kant als methodisch und begrifflich klare Einsicht begann, daß die Objektivität des Erkennens und die Moralität des Handelns Leistungen der Vernunft sind, in denen der Mensch zugleich seine eigene Natur erkennt, verliert sich bei Schelling in einer mystischen Einheit von Natur und Geist. Diese wird zudem noch nicht durch begriffliche Arbeit, sondern der (schon bei Fichte anzutreffenden) Behauptung nach durch unmittelbare *intellektuelle Anschauung* erkannt. Philosophie kehrt unter naturphilosophischen Vorzeichen in ihre Platonischen Anfänge zurück. So wörtlich auch Schelling: »Die platonische Idee, daß alle Philosophie Erinnerung sey, ist in diesem Sinne wahr; alles Philosophiren besteht in einem Erinnern des Zustandes, in welchem wir eins waren mit der Natur.«[70] *Die Grenzen der Natur sind die Grenzen der Welt.*

3. Einige zeitgemäße Schlußbemerkungen

Warum beschäftigen wir uns so intensiv mit dem idealistischen Naturbegriff? Warum lesen wir noch Kants, Fichtes, Hegels und Schellings Naturphilosophie? Schließlich ist keine der hier vorgetragenen Vorstellungen renaissanceverdächtig. Kants ›metaphysische Anfangsgründe‹ der Naturwissenschaft sind von deren Entwicklung längst zur Seite gelegt worden, sein teleologischer Naturbegriff ist unklar geblieben, seine Genealogie der Vernunft, deren Darstellung mit einer ›List der Natur‹ operiert, ist in der philosophischen Erinnerung, nicht im modernen Bewußtsein aufgehoben. Fichtes Vorschlag, Naturphilosophie allein in den Grenzen einer Ich-Philosophie zu treiben, kann ihre Anwendbarkeit nicht demonstrieren – und ihre Verständlichkeit wohl ebensowenig. Hegels Vision eines subjektlosen Geistes, der als Idee auch die Natur erfaßt, verdunkelt eine Naturphilosophie, zu der allenfalls der gehobene Dilettantismus der Philosophie in naturwissenschaftlichen Dingen noch einen Schlüssel besitzt, und eine Philosophie des absoluten Geistes, zu deren Konzeption es gehört, daß der Begriff des Geistes allein seine Realität ist. Schellings Idealismus schließlich, in dessen Rahmen Natur wieder zu Aristotelischen Würden geführt wird, scheint als Boden nur noch die Idealismen der anderen unter den Füßen zu haben, wobei auch seine

Naturphilosophie selbst dem gutwilligsten Philosophenfreund mehr Schrecken als Einsichten einjagen muß.

Da mögen zudem die naturphilosophischen Bilder der ›idealistischen‹ Dichtung authentischer sein als die systematischen Träume der Philosophen. Zum Beispiel Goethe: »Die Natur hat kein System, sie hat, sie ist Leben und Folge aus einem unbekannten Zentrum, zu einer nicht erkennbaren Grenze. Naturbetrachtung ist daher endlos.«[71] Oder Herder, der unbeirrt wiederholt, was Boyle folgenreich bestritten hatte: Die Natur ist gut[72], vernünftig[73], reich, aber einfach[74]. Selbst dem Naturforscher steht in diesem Zusammenhang die Dichtung näher als die Philosophie. Alexander von Humboldt in seinem »Entwurf eines allgemeinen Naturgemäldes«: »Natur, in der vielfachen Deutung des Wortes, bald als Totalität des Seienden und Werdenden, bald als innere, bewegende Kraft, bald als das geheimnisvolle Urbild aller Erscheinungen aufgefaßt; offenbart sich dem einfachen Sinn und Gefühle des Menschen vorzugsweise als etwas Irdisches, ihm näher Verwandtes. Erst in den Lebenskreisen der organischen Bildung erkennen wir recht eigentlich unsere Heimat.«[75] Als ›Heimat‹, in der der Geist ist, erscheint Natur hier wesentlich verständlicher als in den vorgetragenen idealistischen Systematisierungen.

Dennoch ist damit über den idealistischen Naturbegriff das letzte Wort noch nicht gesprochen. Er ist in Wahrheit ›wirklicher‹, als es manchmal scheint. So ist zwar die von Hegel und Schelling noch einmal angestrengte Bemühung, Natur wieder zum Subjekt ihres eigenen Bildungsprozesses zu machen, in dem Maße, in dem Natur selbst Teil einer gesellschaftlich verfaßten Wirklichkeit geworden ist, fehlgeschlagen. Trotzdem ist damit die alte Frage, die auch die idealistische Philosophie umtrieb, ob nämlich die Natur *vernunftfähig* sei, noch nicht abschließend beantwortet. Sie wird heute nur in anderer Form gestellt und zu beantworten versucht: etwa in ökologischer Form. Auch das ökologische Denken ist durch die Bemühung charakterisiert, der Natur einen Teil ihrer Selbständigkeit, die sie in industriellen Kulturen verloren hat, wieder zurückzugeben. Ob man diese Selbständigkeit in eine Subjektterminologie faßt oder anders, ist hier ein nachgeordneter Gesichtspunkt.

Doch auch der Verlust der Selbständigkeit der Natur, nicht erst der Versuch ihrer (partiellen) Wiederherstellung, zeugt von mehr ›Idealismus‹, als man vermuten mag. Man muß sich dazu nur deutlich machen, daß der moderne Mensch als Angehöriger einer technischen oder industriellen Kultur bereits Schwierigkeiten hat, genau zu sagen, was und wo Natur ist. Natur ist in der Regel das, was wir vermissen: die grüne Welt vor den Fenstern, mit Kornblumen und Rittersporen, die unter den Produktionsbedingungen moderner Landwirtschaft keine Chance mehr haben, mit Sonnenaufgängen im Dunst der Industrie, trostlosen Ufern toter Flüsse, sterbenden Wäldern. Wo noch Natur ist, ist sie in erster Linie eine Rohstoffressource oder der Boden, auf dem technische Kulturen bauen und in den sie ihre Abfälle stecken, oder ein Freizeitszenarium, das die Touristikindustrie mit ihren falschen Träumen besetzt. Natur ist ein Teil technischer Kulturen geworden, ein Teil des ›Raumschiffs Erde‹ – in der konsequenten Sprache einer technischen Kultur. Wohin man auch ›in der Natur‹ kommt, der erkennende, bauende, wirtschaftende Verstand war immer schon da.[76]

Das aber ist Fichte. Das ist Fichtes Ich, das dem Nicht-Ich sein Wesen gibt. Natur wird in technischen Kulturen zur anderen Seite des Subjekts, zum ›Anderen‹ des Geistes, ihm zur Aneignung und Bearbeitung überantwortet. Womit sich dann aber auch Hegels und Schellings Vorstellung, wonach sich der Geist auch in der Natur wiedererkennt, am Ende doch noch zur Geltung gebracht hätte. Was als idealistische Begriffsträumerei erscheinen mochte, hat sich auf eine seltsame Weise erfüllt – im Negativen wie im Positiven: Die moderne Welt hat sich die Natur angeeignet, mit allerlei mißlichen Folgen, die heute jeder kennt. Die moderne Welt beginnt aber auch, nach einer Lösung zu suchen, die die Folgen dieser Aneignung wieder rückgängig macht, zumindest eingrenzt, eingrenzt auf ein der menschlichen Welt und der Natur erträgliches Maß. Beides, Aneignung und wieder Seinlassen, weist Elemente der idealistischen Vorstellung auf, daß Natur das ›Andere‹ der Vernunft bzw. des Geistes ist – sein Produkt oder sein Spiegel.

Das bedeutet nicht, daß hier mit einem Plädoyer für einen idealistischen Naturbegriff geschlossen werden soll, zumal es heute vermutlich zutreffender wäre, in der Natur nicht das ›Andere‹ der Vernunft, sondern das ›Andere‹ der *Unvernunft* zu sehen. Worauf es ankam, war zu zeigen, daß die Geschichte der Natur auch in der Geschichte der Philosophie nicht zu Ende ist, und daß der idealistische Naturbegriff ein wesentliches Moment dieser Geschichte ist. Im übrigen hat – und auch das lehrt diese Geschichte in ihren dargestellten Teilen – sicher Lord Tristan Mickleford in Flotows »Martha oder der Markt zu Richmond« (1. Aufzug, 3. Auftritt) recht: »Ach, wie ist Natur so schwer.«

Anmerkungen

Eine gekürzte, zugleich unter dem Gesichtspunkt des Hegelschen Naturbegriffs weiter ausgearbeitete Fassung dieser Vorlesung erscheint unter dem Titel »Natur und Geist in Hegels Naturphilosophie« in: Hegel-Jahrbuch 1989. Der Kant-Teil ist weiter ausgeführt in meiner Arbeit: Kant und die Dialektik der Aufklärung, in: Aufklärung und Gegenaufklärung in der europäischen Literatur, Philosophie und Politik von der Antike bis zur Gegenwart, ed. J. Schmidt, Darmstadt 1989, 341–360.

[1] G. W. F. Hegel, Phänomenologie des Geistes, Sämtliche Werke. Jubiläumsausgabe, I–XX, ed. H. Glockner, Stuttgart 1927–1930 (im folgenden zitiert als Sämtl. Werke), II, 22.

[2] O. Schwemmer, Idealismus, deutscher, in: J. Mittelstraß (Ed.), Enzyklopädie Philosophie und Wissenschaftstheorie II, Mannheim/Wien/Zürich 1984, 170.

[3] I. Kant, Prolegomena zu einer jeden künftigen Metaphysik, die als Wissenschaft wird auftreten können § 14, Gesammelte Schriften, ed. Königlich Preußische (später: Deutsche) Akademie der Wissenschaften (zu Berlin), Berlin 1902 ff. (im folgenden zitiert als Schriften), IV, 294.

[4] Metaphysische Anfangsgründe der Naturwissenschaft (Vorrede), Schriften IV, 467.

[5] Ebd.

[6] Kritik der Urteilskraft § 67, Schriften V, 380.

[7] Kritik der Urteilskraft § 45, Schriften V, 306 f.

[8] F. W. J. Schelling, System des transcendentalen Idealismus (1800), Sämtliche Werke, I-XIV, ed. K. F. A. Schelling, Stuttgart 1856–1861, Repr. in neuer Anordnung: Schellings Werke, I-VI, Erg. Bde. I–VI, Suppl. Bd. I, ed. M. Schröter, München 1927–1959 (im folgenden zitiert als Sämtl. Werke), II, 622.

[9] Vorlesungen über die Ästhetik I, Sämtl. Werke XII, 19 f.

[10] Zum Begriff der Aristotelischen Natur und zur Geschichte des Aristotelischen Naturbegriffs vgl. J. Mittelstraß, Das Wirken der Natur. Materialien zur Geschichte des Naturbegriffs, in: F. Rapp (Ed.), Naturverständnis und Naturbeherrschung. Philosophiegeschichtliche Entwicklung und gegenwärtiger Kontext, München 1981, 36–69; ferner J. Mittelstraß, Leben mit der Natur. Über die Geschichte der Natur in der Geschichte der Philosophie und über die Verantwortung des Menschen gegenüber der Natur, in: O. Schwemmer (Ed.), Über Natur. Philosophische Beiträge zum Naturverständnis, Frankfurt 1987, 37–62.

[11] Idee zu einer allgemeinen Geschichte in weltbürgerlicher Absicht, Schriften VIII, 18.

[12] A.a.O., 29.

[13] Muthmaßlicher Anfang der Menschengeschichte, Schriften VIII, 109.

[14] Ebd.

[15] A.a.O., 111 f.

[16] A.a.O., 112 f.

[17] A.a.O., 113 f.

[18] A.a.O., 114

[19] A.a.O., 118 Anm.

[20] Vgl. Kritik der Urteilskraft § 83, Schriften V, 431.

[21] Idee zu einer allgemeinen Geschichte in weltbürgerlicher Absicht, Schriften VIII, 19.

[22] Ebd.

[23] A.a.O., 20.

[24] A.a.O., 22.

[25] A.a.O., 24ff.; vgl. Kritik der Urteilskraft § 83, Schriften V, 432.

[26] A.a.O., 21.

[27] Ebd.

[28] A.a.O., 26.

[29] A.a.O., 27.

[30] Kritik der Urteilskraft § 15, Schriften V, 226.

[31] F. Jodl, Geschichte der neueren Philosophie, ed. K. Roretz, Stuttgart/Berlin 1927, 658.

[32] Zweite Einleitung in die Wissenschaftslehre (1797), Sämmtliche Werke, I-VIII, ed. I. H. Fichte, Berlin 1845–1846 (im folgenden zitiert als Sämmtl. Werke), I, 462.

[33] Grundlage der gesamten Wissenschaftslehre, Sämmtl. Werke I, 110.

[34] O. Schwemmer, a.a.O., 171.

[35] Das System der Sittenlehre nach den Principien der Wissenschaftslehre (1798), Sämmtl. Werke IV, 133.

[36] Einige Vorlesungen über die Bestimmung des Gelehrten (1794), Sämmtl. Werke VI, 363.

[37] Das System der Sittenlehre, Sämmtl. Werke IV, 109.

[38] Einige Vorlesungen über die Bestimmung des Gelehrten, Sämmtl. Werke VI, 363.

[39] Die Bestimmung des Menschen (1800), Sämmtl. Werke II, 256.

[40] Vorlesungen über die Geschichte der Philosophie, Sämtl. Werke XVIII, 342.

[41] Vgl. R. Boyle, A Free Inquiry into the Vulgarly Receiv'd Notion of Nature (London 1686), The

Works of the Honourable Robert Boyle, I–VI, ed. Th. Birch, London [2]1772 (im folgenden zitiert als Works), V, 219. Dazu die erweiterte lateinische Fassung des Inquiry: Tractatus de ipsa natura, sive libera in receptam notionem disquisitio ad amicum, Genf 1688, 72.

[42] A.a.O., 341.

[43] Encyklopädie der philosophischen Wissenschaften im Grundrisse/System der Philosophie, Sämtl. Werke IX, 721.

[44] A.a.O., 49.

[45] Ebd.

[46] A.a.O., 50.

[47] G. W. F. Hegel, Naturphilosophie I (Die Vorlesung von 1819/20), ed. K.-H. Ilting/M. Gies, Napoli 1982, 3.

[48] A.a.O., 6.

[49] A.a.O., 3.

[50] Encyklopädie der philosophischen Wissenschaften/System der Philosophie, Sämtl. Werke IX, 50.

[51] Phänomenologie des Geistes, Sämtl. Werke II, 618.

[52] Encyklopädie der philosophischen Wissenschaften/System der Philosophie, Sämtl. Werke IX, 50.

[53] A.a.O., 54.

[54] A.a.O., 63.

[55] A. a.O., 55.

[56] Vgl. O. Schwemmer, Idealismus, in: J. Mittelstraß (Ed.), Enzyklopädie Philosophie und Wissenschaftstheorie II, 168 f.

[57] Grundlinien der Philosophie des Rechts oder Naturrecht und Staatswissenschaft im Grundrisse § 1, Sämtl. Werke VII, 38 f.

[58] Erster Entwurf eines Systems der Naturphilosophie (1799), Sämtl. Werke II, 17.

[59] Ideen zu einer Philosophie der Natur als Einleitung in das System dieser Wissenschaft (1792, [2]1803), Sämtl. Werke I, 720.

[60] Darstellung meines Systems der Philosophie (1801), Sämtl. Werke III, 5.

[61] Die Grundzüge des gegenwärtigen Zeitalters (1806), Sämmtl. Werke VII, 124.

[62] Zur Begriffsgeschichte von natura naturans und natura naturata vgl. J. Mittelstraß, natura naturans, in: J. Mittelstraß (Ed.), Enzyklopädie Philosophie und Wissenschaftstheorie II, 966 f.; K. Hedwig, natura naturans/naturata, in: J. Ritter/K. Gründer (Eds.), Historisches Wörterbuch der Philosophie VI, Basel/Stuttgart 1984, 504 ff.

[63] Einleitung zu dem Entwurf eines Systems der Naturphilosophie (1799), Sämtl. Werke II, 284.

[64] Ebd.

[65] Vgl. H. Krings, Vorbemerkungen zu Schellings Naturphilosophie, in: L. Hasler (Ed.), Schelling. Seine Bedeutung für eine Philosophie der Natur und der Geschichte, Stuttgart 1981, 74. Ferner, zur Abgrenzung Schellings gegenüber Kants naturphilosophischen Konzeptionen, H. Böhme/ G. Böhme, Das Andere der Vernunft. Zur Entwicklung von Rationalitätsstrukturen am Beispiel Kants, Frankfurt 1983, 136 ff.

[66] Allgemeine Deduktion des dynamischen Processes oder der Kategorien der Physik (1800) § 63, Sämtl. Werke II, 709 f.

[67] Einleitung zu dem Entwurf eines Systems der Naturphilosophie, Sämtl. Werke II, 325 Anm.

[68] A.a.O., 324 Anm.

[69] Nach Boyle hatte sich die ältere Naturphilosophie von folgenden Vorstellungen leiten lassen:

»Die Natur ist das weiseste Sein, das nichts vergeblich tut. Sie verfehlt keines ihrer Ziele, tut stets das beste, das sie tun kann, und zwar auf direkteste und kürzeste Weise, indem sie sich weder mit überflüssigen Dingen befaßt noch Notwendiges fehlen läßt. Sie lehrt und veranlaßt alle ihre Werke, sich selbst zu erhalten« (A Free Inquiry into the Vulgarly Receiv'd Notion of Nature, Works V, 174). Vgl. oben Anm. 41.

[70] Allgemeine Deduktion des dynamischen Processes oder der Kategorien der Physik, Sämtl. Werke II, 711.

[71] J. W. v. Goethe, Zur Naturwissenschaft im allgemeinen: Probleme, Werke. Hamburger Ausgabe, I–XIV, ed. E. Trunz, Hamburg 1948–1960, XIII, 35.

[72] J. G. Herder, Gott. Einige Gespräche, Sämtliche Werke, I–XXXIII, ed. B. Suphan u.a., Berlin 1877–1913 (im folgenden zitiert als Sämtl. Werke), XVI, 570.

[73] Adrastea, Sämtl. Werke XXIV, 334.

[74] Gott. Einige Gespräche, Sämtl. Werke XVI, 463.

[75] A. v. Humboldt, Kosmos. Entwurf einer physischen Weltbeschreibung I, Stuttgart 1808 (Gesammelte Werke I), 58. Vgl. H. Schipperges, Natur, in: O. Brunner/W. Conze/R. Koselleck (Eds.), Geschichtliche Grundbegriffe IV, Stuttgart 1978, 239.

[76] Vgl. K. M. Meyer-Abich, Zum Begriff einer Praktischen Philosophie der Natur, in: K. M. Meyer-Abich (Ed.), Frieden mit der Natur, Freiburg/Basel/Wien 1979, 242 ff.

Jürgen Schlaeger

Landschaft, Natur und Individualität in der englischen Romantik

I.

Es gilt seit langem als Allgemeinplatz, daß ein enger Zusammenhang zwischen der Entdeckung der Natur als ästhetischer Landschaft und der Herausbildung von Individualität besteht. Im 18. Jahrhundert setzt sich, so heißt es, in der gemalten, literarisierten und gärtnerisch gestalteten Landschaft ein neues, individualisiertes Sehen in Szene, schafft sich ein naturgemäßes Gegenüber, mit dessen Hilfe es sich die großen Fragen der Schöpfung und der eigenen Bestimmung aus der transvisuellen, metaphysischen Ewigkeitsschau schrittweise in die Immanenz seiner ihm verfügbaren empirischen Horizonte holt.

Unbestritten und unbestreitbar ist, daß der damit charakterisierte Zusammenhang eine notwendige Vorbedingung für die Entstehung des romantischen Naturverständnisses liefert. Es wird aber gerade deshalb vielleicht Erstaunen erregen, wenn ich an den Anfang meiner Überlegungen provokativ die These stelle, daß das romantische Naturverständnis, jedenfalls in England, gegen das Konzept der ästhetischen eigenwertigen Landschaft als adäquate Repräsentation von Natur formuliert werden mußte. Als die Romantik einsetzt, ist »Landschaft« im oben skizzierten Sinn schon Teil einer Wahrnehmungs- und Darstellungsroutine geworden, deren ikonographische und literarische Modelle dem Naturverständnis der Romantik und ihrer Konzeption von Subjektivität im Wege standen.

Um nachvollziehen zu können, wie es dazu kam, muß man sich kurz die Ausgangssituation ins Gedächtnis rufen. Sie läßt sich meiner Ansicht nach am besten mit Hilfe des Ritterschen Entzweiungstheorems und mit einer Bestimmung der Funktion des physiko-theologischen Denkens bei der Konstitution von Natur als Landschaft präzisieren. Nach Ritter hat die Wahrnehmung von Natur als Landschaft die Befreiung des Menschen aus seiner Einbettung in der »umruhenden Natur« zur Voraussetzung.[1] Mensch und Natur müssen erst in ihrer selbstverständlichen Zusammengehörigkeit gestört sein, bevor der Mensch die für die ästhetische Wahrnehmung unabdingbare Distanz zur Natur gewinnen kann. Verursacht wird diese neuzeitliche Entzweiung im wesentlichen durch den Fortschritt der naturwissenschaftlichen Erkenntnis und die dadurch bewirkte Verdinglichung der Objektwelt. Der Mensch als beobachtendes, denkendes Ich wird zum Anderen einer in ihrer Eigengesetzlichkeit von ihm im Prinzip unabhängigen Natur.[2] Die Entzweiung, die einen Gewinn an Erkenntnis und an Selbst-Bewußtsein bringt, wird aber erkauft mit einem Verlust an Sicherheit und Stabilität, wie sie, nach Auffassung Ritters, das vor-neuzeitliche, nicht-entzweite Weltbild gewährleistet hatte. Es entsteht folglich ein Bedarf an Kompensation, an Vermittlungsleistung, dem seiner Meinung nach durch die ästhetische Wahrnehmung von Natur als Landschaft entsprochen wird. In dieser ästhetischen Wahrnehmung verbinden sich dinghafte Natur und die empfindende Innerlichkeit des Betrachters zu einer neuen Idee der Ganzheitlichkeit. Mensch und Natur schließen sich in der ästhetischen Landschaft zu einer Einheit neuer Qualität zusammen:

> »Die ästhetische Natur als Landschaft hat so im Gegenspiel gegen die dem metaphysischen Begriff entzogene Objektwelt der Naturwissenschaft die Funktion übernommen, in ›anschaulichen‹, aus der Innerlichkeit entspringenden Bildern das Naturganze und den ›harmonischen Einklang im Kosmos‹ zu vermitteln und ästhetisch für den Menschen gegenwärtig zu halten.«[3]

Aber so einfach und unproblematisch geht diese Wiedervereinigung denn doch nicht vonstatten. Das Ästhetische tritt nicht einfach als Lückenbüßer ein in den Riß der Weltordnung, der durch die Konstitution der Natur als Objektwelt entstanden ist. Landschaft ist im 17. und 18. Jahrhundert nicht schlicht Naturwahrnehmung zu den Bedingungen eines empfindsamen Ich; denn weder die Natur noch das Ich sind besetzungsfreie Größen, die nun für ein neues Arrangement zur Disposition stehen. Ganz abgesehen davon ist ästhetische Wahrnehmung nicht gerade der beste Garant stabiler Ordnung. Landschaft ist in der Zeit vor der Romantik vielmehr die inszenierte Repräsentanz einer stabilen göttlichen Ordnung zu den Bedingungen eines auf diese Ordnung bezogenen Menschen, und das wiederum heißt eines Menschen, der der höchste irdische Repräsentant einer alles durchwaltenden Ratio ist. Der empirische und individualistische Gehalt, der in den Konzeptionen der neuen Wissenschaft und des Menschen als denkendem Ich steckt, wird im Landschaftsbegriff und in der Landschaftsdarstellung zunächst einmal weitgehend hinweggeneralisiert. Die daraus entstehende Ordnung ist trans-subjektiv, und ihre Evidenzkraft ist trans-empirisch abgeleitet. In ihr vermittelt sich die alte Metaphysik und Theologie mit dem neuen Wirklichkeitsverständnis der Naturwissenschaften, und das heißt, der Mensch wird im Landschaftsbegriff zwar in seine Rechte als Individuum eingesetzt, aber dies nur unter der Bedingung, daß er sich zur Ganzheit der Schöpfung bekennt.

Für die Vermittlung liefert die Physiko-Theologie das Muster. Das Aufblühen dieser theologischen Denkschule steht in unmittelbarem Zusammenhang mit der Verbreitung neuer naturwissenschaftlicher Erkenntnisse. In ihr wird der großangelegte Versuch unternommen, die gewonnene Einsicht in die Rationalität der Schöpfung theologisch auszumünzen. Die ersten Versuche, etwa repräsentiert durch Thomas Burnets *Sacred Theory of the Earth* (1681–1689), gehen noch vorsichtig zu Werke und bemühen sich, unter Beibehaltung der traditionellen Naturlehre (die Welt ist gefallene Welt – eine imposante Ruine des ursprünglich vom Schöpfer errichteten Weltgebäudes) in den neu entdeckten Gesetzmäßigkeiten positive Gottesbeweise zu sehen. Schon John Rays *Wisdom of God manifested in the Works of the Creation* (1691) und erst recht William Derhams *Physico-Theology* (1713) befreien sich hingegen von der traditionellen Sicht der Natur als gefallener Schöpfung und betrachten sie in allen ihren Aspekten als fertiges und nicht zu verbesserndes Produkt göttlicher Weisheit, Allmacht und Güte.[4] Was sich also im frühen 18. Jahrhundert als Physiko-Theologie zum System perfektioniert, stellt moralische, theologische und kosmologische Deckung für die zentrifugalen Bewegungen bereit, die die Fortschritte der Naturwissenschaften in Gang gesetzt hatten. Ehe diese Bewegungen ihre volle Kraft entfalten können, bildet die Physiko-Theologie, wenn man so will, einen metaphysischen Schutzschirm, unter dem das scheinbar auseinander Strebende in einander Bestätigendes und Legitimierendes umgedeutet werden kann. Unter diesem Schutzschirm kann sich dann auch die Erforschung der Natur weitgehend ungehindert fortentwickeln und ausbilden, bis diese als Konsequenz der Darwinschen Evolutionslehre Mensch und Gott gleichermaßen zu verschlingen droht. Der Entzweiungsproblematik wird im 17. und 18. Jahrhundert in der Physiko-Theologie und der zu ihr parallellaufenden Theodizee von vornherein die Spitze abgebrochen. So gesehen erscheint das Rittersche Entzweiungstheorem als ein die Erfahrungen und Antriebe der Romantik rückprojizierendes Erklärungsmodell, das die im Landschaftsbegriff doch erst einmal neutralisierte Subjektivität gewissermaßen vorab als »fühlenden und empfindenden Betrachter« in Rechnung stellt und damit die eigentlichen Motive der romantischen Revolte zu verdecken droht.

Der zentrale Begriff, über den die Physiko-Theologie diese Deckungsleistung erbringt, ist der der Ratio. Die Natur als gesetzmäßige Ordnung verweist auf einen vernünftigen Schöpfer, und dieser Schöpfer hat den Menschen sich zum Ebenbild geschaffen. Folglich ist das Gemeinsame im Divergenten die Vernunft, sie ist das universelle Prinzip, das in der physischen Natur am augenscheinlichsten ist, das aber in gleicher Weise die Schöpfungsbestimmung des Menschen manifest werden läßt. Dieses Prinzip aber erhellt sich in unterschiedlicher Evidenz. In den Naturgesetzen spiegelt es sich am beeindruckendsten und überzeugendsten. Am Menschen bleibt es hingegen weitgehend Postulat, vor allem dann, wenn versucht wird, es über sein Erkenntnisvermögen hinaus auf seine Fähigkeit zu moralischem Handeln auszuweiten.

Es steckt darin, wie ich meine, eine Asymmetrie der Evidenzkraft zugunsten der Natur und zum Nachteil des Menschen, ein Sachverhalt, der dem »Zeitalter der Aufklärung« seine Antriebskraft gibt und ihm zugleich schwer zu schaffen macht. Auch die zunehmende Bedeutung der poetologischen und ästhetischen Reflexion im 18. Jahrhundert zeugt von der Brisanz, die in dieser Asymmetrie steckt. Auf eine kurze Formel gebracht kann man sagen, daß in England die rationalistische Poetik mit der Aisthesis vollbringen will, was die Ratio aus eigener Kraft nicht vollbringen kann: den Menschen auf die Höhe der Rationalität der Naturgesetze zu bringen.

Den Grundannahmen zufolge scheint es so, als habe sich die Natur durch Offenbarung ihrer Gesetzmäßigkeit ihres Schuldanteils am Sündenfall zu entledigen gewußt und als sei nun das ganze Problem der Vollendung des göttlichen Schöpfungswillens dem Menschen allein aufgebürdet. Dieser Mensch hat aber nun als verläßlichste

Orientierung für den göttlichen Weltplan und seine eigene Bestimmung nur die entdeckte Rationalität der Natur, und er steckt damit in einem Problemzirkel, der der entscheidenden Bedeutung des Naturbegriffs in den philosophischen, theologischen und ästhetischen Debatten des Jahrhunderts den Hintergrund abgibt.

Aus dieser Konstellation läßt sich denn auch die Koexistenz zweier scheinbar divergenter Naturbegriffe und Natureinstellungen in dieser Zeit verstehen: d.h. eines idealistischen, der den Anspruch der wahrnehmbaren Natur auf die Repräsentanz brüsk ablehnt und damit natürlich auch den auf poetische Darstellungswürdigkeit; und eines empirischen, der sich in der zunehmenden Bereitschaft artikuliert, wahrnehmbare Natur und Wahrnehmung von Natur als Thema nicht nur für poetologisch legitim, sondern für geradezu geboten zu halten. Beide Einstellungen sind Reaktionen auf die wachsende Geltung des rationalistischen Naturbegriffs, und beide finden die Lösung des Problems nicht dadurch, daß sie den Menschen als das Andere gegenüber der Natur ausgrenzen, sondern dadurch, daß sie ihn auf ihren rationalistischen Begriff zu bringen versuchen. Damit aber verfehlen sie, jedenfalls in den Augen ihrer romantischen Kritiker, das, was ihre eigentliche Aufgabe gewesen wäre: »to give the whole *ad hominem*«[5], d.h. das Zur-Geltung-Bringen des Menschen und seiner unverwechselbaren Eigenart im Angesicht der abstrakten mechanischen Kräfte, die das Universum nach naturwissenschaftlichem Verständnis durchwalten.

Wenn so hart gesottene Klassizisten wie Pope und Dr. Johnson zu »nature« als wahrnehmbarer »wilder« Natur sich äußern, dann sind sie stets voller diktatorischer Verachtung. Obwohl Pope selbst in seinem lokodeskriptiven Gedicht *Windsor Forest* zur Aufwertung der empirisch wahrnehmbaren Natur beigetragen zu haben scheint, ist er doch ganz eindeutig auf seiten derer, die einen nicht-empirischen Naturbegriff für zentral halten. Er schreibt in seinem *Essay on Criticism*:

> »Die poetischen Regeln wurden in alter Zeit entdeckt und nicht erfunden.
> Sie sind dennoch Natur, aber methodisierte Natur.
> Mach' dir deshalb eine gerechte Einschätzung der antiken Regeln zu eigen,
> Denn sie nachzuahmen, heißt, die Natur nachzuahmen.«[6]

Natur, die klassischen Autoritäten, die Regeln der Poetik und die Vernunft werden hier und an anderer Stelle, wie noch zu zeigen sein wird, in eine scheinbar unanfechtbare Gleichung eingebracht.[7] Als mehr als 50 Jahre später Mrs. Thrale den sie auf einer Tour nach Wales begleitenden Dr. Johnson auf einen besonders schönen Grashalm aufmerksam macht, entgegnet dieser barsch: »Laß doch diesen Unsinn! Ein Grashalm ist immer ein Grashalm, ob nun hier oder anderswo. Laßt uns, wenn wir schon über etwas reden wollen, über etwas Wichtiges reden. Gegenstände meines Erforschens sind Männer und Frauen.«[8]

Man könnte hier auf den Gedanken kommen, daß wir in Mrs. Thrale eine Art früher Naturliebhaberin vor uns haben, die sich von dem schon altersstarrsinnigen Gralshüter des Klassizismus das Wort abschneiden läßt und nicht ausdrücken kann, was sie möchte: nämlich individuelles Empfinden gegenüber Naturdetails. Aber wenn wir nach Bestätigung für diese Spekulation bei all jenen suchen, die sich der wahrnehmbaren Natur in dieser Zeit angenommen haben, so stellt sich doch nur heraus, daß Naturdetails lediglich in dem Maße wichtig sind, in dem sie von dem unendlichen Schöpfungsreichtum und der Vernunft Gottes Zeugnis ablegen. Grashalme, Natur als Pflanzenwelt, ja als Landschaft stiften für sich ebensowenig Identifikation zwischen Ich und Welt wie die Erklärung Dr. Johnsons, daß sein Interesse nur der »general human nature« gelte.

In dem 1825 erschienenen *Aids to Reflection* schreibt Coleridge, daß er den »vorherrschenden Geschmack an Büchern über Naturtheologie, Physiko-Theologie, Gottesbeweisen aus der Natur [...] und dergleichen« mehr als alles andere fürchte, weil die darin enthaltenen Naturvorstellungen einer Auffassung und Präsentation von Natur zu menschgemäßen Bedingungen im Wege stünden.[9] Aussagen wie diese aber zeigen zugleich, daß offenbar Individualität als Anspruch des Menschen auf eigene selbstbestimmte Empfindungen sich im 18. Jahrhundert andere Wege ihrer Verwirklichung suchen mußte als den durch oder über die Natur.

Wie zentral der Repräsentationscharakter für die Darstellung der wahrnehmbaren Natur in der klassizistischen Poetik und Praxis ist[10], das läßt sich nirgendwo so deutlich ablesen wie in den *Seasons* von Thomson, einem Werk, dem gemeinhin zu Recht außerordentliche Bedeutung im Prozeß der Aufwertung der wahrnehmbaren Natur innerhalb der englischen Dichtung zugesprochen wird. Die gewaltige Fülle der beschriebenen Naturdetails legitimiert sich in diesem Text durch ihre Vermittlung in der sog. »Poetic Diction«, d.h. einer überhöhenden Rhetorik, deren Grundprinzip es ist, kein Detail in direkter Benennung auftreten zu lassen. Natur darf nur zu den Bedingungen einer Sprache erscheinen, die die Gegenstände an die metaphysische und naturgesetzliche Ordnung bindet.[11]

Das Ich verschwindet dahinter völlig. Es liefert bestenfalls die Arena für ebenso rhapsodische wie stereotypisierte Ausbrüche angesichts der Großartigkeit der göttlichen Schöpfung, und im übrigen nur den Beobachterstandpunkt bei Landschaftsbeschreibungen, einen Standpunkt, der in der Literatur selbst als Amphitheater-Standpunkt eingeführt ist.[12] Die Natur ist aus der Perspektive des Menschen inszenierte Landschaft, aber dieser Mensch selbst ist zur rationalen menschlichen Natur generalisiert und erscheint lediglich als Blick-Punkt gegenüber einer sich entfaltenden Totalität der Schöpfung.

Landschaft ist so, wie in der Malerei und in der Gartenbaukunst, ästhetisierte, d.h. über die Steuerung menschlicher Emotionen mit der Rationalität der Schöpfung vermittelte Natur. Der physiko-theologische Rahmen, der die Emanzipation der sichtbaren Natur als Repräsentation der ihr zugrundeliegenden göttlichen Ordnung erlaubte, behindert sowohl ihre individualisierte Wahrnehmung wie auch die Selbst-Wahrnehmung des Individuums ihr gegenüber als einer Form des Ins-Spiel-Bringens von Subjektivität. Die Individualitätsthematik, die doch schon im 17. Jahrhundert in den »confessional narratives«, in Briefen und in Tagebüchern so erstaunlich prominent gewesen war, findet vorerst in der Natur kein kongeniales Gegenüber. Natur wird ihr durch ihre physiko-theologische Einverleibung als individualisierendes Erlebnisfeld entzogen. An diesem Befund ändern auch nichts die gelegentlichen lobpreisenden Ausbrüche im Angesicht großartiger Natur. Sie sind in Diktion und Bezugsrahmen immer physiko-theologisch bestimmt.[13]

Wo Individualität sich gegenüber der Übermacht des physiko-theologischen Diktats zu behaupten versucht, geschieht dies folglich in Abwesenheit von Natur oder Landschaft. Die Imagination, die Einbildungskraft, mit der solche »Übertritte« meist legitimiert werden, wird zwar schon bei Addison als eine Tätigkeit beschrieben, die die »Grenzen der Natur übersteigt«.[14] Weil er aber darin eine Gefahr für sein Programm einer aufklärerischen Domestizierung seiner Zeitgenossen sieht, muß die Imagination seiner Meinung nach der Kontrolle der Vernunft unterworfen werden.

»Im Feenland der Phantasie darf das Genie wild umherstreifen, dort hat es kreative Macht und kann willkürlich das Reich der eigenen Chimären beherrschen«, schreibt Edward Young 50 Jahre später in seinen *Conjectures on Original Composition*, die er bezeichnenderweise Richardson widmet.[15] Aber, so möchte man ergänzen, der Natur gegenüber ist auch das Genie gehalten, sich in Mimesis zu üben, d.h., der Wahrheit zu dienen, und Wahrheit ist das, was als göttliche Ordnung des Kosmos erkannt wurde.

Mustert man nun diejenige Literatur durch, die schon damals mit dem Begriff »romantisch« belegt wurde, so fällt ebenfalls die Abwesenheit individualisierter Natur- oder Landschaftsdarstellungen auf. In den Balladen, wie sie Bischof Percy gesammelt hat, geht es um Aufnahme einer verschütteten Tradition, die sich dem neoklassizistischen Diktat der imitatio naturae als Nachahmung der klassischen Vorbilder entzieht und so etwas wie den Charme des Genuinen beanspruchen kann. Von Natur ist aber in ihnen nur gelegentlich und dann topisch die Rede.[16]

Im Schauerroman und in der Mode der »Oriental Tales« schafft sich in der zweiten Hälfte des 18. Jahrhunderts die Imagination des in der Zwangsjacke der Physiko-Theologie steckenden Subjekts experimentelle Fluchtträume, die bezeichnenderweise vom expliziten Bruch mit der Erfahrungswelt und damit auch mit der wahrnehmbaren Natur leben. Im »Vorwort« seines *Castle of Otranto* spricht Walpole von der »eingepferchten Imagination«, die er von ihren Fesseln befreien will.[17] Beckford, Autor der sensationellen orientalischen Geschichte *Vathek*, führt als Ausgangserlebnis für seine Erzählung eine Weihnachtsparty an, die er in seinem Phantasieschloß Fonthill House kurze Zeit vorher inszeniert hat. Um eine magisch-geisterhafte Atmosphäre zu schaffen, läßt er alle Fenster und Türen nach außen fest verschließen und zuhängen, damit die Natur als Tag und Nacht, Wind und Wetter, ja die ganze, auch die soziale Umwelt ausgeschlossen bleiben. Der von ihm für diese Gelegenheit engagierte, damals berühmteste Bühnenbildner Loutherbourg sorgt dann im Innern des Schlosses für allerlei wundersame Effekte, die den Beteiligten das Gefühl einer Gelöstheit von aller Realität zu vermitteln imstande ist. Für Beckford ist es die vollkommenste Verwirklichung einer Welt, mit der er sich identifizieren kann.[18]

Wo ein Ich sich in der gesteigerten Empfindsamkeit individualisiert, wie im sentimentalen Roman, finden wir einen Helden, der sich aus der Welt isoliert hat und passiv an ihrer Unbeherrschbarkeit leidet. Natur bildet hier allenfalls in dem schon Tradition gewordenen Klischee der Einstimmung von Melancholie und düsterer Landschaft eine topische Kulisse.[19] Das heißt, wo Individualität sich zu emanzipieren versucht und sich entfalten will, tut sie das im 18. Jahrhundert jenseits des Begriffs von Natur als ästhetischer Landschaft. Individualität kann sich nicht in der Zuordnung zu einer Landschaft begreifen, deren Individualität die Jedermann-Individualität des beobachtenden und rational gliedernden Auges ist. Landschaft als repräsentative Totalität kündet von dem physiko-theologisch legitimierten Herrschaftsanspruch eines Naturbegriffs, demgegenüber sich das Ich nur verwirklichen kann, wenn es sich von ihm abkehrt oder sich gegen ihn auflehnt.

Der erste, der eine solche Ablehnung in England konsequent und, wie er selbst weiß, mit vollem Risiko versucht hat, ist William Wordsworth. Zusammen mit Samuel Taylor Coleridge tritt er an, dem Ich nun nicht mehr gegenüber der Natur oder gegen die Natur, sondern mit und in ihr zu seinem Recht zu verhelfen. Er geht dieses Problem ganz konsequent über einen Abbau des Repräsentanzbegriffs von Natur an, wie er sich in der Landschaftsauffassung des 18. Jahrhunderts dokumentierte. Die Tatsache, daß er seine eigene Position auch und gerade in polemischer Frontstellung gegen die Naturdichtung des 18. Jahrhunderts entwickelte, zeigt, daß er seine poetische Praxis nicht, wie von manchen Kennern der »Vorromantik« impliziert, als Fortschreibung einer schon in Ansätzen vorhandenen Tradition, sondern als radikalen Bruch mit ihr versteht.

In den *Lyrical Ballads* von 1798, die er zusammen mit Coleridge veröffentlichte, einer Gedichtsammlung, zu der er selbst aber den weitaus größten Teil beigetragen hat, vollzieht Wordsworth Zug um Zug diesen Bruch. Von Gedicht zu Gedicht verändert er seine Position zur dargestellten Natur. Ist er in den lokodeskriptiven Gedichten und den Balladen der Sammlung noch Erzählinstanz, die sich außerhalb des Erzählten befindet, und bedient er sich dort noch zur Vermittlung der emotionalen Implikationen des Erzählten solcher Charaktere, die aufgrund ihrer Außenseiterrolle oder seelischen Absonderlichkeit (»Mad Mother«, »Idiot Boy«) zu besonderer Empfindung fähig sind, so schiebt er sich selbst in anderen Gedichten mehr und mehr als persönlich betroffenes Ich in den Vordergrund. Seine Gefühle, Gedanken und Meditationen werden zum zentralen Blickpunkt. Es sind nicht mehr die Gegenstände, die den Gefühlen und Gedanken ihre Bedeutung zuschreiben, wie in der psychologisierenden Ästhetik des 18. Jahrhunderts, sondern es sind umgekehrt die Gedanken und Gefühle, die die Bedeutung der wahrgenommenen Details bestimmen.[20] So kann, wie er im etwa zur gleichen Zeit konzipierten *Prelude*, seiner versifizierten Autobiographie, schreibt, ein kleinstes Detail, ein kleinster Anlaß Grund für fundamentale Erkenntnisse und tiefe Gefühle sein.

Vom selben *Prelude* spricht er auch gegenüber einem Freund als einem poetischen Unterfangen, für das es keine Präzedenz gibt, weil sich noch nie jemand so lange und so ausschließlich mit sich selber beschäftigt habe.[21] Hier wird Natur nicht mehr zu den Bedingungen einer metaphysischen Ordnung, sondern zu denen einer Subjektivität ästhetisch wichtig und genießbar. Die Herrschaft der Natur wird durch ein initiativ werdendes Subjekt abgelöst. Das naturhaft Sublime des 18. Jahrhunderts als höchster

Ausdruck der Präsenz von Gottes Unendlichkeit in der Natur wird durch das »Egotistical Sublime« des Dichter-Helden vom Thron gestoßen.[22]

Daß sich dies als ein Akt des Heilens, als Versöhnung des Menschen mit der Natur begründet, macht noch einmal deutlich, wie stark im Naturbegriff des 18. Jahrhunderts die Entzweiungsproblematik durch eine transsubjektive Ordnungsvorstellung überdeckt war.

Im folgenden möchte ich das neue, romantische Naturverständnis und seine Bindung an die schöpferische Subjektivität anhand des meiner Ansicht nach wichtigsten Gedichts der angesprochenen Sammlung, der *LINES, Written a few Miles above TINTERN ABBEY, On Revisiting The Banks of the WYE During a Tour, July 13, 1798*, im Detail vorstellen. Hier wird sich zeigen, was ein Romantiker aus einer Landschaftserfahrung macht und welche Konsequenzen dies für die Entwicklung des Naturbegriffs hatte.

II.

Tintern Abbey unterscheidet sich von den anderen 1798 veröffentlichten Gedichten nicht nur dadurch, daß es ein Erlebnis des Dichters als integrierten Prozeß des Wahrnehmens, Fühlens und Denkens im Text selbst realisiert, sondern auch dadurch, daß Wordsworth sich in ihm zu diesem Prozeß noch einmal verhält und seine Geschichtlichkeit reflektiert. Er erweitert das Erlebnis selbst um eine zeitlich-subjektive und eine biographisch-philosophische Perspektive und gibt ihm dadurch einen Kontext von Gedankenoperationen und Gefühlsbewegungen, in denen ein neues Natur- und Subjektivitätsverständnis zutage tritt.

Diese Entfaltung des gesamten Horizonts, vom Erleben zur umfassenden Reflexion auf seine Bedeutung, macht das Gedicht zum Paradigma einer neuen Poesie. Es demonstriert eine neue poetische Sprache, die als »Form im Zustand des Werdens« und nicht, wie im 18. Jahrhundert, als »übergestülpte Hülle« verstanden ist.[23] Damit kreiert Wordsworth auch eine neue Struktur, die nicht mehr Bedeutung konstituiert durch mimetische Zuordnung zu einem metaphysischen Weltmodell, sondern durch prozeßhaftes Realisieren von Sinnhaftigkeit in einer Interaktion zwischen Ich und seinen Erfahrungen von und mit Natur. Natur ist nicht mehr das gegebene System materieller Ausbildung von Welt, sondern das tertium comparationis einer kongenialen und gestalteten Beziehung zwischen Subjektivität und Objektwelt. Natur ist ein virtuelles Prinzip – »etwas, das sich immer im Zustand des Werdens befindet«, etwas, das sich jeglicher Verdinglichung entzieht.[24]

Das Gedicht entfaltet seinen Gegenstand in drei Phasen: die Zeilen 1–67 a präsentieren das Erlebnis, die Zeilen 67 b–113 a stellen es in einen weiteren autobiographischen Rahmen und reflektieren seine Bedeutung in diesem Zusammenhang, und die Zeilen 113 b bis Ende vereinen Erlebnis, Reflexion und Autobiographie, Vergangenheit,

Gegenwart und Zukunft, ästhetischen Wert, ethische Relevanz und existentielle Erkenntnis zu einem Argument höherer Stufe.[25]

LINES
Written a few miles above
TINTERN ABBEY
On revisiting the banks of the WYE during
a tour,
Juli 13, 1798.

    Five years have passed; five summers, with the length
Of five long winters! and again I hear
These waters, rolling from their mountain-springs
With a sweet inland murmur. – Once again
5 Do I behold these steep and lofty cliffs,
Which on a wild secluded scene impress
Thoughts of more deep seclusion; and connect
The landscape with the quiet of the sky.
The day is come when I again repose
10 Here, under this dark sycamore, and view
These plots of cottage-ground, these orchard-tufts,
Which, at this season, with their unripe fruits,
Among the woods and copses lose themselves,
Nor, with their green and simple hue, disturb
15 The wild green landscape. Once again I see
These hedge-rows, hardly hedge-rows, little lines
Of sportive wood run wild; these pastoral farms
Green to the very door; and wreathes of smoke
Sent up, in silence, from among the trees,
20 And the low copses – coming from the trees
With some uncertain notice, as might seem,
Of vagrant dwellers in the houseless woods,
Or of some hermit's cave, where by his fire
The hermit sits alone.

              Though absent long,
25 These forms of beauty have not been to me,
As is a landscape to a blind man's eye:
But oft, in lonely rooms, and mid the din
Of towns and cities, I have owed to them,
In hours of weariness, sensations sweet,
30 Felt in the blood, and felt along the heart,
And passing even into my purer mind

With tranquil restoration: – feelings too
Of unremembered pleasure; such, perhaps,
As may have had no trivial influence
35 On that best portion of a good man's life;
His little, nameless, unremembered acts
Of kindness and of love. Nor less, I trust,
To them I may have owed another gift,
Of aspect more sublime; that blessed mood,
40 In which the burthen of the mystery,
In which the heavy and the weary weight
Of all this unintelligible world
Is lighten'd: – that serene and blessed mood,
In which the affections gently lead us on,
45 Until, the breath of the corporeal frame,
And even the motion of our human blood
Almost suspended, we are laid asleep
In body, and become a living soul:
While with an eye made quiet by the power
50 Of harmony, and the deep power of joy,
We see into the life of things.

                                        If this
Be but a vain belief, yet, oh! how oft,
In darkness, and amid the many shapes
Of joyless day-light; when the fretful stir
55 Unprofitable, and the fever of the world,
Have hung upon the beatings of my heart,
How oft, in spirit, have I turned to thee
O sylvan Wye! Thou wanderer through the woods,
How often has my spirit turned to thee!

60 And now, with gleams of half-extinguish'd thought,
With many recognitions dim and faint,
And somewhat of a sad perplexity,
The picture of the mind revives again:
While here I stand, not only with the sense
65 Of present pleasure, but with pleasing thoughts
That in this moment there is life and food
For future years. And so I dare to hope
Though changed, no doubt, from what I was, when first
I came among these hills; when like a roe
70 I bounded o'er the mountains, by the sides
Of the deep rivers, and the lonely streams,

Wherever nature led; more like a man
Flying from something that he dreads, than one
Who sought the thing he loved. For nature then
75 (The coarser pleasures of my boyish days,
And their glad animal movements all gone by,)
To me was all in all. – I cannot paint
What then I was. The sounding cataract
Haunted me like a passion: the tall rock,
80 The mountain, and the deep and gloomy wood,
Their colours and their forms, were then to me
An appetite: a feeling and a love,
That had no need of a remoter charm,
By thought supplied, or any interest
85 Unborrowed from the eye. – That time is past,
And all its aching joys are now no more,
And all its dizzy raptures. Not for this
Faint I, nor mourn nor murmur: other gifts
Have followed, for such loss, I would believe,
90 Abundant recompence. For I have learned
To look on nature, not as in the hour
Of thoughtless youth, but hearing oftentimes
The still, sad music of humanity,
Not harsh nor grating, though of ample power
95 To chasten and subdue. And I have felt
A presence that disturbs me with the joy
Of elevated thoughts; a sense sublime
Of something far more deeply interfused,
Whose dwelling is the light of setting suns,
100 And the round ocean, and the living air,
And the blue sky, and in the mind of man,
A motion and a spirit, that impels
All thinking things, all objects of all thought,
And rolls through all things. Therefore am I still
105 A lover of the meadows and the woods,
And mountains; and of all that we behold
From this green earth; of all the mighty world
Of eye and ear, both what they half-create,
And what perceive; well pleased to recognize
110 In nature and the language of the sense,
The anchor of my purest thoughts, the nurse,
The guide, the guardian of my heart, and soul
Of all my moral being.

                              Nor, perchance,
        If I were not thus taught, should I the more
115 Suffer my genial spirits to decay:
        For thou art with me, here, upon the banks
        Of this fair river; thou, my dearest Friend,
        My dear, dear Friend, and in thy voice I catch
        The language of my former heart, and read
120 My former pleasures in the shooting lights
        Or thy wild eyes. Oh! yet a little while
        May I behold in thee what I was once,
        My dear, dear Sister! And this prayer I make,
        Knowing that Nature never did betray
125 The heart that loved her; 'tis her privilege,
        Through all the years of this our life, to lead
        From joy to joy: for she can so inform
        The mind that is within us, so impress
        With quietness and beauty, and so feed
130 With lofty thoughts, that neither evil tongues,
        Rash judgments, nor the sneers of selfish men,
        Nor greetings where no kindness is, nor all
        The dreary intercourse of daily life,
        Shall e'er prevail against us, or disturb
135 Our chearful faith that all which we behold
        Is full of blessings. Therefore let the moon
        Shine on thee in thy solitary walk;
        And let the misty mountain winds be free
        To blow against thee: and in after years,
140 When these wild ecstasises shall be matured
        Into a sober pleasure, when thy mind
        Shall be a mansion for all lovely forms,
        Thy memory be as a dwelling-place
        For all sweet sounds and harmonies; Oh! then,
145 If solitude, or fear, or pain, or grief,
        Should be thy portion, with what healing thoughts
        Of tender joy wilt thou remember me,
        And these my exhortations! Nor, perchance,
        If I should be, where I no more can hear
150 Thy voice, nor catch from thy wild eyes these gleam
        Of past existence, wilt thou then forget
        That on the banks of this delightful stream
        We stood together; and that I, so long
        A worshipper of Nature, hither came,
155 Unwearied in that service: rather say

With warmer love, oh! with far deeper zeal
Of holier love. Nor wilt thou then forget,
That after many wanderings, many years
Of absence, these steep woods and lofty cliffs,
160 And this green pastoral landscape, were to me
More dear, both for themselves, and for thy sake.

ZEILEN
geschrieben einige Meilen oberhalb
TINTERN ABBEY
während einer Tour, bei der ich
zu den Ufern des WYE zurückkehrte,
13. Juli 1798

Fünf Jahre sind vergangen; fünf Sommer, mit der Länge
Von fünf langen Wintern! Und wieder höre ich
Diese Wasser, wie sie mit süßem Inland-Gemurmel
Von ihren Bergquellen herabrollen. Einmal mehr
5 Gewahre ich diese steilen und aufragenden Klippen,
Die der wilden abgeschiedenen Szenerie Gedanken
Von noch tieferer Abgeschiedenheit aufprägen und die
Landschaft mit der Stille des Himmels verbinden.
Der Tag ist gekommen, da ich mich einmal mehr
10 Hier, unter dieser dunklen Sikomore ausruhe und
Diese Häusler-Parzellen, diese Obstgärten-Büschel betrachte,
Die sich zu dieser Jahreszeit mit ihren unreifen Früchten
Unter den Wäldchen und Buschwerken verlieren,
Und die wilde grüne Landschaft mit ihrer grünen und
15 Einfachen Färbung nicht stören. Einmal mehr sehe ich
Diese Hecken-Reihen, kaum Hecken-Reihen, vielmehr dünne Linien
Verspielten Waldes außer Rand und Band; diese Weidefarmen,
Grün bis an die Türschwelle; und Rauchkränze
Von unten zwischen die Bäume und aus den niedrigen Buschwerken
20 Hochgeschickt ohne einen Laut – von den Bäumen her
Mit ungewisser Kunde, wie es scheint,
Über umherziehende Bewohner der häuserlosen Wälder
Oder über die Höhle eines Eremiten, in der der Eremit einsam
Bei seinem Feuer sitzt.

Trotz langer Abwesenheit
25 Sind diese Formen der Schönheit für mich nicht gewesen
Wie eine Landschaft für das Auge eines Blinden:

189

Vielmehr verdankte ich ihnen oft, in einsamen Räumen
Und inmitten des Lärms kleiner und großer Städte,
In Stunden des Überdrusses süße Empfindungen,
30 Die im Blute wie um das Herz sich fühlbar machten
Und sogar mit beruhigender Heilkraft in mein reineres
Geistiges Sein hineinströmten: – Gefühle auch
Unerinnerten Vergnügens, solche vielleicht,
die keinen geringen Einfluß auf den besten Teil
35 Des Lebens eines guten Menschen haben können,
Auf seine kleinen, namenlosen, vergessenen Gefälligkeiten
Und Liebesdienste. Nicht weniger, fürwahr,
Verdankte ich ihnen ein anderes Geschenk
Von erhabenerem Wesen; jene gesegnete Stimmung,
40 In der die Last des Mysteriums,
In der das schwere und ermüdende Gewicht
Dieser ganzen undurchschaubaren Welt
Leicht gemacht wird: – jene heitere und gesegnete Stimmung,
In der unsere Neigungen uns behutsam leiten,
45 Bis wir – der Atem dieses körperlichen Gefüges,
Ja sogar die Bewegung unseres menschlichen Blutes
Fast aufgehoben – im Körper
Schlafen gelegt und zu einer lebendigen Seele geworden sind,
Während wir zugleich mit Augen, die durch die Macht der
50 Harmonie und die tiefe Macht der Freude zum Schweigen gebracht sind,
Einsicht in das Leben der Dinge gewinnen.

                                        Wenn das
Aber ein nichtiger Glaube wäre – doch nein! Wie oft
Bin ich in der Dunkelheit und inmitten der zahlreichen Gestalten
Freudlosen Taglichts, als die aufreibende und unergiebige
55 Unruhe und das Fieber der Welt
Die Schläge meines Herzens beschwert haben,
Wie oft bin ich zu Dir im Geiste zurückgekehrt
Oh Du baumumsäumter Wye! Du Wanderer durch die Wälder,
Wie oft ist mein Geist zu Dir zurückgekehrt!

60 Und jetzt, mit Glimmerfunken halb verlöschter Gedanken,
Mit vielen verblaßten und schwachen Erinnerungsbildern
Und so etwas wie einer traurigen Verlegenheit
Lebt das geistige Bild wieder auf:
Während ich hier stehe, nicht nur mit einem Empfinden
65 Gegenwärtigen Vergnügens, sondern auch mit dem angenehmen Gedan-
ken,

Daß in diesem Augenblick Leben und Nahrung
Für zukünftige Jahre steckt. Und das wage ich zu hoffen,
Auch wenn ich zweifelsohne nicht mehr der bin, der ich war
Als ich das erste Mal diese Hügel besuchte, als ich wie ein Reh
70 Über die Berge sprang, an den Ufern
Der tiefen Flüsse und der einsamen Bäche,
Wo auch immer die Natur mich hinführte, ähnlicher einem Menschen
Der vor etwas flieht, das er fürchtet, als einer,
Der das sucht, was er liebt. Denn die Natur war damals
75 (Nachdem die gröberen Vergnügungen meiner Knabentage
Mit ihren glückseligen, animalischen Bewegungen vorüber waren)
Mein ein und alles. – Ich kann nicht ausmalen,
Was ich damals war. Der tosende Wasserfall
suchte mich heim wie eine Leidenschaft: Der steile Fels,
80 Der Berg und der tiefe finstere Wald,
Ihre Farben und ihre Formen, waren damals für mich
Eine Art des Hungers: ein Gefühl und eine Liebe,
Die keinen Bedarf an fernerliegenden Reizen, wie sie
Gedanken liefern, oder auch nur irgendein Interesse hatten,
85 Das nicht vom Auge geborgt war. – Diese Zeit ist vorüber
und all ihre schmerzhaften Freuden und all ihre schwindelerregenden
Verzückungen sind jetzt nicht mehr. Aber darob werde ich
Nicht schwach, noch auch trauere oder murre ich: andere Gaben
Folgten, die, wie ich glauben möchte, reichhaltigen Ersatz für
90 Solche Verluste bieten. Denn ich habe gelernt,
Die Natur anzuschauen, nicht wie in der Stunde
Gedankenloser Jugend, sondern oftmals mit einem Ohr für
Die stille traurige Musik der Menschlichkeit,
Die weder laut noch schrill ist, aber doch genügend Kraft besitzt,
95 Zu läutern und zu unterweisen. Und ich habe
Eine Gegenwart gefühlt, die mich mit der Freude
Hoher Gedanken erregt; ein erhabenes Empfinden
Von etwas, das weit tiefer verschmolzen ist,
Das im Licht der untergehenden Sonne wohnt
100 Und im gewölbten Ozean und in der lebendigen Luft
Und im blauen Himmel und im Geist des Menschen,
Eine Bewegung und eine geistige Kraft, die alles
denkende Sein, alle Gegenstände des Denkens antreibt
Und alle Dinge durchwaltet. Deshalb bin ich immer noch
105 Ein Liebhaber der Wiesen und Wälder,
Und der Berge; und von allem, das wir auf dieser
Grünen Erde wahrnehmen; von dieser ganzen mächtigen Welt
Des Auges und des Ohrs, die sie halb erschaffen und

Zugleich wahrnehmen; wohl zufrieden bin ich,
110 Die Natur und die Sprache der Sinne
Als Anker meiner reinsten Gedanken anzuerkennen,
Als Amme, als Führer, als Wächter meines Herzens und als Seele
Meines gesamten moralischen Seins.

Noch auch würde mich wohl,
Wenn es mir so nicht gelehrt worden wäre, das Leid ereilen,
115 Meinen schöpferischen Geist verfallen zu sehen,
Denn Du bist bei mir, hier an den Ufern
Dieses schönen Flusses; Du meine liebste Freundin,
Meine liebe, liebe Freundin; und in Deiner Stimme höre
Ich die Sprache meines früheren Herzens und lese
120 Die Freuden meines jungen Lebens im blitzenden Licht
Deiner wilden Augen. Oh! Noch einige Zeit
Möchte ich in Dir erblicken, was einst ich gewesen,
Meine liebe, liebe Schwester! Und dieses Gebet verfasse ich
In dem Wissen, daß die Natur niemals das Herz betrog,
125 Das sie liebte; es ist ihr Vorrecht, uns durch
All die Jahre dieses unseres Lebens von Freude zu Freude
Zu führen: denn sie kann den Geist,
Der in uns wohnt, so inspirieren, so mit
Stille und Schönheit prägen und so
130 Mit erhabenen Gedanken nähren, daß weder böse Zungen,
Vorschnelles Urteil, noch auch das Höhnen egoistischer Menschen,
Oder Begrüßungen ohne Freundlichkeit, noch auch
All die öden Geschäfte des täglichen Lebens
Jemals die Oberhand über uns gewinnen oder unseren
135 Hoffnungsfrohen Glauben stören werden, daß alles, was wir wahrnehmen,
Voll des Segens ist. Deshalb laß den Mond
Dich anschauen auf Deinem einsamen Spaziergang;
Und laß die nebligen Bergwinde frei
Gegen Dich blasen: und in späteren Jahren,
140 Wenn diese wilden ekstatischen Gefühle zu
Nüchternem Vergnügen gereift sein werden, wenn Dein Geist
Ein Nobles Haus für alle lieblichen Formen,
Dein Gedächtnis wie ein Heimstätte
Für all die süßen Töne und Harmonien sein wird; ja dann,
145 Wenn Einsamkeit oder Furcht oder Schmerz oder Trauer
Dein Schicksal sein sollten, mit welch heilenden Gedanken
Zärtlicher Freude wirst Du dann an mich und
Diese meine Ermahnungen denken! Noch auch wirst Du dann,
wenn ich da sein sollte, wo ich Deine Stimme nicht mehr

150 Hören oder in Deinen Augen diese Funken
    Vergangener Existenz nicht mehr einfangen kann,
    Vergessen können, daß wir an den Ufern dieses herrlichen Baches
    Zusammen gestanden sind; und daß ich, der ich so lange
    Ein Verehrer der Natur gewesen bin, hierher kam
155 Unermüdlich in diesem Dienst: ja eher
    Mit noch brennenderer Liebe! Mit weit tieferem Eifer
    Heiliger Liebe! Noch auch wirst Du dann vergessen,
    Daß nach vielen Wanderschaften, vielen Jahren
    Der Abwesenheit, diese steilen Wälder und aufragenden Klippen
160 Und diese grüne pastorale Landschaft mir
    Teurer gewesen sind, sowohl um ihrer selbst als auch um deinetwillen.

Die Zeilen 1–24 a bestimmt eine Dialektik von Wahrnehmung und Erinnerung. Die dargebotenen Naturansichten werden von Anfang an in einer doppelten Perspektive gesehen: Sie stehen in einem aktuellen Ich-Bezug und durch diesen Ich-Bezug in einem virtuellen Zeitbezug. »FIVE years have past«; der Eindruck der Dauer verflossener Zeit wird in der Entflechtung der fünf Jahre zu »five summers, with the length/of five long winters« veranschaulicht; die Aktualität der Wahrnehmung im Gebrauch der 1. Person und des Demonstrativpronomens: »Once again/Do I behold these steep and lofty cliffs [. . .]«. Durch das wiederholte »again«, »Once again«, »the day is come«, »Once again« wird die Zeitdimension präsent gehalten. Gegen diesen (virtuellen) Hintergrund vollzieht sich die (Re-)Aktualisierung des Anblicks. Die Wahrnehmungen des Dichters und ihr Effekt auf ihn vermischen sich in der Beschreibung. Gesehenes und Gehörtes erscheinen als Interpretation: »I hear/These waters [. . .]/With a sweet inland murmur. – Once again/Do I behold these steep and lofty cliffs,/Which on a wild secluded scene impress/Thoughts of more deep seclusion; and connect/The landscape with the quiet of the sky.« Im Prozeß der Interpretation löst sich das Ich vom sinnlich Wahrnehmbaren und holt die Gefühls- und Gedankenbewegung über die Präzisierung seines eigenen Beobachterstandortes – »The day is come when I again repose/Here, under this dark sycamore« – zu sich selbst und in die erinnerte Erfahrung zurück. Dem Prozeß der Selbstfindung läuft ein Prozeß der Entsinnlichung parallel. Die gesicherte Wahrnehmung der ersten 15 Zeilen wird unterbrochen durch das nachgreifende »These hedge-rows, hardly hedge-rows, little lines/Of sportive wood run wild«, das eine weitere Etappe des Rückzugs vom Vorgegebenen in die imaginative Reflexion des Ich markiert. Schließlich läuft diese Bewegung in Vermutungen über nicht mehr Wahrnehmbares – »with some uncertain notice« – aus, wobei die angebotene Alternative »or of some« und das hypothetische »as might seem« erneut die wachsende Bedeutung der Imagination und ihrer schöpferischen Kraft gegenüber den bloßen Sinneseindrücken der Landschaft und ihrer Beschreibung deutlich macht. Landschaft wird zum Anlaß der Mutmaßungen des Ich.

Im Abbau der Bindung seiner Gedanken und Gefühle an visuell Vorgegebenes wird das Ich frei für die Füllung der virtuellen Zeitdimension, die in den Zeilen 1–24 a als

Entfaltungsraum des Ich präsent gehalten, aber nicht ausgestaltet war. In ihr wird sich die Landschaft als Gegenüber, als Gegenstand der Wahrnehmung zur »landscape of the mind«, zur imaginativen Landschaft der Subjektivität transformieren.

Wordsworth hält es nicht für die Aufgabe des Dichters, die Dinge mimetisch abzubilden, d. h., sie so darzustellen, wie sie sind – »as they are«, sondern wie sie erscheinen – »as they appear to be«. Das, was die Dinge in Wahrheit sind, offenbaren sie nicht durch sich selbst im Augenblick ihrer Wahrnehmung, nicht durch die von ihrer visuellen Oberfläche ausgehenden Reize und auch nicht durch ihren Platz in der Weltordnung, sondern erst in einem Prozeß ihrer Verarbeitung durch die kreative, imaginative Kraft des Dichters. Die Geschichte des Ich als Entfaltungsprozeß dieser schöpferischen Kraft wird damit zum Konstitutionsgrund der Wahrheit, die die Poesie vermittelt – und dies ist eine Wahrheit, deren Beweislast ganz auf dem sie vermittelnden Subjekt ruht.

Damit aber wächst der Erinnerung eine wichtige Aufgabe zu. »Memory« ist eine selektive Kraft, die die wahre Bedeutung der Dinge aufdeckt, indem sie das Sein als Wahrheit vom äußeren Anblick als Schein trennt. »Memory« ist die Dimension der Imagination, in der diese Bedeutung erzeugt wird, und nicht ein Organ, das wahrgenommene Dinge mechanisch registriert und ebenso mechanisch auf sie reagiert. »Aber die Natur gibt sich nicht dafür her, daß man eine Inventarliste ihrer Reize herstellt!« berichtet Aubrey de Vere aus einem Gespräch mit Wordsworth, in dem dieser sich über einen allzu eifrigen jungen Naturmaler mokiert:

> »Er hätte seinen Stift und Skizzenblock zu Hause lassen, sein Auge im Gehen mit ehrfurchtsvoller Zuneigung auf all das, was ihn umgab, richten und all das in sein Herz aufnehmen sollen, was er zu verstehen und zu genießen in der Lage war. Dann hätte er nach Ablauf einiger Tage sein Gedächtnis über die Szenerie befragen sollen. Er hätte dann entdeckt, daß vieles von dem, was er bewundert hatte, ihm erhalten geblieben ist, aber vieles auch wohlweislich ausgelöscht worden war.«[26]

Die Vergangenheit wird zur Bedingung der Einsicht in die wahre Natur der Beziehung zwischen Subjektivität und Objektwelt, selbst »Vergangenheit« zu haben, zur Voraussetzung poetischer Aktivität. Dies ist der Grund dafür, warum Wordsworth die Definition aller guten Poesie als »spontanes Überfließen mächtiger Gefühle« um die Bedingung erweitert, daß

> »Gedichte, denen überhaupt Wert zugebilligt werden kann, können, über welchen Gegenstand auch immer, nur durch einen Menschen hervorgebracht werden, der außergewöhnliche organische Sensibilität besitzt und lange und tief nachgedacht hat. Denn der fortwährende Zufluß von Gefühlen in uns unterliegt der Modifikation und Weisung durch unsere Gedanken, und diese sind nichts anderes als die Repräsentation all unserer vergangenen Gefühle; und durch das Nachdenken über die wechselseitige Beziehung zwischen diesen allgemeinen

Repräsentanten entdecken wir, was wirklich wichtig für die Menschen ist, so daß unsere Gefühle durch Wiederholung und Fortsetzung dieses Akts sich mit bedeutsamen Themen verbinden [. . .].«[27]

Die spontane Wahrnehmung muß erst durch einen imaginativen Akt in ihrer Bedeutung aufgeschlossen, die Gefühlsreaktionen müssen erst in einem kontemplativen Prozeß zur Einsicht abgeklärt werden.

Als Prozeß in der Zeit ist das, was sich in ihm vollzieht, potentiell unabschließbar; da er selbst aus seinen Bewußtseinsveränderungen kreativ schöpft, wird er ständig versucht sein, aus der Vergangenheit die Gegenwart zur Zukunft hin zu überholen. Das rekurrente »once again« der Einleitungspassage weist den Prozeß, der mit »Memory« umschrieben ist, als Möglichkeit der Bedeutungsentfaltung aus. Die Zeilen 1–24 a setzen dafür einen vorläufigen Fixpunkt in der Gegenwart, auf den Vergangenheit und Zukunft bezogen werden können.

Zeilen 24 b–51 a: Der erneute Verweis auf die verstrichene Zeit und der Tempuswechsel führen in die angedeutete, aber bislang nicht aktualisierte Vergangenheit. Das Ich verläßt mit einem zusammenfassend qualifizierenden »These forms of beauty« und einem negativen Vergleich, der die Lebendigkeit des Anblicks auch in der Abwesenheit unterstreicht, die Gegenwart der Naturszenerie. Die Diktion wird zunehmend allgemeiner. Die Realisierung der Bedeutung dieser »Formen der Schönheit« im Verlauf der letzten fünf Jahre ist als imaginative Reflexion auf einer vergleichsweise abstrakten Ebene dargestellt. An die Stelle der an wahrgenommenen Naturdetails artikulierten Erfahrungen treten Formulierungen jener Gefühle, Einsichten und Erlebnisse, die das Ich erinnert. Wordsworth verdankt den »forms of beauty« trotz langer Abwesenheit »sensations sweet« und »feelings«, deren Besonderheit er im folgenden zu vermitteln bemüht ist. Auffallend an diesem Prozeß ist die zunehmende Allgemeinheit der Sprache. Die »sensations sweet« stehen noch in einem engen Zusammenhang mit den gegenbildlichen »lonely rooms«, dem »din of towns and cities« und den »hours of weariness«. Die »feelings [. . .]/Of unremembered pleasure« werden noch durch ihre praktische Bedeutung umschrieben: sie »may have had no trivial influence/On that best portion of a good man's life«. Doch der »blessed mood«, »another gift,/Of aspect more sublime«, und seine Folgen erscheinen in einem Vokabular, das Anschaulichkeit nur noch in Form von Bewegungs- und Zustandsbezeichnungen enthält. Diese Worte bereiten die Einsicht in das »life of things« vor, zu der diese Passage hinführt.

Die Entleerung der geständlichen Sprache zur Bewegung und der Bewegung zum Sein in einer existentialen Terminologie ist begleitet von einem Anwachsen der emotionalen Intensität. Die vom Objektbezug gelöste Sprache schafft den Raum für die Entfaltung des Gefühls, die zur Offenbarung des Seins führt. Für diese emotionale Intensivierung sorgt das beschwörungsformelhafte Wiederholen der zentralen Begriffe »feelings«, »blessed mood«, »power«, die über fünfzehn Zeilen hinweg ununterbrochene Satzperiode, die ein kontinuierliches Anwachsen der Intensität ermöglicht und das plötzliche Überwechseln vom »I« zum »us« beziehungsweise »we«, und damit von der Kommunikation zur *communio*, ein Verfahren, das, ebenso wie das seinssetzende

»that« in »that blessed mood [. . .] that serene and blessed mood«, den Offenbarungs-charakter der Einsicht unterstreicht. Diese Zeilen steigern die emotionale Intensität, bis sie, auf ihrem Höhepunkt angelangt, in eine Vision umschlägt, in Erkenntnis des »life of things«, in dem die Trennung von Mensch und Natur ekstatisch aufgehoben zu sein scheint.

Dieses Freigeben der Wortinhalte für die emotionale Erfahrung des »life of things« ist eine Weise der sprachlichen Realisierung jener virtuellen Wahrheit, jener »Wahr-heit, die zugleich real und ideal ist«, jener »Wahrheit, die sich selbst bezeugt« und die für Wordsworth den Grund seines Schaffens bildet.[28] Als »etwas, das sich immer nur im Zustand des Werdens befindet«, manifestiert sie sich in den Bewegungen der »living soul«, in der »power of harmony«, der »deep power of joy« und im »life of things«. Kann die Sprache nur am Rande ihrer referentiellen Möglichkeiten, also dort, wo sie so allgemein ist, daß sie sich jeglicher konkreter Bedeutungszuschreibung entzieht, Offenbarung leisten, dann verbirgt sich dahinter eine massive Setzung. Nur als »entleerte« oder in der Form der Selbstaufhebung jeder spezifischen Bedeutung durch Paradoxe, wie sie Paul de Man und Cleanth Brooks bei Wordsworth gefunden haben, kann die Sprache virtuelle Einheit von Mensch und Natur vermitteln.[29]

Ästhetisch wirksam und glaubwürdig ist eine solche, von jeder konkreten Bedeutung freie Sprache nur in und durch ihren spezifischen Kontext, der ihre semantische »Leere« emotional auffüllt. Diese Kontextabhängigkeit der Offenbarungspassage gibt dem Gedicht eine lineare Zeitstruktur, denn die einzelnen Schritte der Lektüre können sich nicht wie im 18. Jahrhundert auf einen zeitlos gültigen, prästabilierten Seinszu-sammenhang verlassen, aus dem jedem Detail seine Bedeutung unabhängig vom Kontext zufällt und gesichert ist, sondern sie sind aufeinander angewiesen. Die Kontextbildung ist horizontal, nicht vertikal, sie ist Vollzug, nicht poetische Ausstat-tung einer Bedeutung; der Kontext ist Entwicklung und Entfaltung und nicht repräsen-tierendes Mosaik, das sich zur harmonischen und festgefügten Totalität ausrundet.

Das Realisationsmuster des Textes verleiht diesem Gedicht, was in Anlehnung an Whitehead Ereignisqualität genannt werden könnte.[30] Als ein von der Subjektivität zwar im Fluß der Veränderungen erlebtes, aber dennoch zur Einheit mit sich selbst gebrachtes Ereignis ist ein Gedicht ein einmaliger Akt. Der Teil des Ich und der Teil der Natur, die in es eingehen, werden aus der potentiellen Kongenialität von Mensch und Natur in die aktuelle Beziehung zwischen dem Ich des Dichters und einer bestimmten Naturansicht gebracht. Sie werden durch die Realisierung zeitlich fixiert. Das Gedicht dieser Realisierung erscheint als realisierter Moment in der Geschichte einer Ich-Natur-Beziehung, ein Moment, der nicht wiederholbar ist. Man kann sagen, daß die Realisierung als einmaliger Akt ihre Materialien »verbraucht«, sie besiegelt ihre eigene Geschichtlichkeit und treibt den Dichter einerseits zur Reflexion auf seine eigene Vergangenheit, andererseits zu immer neuen Realisierungen, um das »life of things« nun unter je veränderten Bedingungen für einen weiteren ekstatischen Augen-blick Wirklichkeit werden zu lassen.

Die Überzeugungskraft der jeweiligen Realisation hängt vom Kontext, die des Kontextes von der Evidenz ab, die das Ich von sich und seinem Erleben geben kann.

196

Dem Selbst ist es also auferlegt, sich als Offenbarungsinstanz zu legitimieren. Legitimation bedeutet in diesem Zusammenhang nicht nur Realisation, sondern auch Selbstobjektivation. Das »I« wird zum »we«, der »blessed mood« zu »That blessed mood«, die Erfahrung zur Beschwörung, das individuelle Erlebnis zur allgemeinen Erkenntnis, die Erkenntnis zum Glauben; die Beschreibung zur Suggestion, die Suggestion zum Argument, das Argument zur Setzung einer subjektiven wie objektiven Wahrheit.

Die aus der Vision gewonnene Überzeugung ist Selbstgewißheit, ihr Anspruch auf Allgemeinverbindlichkeit ist ein Postulat, dessen Aktualität und universelle Geltung vom Erleben des Ich getragen sind. Die Subjektivität, auch und gerade im Angesicht des wahren Seins auf sich selbst gestellt, bemüht sich daher um Befestigung ihrer Glaubwürdigkeit in einer rhetorischen Frage, in der die Vision als Glaube ausgewiesen und seine Berechtigung bekräftigt wird. »If this/Be but a vain belief, yet, oh! how oft,/[. . .].« Die Vergänglichkeit des ekstatischen Zustands treibt das Ich zur reflektierenden Selbstvergewisserung an den eigenen Erfahrungen und den sie auslösenden Naturansichten zurück. Noch einmal werden in einem Gegenbild die näheren Umstände der wohltätigen Wirkung, die die Erinnerung an Tintern Abbey auf ihn ausübte, als Beweis zitiert. Dreimal wiederholt er »how oft«, »how oft«, »how often«, um die Wahrhaftigkeit seiner Erfahrungen beschwörend zu unterstreichen. Dann folgt der Vergewisserung am Selbst die Vergewisserung am Vorgegebenen. Er personifiziert den prominentesten Aspekt der Szenerie, den River Wye, und ruft ihn als sprachfähigen Zeugen für das Gesagte an.

Doch die Rückkehr zur Gegenwart des Anblicks erweist sich als prekär. Die Erinnerung überformt die Wahrnehmung. Der Blick geht durch die Oberflächen der Dinge hindurch auf ihre Bedeutung in fünf Jahren Abwesenheit. Bild und Bedeutung sind nicht mehr so ohne weiteres zur Deckung zu bringen. Die verändernde Kraft der Zeit hat im Bewußtsein des Dichters dem Gegenstand eine Geschichte geschaffen, hinter der sein visueller Eindruck verblaßt. Erfahrungen, die von einem orts- und zeitbestimmten Erlebnis ihren Ausgang nehmen, können nicht gegen den Lauf der Zeit in einer Art Zirkel auf es zurückgeführt und mit ihm identifiziert werden. Das macht die »sad perplexity« aus, die dem Bewußtsein der Vergänglichkeit entspringt und die ihn schließlich zu einer weiter ausholenden Reflexion der Zeitlichkeit seiner Beziehungen zur Natur veranlaßt. Der Augenblick der Offenbarung ist das punktuelle Resultat einer Realisation, das Offenbarte selbst ist jedoch »something evermore about to be«, also jeweils da und doch niemals in seiner Ganzheit, momentan eingeholt und doch immer wieder neu einzuholen. Deshalb wird am Ende des Realisationsteils dieses Gedichts das zwischen Vergangenheit und Gegenwart, Erinnerung und Wahrnehmung fixierte Moment der Offenbarung in die Unabschließbarkeit des Offenbarten aufgesprengt:

While here I stand, not only with the sense
Of present pleasure, but with pleasing thoughts
That in this moment there is life and food
For future years.[31]

Das Ich entzieht sich damit der zeitlichen und örtlichen Determinierung und erhält sich als Erlebnispotenz. Der ekstatische Moment der Einsicht bleibt virtuell und damit am selben Gegenstand wiederholbar. »Die progressiven Kräfte [. . .] des individuellen Geistes«, jenes Instruments der Versöhnung von Mensch und Natur, machen diese Versöhnung zum Resultat eines Prozesses. Der Fluß der Zeit als Dimension der sich immerfort realisierenden Einheit kann zwar zu Augenblicken der Offenbarung ihres Wesens angehalten werden, aber diese Augenblicke sind selten und ihrem universellen Anspruch gegenüber instabil. Gefestigt werden können sie nur durch Selbstüberstieg des erlebenden Ich zu einem reflektierenden, überzeitlichen Bewußtsein, das die repräsentative Bedeutung des Augenblicks offenlegt.

Im zweiten Teil des Gedichts weitet Wordsworth deshalb den Kontext des Erlebnisses von den fünf Jahren der Abwesenheit auf die gesamte Geschichte seiner Beziehung zur Natur aus, um sich in der umfassenderen Perspektive der Einsichten der Gegenwart zu versichern. So wird der Nachweis, daß ihn seine Begegnungen mit der Natur von frühester Jugend an nachhaltig beeinflußt haben, zum Nachweis dafür, daß sein jetziges Verhältnis zu ihr »naturgemäß« ist und deshalb die aus ihm ableitbaren Einsichten wahr sind.

Damit wächst dem Erleben eine neue Dimension der Bedeutung zu, die seine Stellung ändert und seine Struktur festigt. Die Konstitution von Bedeutung durch die Sinne und die Sinnkonstitution insgesamt sind nun nicht mehr allein auf den unmittelbaren Kontext ihrer Realisierung angewiesen, sondern sie verweisen auch ständig auf einen allgemeineren Bedeutungszusammenhang. Wahrnehmendes und erlebendes Ich und das auf seine Geschichte reflektierende Ich legitimieren sich wechselseitig. In gewissem Sinne macht das Ich sich selbst zur Konvention einer im Prinzip konventionslosen Wahrheit vom Sein der Dinge als »etwas, das sich immer nur im Zustand des Werdens befindet«. Es wird zur Institution einer an sich institutionslosen Einheit von Mensch und Natur. Dies zu demonstrieren ist der zweite Teil von *Tintern Abbey* gewidmet. In diesem Teil dominiert zwar die Reflexion, aber Wordsworth ist bestrebt, diese Reflexion auf die Entwicklung seiner Beziehung zur Natur ästhetisch umzusetzen, d.h., ihr Realisationsstruktur zu geben und so dieses Vorsichhaben der eigenen Geschichte zum Erleben der eigenen Geschichte auszugestalten.

Wordsworth spricht die Tatsache des Perspektivenwechsels deutlich aus, aber er läßt es nicht bei einer klaren Gegenüberstellung von damals und jetzt, sondern versucht den Unterschied der Einstellung als einen kreativen Prozeß darzustellen und ihn damit emotional positiv erlebbar zu machen. Was er damals war, bemüht er sich in Vergleichen und Metaphern zu fassen, die einerseits die Distanz zur Gegenwart fühlbar machen, die aber andererseits zugleich die Fähigkeit besitzen, den Leser das, was das Ich war, nachvollziehen zu lassen.

> . . . when like a roe
> . . . more like a man

Dem Unmöglichkeitstopos »I cannot paint/What then I was«, der die Virtualität des Prozesses pointiert, folgt ein Übergang von den Vergleichen zu Metaphern, in denen der eine Vergleichspol, das Gefühl, mit einer solchen Absolutheit mit dem Verglichenen identisch gesetzt ist, daß die Figur ihren metaphorischen Charakter verliert und die vollzogene Einheit von Natur und Gefühl als Überwindung ihrer Differenz zum Ausdruck bringt.

> . . . The sounding cataract
> Haunted me like a passion: the tall rock,
> The mountain, and the deep and gloomy wood,
> Their colours and their forms, where then to me
> An appetite: a feeling and a love.

Die Gegenstände sind, entsprechend der hohen Reflexionsebene, allgemeiner als die der ersten Realisationspassage. Sie erscheinen als »*the* mountain«, »*the* rock«, »*the* deep and gloomy wood«. Die Feststellungen am Anfang dieser Passage, die Vergleiche, Mataphern und die Allgemeinheit der Details lassen durch die Oberfläche der realisierten Geschichte das Argument ständig hindurchscheinen. In den wiederholten Kausalpartikeln »for, therefore« tritt dies offen zutage. Die Sprache »ist« nicht mehr, sie illustriert, sie setzt nicht mehr, sondern überträgt: »when like a roe . . .«, »more like a man . . .«, »Haunted me like a passion«. Das Ich steht zu sich selbst in einer gewissen Distanz, die dem Leser die Anwesenheit eines überzeitlichen Bewußtseins suggeriert.

Auch in dieser von einem Argument getragenen Realisation ist ein schrittweiser Abbau der Anschaulichkeit zu bemerken. Je näher Wordsworth der aus der Vielfalt seiner Erlebnisse gewonnenen allgemeinen Wahrheit zu kommen scheint, desto abstrakter wird seine Diktion und desto fester wird der Leser auf die garantierende Instanz des Ich verpflichtet.

> . . . And I have felt
> A presence that disturbs me with the joy
> Of elevated thoughts; a sense sublime
> Of something far more deeply interfused,
> Whose dwelling is the light of setting suns,
> And the round ocean, and the living air,
> And the blue sky, and in the mind of man,
> A motion and a spirit, that impels
> All thinking things, all objects of all thought,
> And rolls through all things.

Wordsworth versucht, in diesen Zeilen sein pantheistisches Credo über die Geschichte seines emotionalen Lebens auf den Begriff zu bringen und auf diesem Wege zu einer umfassenden Erkenntnis des »Pulsschlags des Seins« zu kommen. Diese Erkenntnis wird also nicht mehr als momentane Vision im Anschluß an ein spezifisches Erlebnis dargestellt, sondern sie ist als Erkenntnis seiner Allgegenwärtigkeit aus der Vielfalt individueller Erfahrungen abgeleitet. Trotz der erneuten »Entleerung« der Sprache und ihrer suggestiven Wiederholung ist die Distanz des höheren, aus der Überschau betrachtenden Bewußtseins nicht zu übersehen. Das Ich, dessen Anwesenheit in der Relationsphase noch überall unmittelbar präsent war, rückt jetzt um viele Zeilen von seinen höchsten Einsichten ab, um deren Allgemeinverbindlichkeit zu betonen. »A motion and a spirit, that impels/All thinking things, all objects of all thought/And rolls through all things« ist von der letzten expliziten Erwähnung des Ich in »I have felt [...]« durch allgemeine Zustandsattribute, durch die repräsentativen Naturphänomene »sun, ocean, air, sky« und durch das vom »Ich« zum »man« überleitende »mind of man« getrennt. Die Natur erscheint nicht mehr als Ansammlung konkreter Wahrnehmungsgegenstände, sondern sie ist in ihren generellsten Aspekten zur Idee, zum gedachten und gefühlten Prinzip visuell ausgedünnt.

Wordsworth löst damit zwar seinen Anspruch auf Allgemeingültigkeit der Einsichten ein, die ihm seine Begegnungen mit Tintern Abbey gebracht haben, aber auf Kosten der Unmittelbarkeit ihrer Evidenz. Die »Leere« der Sprache dieser Passage füllt sich nicht mehr so sehr aus dem Nachvollzug des subjektiven Engagements mit Bedeutung als vielmehr durch Reflexion von Entwicklungs- und Wirkungszusammenhängen. Auch der Leser ist gezwungen, hinter den Nachvollzug der Gefühle des Ich zurückzugehen und mit ihm zu den Setzungen vom wahren Sein des Menschen und der Natur vorzustoßen. Das heißt aber, der empirische Gehalt der Wahrnehmungen, die referentielle Beweiskraft ihrer poetischen Umsetzung wird zugunsten des reflektierenden Subjekts geschwächt, und dieses Subjekt setzt sich absolut. Für Wordsworth bedeutet nämlich die gewonnene Erkenntnis zusätzliche Selbstgewißheit. Mit dem »Therefore am I still/A lover of the meadows and the woods [...]« kehrt er triumphierend zur konkreten Gegenwart zurück, legt sein gesichertes Wissen als Beweis für die Richtigkeit seiner Vorstellungen und die Repräsentanz seiner Erlebnisse aus und konstatiert am Ende des Abschnitts gar die geglückte Theodizee der Subjektivität:

> ... well pleased to recognize
> In nature and the language of the sense,
> The anchor of my purest thoughts, the nurse,
> The guide, the guardian of my heart, and soul
> Of all my moral being.

Hier zeigt sich ganz deutlich, daß Wordsworth die offene Frage nach dem wahren Verhältnis von Mensch und Natur nicht außerhalb des traditionellen Konzepts von der Totalität des Seinszusammenhangs zu lösen imstande ist, obwohl der Weg zu ihrer Beantwortung sich grundsätzlich von den vorgegebenen Mustern unterscheidet. Das Traditionelle dieses Ansatzes tritt bei Wordsworth anfangs hinter der Aufwertung der Subjektivität als Bezugspunkt aller Erfahrungen zurück. In seinen späteren Gedichten aber rückt er dann in die Position des Stellvertretergottes, der die Einheit von Mensch und Natur zu einer ästhetischen Realität macht.

Daß diese Einheit nur ästhetisch zu realisieren ist, bedeutet jedoch, daß das Ich sie niemals als einen sicheren Besitz betrachten kann. Im erlebenden Nachvollzug der

Geschichte des Ich (Wordsworth spricht von sich selbst als »Dem vergänglichen Wesen, das diese Vision hatte«)[32] entrinnt diese Einheit der Determinierung, als ästhetisch realisierte entzieht sie sich der Fixierung. Wordsworth setzt deshalb diesem Entgleiten die Reflexion entgegen, aber im zunehmend rhetorischen Charakter der dafür verwendeten poetischen Sprache hinterläßt die Bedenklichkeit einer solchen Lösung ihre Spuren. Die Sprache bleibt dem vermittelten Bedeutungszusammenhang äußerlich, und die Bedeutung ist schon mehr Behauptung als ästhetisch realisiertes bzw. realisierbares Erleben. Das Ich befestigt sich zur dogmatischen Instanz, und die Natur wird zur Repräsentation einer Ideologie. Das macht der dritte und letzte Teil von *Tintern Abbey* deutlich. Dieser dritte Teil, weit weniger geschlossen als die ersten beiden, realisiert nicht mehr, sondern vermittelt feste Positionen. Er besitzt nicht mehr eine quasi-religiöse Struktur (als zur ekstatischen Offenbarung hinführender Prozeß), sondern expliziert die Glaubensgewißheit in einem religiösen Vokabular, das sie benennt, nicht emotional aktualisiert (»prayer«, »chearful faith«, »blessings«, »worshipper«, »service«, »deeper zeal/of holier love«). Was in den Teilen I und II Erleben war, ist hier zur Feststellung geronnen; die in ihnen implizite Aufforderung zum Nachvollzug ist hier zur Ermahnung zum rechten Leben (»these my exhortations«) geworden. Auch der Status der Sprache hat sich verändert. War er dort Realisation, so ist er hier verweisend. Die Worte, die hier identisch oder ähnlich wiederkehren, wie zum Beispiel »quiet of the sky«, »tranquil restoration«, »eye made quiet«), »beauty«, »lovely forms« (»forms of beauty«), »lofty thoughts« (»elevated thoughts«), »blessings« (»blessed mood«), »joy«, »love«, »feeling«, »harmony«, gewinnen ihre Bedeutung nicht mehr unmittelbar aus einem Erlebniskontext, sondern mittelbar durch Rückzug auf diesen. Das Ich ist dabei, sich selbst zur Konvention zu werden. Es setzt sich nicht mehr in seinem Verhältnis zur Natur als Ort der Realisation von Erlebnissen, es setzt sich und dieses Verhältnis vielmehr voraus.

III.

Landschaft, und das sollte die Analyse von *Tintern Abbey* vor allem verdeutlicht haben, löst sich in den frühen Gedichten Wordsworths auf in einen Prozeß des Erlebens von Natur. Sie wird so durch die schöpferische Subjektivität zu einer geistigen Landschaft (»landscape of the mind«) transformiert, ein Vorgang, in dem Natur ihre dinglichen und damit visuell einholbaren Qualitäten fortschreitend zugunsten transzendenter Bedeutung verliert. Waren die »views« und der Amphitheaterblick des 18. Jahrhunderts noch unmißverständlich in ihrer Anerkenntnis der Doppelheit von Beobachter und Beobachtetem, von Mensch und Welt, so absorbiert bei Wordsworth das »egotistical sublime« die sinnlich wahrnehmbare Natur und bildet sie zu Erlebnisanlässen in der (letztlich doch noch teleologisch angelegten) Geschichte des kreativen Ich um.[33]

Wohl um die behauptete Einheit von Mensch und Natur und das sie verbindende tertium comparationis einer spontanen, natürlichen Kongenialität nicht zu augenfällig als Resultat der Anstrengungen einer Ausnahmepersönlichkeit erscheinen zu lassen und um der Flüchtigkeit der spontanen Erlebnisse und der Momenthaftigkeit der ekstatischen Einsichten etwas Stabiles entgegenzusetzen, versucht Wordsworth diese seine Machtergreifung der Subjektivität durch einen quasi-metaphysischen Rahmen zu legitimieren. Die Erfahrungen des Ich werden zu Argumenten für die Existenz einer transzendenten Ordnung, die Ich und Natur umschließt. Wordsworth handelt sich dabei aber einen grundlegenden Widerspruch ein, denn es war ja gerade die Ereignisstruktur, die den Umsetzungen seiner Erfahrungen ihre ästhetische Validität verlieh, und nicht ihr Bezug zu einem übergeordneten Sinnsystem. Dieser Widerspruch wirkt sich denn auch schon bald auf die Qualität seines Dichtens aus. Zeitgenossen wie spätere Kritiker haben Wordsworths poetischem Schaffen nach etwa 1807 in großer Einmütigkeit wachsenden Dogmatismus des Denkens und zunehmende Konventionalität des sprachlichen Ausdrucks bescheinigt. Sein »natural supernaturalism« funktionierte offenbar ästhetisch auf Dauer nicht.[34]

Die zweite Generation der englischen Romantiker geht diesem Widerspruch aus dem Weg, indem sie von vornherein das schöpferische Ich absolut setzt. Dichter wie Shelley, Keats und Byron lassen keinen Zweifel daran, daß für sie die Entzweiung von Mensch und Welt nicht mehr ästhetisch aufgehoben werden kann. Deshalb bringen sie Subjektivität in ihrer Freiheit (und Einsamkeit) gegenüber der Welt zum Ausdruck. Ihnen fehlt der Wordsworthsche Glaube an das tertium comparationis einer prinzipiellen Einheit von sichtbarer Natur und menschlicher Bestimmung, ja die Welt und damit auch die Natur sind für sie als Identifikationsinstanz endgültig verloren. Deshalb muß und kann die Errettung des wahrhaft Menschlichen vor der Bedrohung durch eine zunehmend verdinglichte Welt nur aus dem kreativen Ich kommen.

In seiner *Defense of Poetry* etabliert Shelley den Dichter als »Gesetzgeber der Welt«, der den Menschen von dem Ausgeliefertsein an die unkontrollierbare Fülle der Sinneseindrücke erlöst:

»[...] die Poesie löst den Fluch, der uns dazu zwingt, uns dem Zufall der von allen Seiten einströmenden Eindrücke zu unterwerfen. Ganz gleich, ob sie ihren eigenen bebilderten Vorhang ausbreitet oder den dunklen Schleier des Lebens vor der Szenerie des Wirklichen wegzieht, sie schöpft in beiden Fällen für uns ein Sein in unserem Sein. Sie macht uns zu Einwohnern einer Welt, dergegenüber die vertraute Welt ein Chaos ist ... Sie erschafft das Universum noch einmal, nachdem es in unserem Geist durch die Wiederkehr von durch Wiederholung abgestumpften Eindrücken vernichtet worden ist[35]«.

Die Poesie fixiert »die flüchtigen Erscheinungen, die in den dunklen Lücken des Lebens ihr Wesen treiben«, und dies vermag nur der Geist eines Dichters, »der sich selbst Gesetz ist«, indem er sie durch intensive imaginative Tätigkeit und Selbstkonzentration aufspürt. Nur in der Lösung von der sichtbaren Natur und allgemein der Welt der Erscheinungen vermag der Dichter in die tieferen Wahrheiten dieser Welt einzudringen. »Ein Dichter ist eine Nachtigall, die in der Dunkelheit sitzt und singt, um sich ihre eigene Einsamkeit mit süßen Klängen aufzumuntern.«

In Shelleys *Defence of Poetry* ist das alles noch euphorisch als Ans-Licht-Holen verborgener Harmonien legitimiert. Bei Keats hingegen ist diese Art von residualer Metaphysik vollends verschwunden. In einem Brief an Richard Woodhouse vom 27. Oktober 1818 radikalisiert er das Problem der schöpferischen Subjektivität:

> »In Hinsicht auf den Charakter des Dichters (ich meine damit jene Gilde, in der ich, wenn überhaupt etwas, Mitglied bin; jene Gilde, die sich vom Wordsworth-schen oder egoistischen Erhabenen unterscheidet, das eine Sache für sich ist und alleine steht) – er ist sich nicht selbst, er hat kein Selbst – er ist alles und nichts – er hat keinen Charakter – er genießt Licht und Schatten; er lebt seinem Geschmack nach, sei es häßlich oder schön, hoch oder niedrig, reich oder arm, von geringem oder hohem Stand – . . . Ein Dichter ist das unpoetischste, das es gibt, weil er keine Identität besitzt – er ist fortwährend darauf aus und dabei, einen anderen Körper zu füllen – Die Sonne, der Mond, das Meer, Männer und Frauen, die Geschöpfe impulsiven Handelns sind poetisch und tragen an sich eine unabänderliche Eigenart – der Dichter hat keine; keine Identität. –«[36]

Das ist die »Befähigung zur Negation« (»negative capability«), von der Keats an anderer Stelle spricht (43). Sie umschreibt die Fähigkeit des dichterischen Ich, »in Ungewißheiten, Mysterien, Zweifeln zu existieren«, ohne sich durch den Zugriff auf Fakten oder auf die Vernunft falsche Sicherheiten zu schaffen. Der Dichter hat keine Identität, ja er darf keine haben, weil er sich nur in der ständigen Brechung seiner partiellen Selbstinszenierungen seine kreative Kraft erhalten kann. Das in diesen Äußerungen versteckte Konzept der romantischen Ironie beinhaltet eine endgültige Absage an die Natur als objektives Korrelat wahrheitsfähiger und ästhetisch glaubwürdiger Wirklichkeitsschau.[37]

Angesichts einer solchen Lösung des Ich von der Wahrnehmung ist das in der ersten Hälfte des 19. Jahrhunderts zu beobachtende Auswandern von Landschaft und Natur ins Piktorale, in die bildliche Darstellung, nur allzu verständlich. Dort sind Natur und Landschaft noch als Problem der Wahrnehmung und ihrer malerischen Bewältigung ebenso wie als Gegenwelt gegen die industrielle Transformation von Stadtlandschaft interessant.[38] Einer romantisch-ironisch gebrochenen Subjektivität hingegen vermag die Wordsworthsche Naturtümelei der Balladen und die Ursprünglichkeits- und Spontaneitätsbehauptungen der *Intimations Ode* nur noch spöttische Reaktionen abzugewinnen.[39] Literarisch sinken denn auch die von der ersten Generation der Romantiker geschaffenen Verklammerungen von Gefühl und Natur bald ins Schatz-haus der abrufbaren Klischees. In der Biedermeieridylle und im endlos reproduzierten Ansichtskartenkitsch erleben sie ihre Renaissancen, für die anspruchsvolle Literatur sind sie aber im 19. Jahrhundert als zentrale Bezugsdimension verloren. In ihr dient Landschaft, wenn überhaupt, nur noch als Stimmungssediment oder Einstimmungs-strategie.[40] Ich und Natur befinden sich auf gegenläufigen Kursen, und die Landschaft hängt als problematische Totalität prekär dazwischen.

Anmerkungen

[1] Joachim Ritter, Landschaft. Zur Funktion des Ästhetischen in der modernen Gesellschaft, in: Subjektivität, Frankfurt 1974, p. 160.

[2] Vgl. dazu meine Ausführungen in Imitatio und Realisation, München 1974, pp. 24 sqq.

[3] Ritter, op. cit., p. 153.

[4] Vgl. dazu Basil Willey, The Eighteenth Century Background, Harmondsworth 1962, pp. 32 sqq. Ferner Margorie H. Nicolson, Mountain Gloom and Mountain Glory, New York 1963.

[5] S. T. Coleridge, On Poesy or Art, in: Biographia Literaria, ed. J. Shawcross, Oxford 1907, vol. II, p. 262.

[6] Zeilen 88–89.

[7] Vgl. dazu John D. Boyd, The Function of Mimesis and Its Decline, Cambridge/Mass. 1968, p. 76.

[8] Zitiert nach Myra Reynolds, The Treatment of Nature in English Poetry, Chicago 1909, p. 242.

[9] Aids to Reflection, Ausgabe 1848, Vol. I, p. 333, und On Poesy or Art in: Biographia Literaria, ed J. Shawcross, Oxford 1967, Vol. II, p. 262.

[10] Vgl. dazu Imitatio und Realisation, op. cit., p. 62 sqq. Zur poetologischen Umsetzung des Ordnungsgedankens vgl. John Dennis, Grounds of Criticism, London 1704, pp. 5 sq., wo Ordnung, Schöpfung, Regelhaftigkeit und Schönheit zu Aspekten ein und desselben Prinzips nivelliert werden.

[11] Zum Einfluß naturwissenschaftlicher Klassifikationsterminologie auf die Sprache der Naturbeschreibung im 18. Jahrhundert vgl. V. John Arthos, The Language of Natural Description in Eighteenth Century Poetry, London 1966.

[12] Zur Entwicklung der Landschaftsmalerei in England vgl. E. H. Gombrich, Art and Illusion, Washington 1960. Ferner Conal Shields, Introduction, in: Landscape in Britain c. 1750–1850, London 1973, pp. 9 sqq. Zur Amphitheater-Metapher vgl. Gisela Dischner, Ursprünge der Rheinromantik in England, Frankfurt 1972, pp. 39 sqq.

[13] Vgl. dazu Imitatio und Realisation, op. cit., Kap. VI.

[14] Spectator 419.

[15] English Critical Essays, ed. Edmund D. Jones, London 1965, p. 283. Meine Übersetzung.

[16] Vgl. dazu Imitatio und Realisation, op. cit., pp. 102 sqq.

[17] The Castle of Otranto, ed. W. S. Lewis, London 1969, p. 7.

[18] Vgl. dazu William Beckford, Vathek, ed. Roger Lonsdale, London 1970, pp. X sqq.

[19] Vgl. dazu Henry Mackenzies Introduction zu seinem The Man of Feeling, ed. Brian Vickers, London 1970, pp. 3 sqq.; ferner pp. 85 und 113.

[20] Wordsworth's Poetical Works, ed. E. de Selincourt, Oxford 1965, Vol. II, pp. 388 sq.

[21] The Prelude, ed. E. de Selincourt, London 1966, p. XII.

[22] Vgl. dazu F. W. Bateson, Wordsworth A Re-Interpretation, London 1965, Chapt. 5. Ferner James B. Twitchell, Romantic Horizons, Columbia 1983, pp. 60 sqq.

[23] S. T. Coleridge, On Poesy or Art, in: Biographia Literaria, ed. J. Shawcross, London 1967, Vol. II, p. 262.

[24] The Prelude, op. cit., Book VI, 1, 542.

[25] Diese Interpretation ist eine überarbeitete Fassung des XI. Kapitels von Imitatio und Realisation, op. cit.

[26] William Wordsworth, The Prose Works, ed. A. B. Grosart, London 1876, Vol. III, p. 468.

27 Poetical Works, op. cit., Vol. II, p. 386 sq. (meine Kursivierung).

28 Vorwort zur 2. Ausgabe der Lyrical Ballads, in: Poetical Works, Vol. II, op. cit., pp. 394 sq.

29 Vgl. Paul de Man, Structure intentionelle de l'image romantique, in: Revue internationale de Philosophie 51 (1960), pp. 68–84, und Cleanth Brooks, Wordsworth and the Paradox of the Imagination, in: The Well Wrought Urn, London 1968, pp. 101–123.

30 A. N. Whitehead, Science and the Modern World, Cambridge 1953, pp. 90, 116.

31 Vgl. Poetical Works, op. cit., Vol. V, pp. 5 sq.
Descend, prophetic Spirit! that inspir'st
The human Soul of universal earth
Dreaming on things to come; and dost possess
A metropolitan temple in the hearts
of mighty Poets: . . .

32 Poetical Works, op. cit., Vol. V, p. 6

33 Vgl. Anmerkung 22; dazu auch Letters of John Keats, ed. Robert Gittings, London 1970, p. 157.

34 M. H. Abrams, Natural Supernaturalism: Tradition and Revolution in Romantic Literature, New York 1971.

35 A Defence of Poetry, in: The Complete Works of Percy Bysshe Shelley, ed. R. Ingpen and W. E. Peck, London 1965, Vol. VII, pp. 109–140; hier p. 137.

36 Loc cit.

37 Zum Konzept der romantischen Ironie und der Schlegel-Rezeption in England vgl. Anne K. Mellor, English Romantic Irony, London 1980.

38 Vgl. dazu Conal Shields, op. cit.

39 Vgl. dazu Lord Byrons English Bards and Scotch Reviewers und Shelleys Peter Bell the Third. Ferner Romantic Bards and British Reviewers, ed. John O. Hayden, London 1971.

40 Vgl. dazu K. Ludwig Pfeiffer, Bedingungen und Bedürfnisse. Literarische Landschaften im England des 19. Jahrhunderts, in: Landschaft, ed. Manfred Smuda, Frankfurt 1986, pp. 178–202.

205

Hans Robert Jauss

Ursprünge der Naturfeindschaft in der Ästhetik der Moderne*

I.

»Mein lieber Desnoyer, Sie erbitten sich Verse für Ihren kleinen Band, Verse über die *Natur*, nicht wahr? Über die Wälder, die großen Eichen, das Grün, die Insekten, – über die Sonne gewiß auch? Aber Sie wissen doch, daß ich unfähig bin, mich an pflanzlichen Gewächsen zu erbauen, und daß meine Seele gegen die merkwürdige neue Religion revoltiert, die – wie mir scheint – für jedes spirituelle Wesen immer etwas Schockierendes hat. Ich werde niemals glauben, daß ›die Seele der Götter in den Pflanzen wohnt‹, und selbst wenn sie dort wohnte, würde mich das nicht sonderlich beeindrucken und würde ich meine eigene Religion als ein höheres Gut schätzen als die der geheiligten Gemüse. Ich habe vielmehr immer gedacht, daß die blühende und sich erneuernde *Natur* etwas Schamloses und Widerwärtiges an sich habe.

Da es mir unmöglich ist, Sie dem strikten Anspruch des Programms gemäß vollkommen zufriedenzustellen, sende ich Ihnen zwei poetische Stücke, die nahezu den Inbegriff der Träumereien darstellen, die mich in Stunden der Dämmerung befallen. In der Tiefe der Wälder, eingeschlossen von Gewölben, die denen der Sakristeien und der Kathedralen ähnlich sind, denke ich an unsere staunenerregenden Städte, und die wunderbare Musik, die über die Gipfel hinwegrollt, scheint mir die Übersetzung menschlicher Wehklagen zu sein.«[1]

Provokativer als in diesem Brief Baudelaires, Ende 1853 oder Anfang 1854 verfaßt, ist die Absage an das Naturverständnis der Romantik kaum jemals ausgesprochen, schroffer die Forderung, die Kunst der Moderne habe sich hinfort als Anti-Natur zu verstehen, selten formuliert worden. Der Brief ist nicht rein privat; er antwortet auf eine Umfrage, auf die Bitte um einen Beitrag zu einer Festschrift für C. F. Denecourt, einem selbsternannten Waldhüter und Verfasser eines *Guide du voyageur dans la Forêt de Fontainebleau*, um nicht zu sagen: einem heute vergessenen Pionier der Öko-Bewegung. Die Festschrift, an der sich mehr als 50 namhafte Autoren beteiligten, sollte dem verarmten Wohltäter der Menschheit aufhelfen, durch Beiträge zum Ruhme der Natur im Rahmen der damals noch beliebten, physiologischen Gattung des *Livre des Cent-et-Un.* Man könnte fast von einem kleinen literarhistorischen Ereignis sprechen, wäre es nicht unbemerkt geblieben.[2] Baudelaires Brief dokumentiert eine Wende in der Geschichte der ästhetischen Erfahrung, die zu dieser Zeit auch anderweitig, zum Beispiel in Reisebeschreibungen,[3] bezeugt ist: die Natur hat ausgedient, der ästhetische Gegenstand par excellence zu sein, als Landschaft für den empfindenden Betrachter das beseelte Ganze des entschwundenen, ptolemäischen Kosmos zurückzurufen.

Gegen die obsolete, ›merkwürdige Religion‹ der pantheistischen Naturfreunde revoltierten in dieser Festschrift wenigstens noch drei ironische Beiträge: Castille, der den Wald als Vorzugsort für Dichter und Selbstmörder rühmt, Champfleury, der das Picknick eines Pariser Ausflüglers ausmalt, dem dabei ein prächtiger Kuchen gestohlen wird, Gautier, der Denecourt als Waldschrat einer Götterdämmerung in der Art Heines besingt. Babous Rezension nimmt den obsoleten Naturbegriff selbst aufs Korn: »La nature est belle et bonne, j'en conviens; mais il me semble qu'il faudrait se garder de la *nature naturante* comme du Breton bretonnant. Par patriotisme, je n'aime que les Bretons francisés; par goût littéraire, je n'aime que la nature humanisée.«[4] Baudelaires ironische Kritik greift tiefer. Sie zeigt an, daß die Absage an die romantische Ästhetik der Korrespondenzen von Ich und Natur bei der organischen Natur eingesetzt hat. Es ist gerade die ›grüne Natur‹, das beseelte Ganze des ewig sich erneuernden, wieder aufblühenden Lebens, auf das sein Spott über die ›geheiligten Gemüse‹ zielt. Gerade die unversiegliche, schöpferische Kraft der Natura naturans wird nunmehr als ›schamlos und widerwärtig‹ empfunden. Warum wohl? Offenbar weil das Wirken der Natur, das allein ihrer Selbstreproduktion dient und in der Entwicklungsgeschichte der Arten nurmehr dem blinden Gesetz der Selektion im brutalen Kampf ums Dasein folgt (wir sind im Jahrzehnt der Darwinschen Entdeckungen!), nicht länger als Paradigma des eigentlich Kreativen hingenommen wird. »La nature n'a pas d'imagination«, heißt es an anderer Stelle.[5] Also kann und darf der moderne Dichter hinfort weder *nach* der Natur bilden noch *wie* die Natur sein Werk hervorbringen. Er wird in der Tiefe der Wälder, die der Romantiker als Gewölbe und Kathedrale der Natur empfand, in deren Rauschen er die Töne ihrer geheimnisvollen Sanskritta zu vernehmen glaubte, an die erstaunlichere Poesie der Städte denken. Darum hat Baudelaire dem Brief ostentativ zwei Prosagedichte beigelegt: *Le crépuscule du matin* und *Le crépuscule du soir*, in denen ›das große Wort Natur‹ schon gar nicht mehr benötigt wird, um die künstliche Schönheit einer modernen Landschaft zu entdecken – eine Landschaft nach dem *Coucher du soleil romantique*: die großstädtische Landschaft der *Tableaux parisiens*!

II.

Was sich hier erst ankündigt, erfüllt der kühnste Wurf in diesem berühmten Zyklus, *Rêve parisien*, fünf Jahre später: die Vision einer poetisch verwirklichten Entmächtigung der organischen Natur. Das Gedicht kann als erster, provokativer Gipfel der Lyrik und Ästhetik einer Moderne gelten, die aus einer radikalen Umwertung der

Natur hervorgingen. Damit ist zunächst gemeint, was die Avantgarden seit Baudelaire verneinten. Zum einen ihre Absage an die Idealität der Natur in ihrer letzten ästhetischen Gestalt: der Schwundstufe des Naturschönen im Erhabenen. Zum zweiten die Verwerfung der rousseauischen Antithese von Natur und Zivilisation mit der Prämisse, daß der Mensch von Natur aus gut und erst durch die Vergesellschaftung depraviert worden sei. Zum dritten die Preisgabe der romantisch-sentimentalischen Korrespondenzen von Subjekt und Natur, von sinnlicher und übersinnlicher Erfahrung.

Angesichts der atemberaubend sich beschleunigenden industriellen Revolution, des Siegeszugs von Technik und Naturwissenschaft, die den Schönen Künsten das Tempo vorzuschreiben schienen, wurde der radikalen Abwertung des Natürlichen auch in der Ästhetik eine Aufwertung des Artifiziellen entgegengesetzt. Der moderne Homo Faber sah die Natur als bloße Materie an; er schuf sich in ihrer Bearbeitung eine zweite Natur als sein eigenes Werk und begann zu dieser Zeit auch schon, die Produkte seiner Arbeit zur ›industriellen Kunst‹ zu erheben. Und in der Tat: Lag darin nicht die aktuelle Herausforderung der Künste, es der avanciertesten Bestimmung der Poiesis in der industriellen Produktion nachzutun und das rückständige Verhältnis der Ästhetik zur Natur zu revidieren? Daß diese Revision indes nicht geradezu in die vorbehaltlose Bejahung des Fortschrittsglaubens einmündete, sondern das utopische Ziel der vollendeten Herrschaft des Menschen über die Natur selbst wieder in Frage stellte, ist ein Ruhmestitel von Baudelaires Ästhetik der Moderne. Ihr Kernstück, der *Rêve parisien*, ist die poetische Vision einer erträumten, vom Bann der sich selbst reproduzierenden Natur freigesetzten, ganz nach dem Willen des poetischen Architekten entworfenen Welt – eine so großartige wie schreckliche Vision, die in die Angst vor dem ›Jenseits der Natur‹ umschlägt und damit im letzten Gewinn der Selbstermächtigung auch schon ihren unbedachten, hohen Preis anzeigt.

Rêve parisien　　　　　　　　*Pariser Traum*
À Constantin Guys　　　　　　Für Constantin Guys

I　　　　　　　　　　　　　　　I

1 De ce terrible paysage,　　　　　Von diesem grauenhaften Land,
　Tel que jamais mortel n'en vit,　　Das nie ein Sterblicher erblickte,
　Ce matin encore l'image,　　　　Noch heute morgen, als es schwand,
　Vague et lointaine, me ravit.　　　Mich ein verschwommnes Bild entzückte.

2 Le sommeil est plein de miracles!　Mit Wundern uns der Schlaf umstellt!
　Par un caprice singulier,　　　　Durch sonderbare Laune fand
　J'avais banni de ces spectacles　　Die regellose Pflanzenwelt
　Le végétal irrégulier,　　　　　Ich aus dem Schauspiel ganz verbannt;

3 Et, peintre fier de mon génie,　　Als Maler, stolz auf mein Genie,
　Je savourais dans mon tableau　　Genoß im Bild ich überall

209

L' enivrante monotonie
Du métal, du marbre et de l'eau.

Berauschende Monotonie
Von Wasser, Marmor und Metall,

4 Babel d'escaliers et d'arcades,
C'était un palais infini,
Plein de bassins et de cascades
Tombant dans l'or mat ou bruni;

Ein Babel, Treppen und Arkaden,
Ein unabsehbarer Palast,
Voll Wasserbecken und Kaskaden,
Matt oder blank, in Gold gefaßt;

5 Et des cataractes pesantes,
Comme des rideaux de cristal,
Se suspendaient, éblouissantes,
À des murailles de métal.

Und lastend schwere Wasserfälle,
Wie Draperien aus Kristall,
Hingen in blendend großer Helle
An Mauern nieder aus Metall.

6 Non d'arbres, mais de colonnades
Les étangs dormants s'entouraient,
Où de gigantesques naïades,
Comme des femmes, se miraient.

Nicht Bäume, sondern Kolonnaden
Rings um die stillen Weiher standen,
Darin, wie Frauen, die Najaden
Sich riesenhaft gespiegelt fanden.

7 Des nappes d'eau s'épanchaient, bleues,
Entre des quais roses et verts,
Pendant des millions de lieues,
Vers les confins de l'univers;

Und Dämme, rosenrot und grün,
Umsäumten endlos blaue Wogen,
Die über tausend Meilen hin
Bis an den Rand der Welten zogen;

8 C'étaient des pierres inouïes
Et des flots magiques; c'étaient
D'immenses glaces éblouies
Par tout ce qu'elles reflétaient!

Dort waren beispiellose Steine
Und Zauberfluten, wie geblendet
Die Riesenspiegel von dem Scheine
All dessen, was sich drin verschwendet!

9 Insouciants et taciturnes,
Des Ganges, dans le firmament,
Versaient le trésor de leurs urnes
Dans des gouffres de diamant.

In Schweigen und in Gleichmut floß
Der Gangesstrom durch Himmelsweiten,
In diamantne Tiefen goß
Er Krüge aus voll Kostbarkeiten.

10 Architecte de mes féeries,
Je faisais, à ma volonté,
Sous un tunnel de pierreries
Passer un océan dompté;

Ich selbst entwarf die Zauberwelt:
Durch ein Gewölbe aus Rubin,
Nach meinem Willen so erstellt,
Zog ein bezwungner Ozean hin;

11 Et tout, même la couleur noire,
Semblait fourbi, clair, irisé;
Le liquide enchâssait sa gloire
Dans le rayon cristallisé.

Und selbst die Schwärze schien mir ganz
Poliert und schillernd hell zu sein;
Das Flüssige flocht allen Glanz
In die kristallnen Strahlen ein.

12 Nul astre d'ailleurs, nuls vestiges De soleil, même au bas du ciel, Pour illuminer ces prodiges, Qui brillaient d'un feu personnel!	Kein Stern jedoch und keine Spur Von Sonnen an des Himmels Dunkel; Es leuchteten die Wunder nur Aus eignem Feuer und Gefunkel!
13 Et sur ces mouvantes merveilles Planait (terrible nouveauté! Tout pour l'œil, rien pour les oreilles!) Un silence d'éternité.	Auf diesem Treiben, das betörte, Da lag (welch fürchterliche Neuheit! Wo man nur schaute, nichts mehr hörte!) Die Stille aus der Ewigkeit.

II   II

14 En rouvrant mes yeux pleins de flamme J'ai vu l'horreur de mon taudis, Et senti, rentrant dans mon âme, La pointe des soucis maudits;	Als ich die Augen aufgemacht, Sah ich das Grauen meiner Kammer, Empfand, zu mir zurückgebracht, Stechend der Sorge ganzen Jammer;
15 La pendule aux accents funèbres Sonnait brutalement midi, Et le ciel versait des ténèbres Sur le triste monde engourdi.	Die Uhr, die meine Stunden zählt, Schlug unerbittlich Mittagszeit, Und auf die fühllos trübe Welt Ergoß der Himmel Dunkelheit.

Übersetzung von Monika Fahrenbach-Wachendorf in: Charles Baudelaire, Les Fleurs du Mal. Die Blumen des Bösen, Stuttgart 1980, S. 210–215.

Der Titel: *Rêve parisien* kündet den Traum einer Stadt in einer Stadt an, einer Phantasmagorie, die nur und gerade in Paris, der ›Hauptstadt des 19. Jahrhunderts‹, erträumbar war. Der Traum ist einem Akt der Poiesis, dem für Baudelaire spezifischen Paradox des *rêver à volonté*, entsprungen. Er muß darum der Bedingung einer sonderbaren Laune folgen (die indes nur die Konsequenz des Briefes an Desnoyer ist), aus der Traumlandschaft *le végétal irrégulier* (2 d), das heißt alle organische Natur, zu verbannen. Aus der Poesie verbannt wird mithin nicht die gesetzliche und ökonomische, sondern die anarchische und verschwenderische Natur, nicht die Materie als Objekt von Arbeit, Technik, Wissenschaft, sondern das lebendige Ganze als Inbegriff dessen, was Hegel »das Andere des Geistes« nannte. Die ästhetische Umwertung der Natur verkehrt eine überkommene Hierarchie ihrer Reiche. Die Poesie – so forderte kurz zuvor ein Zeitgenosse[6] – muß als menschliche Schöpfung die göttliche fortsetzen, indem sie das Schöne in umgekehrter Relation zum Leben verwirklicht:

»Le naturaliste classe ainsi la nature: règne animal d'abord, règne végétal ensuite, règne minéral enfin; il suit l'ordre de la vie.
Le poète dira: règne minéral d'abord, règne végétal ensuite, règne animal enfin; il suivra l'ordre de la beauté.«

Als ob er diese Inversion von organischem Leben und abstrahierender Schönheit hätte erproben wollen, entwirft der Dichter der Fleurs du Mal seine noch von keinem Sterblichen erschaute Landschaft aus Metall, Marmor und Wasser (3 d), deren ›berauschende Eintönigkeit‹ die romantische »Musik der Natur« (E. T. A. Hoffmann) erlöschen läßt. Was alles getilgt werden muß, damit der antiromantische Traum einer Landschaft ohne organisches Leben Gestalt annehmen kann, wird im Horizont verneinter Erwartungen im Gedicht aufgerufen und verabschiedet: ›statt Bäumen nur Kolonnaden‹ (8 a), Wasserflächen werden zu gleißenden Spiegeln (8 c), wie zuvor Katarakte zu kristallischen Vorhängen (5 b), ein natürlicher Strom wie der Ganges wird ins Irreale vervielfältigt (9 b), ein Ozean in einen Tunnel von Edelsteinen gezwungen (10 c), Farben verlieren ihre gegenständliche Identität (7 b), selbst das Schwarz kann hell aufglänzen (11), es gibt keinen Stein mehr, keinerlei Spur von Sonne, denn die Materie dieser künstlichen Landschaft erleuchtet sich selbst (12), und schließlich, als letzte, schreckliche Neuheit: über allem liegt ein ewiges Schweigen (13)! ›Alles fürs Auge, nichts für die Ohren‹ negiert die älteste Erwartung, die schon der pythagoräischen Sphärenharmonie zugrunde liegt: daß Bewegung nicht lautlos zu sein pflegt. So hat Baudelaire selbst angemerkt und hinzugefügt: »Mais le rêve, qui sépare et décompose, crée la nouveauté.«[7] Das Unheimliche der absoluten Stille läßt das Niegesehene in Schrecken umschlagen: *terrible nouveauté* (13 b) nimmt *ce terrible paysage* des ersten Verses wieder auf, wofür zunächst *ce fastueux paysage* stand. Der Erwachende muß erkennen – so können wir diese Variante mit einem berühmten Rilkevers kommentieren –, daß dieses Schöne »nichts als des Schrecklichen Anfang« war.

Hat der erste Durchgang der Interpretation erbracht, wie das träumende Subjekt als *architecte de mes féeries* (10 a) Natur als gewachsene Landschaft – das Fundament romantischer Naturerfahrung – dekomponiert, um sich einzig aus anorganischen Elementen eine künstliche Welt zu erbauen, so wäre nun zu fragen, auf welche Horizonte ihre Phantasiearchitektur zurückweist. Denn diese Gegenwelt aus Metall, Marmor und Wasser ruft gerade in ihrer ›schrecklichen Neuheit‹ paradoxerweise frühere, ja uralte Muster alpdruckhafter, mythischer oder apokalyptischer Weltbilder auf. Der *Rêve parisien* löst die Erinnerung an eine subversive Tradition von Phantasmagorien ein, in denen das Künstliche gegenläufig zum Naturhaften, das menschliche Werk provokativ gegen die göttliche Schöpfung aufgeboten wurde. Vorangegangen waren Edgar Allan Poes *Domain of Arnheim* mit dem künstlichen Paradies eines labyrinthischen Landschaftsgartens, John Martin mit der schwarzen Manier seiner Visionen vom modernen Babel, Théophile Gautiers Palastbeschreibung in *Une nuit de Cléopâtre* und vor allem Piranesi mit *Römischer Hafen* oder seinen *Carceri*, deren steinernes Labyrinth weder Baum noch Pflanze duldet. Baudelaires Traumlandschaft ist indes gerade nicht labyrinthisch. Sie schließt – anders als seine Vorgänger – die Subjektivität nicht in ein selbsterbautes Labyrinth ein, sondern beschreibt den Traum als eine Selbstentgrenzung des Ichs, das vor unseren Augen in ständig sich übertrumpfenden Gebärden die Natur dekomponiert, um sich seine Gegenwelt des Schönen zu erbauen: ein ›Babel von Treppen, Arkaden‹ (4 a), dann Seeflächen, die ans Ende des Weltalls ziehen (7), hernach am Firmament Riesenströme, die ihre Schätze wie aus

Urnen in Abgründe von Diamant gießen (9), dazu quereinschießend der in den Edelsteintunnel gezwungene Ozean (10), schließlich als letzte Farbvision das leuchtende Schwarz und – die ›berauschende Monotonie‹ (3 c) vollendend – das ewige Schweigen über dem unermeßlichen Ganzen der selbsterbauten Welt.

Dabei kommt Baudelaires Gegenwelt ihrem ältesten Vorbild am nächsten: der Apokalypse des Johannes (Kap. 21/22). »Und ich sah einen neuen Himmel und eine neue Erde [. . .].« Das Neue, Niegesehene ist dort wie im *Rêve parisien* eine Stadtlandschaft jenseits der alten, organischen Natur: »Und der Bau ihrer Mauer war von Jasmin, und die Stadt von lauterem Golde gleich reinem Glase.« Die heilige Stadt, die aus dem Himmel herabkommt, braucht keinen Tempel mehr, denn der Herr ist ihr Tempel und das Lamm; statt eines Tempels stehen auf beiden Seiten des Stromes, der sie – klar wie Kristall (!) – durchfließt, Bäume des Lebens, die jeden Monat – die Natur überbietend – ihre Frucht bringen. Das neue Jerusalem kennt den Wechsel von Tag und Nacht nicht mehr; die Stadt in ihrer ewigen Helle »bedarf keiner Sonne noch des Mondes, daß sie ihr scheinen; denn die Herrlichkeit Gottes erleuchtet sie, und ihre Leuchte ist das Lamm«. Baudelaires Kontrafaktur schlägt die göttliche Erleuchtung des Glaubens aus. Sie setzt allein auf die profane Erleuchtung der Poesie, muß aber am Ende erfahren, daß sich die artifizielle Schönheit einer Gegenwelt nicht auf Dauer stellen läßt. Die negierte Natur kehrt als verdrängte wieder, in sinnfremder Gewalt, die auch nicht mehr durch die »negative Lust am Erhabenen« (um Kants Formulierung zu gebrauchen) aufzufangen ist. Das Ende des Traums erneuert Pascals Schaudern vor dem »ewigen Schweigen dieser unendlichen Räume«, doch ohne Hoffnung auf einen Erlöser. Der Fall aus der Ekstase entzaubert im Erwachen zugleich die Wirklichkeit der Stadt (14, 15) und dementiert die Erfahrung ihrer eigentümlichen Poesie, deren Entdeckung ja gerade das Thema der *Tableaux parisiens* war. Insofern ist der *Rêve parisien* auch schon über die Antithese von Stadt und Land, Zivilisation und Natur hinaus. Baudelaires naturfeindliche Ästhetik der Moderne macht bewußt, wie sehr – nach einer These von Georg Maag – die Euphorie des industriellen Fortschritts mit neuen Ängsten gepaart war: »Das Spezifische von Baudelaires Gegenentwurf besteht darin, daß er sein eigenes Dementi enthält und mit der Utopie des Schönen zugleich das Entsetzen über die Möglichkeit dieser Utopie artikuliert.«[8]

III.

Über die im 19. Jahrhundert beginnende wissenschaftstheoretische und ästhetische Umwertung der Natur gab es vor Jahren eine Kontroverse, die es verlohnt, heute wieder aufgenommen zu werden.[9] »In dem Augenblick, in dem der Mensch seinen letzten Zweifel daran verloren hatte, daß die Natur nicht für ihn und zu seinen Diensten geschaffen worden war, konnte er sie nur noch in der Rolle des Materials ertragen« – aus dieser Prämisse, mit der die kosmische Natur zum Inbegriff möglicher

Produkte der Technik nivelliert wurde, suchte Hans Blumenberg zu begründen, warum das bis dahin Undenkbare eintreten konnte, »daß die Natur häßlich wird«.[10] Die neue Erfahrung ihrer Häßlichkeit entspringe nicht zufällig der Zeit des Darwinismus, als die Mitleidlosigkeit und soziale Indifferenz der Natur zum Ärgernis wurde. Sie setzte primär – wie wir am *Rêve parisien* sahen – an den irregulären und verschwenderischen Formationen der organischen Natur ein, gegen die »das menschliche Selbstbewußtsein den Witz kreativer Produktivität – z.B. in der Antithese von Stadt und Natur – setzen konnte«. Darum habe sich die Ästhetik der Moderne nicht etwa dem Determinismus der experimentellen Naturforschung entgegengestellt, sondern setze deren Naturbegriff mit der modernen Bestimmung der Kunst als Anti-Physis selbst schon voraus, wie ihr Weg von Baudelaire über Mallarmé zu Valéry paradigmatisch zeige. Demgegenüber hat Jacob Taubes die These vertreten, daß der ästhetische Prozeß des Modernismus in der Tendenz: Kunst als Anti-Natur nicht aufging, daß der Protest gegen die Naturgesetzlichkeit seit De Maistre ein Topos der Gegenaufklärung war und daß von Rimbaud oder Lautréamont bis zu den Surrealisten gerade »die tropische Irregularität der Natur, der wuchernde und verschwenderische Wahnwitz ewiger Selbstreproduktion, den Erzeugnissen der Phantasie als wahlverwandt erfahren und deshalb [. . .] als Gegengewicht zur Gesetzlichkeit der Natur in die Waagschale der Poesie geworfen wurde«.

Über den Hauptpunkt der Kontroverse, das Verhältnis von Gnosis und neuzeitlichem Naturbegriff, zu urteilen, fehlt mir die Kompetenz. Wohl aber scheinen mir die beiden Perspektiven auf das 19. Jahrhundert im Rückblick komplementär verstehbar zu sein und gerade in den beiden gegenstrebigen Tendenzen die gewandelte Naturerfahrung in Literatur und Kunst der Moderne erst eigentlich in ihrer Ambivalenz zu erfassen. Dabei geht mit der Depotenzierung der kosmischen Natur eine fortschreitende Dezentrierung der menschlichen Natur einher, die Taubes zu Recht mit ins Feld geführt hat. Für die nachromantische Moderne gelte, daß »kein identisches Subjekt gegenüber der depotenzierten Natur durchgehalten wird, sondern die Depotenzierung sich eben auf beide: Subjekt und Objekt erstreckt«. In der Tat hat derselbe Baudelaire, der die Tendenz der Naturfeindschaft in seiner Großstadtlyrik so provokativ eröffnet, in den *Fleurs du Mal* auch schon gegen das identische, autonome, seiner selbst gewisse Subjekt mit dem Rückgriff auf die von der Romantik verachtete, personifizierende Allegorie die anonymen Mächte des Unbewußten aufgerufen. Er hat damit einen neuen Weg beschritten, der über Nietzsches Postulat des »Subjekts als Vielheit« zum Surrealismus führte, der die Einheit des Ich nicht weniger zerstörte als die der Natur.[11]

Das Thema dieses Vortrags wäre demnach im übergreifenden Zusammenhang einer Epoche der ästhetischen Erfahrung zu verorten, in der sich der doppelte Prozeß einer Depotenzierung der kosmischen Natur und einer Dezentrierung des menschlichen Subjekts abspielt. Auf der Seite des Objekts der Beziehung von Mensch und Natur verliert diese ihre exemplarische Verbindlichkeit, das Naturschöne wird fortschreitend abgebaut, das ›Buch der Natur‹ zum *Dictionnaire* entwürdigt, aus dessen Material die Imagination eine neue Welt komponiert.[12] Ein neues Pathos der Arbeit begreift die entmächtigte Natur als Umwelt, als Milieu oder Ambiance, die der Roman Balzacs physiognomisch, als Niederschlag menschlicher Tätigkeit, der Roman Zolas aber

214

schon als feindselige Macht begreifen läßt. Auf der Seite des Subjekts der Beziehung von Mensch und Welt verliert das Selbstbewußtsein seine Autonomie, die innere Natur des Menschen ihre Idealität. Die Aufkündigung der romantischen Einheit von Selbst und Natur ist von neuen Ängsten und Erfahrungen der Entfremdung in der Anonymität der industriellen Lebenswelt begleitet. Die provokative Entpersönlichung der Dichtung brachte indes auch schon den Gewinn neuer Einsichten in verdrängte oder tabuierte Seiten der physiologischen und kollektiven Natur des Menschen zutage. Die plane Oberfläche des Tagesbewußtseins gewann unerahnte Dimensionen einer Tiefe, eine Erkenntnis vom ›Unedierten der menschlichen Seele‹.[13] Und das im Fegefeuer der ›Blumen des Bösen‹ geläuterte Bewußtsein des Dichters begann, seine Identität aus der weltaneignenden Kraft der Erinnerung neu zu begründen. Dieser komplexe Prozeß der bis in unsere Gegenwart hineinreichenden ästhetischen Umwertung der Natur kann im folgenden nur in seinen Ursprüngen aufgehellt werden.

IV.

Die Rückzugslinie des Naturschönen läßt sich im 19. Jahrhundert spätestens nach dem Gipfel der Romantik Schritt für Schritt an dem wachsenden Bewußtsein markieren, daß der Widerspruch zwischen Natur als Gegenstand von Wissenschaft, Technik, Industrie und Natur als Inbegriff des Schönen und Erhabenen unaufhebbar geworden sei:

> »Es ist ein schrecklich wahrer Satz: das Interesse der Kultur und das Interesse des Schönen, wenn man darunter das unmittelbar Schöne im Leben versteht, sie liegen im Krieg miteinander, und jeder Fortschritt der Kultur ist ein tödlicher Tritt auf Blumen, die im Boden des naiv Schönen erblüht sind [. . .]. Diese Flut (der Kulturfortschritte) wird noch in das letzte Berg- und Waldtal die Ätzstoffe der Kultur ohne ihre Gegengifte tragen.«

Mit diesen Worten gesteht Fr. Th. Vischer in seiner *Ästhetik* (1857) ein, daß der Versuch seiner Habilitationsschrift von 1837, die Wissenschaft des Schönen aus der immanenten Entwicklung des Erhabenen und Komischen aus dem Schönen neu zu begründen, gescheitert und das Kapitel über das Naturschöne preiszugeben sei.[14] Damit bewahrheitet sich eine Vorahnung, die Kant schon in seiner *Kritik der Urteilskraft* (1790) ausgesprochen hatte. Dort überschreitet die Bestimmung des Erhabenen das Naturschöne derart (§ 23), daß das interesselose Wohlgefallen am Schönen der Natur noch den alten Kosmosbegriff der kontemplativen Theoria bewahrt, während die negative Lust am Erhabenen angesichts der »rohen Natur« (§ 26), ihrer Unbegrenztheit und Zweckwidrigkeit, eintreten kann. Das eigentlich Erhabene hat danach seinen Grund schon nicht mehr in einem Gegenstand der Natur, sondern allein noch

»in uns und der Denkungsart, die in die Vorstellung [der Natur] Erhabenheit hinein-
bringt« (§ 23). Am Ende glaubte Kant schon abzusehen, daß ein späteres Zeitalter »der
Natur immer weniger nahe sein [werde] und sich zuletzt [. . .] kaum einen Begriff von
der glücklichen Vereinigung des gesetzlichen Zwanges der höchsten Kultur mit der
Kraft und Richtigkeit der ihren eigenen Wert fühlenden freien Natur in einem und
demselben Volke zu machen im Stande sein möchte« (§ 60).

Den Widerspruch zwischen Zivilisation und Natur hatte schon Rousseau als letzten
Grund der Entzweiung von bürgerlicher und natürlicher Existenz diagnostiziert und
neue Wege gewiesen, das Übel der denaturierten Gesellschaft zu heilen. Am Ende der
Aufklärung verfällt die für Rousseau noch integre Instanz einer Rettung, sein Evange-
lium der guten mütterlichen Natur, selbst der Erfahrung einer unentrinnbaren Ver-
fremdung. Die mit Baudelaire offen erklärte Naturfeindschaft der modernen Ästhetik
hat latente Ursprünge bei Autoren der Gegenaufklärung wie Sade und De Maistre, aber
auch in der erst von der Romantik zur Geltung gebrachten ›Poetik des Christentum‹
und nicht zuletzt in Hegels *Ästhetik*.

In Sades Philosophie des integralen Egoismus (des »homme énergique«)[15] wird der
Kampf gegen Gott und Moral zunächst im Namen einer Natur geführt, die zerstören
muß, um schaffen zu können. Demnach wäre das Verbrechen selbst der Geist der
Natur, weshalb es kein Verbrechen gegen die Natur geben könne. Doch mit der fatalen
Erkenntnis, daß der Libertin, der das Verbrechen und selbst noch seine eigene
Zerstörung genießt, die Natur eben damit gegen seinen Willen zu neuer Schöpfung
autorisiert, muß sie ihm am Ende selbst verabscheuenswert werden:

> »O toi, force aveugle et imbécile, quand j'aurais exterminée sur la terre toutes les
> créations qui la couvrent, je serais bien loin de mon but, puisque je t'aurais
> servie, marâtre, et que je n'aspire qu'à me venger de ta bêtise ou de la
> méchanceté que tu fais éprouver aux hommes, en ne leura fournissant jamais les
> moyens de se livrer aux affreux penchants que tu leur inspirés.«

Die andere Autorität, mit der Baudelaire im Bruch mit der Romantik seinen Antinatu-
ralismus begründet und damit die ästhetische Moderne mit einer konservativen
Legitimation belastet hat, ist die dogmatische Rousseaukritik Joseph de Maistres. Sie
gipfelte in der erneuerten, altchristlichen Auslegung des (von Rousseau geleugneten)
Sündenfalls, der nicht allein das erste Menschenpaar, sondern mit ihm die ganze Natur
korrumpiert habe. Baudelaire sah darin die letzte Erklärung für die Nachtseite der
menschlichen Natur, aus der Folge, daß das an sich selbst schon korrumpierte
Natürliche – und damit das klassische Ideal des Naiven – im Ästhetischen wie im
Moralischen nur durch das Künstliche überwunden werden könne.[16]

Der berühmte Vers der Schöpfungsgeschichte: »Und Gott sah alles an, was er
gemacht hatte, und siehe, es war sehr gut« (Gen. 1, 31) darf bekanntlich nicht darüber
hinwegtäuschen, daß das christliche Naturverständnis aus der Einsetzung des adamit-
ischen Menschen in den Garten Eden hervorging, die (dank einer folgenreichen
Kontamination zweier Textüberlieferungen) zwei verschiedene Auslegungen vorgab:

den Auftrag, die Natur im Garten Eden zu bebauen und zu bewahren (Gen. 2, 15), oder aber, die Erde sich untertan zu machen und über all ihre Geschöpfe zu herrschen (Gen. 2, 26/28). Die Bibel selbst konnte den Menschen hinfort gleichermaßen legitimieren, der Hüter und Freund der Natur zu bleiben oder ihr Beherrscher, wenn nicht gar ihr Feind, zu werden! Das von Anbeginn ambivalente Naturverhältnis der christlichen Welt tritt in der Melancholie der romantischen Subjektivität wieder zutage. Sie ist der Preis, der in Chateaubriands *Poétique du Christianisme* (1802) entrichtet werden muß, wo es darum geht, den in der Aufklärung verlorenen Glauben durch einen ästhetischen Gottesbeweis zu retten. Daß die christliche Religion wahrer sei als die der heidnischen Antike, weil die Schönheit dieser Erde auf den göttlichen Schöpfer verweise, kann nun aber nicht mehr am Naturschönen evident werden. Eine moderne Ästhetik, die sich als christlich behaupten will, muß den antiken wie den rousseauischen Naturbegriff hinter sich bringen, das Schöne wie das Moralische als eine ›korrigierte Natur‹ begreifen und damit den naiven Einklang von Selbst und Natur einer sentimentalischen Reflexion opfern. Die romantische Subjektivität ist bei Chateaubriand darauf reduziert, das Idealschöne nur in der Negation des Gegenwärtigen[17], in einer Idealisierung des Vergangenen zu suchen, der keine Zukunft mehr offensteht. Die melancholische Naturerfahrung verliert sich im Weltschmerz Renés, des französischen Werther, in der Unbestimmbarkeit eines Ennui, der narzißtisch und erfahrungslos in sich selber kreist.

Chateaubriands Zeitgenosse Hegel hat aus den Halbheiten der christlich-romantischen Ästhetik die radikale Konsequenz gezogen. Seine *Vorlesungen über die Ästhetik* (1835 posthum erschienen) setzen sogleich damit ein, das Naturschöne – »bisher die erste Existenz des Schönen« – a limine auszuschließen.[18] Hegels provokative Frage: »Warum ist die Natur notwendig unvollkommen in ihrer Schönheit?« widerspricht einer säkularen Tradition und legt das klassische Prinzip der Imitatio Naturae endgültig ad acta. Für das Bewußtsein der Moderne kann allein noch das Kunstschöne, »die aus dem Geiste geborene und wiedergeborene Schönheit«, der wahre Gegenstand einer Ästhetik sein, die ihren Namen verdient: »Ja formell betrachtet ist selbst noch ein schlechter Einfall, wie er dem Menschen wohl durch den Kopf geht, höher als irgendein Naturprodukt; denn in solchem Einfall ist immer die Geistigkeit und Freiheit präsent.« Schroffer könnte die Herabsetzung der Natur, die für Hegel nurmehr »das Andere des Geistes« ist, kaum erläutert werden! Ineins damit wird in Hegels Ästhetik auch schon das Erhabene historisch verabschiedet. Als »Religion der Erhabenheit« gehört es dem jüdischen Volk, als »symbolische Kunst-form« dem frühesten der drei Zeitalter der Künste an, woraus folgt, daß es der Erfahrung des gegenwärtigen Bewußtseins nicht mehr angemessen sein kann. Mit der historischen Verabschiedung des Naturschönen und des Erhabenen hat Hegel aber das Kunstschöne als hinfort »erste Existenz des Schönen« nicht zugleich ermächtigt, die höchste Weise der Wahrheit zu sein. In dieser Hinsicht fällt es, »nachdem der Gedanke und die Reflexion die schöne Kunst überflügelt hat«, gleichermaßen der These vom Ende der Kunstperiode anheim. Für die weitere Geschichte der Naturerfahrung scheint mir folgenreich zu sein, daß Hegels Bestimmung des Prinzips der Industrie als das »Entgegengesetzte dessen, was man von der Natur erhält«, nunmehr die poietische Funktion übernimmt, die der Kunst von alters her zukam.[19] Denn »in der Industrie ist der Mensch sich selber Zweck und behandelt die Natur als ein Unterworfenes, dem er das Siegel seiner Tätigkeit aufdrückt«.[20]

Den noch fehlenden Schritt, dem Produkt der Arbeit des Menschen – sofern sie analog zur Kunst nunmehr der Natur »das Siegel seiner Tätigkeit aufdrückt« – nun auch die Dignität des Schönen zuzusprechen, hat wohl erst der junge Marx vollzogen. In den *Ökonomisch-philosophischen Manuskripten* von 1844 wird Arbeit, im antiken Verständnis als Verrichtung der Unfreien der Theoria als Zugang zum Wahren entgegengesetzt, zum »Selbsterzeugungsakt des Menschen« erhoben und soll zugleich die »wahre Resurrektion der Natur, [den] durchgeführten Naturalismus des Menschen und [den] durchgeführten Humanismus der Natur« ermöglichen.[21] Diese enthusiastische These behauptet nichts Geringeres, als daß dieselbe Natur, die im modernen Prozeß der Industrialisierung zur bloßen Materie erniedrigt wurde, als vermenschlichte Natur wiedererstehen könne. Bedingung dieser utopischen Versöhnung ist die Erkenntnis, daß »die in der menschlichen Gesellschaft – dem Entstehungsakt der menschlichen Gesellschaft – werdende Natur [. . .] die *wirkliche* Natur des Menschen, wie sie durch die Industrie, wenn auch in *entfremdeter* Gestalt wird, die wahre anthropologische Natur ist«. Die Fremdheit der Natur kann indes erst wieder aufgehoben werden, wenn das menschliche Wesen der Natur (anders gesagt: das Werden der Natur zum Menschen) in der Arbeit für den gesellschaftlichen Menschen freigesetzt wird: »Das menschliche Wesen der Natur ist erst da für den gesellschaftlichen Menschen; denn erst hier ist sie für ihn da als *Band* mit dem *Menschen*, als Dasein seiner für den anderen und des anderen für ihn, wie als Lebenselement der menschlichen Wirklichkeit.« Das neue Pathos der Arbeit ist für Marx demnach sowohl instrumental als auch intersubjektiv begründet: Die Aneignung der Natur soll sie als des Menschen eigenes Werk und zugleich als Band der Solidarität von Mensch zu Mensch wiederkehren lassen! Dabei wird das Attribut des Schönen der erstgegebenen Natur entzogen und der zweiten Natur, dem Werk des gesellschaftlichen Menschen, zugesprochen. Ebendies unterscheide den Menschen vom Tier, das es nur nach seinem unmittelbaren Bedürfnis und Maß seiner Spezies formiere, während der Mensch frei vom physischen Bedürfnis und zugleich »nach dem Maß jeder species zu produzieren weiß und überall das inhärente Maß dem Gegenstand anzulegen weiß; der Mensch formiert daher auch nach den Gesetzen der Schönheit«.[22]

Der spätere Marx hat den erst so hoch gestellten Begriff der Arbeit, den er als Teilhabe an der geschichtlich sich selbst produzierenden Menschheit an die Stelle von Rousseaus identitätsverbürgender *Volonté générale* rückte, wieder aufgegeben. Er war offenbar mit der wachsenden Einsicht in den »Widerspruch der entfremdeten Arbeit mit sich selbst« (auf die Formel gebracht: »Der Arbeiter fühlt sich daher erst außer der Arbeit bei sich und in der Arbeit außer sich«) nicht mehr aufrechtzuerhalten.[23] Gleichwohl bleibt dieser spekulative Versuch, den gesellschaftlichen Menschen mit der ausgebeuteten, fremden Natur zu versöhnen, denkwürdig, auch wenn Marx' Text bis 1932 unbekannt blieb und die Utopie einer »Resurrektion der Natur« erst von Adorno

218

und anderen Vertretern der erneuerten marxistischen Theorie wieder aufgenommen, auf das Bedürfnis nach einem mimetischen Umgang mit der Natur bezogen und zu einer modernen Ästhetik ausgebaut wurde. Adorno hat dabei sogar wieder das Naturschöne – als »die Spur des Nichtidentischen an den Dingen im Bann universaler Identität« – zu retten gesucht, indem er ihm gegen seine Herkunft einen futurischen Sinn (»Die Würde der Natur ist die eines noch nicht Seienden«) zusprach.[24]

Für seine eigene Zeit bezeugt der junge Marx, warum in der Mitte des 19. Jahrhunderts gegenstrebig zu den Klagen über die verstummte, fremdgewordene Natur ein neues Pathos der Arbeit bei der Bildung einer modernen, nicht mehr mimetischen Ästhetik Pate stand. Die lyrische Klage repräsentiert Alfred de Vigny in *La Maison du Berger* (1843/44), schon im Zweifel am romantischen Einklang von Seele und Landschaft, Selbst und Natur. »La nature t'attend dans un silence austère« – die Natur antwortet nicht und läßt die sympathetische Sehnsucht in Haß umschlagen. Der vereinsamte Dichter erkennt im Schein ihrer Güte und ihres Friedens das wahre Gesicht der Natur: die Gleichgültigkeit und Verachtung, mit der sie ihre Geschöpfe entstehen und wieder umkommen läßt (»Je roule avec dédain, sans voir et sans entendre / A côté des fourmis les populations«).

Annette von Droste-Hülshoff hat in ihrem großen Gedicht *Die Mergelgrube* die für diese Zeit ungewöhnliche Vision einer Natur »in der Verödung Schrecken« beschworen, ein Erschrecken, das nunmehr schon auf das lyrische Subjekt zurückschlägt. Das Bewußtsein seiner Verlorenheit angesichts des zerfallenden Kosmos macht die kontemplative Distanz der elegischen Klage zunichte.

> Vor mir, um mich das graue Mergel nur;
> Was drüber, sah ich nicht, und ein Bild erstand
> Von einer Erde, mürbe, ausgebrannt;
> Ich selber schien ein Funken mir, der doch
> Erzittert in der toten Asche noch,
> Ein Findling im zerfallnen Weltenbau.[25]

Thomas Carlyle hingegen proklamiert in *On Heroes and Hero Worship* (1841): »Literature [...] is an ›apocalypse of Nature‹, a revealing of the ›open secret‹. It may well enough be named, in Fichte's style, a ›continuous revelation‹ of the Godlike in the Terrestrial and Common.«[26] Literatur als ›Apokalypse der Natur‹ offenbart die thaumaturgische Tugend des Menschen – den Gedanken und die tausend Gedanken, aus denen eine Stadt wie London eine neue, vom Menschen geschaffene Welt des Schönen hervorzubringen vermag. Derart wurden nach 1850 vor allem die ersten Weltausstellungen angepriesen. Ein Augenzeuge, Alexis de Vallon, stellte auf seiner Fahrt zur *Great Exhibition* von 1851 fest:

> »La poésie de la nature est morte à tout jamais [...]. La poésie a changé de mobile, elle s'est déplacée [...] réunir dans une pensée commune tous les peuples de la terre, faire un appel à leur génie [...] leur ouvrir un concours

universel et préparer ainsi par cette fusion générale la solidarité de toutes les races de terre, n'est-ce pas de la poésie? Oui, c'est la grande poésie de l'ère qui commence.«[27]

V.

Dieses enthusiastische Wort benennt die große Poesie der neuen Ära noch nicht eigens. Sie führt sie auf das ›Genie der wetteifernden Völker‹, auf das neue Pathos der solidaritätstiftenden Arbeit zurück. Hier wird mit der Poesie der Natur zugleich der romantische Begriff des einsam schaffenden Genies verabschiedet. Der kosmopolitische Enthusiasmus, den die moderne Allianz von Kunst und Industrie auslöste, scheint selbst Baudelaire einmal ergriffen zu haben, seiner negativen Anthropologie und vehementen Kritik an den Illusionen des Fortschritts und der Demokratie zuwider. In seinem Bericht über die Pariser Ausstellung von 1855[28] rühmt er an der weltweiten Fülle von Produkten industrieller wie handwerklicher Kunst die so erstaunliche wie befremdende Faszination eines Schönen, das zu begreifen die Intelligenz und Begnadung des Kosmopolitismus voraussetze, die Fähigkeit, das Neue als das von keiner Regel ableitbare Schöne allein am Verhältnis von Form und Funktion zu begreifen. Die moderne Erscheinung der »beauté universelle« erfordere einen zweiten Winckelmann, mithin eine moderne Ästhetik jenseits der akademischen Normen der Nachahmung der Natur und des Vorbilds der Antike.

Doch die unkanonische, artifizielle Schönheit der Produkte, in denen sich der Triumph des industriellen Fortschritts über die Natur so augenfällig materialisierte, löste in der Breitenwirkung der ersten Weltausstellungen nicht nur offene Bewunderung, sondern auch zuvor unbekannte Ängste aus. Wie Georg Maag zeigen konnte[29], machte sich die verdrängte Natur in einer eigentümlichen Verschränkung von Industriekultur und Traumwelt wieder geltend. Angesichts des unermeßlichen Warenmeers suchten die Besucher ihr Erschrecken vor dem, was Walter Benjamin einmal die »Urerscheinung der Technik« genannt hat[30], in imaginären Kontrasterlebnissen des Mythischen, Märchenhaften oder Exotischen aufzufangen. In anderen Stimmen der Zeitgenossen meldet sich die Sorge, ob der Materialismus der industriellen Revolution nicht durch das Schöne humanisiert werden könne. Doch wie sollte Kunst als reine Anti-Natur, die soeben erst entdeckte ›Poesie der Industrie‹, das Schöne als freien Entwurf des ganz auf sich selbst gestellten Menschen hervorbringen und damit zugleich sozialem Handeln die Norm vorgeben? An diesem Problem scheiden sich die Schulrichtungen der folgenden Zeit: der sogenannte Symbolismus, der die Naturfeindschaft auf die Spitze treibt, und der Naturalismus, der zum Nachahmungsprinzip zurückkehrt, die Instanz der Natur nun aber durch eine neue, gesellschaftliche Instanz ersetzen will: Natur erscheint bei Taine wie bei Zola – so bemerkte Brunetière – nicht länger als Landschaft, sondern als Milieu.[31]

In der Aufnahme der *Fleurs du Mal* wurde die Naturfeindschaft Baudelaires wohl zum ersten Mal von Théophile Gautier als ein neuer, von einer letzten Stunde der Zivilisationen gezeichneter ›Stil der Dekadenz‹ positiv bewertet.[32] Die Entscheidung für das Artifizielle, am reinsten verwirklicht im *Rêve parisien*, sei die angemessene Haltung des Dichters zu einer Zeit, die nicht mehr zum Naiven zurückkehren könne. Der Dichter der *Fleurs du Mal* sei darum mit dem gleichen, selbstverständlichen Recht maniert, wie man in früherer Zeit einfach und natürlich zu sein pflegte. In der Nachfolge Baudelaires hat sodann Huysmans in *A Rebours*, der Bibel der Avantgarde des Fin de Siècle, Naturfeindschaft geradezu in einen ästhetischen Kult des Artifiziellen verkehrt. Der Titel ›Gegen den Strich‹ revoltiert gegen die physische Natur und gegen die bürgerliche Demokratie zugleich. Natur und Gesellschaft, seit Rousseau antipodisch geschieden, fallen im Haß auf das Prinzip der »égalité naturelle«, der gleichen physischen Ausstattung des Menschen und seinem Anspruch auf soziale Gleichheit, in eins.[33] Dieser Haß ist die Auszeichnung und Legitimation des Dekadenten. Er verpflichtet, gegen den Strich des Gesunden und Natürlichen wie des von der Gesellschaft Geheiligten zu leben. Darum ist nicht so sehr die Raffinesse der Ausschweifung, sondern die provokative Blasphemie der letzte Triumph des Dandy über die Natur. So legt sich Des Esseintes zum Beispiel ein Gemach mit Orchideen an, um das Natürliche der Natur augenscheinlich zu widerlegen: »Après les fleurs factices singeant les véritables fleurs, il voulait des fleurs naturelles imitant des fleurs fausses.«[34] Nicht die Kunst ahmt die Natur, sondern das Leben ahmt die Kunst nach, wird Oscar Wilde, ein Adept Huysmans', daraus folgern.[35]

Die Abdankung der Natur endigt hier in ihrer schmachvollen Unterwerfung unter die Kunst. Doch hatte dieser extreme Schritt Konsequenzen, die der Mallarmé-Kreis noch nicht absah und denen Huysmans schon gar nicht gewachsen war. In seinem Fall hat sich das Urteil eines Zeitgenossen, Barbey d'Aurévillys: »Nach einem solchen Buch bleibt dem Autor nur noch, zwischen der Mündung einer Pistole und dem Kniefall vor dem Kreuz zu wählen«, buchstäblich erfüllt. Die blasphemische Naturfeindschaft Huysmans' endigte in der Tat mit seinem Kniefall vor dem Kreuz, das spektakuläre Experiment von *A Rebours* in der Geschichte einer Neurose. Die ästhetische Konsequenz aus der Inversion des Nachahmungsprinzips hat erst Paul Valéry im Gefolge Mallarmés gezogen, als er eine moderne *Poiétique* der klassischen Poetik entgegensetzte, die in der Natur als letzter Instanz exemplarischen Sinns gegründet war.

Valérys Prinzip der poietischen Konstruktion nimmt dabei zwar den von Haus aus aristotelischen Begriff der *poiesis* wieder auf, kehrt ihn nun aber gegen die teleologischen Voraussetzungen der aristotelischen Physik. Dort konnte *poiesis* als herstellendes Handeln sowohl die Tätigkeit des Handwerkers oder Künstlers als auch das Hervorbringen der Natur – die Erschaffung natürlicher Dinge – noch übergreifen, sofern man die Poiesis des Menschen als Nachahmung der Natura naturans verstand, die selbst schon poietisch verfährt, wenn sie Dinge hervorbringt, die Ursprung und Werdeziel in sich selbst haben.[36] Doch Valérys *Poiétique* bestreitet dem Werdeprozeß einer Natur, die sich in ihrer Selbstreproduktion ewig wiederholen muß, und schon gar, wenn ihre Gestalten aus dem blinden Gesetz von Mutation und Selektion hervorgehen sollen, gerade den poietischen Charakter. Erst eine nicht mehr mimetische Kunst gewinne die Auszeichnung, im eigenen Spielraum zu schaffen, was die Natur weder vorgegeben noch als Möglichkeit ergriffen hatte, und zu erkennen, daß das Wahre, das dem Menschen zugänglich ist, nur aus dem entspringen darf, was er selbst im Machen erproben kann. Moderne Poesie, auch und gerade wenn sie vermeintlich ein Stück der erstgegebenen Natur nur beschreibt, bringt ihren Gegenstand in seiner Möglichkeit erst eigentlich hervor!

Aus Baudelaires Naturfeindschaft ist bei Valéry denn auch schierer Spott geworden, Spott über den ›lächerlichen Irrtum Rousseaus‹, Natur als Landschaft sei an ihr selbst schön und wahr; Spott aber auch über die moderne Nostalgie nach dem verlorenen Anfänglichen, Heilen und Ganzen der Natur:

> »Il n'y a pas de nature. Ou plutôt ce qu'on croit être donné est toujours une fabrication plus ou moins ancienne. Il y a un pouvoir exitant dans l'idée de revenir en contact de la chose vierge. On imagine qu'il y a de telles virginités. Mais la mer, les arbres, les soleils – et surtout l'oeil humain – tout cela est artifice.«[37]

›Es gibt keine Natur‹ meint: sofern ihr Idealbild mit dem Vergessen seiner Entstehung erkauft ist und auf der Illusion beruht, daß Natur ohne die Vorstellung des Menschen überhaupt Natur und nicht an sich selbst unkenntlich sei.[38] Und doch kenne ich kein großartigeres Gedicht auf das Meer als den *Cimetière marin*, kein schöneres Baumgedicht als *Au Platane*! Rührt dies wirklich daher, daß Valérys Gedicht vom Meer oder vom Baum nur spräche, um seinen Gegenstand vergessen zu machen und uns allein sein Verfahren, das in den Text eingeschriebene Verfassen des Textes, bewundern zu lassen? Schließt die Sichtbarmachung des Verfahrens denn aus, daß es in eins damit eine neue, poetisch gesteigerte Wahrnehmung und Dingwerdung des Erscheinenden, mithin ein Wiederfinden der Natur ermöglicht – daß Auge und Ohr des Lesers Meer und Baum neu und anders erfahren können, als sie ihm in unserer hochtechnisierten Welt noch vorstellbar waren, in der das Dasein eines einzelnen längst nicht mehr ausreicht, das immens gewachsene Wissen von Natur und Geschichte einzuholen, geschweige denn in Erfahrung umzuwandeln? Erspringt demgegenüber aus der modernen Kunst, auch wenn sie das Recht des Faktischen und den Sinn der politischen Vernunft in Frage stellt, nicht doch auch wieder eine Chance der Welterfahrung – der poetischen Erfahrung, wie Natur in der unerahnbaren Fülle ihrer Möglichkeiten sein könne?

Blumenbergs schon klassisch gewordene Studie: *Nachahmung der Natur – Zur Vorgeschichte des schöpferischen Menschen* führte zu einer bemerkenswerten letzten Hypothese: »Manches deutet darauf hin, daß die Phase der gewalttätigen Selbstbetonung des Konstruktiven und Authentischen, des ›Werkes‹ und der ›Arbeit‹, nur Übergang war. Die Überwindung der ›Nachahmung der Natur‹ könnte in den Gewinn einer ›Vorahmung der Natur‹ einmünden.«[39] Mit dieser Hypothese trifft Blumenberg wenigstens für ein Mal mit Adornos Hoffnung auf eine »Resurrektion der Natur«

zusammen, der seine *Ästhetische Theorie* überraschenderweise wieder auf den Begriff des Naturschönen gründen wollte. Das Naturschöne einer Ästhetik der Moderne könne dann aber nicht mehr als ein Ursprüngliches, Unvordenkliches begriffen, sondern müsse – gegen seine Herkunft – in einen futurischen Sinn gefaßt werden, als ein noch nicht Seiendes und eben darum als Instanz gegen die mißbrauchte Herrschaft dessen, was das autonome Subjekt sich selbst verdankt: »Das Naturschöne ist die Spur des Nichtidentischen an den Dingen im Bann universaler Identität. [. . .] Die Scham vorm Naturschönen rührt daher, daß man das noch nicht Seiende verletze, indem man es im Seienden ergreift. Die Würde der Natur ist die eines noch nicht Seienden, das intentionale Vermenschlichung durch seinen Ausdruck von sich weist.«[40]

Die beiden Prognosen können unsere Betrachtung schließen, weil sie aus verschiedener Sicht auf das Problem antworten, das die Austreibung der Natur aus der Ästhetik der Moderne ungelöst hinterließ: Wenn die freigeschaffene Kunst des Homo faber ihre Mündigkeit behaupten will, ohne sich mehr auf die Natur zu berufen, wie soll und kann sie dann der Willkür ihrer Produkte entgehen und für sich selbst exemplarische Geltung beanspruchen? Wäre dann das selbstgeschaffene Sein der Kunst am Ende nicht ebenso faktisch und beliebig wie das seiner Idealität entkleidete Sein der Natur? Valéry, der Stammvater einer Ästhetik ohne Natur, hatte zwar alles Erkennen zu einer Funktion des Könnens machen wollen. Er hatte damit die Allmacht einer Technokratie antizipiert, die glaubte, alles machen zu dürfen, was immer der Homo faber zu erdenken vermag. Doch Valéry war wohl auch der erste, der diesen Exzeß unserer Moderne selbst wieder in Frage zog. Er schrieb 1913 im Rückblick auf seine biographische Kehre:

>»Je déplaçais, de toute une force instinctive, la *question*; et ramenais tout: Poésie, analyse, langage, usage du réel et du possible, – à la seule et brute notion *du pouvoir mental*. Je commettais à demi sciemment, cette erreur, de remplacer *l'être* par le *faire* – comme si on eût pu se fabriquer soi-même – au moyen de quoi? – Etre poète, non. Pouvoir l'être. – Etc.«[41]

Die Erfahrung, auf die der Homo faber am Ende unseres Jahrhunderts stoßen mußte, enthält schon ihr ältester Begriff, den ihre Entmächtigung im historischen Wandel ihrer Bedeutung nie ganz aufheben konnte: Natur als Inbegriff dessen, was sich nicht machen, wohl aber – wie wir erst heute im vollen Ausmaß und hoffentlich nicht zu spät erkennen – zerstören läßt.

Daß die Selbstermächtigung des Menschen in die Selbstzerstörung der von ihm geschaffenen zweiten Natur umzuschlagen droht, ist ein Pyrrhussieg über die erste Natur, den hinzunehmen wir alle nicht mehr bereit sein sollten. Was sich dagegen aufbieten läßt, ist aus meiner Sicht weder eine Rückkehr zur alten Ästhetik der Natur, die seit der Aufklärung und nach Darwin unweigerlich einem vergangenen Weltverständnis anheimfiel, noch dürfte es die spätere Hoffnung auf eine »Resurrektion der Natur« sein, die sich Adorno oder Benjamin von einem *mimetischen* Vermögen zur Aneignung des ›Anderen der Vernunft‹ versprachen. Ich setze vielmehr auf ein *ästhetisches* Vermögen – auf die Freiwilligkeit ästhetischen Sinnverstehens und Sinner-probens, das im ästhetischen Urteil seit jeher ein Band der Solidarität von Mensch und Mitmensch zu stiften und zugleich einen gewaltfreien Umgang mit den Dingen – also auch mit dem ›Anderen der Natur‹ – zu schaffen vermochte. Den erwartbaren Vorwurf, ein unbeirrbarer Idealist zu sein, nehme ich gelassen hin. Ist es ästhetischer Erfahrung doch von Haus aus eigen, gegen die laute Macht des Faktischen die stille Kraft des Möglichen aufzubieten, mithin: notwendigermaßen idealistisch zu sein.

Anmerkungen

* Vortragsfassung; die ausgearbeitete Abhandlung erscheint im Herbst 1989 bei Suhrkamp/ Frankfurt in meinen *Studien zum Epochenwandel der ästhetischen Moderne.*

[1] Brief an Fernand Desnoyer (Paris, Ende 1853 oder Anfang 1854), in: Œuvres complètes de Charles Baudelaire, Bd. 7, Paris 1933, 111.

[2] Dazu F. W. Leakey: A Festschrift of 1855: Baudelaire and the Hommage à C. F. Denecourt, in: Studies in French Literature, presented to H. W. Lawton, hg. J. C. Ireson et al., Manchester University Press, 1968, S. 175–202.

[3] Nach F. Wolfzettel: Ce désir de vagabondage cosmopolite, Wege und Entwicklung des französischen Reiseberichts im 19. Jahrhundert, Tübingen 1986. Zur Entzauberung und Krise der romantischen Reisebeschreibung nach 1850 vgl. bes. S. 19.

[4] Zitiert bei F. W. Leakey: Baudelaire und Nature, Manchester University Press, 1969, S. 117.

[5] Nach Leakey (wie Anm. 4, S. 113), in einer spöttischen Äußerung Baudelaires zu den Landpar-tien der sog. Bohème Chantante: »B. prenait rarement part à nos divertissements champêtres, trouvant le vert des arbres trop fade. ›Je voudrais‹, disait-il avec son air de pince-sans-rire, les prairies teintes en rouge, les rivières jaune d'or et les arbres peints en bleu. La nature n'a pas d'imagination.«

[6] Hello: Du genre fantastique, erschienen in der Revue française (Nov. 1858), zitiert im Kommentar der Edition von J. Crépet, Paris 1922, S. 463.

[7] Ebd.

[8] Zum Rêve parisien, in: Art social/Art industriel, hg. H. Pfeiffer, München 1987, S. 310.

[9] In: Immanente Ästhetik – Ästhetische Reflexion, hg. W. Iser (Poetik und Hermeneutik II), München 1966, S. 429–442 (Dritte Sitzung: Surrealismus und Gnosis).

[10] »Nachahmung der Natur‹: Zur Vorgeschichte der Idee des schöpferischen Menschen« (1957), in: Wirklichkeiten, in denen wir leben, Stuttgart 1981, S. 91.

[11] Dazu H. R. Jauß: Baudelaires Rückgriff auf die Allegorie, in: Formen und Funktionen der Allegorie, hg. W. Haug, Stuttgart 1979, S. 686–700 (zu Taubes, wie Anm. 9, S. 440).

[12] Zu Baudelaires »La nature n'est qu'un dicitionnaire« siehe H. R. Jauß (wie Anm. 11, S. 693 f.).

[13] »Quelque côté inédit de l'âme«, in der Formulierung Th. Gautiers, Notice zur 2. Aufl. der Les Fleurs du Mal, Paris 1869, S. 19.

[14] Fr. Th. Vischer: Über das Erhabene und das Komische, Einl. von W. Oelmüller, Frankfurt 1967, S. 12–24.

15 Nach M. Blanchot: Lautréamont et Sade, Paris 1963, bes. S. 39 ff.

16 Joseph de Maistre: Les Soirées de Saint-Petersbourg, Paris 1960, S. 53; dazu M. H. Abrams in: Poetik und Hermeneutik II, hg. W. Iser, München 1966, S. 121 ff., und R. Herzog in: Poetik und Hermeneutik III, hg. H. R. Jauß, München 1968, S. 601 (die Hamartigenie von Prudentius als Quelle der Auslegung von Gen. 2, nach der sich die schöne Natur durch den Sündenfall in eine häßliche und böse Natur verwandelt).

17 »Enfin, les images favorites des poètes enclins à la rêverie sont presque toutes empruntées d'objets négatifs, tels que le silence des nuits, l'ombre des bois, la solitude des montagnes, la paix des tombeaux, qui ne sont que l'absence du bruit, de la lumière, des hommes et des inquiétudes de la vie«, Génie du Christianisme, II, ii, cap. 10.

18 Ästhetik, hg. F. Bassenge, Berlin 1955, S. 49, ferner S. 50, 57, 172.

19 In seiner Kritik am Nachahmungsprinzip faßt Hegel selbst technische und ästhetische Produktion in eins: »In diesem Sinne hat die Erfindung jedes unbedeutenden technischen Werkes höheren Wert, und der Mensch kann stolzer darauf sein, den Hammer, den Nagel usf. erfunden zu haben, als Kunststücke der Nachahmung zu fertigen« (ebd., S. 86).

20 Philosophie der Geschichte, Theorie-Werkausgabe, Frankfurt 1970, Bd. 12, S. 237.

21 Die Frühschriften, hg. S. Landshut, Stuttgart 1971, S. 237, ferner S. 245.

22 MEW, Erg.-Bd. 1, S. 517.

23 Nach G. Buck: Rückwege aus der Entfremdung, Paderborn/München 1984, S. 196 f.

24 Ästhetische Theorie, Gesammelte Schriften, Bd. VII, Frankfurt 1970, S. 114 f.

25 In: Werke in einem Band, hg. C. Heselhaus, München 1984, S. 95.

26 Im Kapitel: The Hero of Man of Letters, in: The Works of Thomas Carlyle (The World's Classics, Bd. LXII), London/New York/Toronto, d. d., S. 164–166.

27 Zitiert nach G. Maag: Kunst und Industrie im Zeitalter der ersten Weltausstellungen, München 1986, S. 90.

28 Exposition universelle 1855, Œuvres, éd. de la Pléiade, Paris 1951, S. 680–701.

29 Wie Anm. 27, Kap. III.

30 Das Passagen-Werk, Gesammelte Werke V. 1, C 7 a, 4: »Die Phantasien vom Untergang von Paris sind ein Symptom davon, daß die Technik nicht rezipiert wurde. Aus ihnen spricht das dumpfe Bewußtsein, daß mit den großen Städten die Mittel heranwuchsen, sie dem Erdboden gleichzumachen.«

31 Nach L. Spitzer: Milieu und Ambiance, in: Essays in Historical Semantics, 1947, S. 212.

32 In seinem Vorwort (Notice) zur Auflage der Les Fleurs du Mal von 1868.

33 Nach Françoise Gaillard: De l'antiphysis à la pseudophysis (L'exemple de A Rebours), in: Romantisme Bd. 10, 30, 1980, S. 69–82.

34 A Rebours, hg. M. Fumaroli, Paris 1977, S. 197.

35 The Decay of Lying, in: Intentions, London ⁵1911, S. 30: »That Life imitates Art, that Life in fact is the mirror and Art the reality.«

36 Nach J. Mittelstraß: Das Wirken der Natur – Materialien zur Geschichte des Naturbegriffs, in: F. Rapp (Hg.): Naturbegriff und Naturbeherrschung, München 1980, S. 35–69.

37 Œuvres, Bibliothèque de la Pléiade, Paris 1960, Bd. II, S. 603–618.

38 »L'oubli de l'homme, l'absence de l'homme, la non-action de l'homme, l'oubli d'anciennes conditions de l'homme – c'est de quoi sont faits le ›noble‹ et la ›nature‹, et . . . le soi-disant humain« (ebd.).

39 Wie Anm. 10, S. 93.

40 Ästhetische Theorie, Bd. 7 der gesammelten Schriften, S. 98, 114, 115.

41 Cahiers, Bibliothèque de la Pléiade, Bd. I, S. 60 (1913, K 13, IV, 911).

NORBERT PFENNIG

Der Naturbegriff der Ökologie

> Die Dinge selbst sind wahrhaft erkennbar
> auch in dem,
> was uns an ihnen verschlossen ist [. . .].
> Nicht das Dunkle
> macht uns die Dinge unbegreiflich,
> sondern
> daß ihre Helligkeit unausschöpflich ist.
>
> *Josef Pieper*

I.

Begriffe nennen wir die in denkender Aktivität gebildeten und erlebten geistigen Inhalte, durch die sich uns der Sinnzusammenhang z.B. unserer mannigfaltigen Sinneswahrnehmungen allmählich erschließt. Wenn also von dem Naturbegriff der Ökologie gesprochen werden soll, so wäre darzustellen, was sich Ökologie-treibende Naturwissenschaftler heute besonders bewußt machen, wenn sie sich für das Leben in der Biosphäre unserer Erde interessieren. Doch möchte ich meinen Beitrag zunächst beginnen mit einem kurzen Zitat aus der Rede des Indianer-Häuptlings Seattle vor dem Präsidenten der USA im Jahre 1855 (aus dem amerikanischen Dokumentarfilm »Home«):

»[. . .] Der weiße Mann behandelt seine Mutter, die Erde, und seinen Bruder, den Himmel, wie Dinge zum Kaufen und Plündern, zum Verkaufen wie Schafe oder glänzende Perlen. Sein Hunger wird die Erde verschlingen und nichts zurücklassen als eine Wüste. Ich weiß nicht – unsere Art ist anders als die eure. Der Anblick Eurer Städte schmerzt die Augen des roten Mannes. Vielleicht, weil der rote Mann ein Wilder ist und nicht versteht. Es gibt keine Stille in den Städten der Weißen. Keinen Ort, um das Entfalten der Blätter im Frühling zu hören oder das Summen der Insekten. Aber vielleicht nur deshalb, weil ich ein Wilder bin und nicht verstehe. Das Geklappere scheint unsere Ohren nur zu beleidigen. Was gibt es schon im Leben, wenn man nicht den einsamen Schrei des Ziegenmelkervogels hören kann oder das Gestreite der Frösche am Teich bei Nacht? Ich bin ein roter Mann und verstehe das nicht. Der Indianer mag das sanfte Geräusch des Windes, der über eine Teichfläche streicht – und den Geruch des Windes, gereinigt vom Mittagsregen oder schwer vom Duft der Kiefern. Die Luft ist kostbar für den roten Mann, denn alle Dinge teilen denselben Atem – das Tier, der Baum, der Mensch –, sie alle teilen denselben Atem. Der weiße Mann scheint die Luft, die er atmet, nicht zu bemerken; wie ein Mann, der seit vielen Tagen stirbt, ist er abgestumpft gegen den Gestank. Aber wenn wir euch unser Land verkaufen, dürft ihr nicht vergessen, daß die Luft uns kostbar ist – daß die Luft ihren Geist teilt mit all dem Leben, das sie enthält [. . .].«

Schon an diesen wenigen Sätzen wird deutlich, daß hier ein unmittelbarer, vorwissenschaftlicher Naturbegriff lebt. Er zeigt, wie die indianischen Menschen weitgehend im Einklang mit der sie umgebenden Natur standen. Demgegenüber hatten in der Neuzeit bei uns viele Persönlichkeiten ein intellektuelles Selbstbewußtsein entwickelt, welches das Miterleben mit den Naturreichen verdrängte und sich auf sich selber stellte, wie es etwa in der dualistischen Philosophie Descartes' erkennbar ist, in der z.B. die Tiere als seelen- und geistlose organische Maschinen vorgestellt werden. Die sich dann im 18. und 19. Jahrhundert neu entwickelnde Naturwissenschaft entstand aus dem fragenden, der Natur in Freiheit gegenübertretenden Bewußtsein. Die Naturerkenntnis, das vergleichend morphologische Studium der Lebewesen, reifte in einzelnen Menschen, so z.B. besonders in Charles Darwin, so weit heran, daß der Entwicklungsgedanke deutlich gefaßt wurde und nach dem leiblichen Ursprung der Tiere und des Menschen in der Natur gefragt werden konnte. Was lebt geistig im denkend erkennenden Menschen, daß sich in ihm/in uns die Welt sich selbst erkennend gegenübertritt und sich ihres Werdens bewußt wird? Haben wir das schon genügend lange bestaunt und gewürdigt? Und das gerade zu einer Zeit – heute –, wo nach dem Neozoikum das Anthropozoikum (Markl, 1983) begonnen hat, mit der totalen Herrschaftsausübung der Menschen über sich selbst und die Biosphäre der Erde!

II.

Die Ökologie ist eine junge Wissenschaft; Ernst Haeckel hatte 1866 erstmals in seinem »System der Zoologie« die Ökologie als besonderen Zweig der Biologie genannt. Er wollte darunter die Lehre von den Beziehungen der Organismen zu ihrer Außenwelt verstanden wissen. Oikos bedeutet dabei »das bewohnte Haus«, der Haushalt, die Lebensbeziehungen. Wir sprechen heute von der »Autökologie«, wenn wir die Beziehungen einer einzelnen Art zu ihrer Umwelt untersuchen.

Es bedeutete dann eine Bereicherung im Denken, als von der Ökologie des Einzelorganismus zu der Ökologie von Organismengesellschaften übergegangen wurde. 1877 stellte Karl Moebius in seinem Buch »Die Auster und die Austernwirtschaft« den Begriff der Lebensgemeinschaft oder Biozönose auf. Damit sollte das Beziehungsgefüge der verschiedenen, in einem Lebensraum zusammenlebenden Arten bezeichnet und als Forschungsziel hingestellt werden. Entsprechende Untersuchungen fassen wir heute unter dem Begriff der Synökologie zusammen.

Zu den Ausdrücken Lebensgemeinschaft oder Biozönose ist dann seit 1925 durch

Woltereck das Wort Ökosystem hinzugekommen. Wir verwenden es, wenn wir einen See (z. B. den Bodensee) als Ökosystem bezeichnen oder ein größeres Waldgebiet, ein Hochmoor oder das der Meeresküste vorgelagerte Wattenmeer.

In dem Wort Ökosystem klingt etwas an, was uns auch auf eine bestimmte Arbeitsweise in der Ökologie hinweist: nämlich die Suche nach allgemeinen Begriffen, nach gesetzmäßigen Zusammenhängen, Systemcharakteren usw., also Ordnungsgesetzen, die in einzelnen Organismengemeinschaften zum Ausdruck kommen.

Im Hinblick auf eine Allgemeine Ökologie als Wissenschaft hatte Thienemann in den Jahren 1930 bis 1940 die Gesetze der Biozönose besonders herausgearbeitet; er sprach vom Haushalt der Natur (Thienemann 1956).

Eine wesentliche Erkenntnisbemühung wurde besonders im 19. und beginnenden 20. Jahrhundert gepflegt: die wirklichkeitsgemäße Bildung des Artbegriffs bei Pflanzen und Tieren durch die Betrachtung der Entwicklung z. B. vom Ei zur Larve, Puppe und zum geschlechtsreifen Imago; weiterhin die Befruchtung, Eiablage, Brutpflege und der Tod der erwachsenen Tiere.

Zu der bloßen Benennung etwa eines sichtbaren Tierchens zu einem bestimmten Zeitpunkt mußten die Entdeckung und genaue Beschreibung der zu verschiedenen Zeiten je anders aussehenden, anders lebenden und sich verhaltenden Entwicklungsstadien der Individuen einer Art hinzugefunden werden. Und es mußte erkannt werden, daß und wie die verschiedenen Entwicklungsstadien einer Art als Mitglieder verschiedener Umwelten (Biotope) leben. Denken Sie nur an den Entwicklungskreis des Lanzettegels, der mit verschiedenen Larvenstadien erst über zwei verschiedene Zwischenwirte (Schnecke, Ameise) in den Endwirt (Schaf, Ziege oder Rind) gelangt.

In lebensvoller Weise hat uns der Baseler Zoologe A. Portmann (1964) geschildert, welche Liebe zum Naturleben und welcher Drang zum Wissen um die Lebensprobleme einzelne Naturkundige und Naturforscher beseelt haben, denen wir unsere genauen Kenntnisse über die Lebensweise einzelner Tierarten in ihrem natürlichen Milieu verdanken. Eindrucksvolles Beispiel sind die Arbeiten des holländischen Biologen G. P. Baerends über Leben und Verhalten der Sandwespen (1941).

In ganz neuem Lichte konnten die Erkenntnisse der Biologen durch die Idee der Evolution aller Lebewesen mit der Erde und der Koevolution der Organismen in Lebensgemeinschaften gesehen werden. Der Beitrag Darwins für die Biologie und Ökologie und damit für unseren Naturbegriff kann gar nicht hoch genug eingeschätzt werden, wenn auch heute noch die grundsätzlichen Probleme über die treibenden Kräfte der Evolution je nach Weite des geistigen Horizontes der Forschenden unterschiedlich zu lösen versucht werden.

Für die weiteren Betrachtungen sollten wir uns zunächst den Systemcharakter lebender Organismen bewußt machen: Wir haben Tiere, Pflanzen und Mikroben als offene Systeme im physikalisch-chemischen Sinn zu betrachten.

Zugegeben: Wir stellen uns Lebewesen allzu ähnlich toten Gegenständen vor. Sie sind da, massige, greifbare Körper – und doch müssen wir uns sagen: sie sind gegenständlich das, was sie sind, nur durch dauernde Umwandlung, einen fortwährenden Stoffwechsel. Letzterer bedeutet regelmäßige Aufnahme von Luft, Wasser und

Nahrung aus der Umgebung und regelmäßige Abgabe von Substanzen (z. B. Kohlensäure, Harn, Exkremente) in die Umgebung. Die Identität der Erscheinung kann nur durch dauernden Substanzwandel erhalten werden. In der unbelebten Natur ist es gerade umgekehrt: Umwandlung und Stoffwechsel nehmen einem leblosen Körper seine Identität, die bleibende Erscheinung. Hier herrscht Erhaltung der Identität durch Festigkeit und Unveränderlichkeit. Dies bedeutet: Durch sein Leben verändert jeder Organismus seine Umwelt, und zwar so, daß er sterben muß, wenn er in eine unveränderliche Umwelt versetzt wird. Durch seine Lebensbedürfnisse (Atemluft, Trinkwasser, Nahrung, gemäßigte Temperatur usw.) verbraucht er die einmal angebotenen Lebensbedingungen und häuft Produkte seines Lebensprozesses an, die für ihn selbst lebensbedrohend sind (Kohlensäure der ausgeatmeten Luft, Urin, Fäkalien etc.). Infolgedessen ist jeder Organismus durch sein Leben auf andere Organismen in seiner Umgebung angewiesen, die durch ihre Lebensbedürfnisse die von ihm bewirkte Veränderung aufheben und damit der Art das Weiterleben ermöglichen! Die Organismen reihen sich als offene Systeme aneinander und leben die Substanzen durch sich hindurch, so daß geobiochemische Stoffkreisläufe bestehen. Aber auch die Biosphäre der Erde als Ganzes ist ein offenes System: über Troposphäre und Stratosphäre offen nach dem Kosmos hin – denken Sie nur an Wärme und Licht, die uns von der Sonne dauernd zukommen müssen, wenn die Pflanzen noch wachsen sollen und das Leben auf der Erde nicht erfrieren soll! Dies bedeutet aber auch für die Entwicklung des Lebens auf der Erde: Alle heute lebenden Organismen verdanken ihre Lebensmöglichkeit der gemeinsamen Evolution aller Lebewesen, d. h. aller Naturreiche miteinander. Wir haben in allen Lebensräumen der Erde die Koevolution der Organismen zu berücksichtigen. Es kann heute dieser synökologische Aspekt der Evolution der Lebewesen gar nicht genug betont werden, denn die bisherige Evolutionstheorie seit Charles Darwin ging vor allem von dem Hinblicken auf die Fortpflanzung der einzelnen Art aus, betonte also den autökologischen Aspekt: die Erhaltung der Art im sogenannten »Kampf ums Dasein«. Tatsächlich stehen die Individuen jeder Art in zwei lebensnotwendigen Prozessen: Ihre Fortpflanzung dient sowohl der eigenen Erhaltung als auch der Erhaltung der Lebensgemeinschaft.

Jede Art erweist sich in der Höhe ihrer Fortpflanzungsrate auf diese beiden Anforderungen hin gewachsen: auf die Sicherung ihres eigenen Fortbestandes und auf den Beitrag zum Gesamthaushalt der Lebensgemeinschaft, ohne die die Art früher oder später ihre Lebensbedingungen einbüßen würde.

Ein Zusammenleben von Organismen in einer Lebensgemeinschaft ist auf die Dauer nur möglich, wenn verschiedene, große Stoffwechseltypen vorhanden sind, die durch ihre unterschiedlichen Lebensfunktionen ein Ökosystem bilden. In die Betrachtung solcher Stoffwechseltypen gehen die Lebewesen zunächst nur nach ihren grundlegenden Ernährungseigenschaften ein, so daß man ganz davon absieht, welche besonderen Arten die für ein Ökosystem notwendigen Stoffwechseltypen repräsentieren. Weil die grünen Pflanzen organische Substanzen aus anorganischen Verbindungen im Lichte aufbauen (Primärproduzenten) und Sauerstoff bilden, sind sie die Nahrungs- und Lebensgrundlage für alle anderen Organismen. Von ihnen leben zunächst alle pflanzenfressenden Tiere, die ihrerseits wiederum mehreren Ordnungen von fleischfressenden räuberischen und aasfressenden Tieren das Leben ermöglichen. Die abgestorbenen und zerkleinerten Reste und Ausscheidungen von Pflanzen und Tieren bauen schließlich Mikroorganismen (z.B. Bakterien, Pilze, Protozoen) ab, die damit die anorganischen Ausgangssubstanzen wieder freisetzen, die für neues Pflanzenwachstum ständig notwendig sind.

Die aufeinanderfolgenden Ernährungsstufen lassen sich schematisch in einer Nahrungspyramide anordnen, deren Basis die grünen Pflanzen mit dem höchsten Anteil an organischer Substanz (Biomasse) bilden. Die realen Ernährungsbeziehungen zwischen den Entwicklungsstadien aller Art in einem gegebenen Ökosystem sind enorm komplex, so daß man sie als Nahrungsnetze zu charakterisieren versucht.

Ökosysteme können nun in Erdgebieten mit günstigen Lebensbedingungen für sehr viele Organismen liegen oder aber in Gebieten mit zunehmend extremeren Bedingungen: auf hohen Bergen, in heißen Quellen, in Salzseen oder in Wüsten. Je extremer die Lebensbedingungen, um so artenärmer, dafür aber reicher an Individuen einer Art sind solche Ökosysteme.

Fragt man nun nach der Stabilität von Ökosystemen über lange Zeiten bzw. nach ihrer Regenerationsfähigkeit gegenüber plötzlichen Störungen, so leuchtet es ein, daß Stabilität und Regenerationsfähigkeit um so größer sind, je größer die Artenzahl und je geringer die Individuenzahl je Art ist.

Aufgrund des bisher Dargestellten ergibt sich, daß der Naturbegriff in der Ökologie die folgenden Erkenntnisbemühungen umschließt:

1. Die Bildung wirklichkeitsgemäßer Artbegriffe für alle Organismen: Die Art als Inbegriff aller Entwicklungsstadien, Erscheinungs- und Verhaltensformen, die von den Individuen der Art durchlebt werden.
2. Das Zusammenleben der Arten in Lebensgemeinschaften, in denen die Lebensbedingungen für jede Art durch die Lebensprozesse der anderen Arten ständig gegenseitig erneuert werden.
3. Die Einsicht in die Koevolution der Arten in bestimmten Lebensgemeinschaften und in die Evolution aller Lebewesen mit der Gesamtentwicklung der Erde.
4. Die Erkenntnis der allgemeinen Gesetzmäßigkeiten des Zusammenlebens der Organismen in Lebensgemeinschaften. Einsicht in die Notwendigkeit einer zunehmend stärkeren, verantwortlichen Pflege und Mitgestaltung der Organismengemeinschaften, ohne deren Fortleben sich die Menschheit ihrer Existenzgrundlage auf der Erde beraubt.

III.

In den folgenden Ausführungen sollen Beispiele konkreter Lebenszusammenhänge in verschiedenen Ökosystemen sowie die Folgen von Eingriffen des Menschen dargestellt werden. Die ersten beiden Beispiele (nach Remmert, 1980) betreffen Ökosysteme mit extremen Lebensbedingungen und die Art ihrer Reaktion auf die Eingriffe. Das dritte Beispiel läßt die Bedeutung der Koevolution der Organismen in zwei verschiedenen Grasland-Ökosystemen erkennen und die Möglichkeit und Notwendigkeit für den Menschen, verantwortlich steuernd in die Funktion der Lebensgemeinschaften einzugreifen.

1. Auf der ostafrikanischen Hochebene (ca. 2000 m) östlich des Victoriasees liegt in Kenya ein flacher, stark alkalischer (pH 10,5) Sodasee, der Nakurusee. Wegen des hohen Sodagehaltes können nur wenige Organismenarten in dem See existieren, jedoch entfalten die wenigen Arten eine ungeheure Individuenzahl. Als Primärproduzent spielt eine mikroskopisch kleine Blaualge (Spirulina platensis) die wichtigste Rolle. Sie erreicht so hohe Populationsdichten, daß das Wasser einer Spinatsuppe ähnelt und die Sichttiefe nur 10 cm beträgt. Pro m^2 Seefläche sind etwa 450 g Trockenmasse der Alge vorhanden. Durch starken Wind ist das flache Wasser stets bis zum Grund durchmischt, und die Algen sind durch Selbstbeschattung in ihrem Wachstum lichtbegrenzt.

Gegenüber diesem einen Primärproduzenten gab es ursprünglich nur einen wesentlichen Konsumenten: den Zwergflamingo (Phoeniconaias minor). Dieser Flamingo besitzt ein als Filterapparat funktionierendes Lamellensystem im Schnabel. Wenn er den Schnabel ins Wasser taucht, führt er mit der Zunge pulsierende Bewegungen durch und filtriert damit die Algen aus dem Wasser. Durch Flugzeugaufnahmen wurde 1972 bis 1974 ermittelt, daß 915 000 bis maximal 1 500 000 Zwergflamingos am Nakurusee lebten. Diese Flamingos nehmen hier nur Nahrung auf, die Brutplätze befinden sich an weiter entfernten, noch lebensfeindlicheren Sodaseen. Die Beziehungen zwischen den Brutkolonien und den Tieren am Nakurusee sind noch nicht aufgeklärt. Es ist aber wahrscheinlich, daß auch ein Teil der Brutpopulation am Nakurusee Nahrung aufnimmt.

Experimentell wurde ermittelt, daß ein Flamingo etwa 29 l Wasser filtriert; dies geschieht über 12 bis 13 Stunden am Tag. Bei der Algendichte des Sees ergibt das eine Nahrungsaufnahme von 65 g Trockenmasse Spirulina pro Tag. Damit entnehmen Flamingos dem See 2,5 g Trockenmasse Spirulina pro m^2. Das ist etwa die Hälfte der gemessenen Primärproduktion. Da die Primärproduktion der Algen durch Selbstbeschattung lichtbegrenzt ist, beträgt der tägliche Zuwachs wahrscheinlich genausoviel, wie die Flamingos täglich für ihre Ernährung entnehmen.

Ende der 60er Jahre wurde durch den Menschen ein algenfressender Fisch, Tilapia Grahami, in den See eingesetzt, um damit die Ernährungsbasis der Bevölkerung zu verbessern. Dieser Fisch lebt ebenfalls von Spirulina, 1973 schätzte man auf 400 t Trockenmasse, und hat sich in wenigen Jahren stark vermehrt. Im Gefolge der Fische sind dann auch fischfressende Vögel – wie Pelikane, Adler, Reiher – und fischfressende Säugetiere, Otter, an den See gekommen. Die Mengenverhältnisse ließen sich nur schwer abschätzen. Jedenfalls war der Hauptkonsument der Fische der weiße Pelikan (Pelecanus onocrotalus roseus), der 1974 auf 10 000 Exemplare zunahm. Jeder erwachsene Pelikan benötigt etwa 1330 g Fisch (Frischgewicht) pro Tag. Die brütenden Pelikane verbrauchten daher über 16 000 kg Fisch pro Tag.

Im Frühjahr 1974 veränderte sich der See plötzlich drastisch: Die Blaualgen verschwanden fast vollkommen, das Wasser wurde klar und durchsichtig, die Flamingos verschwanden ebenfalls. Dagegen wurde eine kleine Grünalge häufiger, von der sich ein Planktonkrebschen (Copepode) ernährt, das wiederum dem großen Flamingo (Phoenicopterus ruber) als Nahrung dient. Normalerweise waren die großen Flamingos nur in geringer Zahl vorhanden. Die Gründe des plötzlichen Wechsels sind unbekannt. Unsere Kenntnisse der einzelnen Organismen sind zu lückenhaft, um Voraussagen machen zu können. Dies ist generell eine Problematik für die Ökosystemforschung.

2. Die antarktischen Ozeane liefern ein weiteres, interessantes Beispiel dafür, wie sich ein artenarmes Ökosystem durch den Eingriff des Menschen verändern kann. Hier wie auch in den arktischen Ozeanen lebten die Bartenwale in großer Zahl, von denen die Blauwale die größten Tiere der Erde sind. Die Blauwale sind durchschnittlich 24 m, maximal 33 m lang. Das Gewicht eines Wals beträgt 130 t, also soviel wie 1600 Menschen (oder 150 Rinder oder 25 Elefanten) zusammen. Die Bartenwale leben von kleinen Krebsen, vor allem von dem nur 6 cm langen Krill (Euphausia superba), der im antarktischen Sommer in großen Massen im Wasser vorkommt. Diese Kleinkrebse werden durch die vom Oberkiefer in der Mundhöhle der Wale herabhängenden Barten aus dem Wasser herausgesiebt und verschluckt.

Während des antarktischen Sommers 1934/35 wurden im südlichen Eismeer 16 500 Blauwale und 12 500 Finwale getötet. Im Jahre 1960/61 konnten die Walfänger nur noch 1740 Blauwale neben allerdings 29 000 Finwalen (bis 24 m lang) fangen. Schätzungen besagen, daß der Bartenwalbestand von 43 Mio. t auf 7 Mio. t gesunken ist. Dadurch wurden etwa 150 Mio. t Krill von Bartenwalen weniger verbraucht und kamen Robben und Pinguinen als Nahrung zugute, so daß deren Zahlen stark angestiegen sind.

Es wird also deutlich, wie sich durch die Verminderung der Individuenzahl bestimmter Arten andere Arten stärker vermehren können, die ihren Platz bei dem gegebenen Nahrungsangebot einnehmen.

Wir wissen heute, daß dramatische Veränderungen in den Landschaften und Ökosystemen der Erde nicht erst durch den Menschen verursacht wurden. Denken Sie nur daran, daß im Tertiär in Mitteleuropa eine subtropische Vegetation bestand, die mit dem Heraufkommen der Eiszeit völlig verschwand. Während der Eiszeiten hatten wir dann in den eisfreien Gebieten baumlose, arktische Tundrenvegetation. Nach den Eiszeiten, also in den vergangenen 10 000 Jahren, stellte sich allmählich die gegenwärtige Vegetation des gemäßigten Klimas ein. Die heutige Pflanzendecke Mitteleuropas ist außerhalb der landwirtschaftlich genutzten Flächen keineswegs »wilde Natur«. Man hat es in den Waldgebieten fast überall mit Wirtschaftsforsten zu tun.

Im Hinblick auf negative Eingriffe oder Störungen haben wir klar zu unterscheiden zwischen den Wirkungen auf die Ökosysteme oder auf einzelne Arten. Jede Pflanzen- oder Tierart ist natürlich ein Stück Natur; jedoch kann sie nur so lange bestehen, wie sie in Lebensgemeinschaften Lebensbedingungen findet. Was durch die Einwirkung des Menschen zuerst in der Natur gestört wird, sind die großen Lebenseinheiten, die Ökosysteme; in der Folge werden dadurch dann einzelne Arten die Lebensgrundlagen genommen, so daß sie aussterben.

Hubert Markl (1983) hat darauf hingewiesen, daß ohne Ausnahme gilt: Verkleinert man den Lebensraum einer bestehenden Lebensgemeinschaft, so werden nicht einfach die gleichen Arten mit eben weniger Individuen fortleben, sondern es treten zwangsläufig Artenverluste ein. Die biogeographische Forschung hat immer wieder eine Faustregel bestätigt gefunden, nach der bei Verkleinerung der Fläche eines Ökosystems (eines Waldes, eines Moores, eines Flußufersaumes) auf 1/10 der Ausgangsgröße, die Zahl der dort langfristig überlebenden Arten auf etwa die Hälfte des Ausgangsbestandes absinkt.

Das bedeutet aber global betrachtet, daß bei der stetig wachsenden Zahl von Menschen auf der Erde (wir haben heute etwa die 5 Milliardengrenze erreicht) zunehmend mehr Raum durch den Menschen und seine Bedürfnisse in Anspruch genommen wird. In dem verbleibenden Naturraum können keinesfalls alle Arten überleben, die die Erde bisher bewohnten. Der Artenverlust wird also auch eintreten, selbst wenn wir keine Art bewußt und systematisch ausrotten.

3. Wenden wir uns nun der Betrachtung zweier Lebensgemeinschaften zu, die sich in Afrika und Australien jeweils spezifisch durch gemeinsame Evolution der Organismen in bestimmten Lebensräumen entwickelt hatten. Es soll daran aufgezeigt werden, welche enormen Folgen ein starker Eingriff des Menschen hatte, und weiterhin, wie durch sinnvolle biologische Maßnahmen in den letzten Jahrzehnten die negativen Auswirkungen allmählich abgefangen werden können (Waterhouse, 1974; Heinrich und Bartholomew, 1980; Schad, 1985). Auch soll dieses Beispiel zeigen, wie sehr in der Biologie das Besondere, das die Arten der Lebewesen auszeichnende Eigentümliche erkannt und gehandhabt werden muß, wenn der Mensch gesundend in die Lebenszusammenhänge eingreifen will.

In beiden Lebensgemeinschaften geht es um das Leben und die Tätigkeit der Mist- oder Dungkäfer, die zu den Blatthornkäfern (Skarabaeiden) gehören, einer Käferfamilie, die weltweit verbreitet ist und zu der über 20 000 Arten gehören. Die Dungkäfer heißen auch Pillendreher, weil sie je artspezifisch aus dem frischen Dung von Huftieren wunderbar gleichmäßig runde Kugeln formen, die oft weit größer sind als die Käfer selbst. Diese Dungkugeln rollen die Käfer meist zu zweit in mehr oder weniger große Entfernungen vom Dunghaufen und graben sie dann bis zu 50 cm tief unter der Erdoberfläche ein. Das Weibchen legt in jede Dungkugel ein Ei. Die sich entwickelnde Larve ernährt sich von dem Material der Dungkugel und frißt sie langsam hohl. Dabei zeigt sich, daß die Größe der Kugel genau so bemessen war, daß der Dung als Nahrung bis zur Verpuppung der Larve ausreicht. Der aus der Puppe ausschlüpfende junge Dungkäfer gräbt sich einen Weg zur Erdoberfläche, wo er dann neue Dunghaufen aufsucht.

Im alten Ägypten war der Pillendreher, Scarabaeus sacer, ein heiliges Tier, weil die Menschen in diesem grün- und goldglänzenden Käfer und seiner Pillendreher-

Tätigkeit einen Abglanz der Kräfte erlebten, die die Sonne über den Himmel bewegen.

Im Laufe der Evolution der Säugetiere waren in Afrika riesige Herden verschiedenartiger, pflanzenfressender Huftiere entstanden: Antilopen, Zebras, Büffel, Elefanten und andere; mit ihnen entwickelten sich nahezu 2000 Arten verschiedener Dungkäfer. In den einzelnen Landschaften gehören mit den jeweils dort wachsenden Pflanzenarten bestimmte Huftiere und Dungkäferarten ökologisch aufs engste zusammen. Die Dungkäfer bringen den unentwegt anfallenden Huftiermist unter die Erde. Dadurch wird der Mist von der Weidefläche geschafft und blutsaugenden Fliegen als Brutstätte entzogen, er wird im Boden zu Dünger für die Weidepflanzen und verhilft Natur und Landwirtschaft zu neuen Dungkäfern. Bei richtiger Einschätzung dieser Lebenstätigkeiten gelangt man zu der Einsicht, daß sich die artenreiche Huftierfauna Afrikas nur durch die gemeinsame Evolution dieser Arten ausbilden konnte.

Wie kommt es nun, daß sich die zahlreichen Dungkäferarten nicht gegenseitig Konkurrenz machen? Es liegt an ihrer ausgeprägten Spezialisierung; viele Arten vermeiden den Dung, der nicht die Größe, Struktur, Zusammensetzung, den Wassergehalt und weitere Eigenschaften besitzt, die für den Dung einer bestimmten Pflanzenfresserart charakteristisch sind.

Einige Käferarten kommen nur im offenen Weideland vor, andere hingegen bevorzugen mit Büschen bestandene Grassteppen (Savannen). Manche Käferarten ziehen nur bei Nacht von Dunghaufen zu Dunghaufen, andere Arten sind hingegen bei Tage aktiv.

Weiterhin gibt es bei den Käfern besondere Anpassungen an die Eigenschaften des Bodens (Sand, Lehm, Ton, Feuchtigkeit), an jahreszeitlich bedingte Variationen der Tageslänge u. a. m. Diese Artbesonderheiten, die sich im Laufe der Evolution herausgebildet haben, ermöglichen es jeder Art, eine besondere ökologische Nische einzunehmen, in der sie weiterleben kann neben allen Konkurrenten!

Dungkäfer werden von frischem Dung mächtig angezogen. In Afrika werden sie schon alarmiert, wenn ein Büffel Blähungen abläßt, bevor der Haufen fällt. Sobald der dampfende Mist auf dem Boden liegt, nahen die Käfer schon heran. Sie landen auf den Haufen und beginnen ihre Tätigkeit. Innerhalb eines Tages, manchmal schon innerhalb von Stunden ist von dem Dung nichts mehr übrig als ein paar trockene Halme auf dem frisch ausgehobenen Boden, in den nun die Käfer ihre Dungballen eingraben. Auf einem einzigen Haufen Elefantendung hat man über 7000 einzelne Käfer gezählt! Und man kann staunen: Diese Käfer sind immer glänzend sauber!

Ganz anders war die Lebensgemeinschaft in Australien. Vor der Besiedlung dieses Kontinents durch europäische Einwanderer, also vor 1788, gab es als große pflanzenfressende Säugetiere hier nur Beuteltiere, vor allem die Känguruhs. Diese scheiden relativ trockene, faserige, pillenartige Dungballen aus. Beuteltierdung häuft sich niemals an, da er von den nahezu 250 Arten australischer Mistkäfer unter die Erde gebracht wird.

Im Jahre 1788 brachten jedoch englische Siedler die ersten europäischen pflanzenfressenden Huftiere nach Australien. In knapp 200 Jahren stieg allein die Zahl der

Rinder auf etwa 30 Mio. an, und es gab enorme Probleme mit dem Dung. Die australischen Dungkäfer rührten nämlich den weichen, wäßrigen Dung der europäischen Huftiere nicht an. Die meisten Kuhfladen trockneten schnell zu einer harten Masse auf dem Boden und blieben für Monate, ja sogar für Jahre liegen, bis sie schließlich verwittert waren oder von Termiten angefressen wurden. Die Lage der Landwirtschaft wurde aus folgenden Gründen kritisch:

- Jede Kuh hinterläßt etwa 10 bis 12 Fladen pro Tag, das sind etwa 200 bis 400 m² pro Kuh und Jahr, die an Weidefläche verlorengehen. In Wirklichkeit noch mehr, da die Kühe das Gras um den Fladen herum stehen lassen. Deshalb wird die Weidefläche um 800 m² pro Jahr verkleinert.
  Die 30 Millionen Kühe in Australien hinterlassen 300 Mio. Fladen pro Tag und zerstören damit pro Jahr etwa 24 000 km² Weideland, was einen enormen Verlust für die Landwirtschaft darstellt.
- Eine weitere Auswirkung der liegengebliebenen Kuhfladen war die massenhafte Vermehrung von zwei Arten blutsaugender Fliegen: der Büffelfliege (Haematobia irritans exigua) und der Buschfliege (Musca vetustissima). Diese Fliegen legten ihre Eier in die Fladen und konnten sich ungestört vermehren. Es kam zu beträchtlichen Verlusten am australischen Viehbestand!
- Die Übertragung von darmparasitischen Würmern stieg sehr stark an, weil die liegengebliebenen Kuhfladen die Neuinfektion enorm förderten.
  Im Jahre 1960 erkannte der ungarische Entomologe G. F. Bornemissza als Mitarbeiter der australischen Forschungsorganisation CSIRO, wie dem Notstand abgeholfen werden könnte. Auf seine Vorschläge hin entschied man sich in Australien 1963, einige Arten afrikanischer Dungkäfer (vor allem Onthophagus gazellae) einzuführen, um die Kuhfladenplage und die blutsaugenden Fliegen unter Kontrolle zu bekommen. Um nun aber mit den Dungkäfern nicht auch die Maul- und Klauenseuche und die Rinderpest aus Afrika mit einzuschleppen, wurden besondere Vorsichtsmaßnahmen getroffen. Das CSIRO Forscherteam hatte herausgefunden, daß man ein Käferei aus einem afrikanischen Dungball herauspräparieren und in einer selbstverfertigten Dungkugel aus australischem Dung zur Entwicklung bringen konnte. Nach der Entnahme wurde das Ei zunächst in Detergentien gewaschen, mit Formalinlösung sterilisiert und nach Abwaschen in sterilem Wasser in eine australische Dungkugel eingesetzt. Unter Quarantäne wurde der ganze Prozeß in Australien mit der Käfergeneration, die aus den afrikanischen Eiern zur Entwicklung kam, wiederholt. Erst die zweite unter aseptischen Bedingungen übertragene und in australischem Kuhdung kultivierte Käfergeneration wurde dann in Australien freigesetzt. Dies geschah im April 1967. In den darauffolgenden drei Sommern wurden etwa 275 000 Dungkäfer von 4 verschiedenen Arten ausgesetzt, vor allem im tropischen (nördlichen) Australien. Schon fünf Jahre nach der Einführung waren die nördlichen und östlichen Teile Australiens mit den Käfern besiedelt. Wo sie sich ausgebreitet hatten, war die Kuhdung-Beseitigung während eines großen Teiles des Jahres nahezu vollständig. Die Fladen verschwanden innerhalb von 48 Stunden. Schon jetzt konnten eine deutliche Verbesserung des Bodenlebens und eine Förderung des Steppengras-Wachstums festgestellt werden. Um

das ganze Jahr hindurch eine selbständige Dungverwandlung zu erreichen, müssen noch andere Mistkäferarten eingeführt und ausgesetzt werden. Die Arbeiten dazu sind seit etwa 10 Jahren voll im Gange.

4. Nach diesem Kontinente umspannenden Beispiel evolutionär gewachsener und vom Menschen veränderter Lebenszusammenhänge möchte ich abschließend noch einen kleinen, scheinbar unbedeutenden Lebenskreis einer Gruppe von Käferarten betrachten, die auch bei uns heimisch sind. Bei den Aaskäfern, insbesondere unseren »Totengräber«-Arten (Necrophorus germanicus, N. vespillo), findet man eine für Käfer unerwartete, erstaunliche Brutpflege (Schad, 1985). Durch den Geruch von verwesenden Tierleichen werden die Totengräber angelockt und fressen davon. Wenn sich nun bei einer Tierleiche ein Pärchen zusammengefunden hat, so vertreibt es weitere Artgenossen und beginnt dann mit der Grabarbeit. Zuerst wird das Gras unter der Leiche weggeschafft, und alle Wurzeln werden durchgenagt. Dann räumt das Pärchen die Erde unter dem Aas zur Seite, so daß eine Mulde entsteht, von der aus ein je nach Art etwa 15 bis 50 cm langer, schräger Gang gegraben wird, der in einer runden Erdhöhle endet. Nach Entfernung von Haaren oder Federn wird der Kadaver in die Erdhöhle gerollt und so zu einer Kugel geformt. Das Weibchen gräbt daraufhin einen kurzen Seitengang in die Erde und legt seine Eier darin ab. Schon nach 5 Tagen schlüpfen die Larven aus. Inzwischen sitzt das Weibchen in einer Art Trichter oben auf der Aaskugel und nimmt Nahrung zu sich. Durch Ausspeien eines Verdauungssaftes werden Teile der Aaskugel aufgelöst, und die verflüssigte Aasmasse wird wieder aufgesogen. Durch zirpende Töne lockt das Weibchen die Larven an und füttert sie tröpfchenweise von Mund zu Mund, wenn sie sich bettelnd herandrängen. Im fortgeschritteneren Stadium ernähren sich die Larven auch zunehmend selbständig von anderen Teilen der Aaskugel. Schließlich graben sich die heranwachsenden Larven in die umgebende Erde ein und verpuppen sich.

In vielen Gegenden müssen die Larven des Totengräbers während ihrer Entwicklung an der Aaskugel mit den Larven von Schmeißfliegen konkurrieren. Nun tragen aber die Totengräber an ihrem Leib Milben mit sich herum, die den Käfern nichts tun, sondern sich nur von Aas zu Aas mitnehmen lassen. Trifft ein Totengräber auf eine Tierleiche, so steigen die Milben sofort vom Käfer herab und begeben sich auf die Jagd nach Schmeißfliegeneiern und jungen Larven, die sie auffressen und sich dabei selber vermehren. Die Larven des Totengräbers können sich dann später weitgehend ohne gefährliche Konkurrenten entwickeln. Ein Teil der Milben setzt sich wieder auf dem hinteren Teil des Totengräber-Käfers fest und läßt sich so zur nächsten Tierleiche mitnehmen.

IV.

Die sich an eine hingebungsvolle Beobachtungstätigkeit anschließende erkennende Bemühung entdeckt in Bau, Entwicklung und Verhalten jeder einzelnen Organismenart, ebenso wie in deren Zusammenleben in Lebensgemeinschaften, eine umfassende, die menschliche Phantasie übersteigende Weisheit. Wir finden uns befähigt, ihr mit Staunen nachzudenken, und sie rührt unser Herz. Es fällt uns dann auf, wie tölpelhaft und oft wider bessere Einsicht rücksichtslos wir Menschen uns mit unserer industriellen Verstandes- und Wirtschaftskultur in die in der Lebenswelt erscheinende Naturweisheit hineinstellen, die sich unserer Erkenntnisbemühung ja nicht verschließt.

Was die australische Forschergruppe um Bornemissza als sinnvollen, gesundenden Eingriff in die vom Menschen gestörte Weideland-Lebensgemeinschaft Nord- und Ostaustraliens geleistet hat, ist ein ermutigendes Beispiel für einen Weg, der in Zukunft immer stärker wird beschritten werden müssen. Nachdem heute die menschliche Zivilisation alle bewohnbaren Teile unserer Erde zu ihrem eigenen Nutzen durchdringt und die ursprünglich gewachsene Natur verdrängt, sehen wir uns unausweichlich vor die Aufgabe gestellt, bewußt und verantwortlich an einer lebenserhaltenden Symbiose von Natur und Kultur mitzuwirken. Das bedeutet, daß wir die Lebensgemeinschaften, in die wir überall eingedrungen sind, aus lebensvoller Einsicht mehr und mehr mitgestalten müssen.

Der Beitrag sei abgeschlossen mit den Worten von Hubert Markl (1983), mit denen er in prägnanter Weise die Lebenslage der Biosphäre und des Menschen charakterisiert hat:

»Die Erde ist seit mehr als 3 Milliarden Jahren das Haus des Lebens. Einer der Bewohner, die Species Mensch, hat sich des Gebäudes nun zusammen mit seinen biologischen Sklavenarten (den Kulturpflanzen und Haustieren) bemächtigt und degradiert die anderen Mitbewohner zu Mitessern und Almosenempfängern, die ihr Recht auf Überleben eher ihrer möglichen künftigen Nützlichkeit als menschlichem Mitgefühl verdanken dürften. Der Erfolg des Menschen ist jedoch nicht umsonst: Er verpflichtet uns dazu, die tätige Verantwortung dafür zu übernehmen, daß das Haus der Erde bewohnbar bleibt.«

Literatur

Baerends, G. P.: Fortpflanzungsverhalten und Orientierung der Grabwespe. Tijdschr. f. Entomol. 44, 68–275 (1941).

Heinrich, B., Bartholomew, G. A.: Afrikanische Kotkäfer. Spektrum der Wissensch. Heft 1, 61–67 (1980).

Markl, H.: Untergang oder Übergang – Natur als Kulturaufgabe. In: Mannheimer Forum 82/83, Boehringer Mannheim GmbH, 1983.

Portmann, A.: Das Tier als soziales Wesen. Herder Bücherei, Bd. 188/189, Freiburg, 1964.

Remmert, H.: Ökologie. Springer Verlag, Heidelberg, 1980

Schad, W.: Vom Geist in der Natur – Lebenskreis und Lebensumkreis des Mondhornkäfers. In: Der Organismus der Erde (B. Endlich, Herausgeber), Verlag Freies Geistesleben, Stuttgart 1985.

Seattle: Wir sind ein Teil der Erde. Walter Verlag, Olten, 1984.

Thienemann, A. F.: Leben und Umwelt. Rowohlts deutsche Enzyklopädie, Bd. 22, Hamburg, 1956.

Waterhouse, D. F.: The biological control of dung. Scientific American 230, 100–109 (1974).

Kurzbiographien der Autoren

ULRICH GAIER, Dr. phil.; geboren 1935, Studium in Tübingen und Paris, Lehrtätigkeit (Deutsche Literatur) an der University of California/Davis (1963–1967) und an der Universität Konstanz (seit 1968); Gastprofessuren in Houston/Texas und Pisa. Veröffentlichungen über literaturwissenschaftliche Probleme, Epochen- und Gattungsfragen, über Frühhumanismus, Goethezeit (Herder, Goethe, Hölderlin, Novalis) und Literatur des 20. Jahrhunderts.

Buchveröffentlichungen: *Der gesetzliche Kalkül, Hölderlins Dichtungslehre* (1962); *Studien zu Sebastian Brants Narrenschiff* (1966); *Satire, Studien zu Neidhart, Wittenwiler, Brant und zur satirischen Schreibart* (1967); *Krumme Regel, Novalis' Konstruktionslehre des schaffenden Geistes und ihre Tradition* (1970); *System des Handelns, eine rekonstruktive Handlungswissenschaft* (1986); *Herders Sprachphilosophie und Erkenntniskritik* (1988).

DIETER GROH, Dr. phil.; geboren 1932; studierte Rechtswissenschaften, Slavistik, Philosophie und Geschichte in Heidelberg und Paris, promovierte 1959 und habilitierte sich 1970 in Heidelberg. Seit 1974 Professor für Neuere Geschichte in Konstanz. Ständiger Gastprofessor an der Maison des Sciences de l'Homme, Paris, und an der Hochschule St. Gallen für Wirtschafts-, Rechts- und Sozialwissenschaften.

Neben zahlreichen Aufsätzen in den Gebieten Politische Geschichte, Sozialgeschichte, Theorie der Geschichtswissenschaften, ökonomische Anthropologie, Geistesgeschichte, Mentalitätsgeschichte Buchveröffentlichungen u. a.: *Rußland im Blick Europas (1961),* Frankfurt 1988; *Negative Integration und revolutionärer Attentismus. Die deutsche Sozialdemokratie am Vorabend des 1. Weltkrieges*, Berlin 1973. Herausgeber der Propyläen Geschichte Deutschlands und (zusammen mit Ruth Groh) der »Sozialgeschichtlichen Bibliothek«, die jetzt bei Junius in Hamburg erscheint. Aktuelle Forschungsschwerpunkte: Handwerker- und Arbeitergeschichte, ökonomische Anthropologie, Umweltgeschichte, Entstehung der modernen Naturerfahrung.

RUTH GROH, Dr. phil.; studierte Philosophie und Literaturwissenschaft in Konstanz und Heidelberg, promovierte dort 1982 und lebt seitdem als freie Wissenschaftlerin in Konstanz.

Veröffentlichungen: *Ironie und Moral im Werk Diderots*, München 1984; *Diderot – ein Menippeer der Aufklärung* , in: D. Hart-M. Raether (Hg.), *Denis Diderot oder die Ambivalenz der Aufklärung*, Würzburg 1987. Mitherausgeberin der »Sozialgeschichtlichen Bibliothek«. Aktueller Forschungsschwerpunkt: Im Bereich des Aufsatzthemas.

HANS ROBERT JAUSS, Dr. phil.; geboren 1921; in Heidelberg promoviert (1952) und habilitiert (1957); lehrte romanische Philologie in Münster (1959) und Gießen (1961), Literaturwissenschaft in Konstanz (1966, dort 1987 emeritiert). Mitbegründer der Forschungsgruppe ›Poetik und Hermeneutik‹ und der sogenannten ›Konstanzer Schule der Literaturwissenschaft‹. Aktivitäten für die Hochschulreform in verschiedenen Ämtern und Gremien. Mitglied der Heidelberger Akademie der Wissenschaften (1980) und der Academia Europaea (1988). Als Gastprofessor in Zürich, Berlin, New York, Yale, Paris, Leuven, Berkeley, Los Angeles, Princeton und Madison. Alexander von Humboldt-Preis für die wissenschaftliche Zusammenarbeit zwischen Frankreich und Deutschland (1987).

Buchveröffentlichungen: *Marcel Proust* (1955), *Mittelalterliche Tierdichtung* (1959), *La Querelle des Anciens et des Modernes* (1964), *Literaturgeschichte als Provokation* (1967/70), *Ästhetische Erfahrung und literarische Hermeneutik* (1977/82), *Alterität und Modernität der mittelalterlichen Literatur* (1977), *Apollinaire* (1986).

KLAUS MAINZER, Dr. phil.; geboren 1947; Studium der Mathematik, mathematischen Logik und Grundlagenforschung, Physik und Philosophie an der Universität Münster; 1973 Promotion mit einer Arbeit über die erkenntnistheoretischen Grundlagen von Logik und Mathematik; danach wissenschaftlicher Assistent am Philosophischen Seminar der Universität Münster; 1979 Habilitation für Philosophie mit einer wissenschaftstheoretischen und wissenschaftshistorischen Arbeit (Universität Münster); 1980 Heisenberg-Stipendiat; 1981 bis 1988 Professor für Philosophie an der Universität Konstanz; 1985 bis 1988 Prorektor der Universität Konstanz (1987 Wiederwahl); Visiting Fellow an den Universitäten von Campinas (Brasilien) und Pittsburgh (USA); seit 1988 Ordinarius für Philosophie und Wissenschaftstheorie an der Universität Augsburg.

Hauptarbeitsgebiete: Logik, Erkenntnistheorie, Wissenschaftstheorie, Naturphilosophie und Wissenschaftsgeschichte.

Buchveröffentlichungen u. a.: *Geschichte der Geometrie*, Mannheim/Wien/Zürich 1980; *Grundwissen Mathematik I* (mit H. Hermes, F. Hirzebruch u. a.), Berlin/New York/Tokyo 1983 (2. Aufl. 1988, engl. Übers. 1989); *Philosophie und Physik der Raum-Zeit* (mit J. Audretsch), Mannheim/Wien/Zürich 1988; *Symmetrien der Natur. Ein Handbuch zur Natur- und Wissenschaftsphilosophie*, Berlin/New York 1988; *Vom Anfang der Welt, Kosmologie aus der Sicht von Wissenschaft, Philosophie, Religion und Mythos* (mit J. Audretsch), München 1989.

JÜRGEN MITTELSTRASS, Dr. phil.; geboren 1936 in Düsseldorf, 1956 bis 1961 Studium der Philosophie, Germanistik und ev. Theologie in Erlangen, Bonn und Hamburg. 1960 Aufnahme in die Studienstiftung des deutschen Volkes, 1961 Promotion (Philosophie) in Erlangen; 1961 bis 1962 Postgraduiertenstudium in Oxford; 1962 bis 1970 Wissenschaftlicher Assistent in Erlangen, 1968 Habilitation. 1970 Visiting Professor in Philadelphia, seit 1970 Professor der Philosophie an der Universität Konstanz. Mitglied der Akademie der Wissenschaften zu Berlin und der Academia Europaea.

Buchveröffentlichungen: *Die Rettung der Phänomene. Ursprung und Geschichte eines antiken Forschungsprinzips* (1962); *Neuzeit und Aufklärung. Studien zur Entstehung der neuzeitlichen Wissenschaft und Philosophie* (1970); *Das praktische Fundament der Wissenschaft und die Aufgabe der Philosophie* (1972); *Die Möglichkeit von Wissenschaft* (1974); (mit P. Janich und F. Kambartel) *Wissenschaftstheorie als Wissenschaftskritik* (1974); *Wissenschaft als Lebensform. Reden über philosophische Orientierungen in Wissenschaft und Universität* (1982); *Fortschritt und Eliten. Analysen zur Rationalität der Industriegesellschaft* (1984); *Die Modernität der Antike. Zur Aufgabe des Gymnasiums in der modernen Welt* (1986); (mit M. Carrier) *Geist, Gehirn, Verhalten.*

Das Leib-Seele-Problem und die Philosophie der Psychologie (1989); *Der Flug der Eule. Von der Vernunft der Wissenschaft und der Aufgabe der Philosophie* (1989). – Herausgeber der Enzyklopädie Philosophie und Wissenschaftstheorie, 1980ff. (Band I 1980, Band II 1984, Band III in Vorbereitung).

NORBERT PFENNIG, Dr. rer. nat.; geboren 1925 in Kassel, Studium der Naturwissenschaften an der Universität Göttingen; Promotion in Mikrobiologie 1952. Privatdozent in Göttingen 1957, außerplanmäßiger Professor 1963. Abteilungsleiter im Institut für Mikrobiologie der GSF in Göttingen 1970 bis 1979; seit 1980 Ordinarius für Limnologie in Konstanz mit den Hauptarbeitsgebieten Gewässermikrobiologie, Ökologie der Mikroorganismen. Forschungsaufenthalte: ETH Zürich 1955 bis 1956; Hopkins Marine Station, Stanfort University, Californien 1962 bis 1963. Gastprofessor an der University of Illinois, Urbana 1967 bis 1968.

Forschungsgebiete: Ökologie, Physiologie und Systematik der photosynthetischen Bakterien, der Schwefel- und Sulfat-reduzierenden Bakterien. Kontinuierliche Kultur von Mikroorganismen- Reinkulturen und definierten Cokulturen für experimentell-ökologische Untersuchungen. Bestimmung mikrobieller Abbauvorgänge in Seesedimenten und stratifizierten Seen. – Mitherausgeber der Archives of Microbiology. Mitarbeiter des Bergey Manual Trust für die Neubearbeitung des internationalen Standardwerkes der systematischen Bakteriologie. Forschungspreis 1980 der Deutschen Gesellschaft für Hygiene und Mikrobiologie. Korrespondierendes Mitglied der Akademie der Wissenschaften zu Göttingen seit 1982.

JÜRGEN SCHLAEGER, Dr. phil.; geboren 1940 in Neuruppin; Studium der Fächer Englisch, Geschichte, Russisch und Philosophie an den Universitäten Würzburg und Köln und Englische Sprache und Literatur in Oxford. Dort B.A. 1967. Promotion 1970 bei Wolfgang Iser in Konstanz mit einer Arbeit über Funktionen poetischer Sprache im Klassizismus und der Romantik. M.A. (Oxon.) 1973. Habilitation in Konstanz 1975. Seit 1976 Professor für Englische Literatur und Allgemeine Literaturwissenschaft an der Universität Konstanz, seit 1986 Sprecher der Forschergruppe »Konstitution und Funktion fiktionaler Texte«.

Forschungsschwerpunkte: Selbstverschriftlichung und Identitätskonstitution in frühen Tagebüchern und Autobiographien.

KARLHEINZ STIERLE, Dr. phil.; geboren 1936; von 1969 bis 1988 ordentlicher Professor für Romanische Philologie und Allgemeine Literaturwissenschaft an der Ruhr-Universität Bochum; 1988 Nachfolge von Professor Dr. Hans Robert Jauß auf dem Lehrstuhl für Romanische Literaturen und Allgemeine Literaturwissenschaft an der Universität Konstanz. Forschungsinteressen vor allem auf dem Gebiet der Formgeschichte der französischen und italienischen Literatur sowie einer auf der Theorie der Sprachhandlung begründeten systematischen Literaturwissenschaft. Mitglied der Forschungsgruppe »Poetik und Hermeneutik«. – Herausgeber der Zeitschrift »Poetica«.

Wichtigste Veröffentlichungen: *Dunkelheit und Form in Nervals »Chimères«*, München 1967; *Text als Handlung*, München 1975; *Petrarcas Landschaften. Zur Geschichte ästhetischer Landschaftserfahrung*, Krefeld 1978. Ferner Beiträge in Zeitschriften und Sammelwerken, besonders in »Poetica« und der Reihe »Poetik und Hermeneutik«.

HEINZ-DIETER WEBER, Dr. phil.; geboren 1940; studierte Germanistik, Geschichte und Philosophie in Hamburg, Göttingen und Münster; seit 1966 als Assistent und Akademischer Rat im Fachbereich Literaturwissenschaft der Universität Konstanz. Promotion 1969 mit einer Arbeit zur Geschichte der Literaturkritik, Habilitation 1977; seit 1980 Professor für Allgemeine Literaturwissenschaft und Neuere Deutsche Literatur in Konstanz. Hauptarbeitsgebiete: Ästhetik, Literaturtheorie und Hermeneutik, Literatur der klassisch-romantischen Epoche und des 20. Jahrhunderts.

Buchveröffentlichungen: *Über eine Theorie der Literaturkritik*, München 1971; *Friedrich Schlegels Transzendentalpoesie: Untersuchungen zum Funktionswandel der Literaturkritik im 18. Jahrhundert*, München 1973; *Über Christa Wolfs Schreibart*, Konstanz 1984. (Hg.), *Rezeptionsgeschichte oder Wirkungsästhetik*, Stuttgart 1978. Aufsätze zur Literatur des 18. und 19. Jahrhunderts und zur Fachdidaktik vor allem in der Zeitschrift »Der Deutschunterricht«.

Bildnachweis

Die Abbildungen zu den Beiträgen wurden von den jeweiligen Verfassern zur Verfügung gestellt.

KONSTANZER BIBLIOTHEK

Eine Schriftenreihe aus dem breiten Spektrum
der Forschung an der Universität Konstanz
für wissenschaftlich interessierte Leser

Herausgeberkollegium: Peter Böger,
Friedrich Breinlinger, Jürgen Mittelstraß,
Bernd Rüthers, Jürgen Schlaeger,
Hans-Wolfgang Strätz, Horst Sund,
Manfred Timmermann, Brigitte Weyl

UNIVERSITÄTSVERLAG KONSTANZ GMBH

KONSTANZER BIBLIOTHEK

UNIVERSITÄTSVERLAG KONSTANZ GMBH

UNIVERSITÄTSVERLAG KONSTANZ GMBH

KONSTANZER BEITRÄGE ZUR SOZIALWISSENSCHAFTLICHEN FORSCHUNG

UNIVERSITÄTSVERLAG KONSTANZ GMBH